教育部哲学社会科学研究后期资助项目（项目批准号：18JHQ062）

“一带一路”沿线油气资源合作国家的软环境研究

高新伟　编著

山东大学出版社
SHANDONG UNIVERSITY PRESS
·济南·

图书在版编目(CIP)数据

"一带一路"沿线油气资源合作国家的软环境研究/高新伟编著.—济南:山东大学出版社,2022.7
ISBN 978-7-5607-7555-5

Ⅰ.①一…　Ⅱ.①高…　Ⅲ.①"一带一路"-油气资源-国际合作-研究　Ⅳ.①F416.2

中国版本图书馆 CIP 数据核字(2022)第 117075 号

责任编辑　李昭辉
封面设计　禾　乙

出版发行　山东大学出版社
社　　址　山东省济南市山大南路 20 号
邮政编码　250100
发行热线　(0531)88363008
经　　销　新华书店
印　　刷　济南巨丰印刷有限公司
规　　格　720 毫米×1000 毫米　1/16
　　　　　24 印张　400 千字
版　　次　2022 年 7 月第 1 版
印　　次　2022 年 7 月第 1 次印刷
定　　价　75.00 元

序

伴随着我国经济长期稳定的高速增长，我国国内对石油与天然气的需求也在迅速增加。但是，我国面临的一大问题是原油和天然气供给不足。2020 年，我国石油和天然气的对外依存度分别为 73%和 43%，我国对国际油气合作的需求也将长期存在。

“一带一路”倡议的提出，为我国加强与“一带一路”沿线油气资源国的能源合作、巩固我国的能源安全提供了发展契机。但近年来，随着国际环境日益复杂和国际形势日趋严峻，我国的国际油气合作面临着越来越大的风险，特别是油气投资东道国的政治、经济、法制、社会文化等软环境因素，在国际油气合作中发挥着愈加关键的作用，对“一带一路”沿线油气资源国家软环境因素的探讨也变得愈加重要。对此，众多学者已经发表了很多研究成果，提出了他们对国际油气合作国家软环境的观点，但总的来看，对“一带一路”沿线国家的系统性研究仍较少。此外，目前国内仍然缺少能够将“一带一路”国际油气经济合作软环境的相关理论与具体实践相结合，对实践具有较高参考价值和指导意义的著作。

基于以上原因，本书可谓是一部“恰逢其时”的著作。作者高新伟以其深厚的学术造诣、扎实的理论知识和丰富的实践经历，对“一带一路”国际油气合作新情境下中国油气企业可能面临的新问题进行了独到的诠释，对“一带一路”沿线国家油气合作软环境进行了细致的分析，并结合实际情况，对中国油气企业如何充分利用国内外新的发展机会，克服法律法规、政策和管理等方面的阻碍，为“一带一路”国际油气合作打开新的发展局面进行了系统的论述。本书不仅将为中国油气企业克服困难、走出困境提供理论和经验方面的指导，也为广大相关专业的学生提供了一本系统了解"一带一路"沿线国家相关情况的教材，更为今后广大学者的研究构建了严谨细致的理论框架和提供了丰富翔实的参考资料。

杨晓光

中国系统工程学会理事长

2021 年 6 月

前言

“一带一路”软环境建设虽然投资不大，但是在维系项目的可持续发展方面起着不可替代的作用。首先，软环境是进入投资国之前必须要掌握的情况，只有了解了当地的工作生活习惯、习俗、用工情况及相关法律，才能据此进行项目投资决策，完成项目计划和计算预算收益。其次，软环境能力建设是维系项目进行的基本保障，使项目融入当地，使当地人也融入项目，可以避免无谓的损失和冲突，是项目立项后执行的基本保障。最后，“一带一路”倡议扩大了中国的国际影响力，是倡议成就的体现。可持续发展的软环境是维持双边和多边国际关系的基本条件，也是硬件建设必不可少的配套，是目前协调及维系各国关系的“润滑剂”和“纽带”。

维护软环境的可持续发展性，必须进行文化融合和交流，这样才能做到长久。也就是说，软环境建设犹如文化建设，是保障实体项目长期开展的必要基础，是可持续合作发展的必备要素。基于上述认识，我国在共建“一带一路”的过程中大力开展了相关的软环境建设，例如，在文化交流方面，开设了孔子学院，开展了艺术巡演、文物展示、文化旅游，这是在共建“一带一路”过程中实现“民心相通”的核心措施；在政策合作方面，我国已与60多个“一带一路”沿线国家签订了税收协定及双边贸易协议。政策沟通是发展“五通”（即政策沟通、设施联通、贸易畅通、资金融通、民心相通）的前提，民心相通是发展“五通”的基础。

在本书中，笔者根据从中华人民共和国商务部、外交部以及其他网站上搜集的大量政策信息，从税务、法律、政治风险、经济运行状况和社会文化五大方面进行了分析，对“一带一路”沿线21个主要油气资源国进行了油气合作软环境分析，探究了各国的资源特点、资源禀赋、软环境异同性、合同异同性、合作模式管理差异等，并进行了大体分类。在本书编写过程中，安瑞超、李瑶和化玉洁对经济、资源和税收方面的资料进行了归类梳理，杨傲对资料进行了整体整合，张增杰对有关石油地质方面的知识与材料进行了总结，朱珊教授对全书进行了专业指导和修改，最后由笔者对全书章节进行了规划安排和调整。

本书适合从事国际油气合作项目和投资的相关人员以及"一带一路"相关课题的研究人员、教师和学生参阅。由于编著者水平有限，书中的不足之处在所难免，在此欢迎广大读者予以批评指正！

高新伟

2021 年 6 月于青岛

目录

第一章　国际油气合作及合作软环境

国际油气合作是指自20世纪70年代以来，不同的主权国家政府、国家石油公司、国际石油经济组织和超越国家界限的自然人与法人为了共同的利益，在石油、天然气生产领域以生产要素的移动与重新组合配置为主要内容而进行的较长期的石油经济协作活动。国家间的石油政策协调也是国际油气合作的重要内容。

第一节　国际油气合作概述

一、国际油气合作的类型

目前，国际油气合作的方式可归纳为以下七类：

第一类：国际石油信贷合作，包括外国政府信贷、国际金融组织信贷、出口信贷、商业银行信贷、混合贷款、吸收外国存款、发行国际债券及国际租赁信贷等。

第二类：国际石油投资合作，其主要是指在石油生产领域的直接投资，包括一个国家引进的其他国家在石油方面的投资和在其他国家进行的石油方面的投资，具体方式有租让制、联合经营、产品分成等。

第三类：国际石油服务合作，主要包括国际石油工程承包、劳务进出口和国际咨询等。

第四类：国际石油科技合作，包括有偿转让和无偿转让两个方面。有偿转让主要指国际石油技术转让，采取的方法有带有技术转让性质的石油设备或相关设备硬件交易、专利/专有技术或商标使用许可贸易等；无偿转让一般以石油科技交流的面貌出现，具体方式有交换石油科技信息、资料、仪器样品，召开专题研讨会，专家互换与专家技术传授，共同研究、设计与试验攻关，建立联合科研机构等。

第五类：国际石油信息与管理合作。国际石油信息合作主要是指国际石油经济信息的交流与交换。国际石油管理合作的具体方式有聘请国外管理咨询机构、管理专家进行讲学和进行石油经营管理咨询，合作联合管理，交流管理资料与经验，举办国际石油经营管理讲习班等。

第六类：国际石油经济援助，主要有资金援助、物资援助和技术援助等方式。

第七类：国际石油经济政策协调与合作，包括联合国系统国际石油经济组织进行的协调、政府首脑会议及互访进行的协调，以及国际性石油行业组织和其他有关国际能源经济组织进行的协调等。

上述七类合作方式经常以“组合”的方式进行，其中最主要的是国际石油投资合作和国际石油服务合作。

二、我国的国际油气合作概况

在经济全球化和国内石油资源日益匮乏这两大因素的推动下，中国的石油行业走上了参与国际合作、开发国外石油资源的道路。经过几十年的努力，中国已经成功地与外国石油公司进行合作开发，并在海外建立起自己的石油开采基地，每年给国家带回千万吨份额的原油，为弥补国内石油资源不足、保障国民经济顺利发展做出了重大贡献。

（一）境内合作

在石油勘探开发领域，中国与国外石油公司的合作开发始于 1979 年的海上油气合作开发项目。1979 年，中国首先将辽东湾、台湾海峡、东海的油气资源勘探权向国外石油公司开放；1980 年，中国与日本石油公司和法国石油巨头埃尔夫(Elf)石油公司缔结了渤海油气资源对外合作的协议；1982 年，中国成立了中国海洋石油总公司，作为对外合作的窗口。可以说，石油部门是中国对外开放最早的部门之一。

1985 年之后，中国又将陆上石油的合作勘探开发权向国外石油公司开放。

1985年2月,国务院批准中国南方部分地区开展陆上石油对外合作勘探开发。当时,中国对外开放了江苏、浙江、安徽、福建、广东、广西、贵州、云南、湖南、江西、海南共11个省/自治区,并根据国际惯例采取了石油风险勘探开发合作方式。这一举措得到了国际石油界的关注和响应,国外石油公司先后与中国签订了海南福山凹陷、湖南洞庭、江西波阳、安徽阜阳、江苏苏北盆地的石油开发合同。其中,中国石油天然气勘探开发公司海南分公司与澳大利亚西斯尔(CSR)公司签订的《海南岛福山凹陷石油资源合同》是中国与国外石油公司签署的第一份陆上石油对外合作勘探开发合同。

1993年,《中华人民共和国对外合作开采陆上石油资源条例》正式颁布。之后,国内陆上石油的对外合作勘探开发开始由南方扩大到北方,以塔里木盆地的开放为先导,经过三轮招标和一系列双边谈判,国际上多家石油公司来华合作开发。截至2006年,中国累计签订石油对外合作勘探开发合同56个,开展联合研究24项,吸纳外资近14亿元,培训人才5000多人,引进技术100多项。① 特别是大港赵东项目的成功建成投产,大大减缓了中国东部油田的减产速度;长庆长北项目的启动和苏里格南项目的签署,推动了中国"三低"油气田的开发,缓解了国内对天然气需求的压力。

2006年,中国对外合作项目的油气产量达440多万吨(油当量),合作职工达数百人。海上石油合作开发方面,中国已与20多个国家和地区的70多家公司签订了近180个合同与协议,合作开发油气田20多个,油气产量达3000多万吨。②

中国早期采取的这种引进外国公司一起合作勘探开发的石油合作方式,为我们提供了学习国外先进技术和管理经验,以及学习如何开展国际油气合作的宝贵机会,帮助国内石油行业培养了人员,锻炼了队伍,同时促进了对国际国内两个市场、两种资源、两种资金的充分利用,达到了中外双方共同发展、互利共赢的目的。

(二)境外合作

1.20世纪90年代早期的国际油气合作

中国于1993年变为石油净进口国,同年3月,中国石油天然气集团有限公

---

① 数据来源:国家能源局。

② 数据来源:国家能源局。

司(简称“中石油”)中标泰国邦亚区块项目,首次获得了海外油田开采权;同年10月,中石油又获得了秘鲁得塔拉拉油田第七区块的石油开采服务作业权,由此拉开了中国油气企业进军海外市场的帷幕。1994年,中国海洋石油集团有限公司(简称“中海油”)在马六甲项目中也成功中标。

2.20世纪90年代中后期的国际油气合作

20世纪90年代中后期,中国油气企业在苏丹南部油区进行了石油合作开发,并取得了巨大进展。1995年9月,苏丹方面提出了与中国进行石油合作的愿望;9月25日,中石油使用中国政府援外优惠贴息贷款,与苏丹政府签订了穆格莱德油田第六区块的石油开发合同。1996年年初,中石油所打的第一口探井就成为高产井。1997年,中石油进一步获得了穆格莱德油田第一区块、第二区块、第四区块的石油开发权,之后又获得了第三区块和第七区块油田的部分股权。经过6年的努力,中石油在苏丹达到年产1400万吨原油生产能力,修建了1506千米的输油管道,建成了一家年生产能力250万吨的原油加工厂和若干个加油站,逐步形成了一个集生产、精炼、运输、销售于一体的完整的石油工业产业链,成为中国海外石油开发的重要基地。①

在这一阶段,中国在拉美地区的油气开发工作也获得了进一步发展。继1993年中石油获得秘鲁塔拉拉油田第七区块石油开采权之后,1995年又获得该油田第六区块的石油开采权。1997年6月,在委内瑞拉的第三轮油田作业协议招标中,中石油击败来自英、韩、加等国的13家公司,分别以2.407亿美元和1.88亿美元的投标拿下了卡拉克莱斯油田和北英特甘博油田两块边际油田的开采权,期限为20年,这是中国在拉美地区最大的石油投资项目,为中拉石油合作打开了良好的开端。②

3.20世纪90年代末期的国际油气合作

20世纪90年代末,中石油开始进入哈萨克斯坦油气资源市场并与哈方展开石油合作,并且很快就取得了很大进展。1997年6月,经过激烈的竞争,中石油击败美国、俄罗斯等国的大型石油公司,先后在哈萨克斯坦两个油田的招标中中标,签署协议购买了哈萨克斯坦阿克纠宾油气公司60.3%的股份(2003年6月,又签署协议购买了其25.12%的股份)。1997年8月,中石油又取得了对

① 数据来源:国家能源局。

② 数据来源:国家能源局。

哈萨克斯坦乌津油田的石油开采权益。这几次合作充分展现了中国与哈萨克斯坦进行国际油气合作的实力和诚意，为后来签署中哈相关协议、共建中哈石油管道奠定了基础。

4.进入21世纪的国际油气合作

进入21世纪后，中国三大石油公司均加大了国际油气合作的力度。

2002年，中海油出资5.85亿美元收购了西班牙瑞普索(REPSOL-YPE)公司在印度尼西亚五大油田的部分股权，中海油由此成为印度尼西亚最大的海上石油生产商，为当地带来了每年4000万桶的权益产量。同年，中海油斥资12亿美元，收购了澳大利亚和印度尼西亚的三块油气田，每年可获得约550万吨份额油。2006年4月，中海油完成了对尼日利亚第130号海上石油勘探许可证45%权益的收购，这是中海油自上市以来最大的一次海外收购活动。同时，中海油与肯尼亚政府签署了针对六个油田区块的产品分成合同，区块总面积约11.5343万平方千米，从而成功地将中海油的海外勘探业务拓展到了东非。此外，中海油在2006年还与全球最大的液化天然气进口商——韩国天然气公司签署了合作谅解备忘录，这为双方深化在液化天然气、气田勘探开发等领域的合作奠定了良好的基础。①

2002年，中国石油化工集团有限公司(简称“中石化”)与德国普鲁士格公司签订了也门S2区块勘探开发权益转让的协议，取得了37.5%的石油开采权，并在阿尔及利亚中标了一个老油田的开发改造项目。2004年，中石化又中标了沙特阿拉伯鲁卜哈利盆地B区的天然气勘探开发权。在这个合作项目中，中石化将与沙特阿拉伯的国有能源公司——沙特阿美公司成立一家合资公司，中石化占新公司80%的股权，这是中国油气企业在西亚地区取得的实质性突破。2005年，中石化与埃及各投资50%组建了埃中钻井公司，同年又与尼日利亚签署协议，投资5亿美元进行海上石油勘探开发。2006年8月，中石化又以1860万美元的报价中标尼日利亚的沥青开采权。②

中石油也于2005年以41.8亿美元在哈萨克斯坦拿下了PK项目，在国际石油界引起巨大反响。2005年年底，中石油与哈萨克斯坦共同出资修建的中哈原油管道建成，设计每年输油能力为2000万吨。该原油管道极大方便了中国从哈萨克斯坦进口石油，降低了西亚与北非地区局势动荡对中国能源安全的威胁。2006年年初，中石油与俄罗斯天然气工业股份公司、俄罗斯石油公司和俄罗斯管道运输公司签署了有关进口天然气、管道建设和建立合资公司的三个重要合作协议,推动了中国与俄罗斯石油企业的油气合作。[①] 2007 年 3 月,委内瑞拉石油公司与中石油在磋商了数年后签署合作协议,将共同投资 130 亿美元组建多家合资公司,其中已组建的彼得苏马诺(Petrozumano)公司正在开发祖马诺(Zumano)地区的油田。2007 年 4 月,中石油又与新日本石油公司签订了一份长期性的谅解备忘录,就开采海外石油和天然气资源展开合作,这预示着中日在能源方面的合作将成为一种趋势。[②]

(三)中国国际油气合作的特点

综观我国的国际油气合作,经历了由点到面、逐渐规范、逐渐成熟的一个发展过程。横向来看,合作的区域越来越广,形成了西亚与北非、中亚、拉美、亚太四大发展区,这标志着中国的海外油气业务进入规模化发展阶段;纵向来看,合作的形式逐渐升级,由早期的海外石油开发主要以合作开采、产量分成的形式与资源国合作,发展到以参股或收购的方式获取海外石油资源;从经济效益来看,仅"十五"期间,中国油气企业就在海外累计新增探明石油地质储量14.8亿吨,年均增加近 3 亿吨;5 年累计实现收入 853 亿元,利润总额达 173 亿元。[②]

(四)中国国际油气合作的经验及前景

在积极参与国际油气合作并取得成绩的同时,我们也总结了不少经验教训[③],这就要求我们在今后的国际油气合作中,要重视对涉外项目的评估,防范并减少项目风险;在项目开展过程中,组织和管理体系要符合国际市场惯例和规则,在坚持我方原则的基础上,妥善处理好各方面关系;尽快建立石油行业的国际市场人才和设备资料库,降低项目的运行成本;此外,还应建立快捷、准确的信息网络,提高合作效率和效益。

展望未来,对于境内合作,由于政治稳定,经济发展环境及投资环境良好,因此外国石油公司在中国具有进一步发展的依托,因为它们已经在中国海域和陆地开发建设了一批油气田,进行了合作开发,以此为基础,会产生很好的经济效益;此外,中国的开发成本相对而言还是较低的,这对外国石油公司无疑具有很大的吸引力。对于境外合作,由于中国油气企业在对外合作方面已经积累了

---

① 参见王铁夫:《中国石油国际化战术演绎》,《中国石油企业》2007 年 Z1 期。

② 数据来源:国家能源局。

③ 参见吴林芳:《浅谈国际油气合作的风险与防范》,《经济师》2002 年第 12 期。

一些符合国际惯例的经验，而且经过近些年的对外油气合作，中国已经具备了走向世界、参与国际油气合作的充分条件，再加上中国充足的外汇储备、政府的对外投资鼓励政策等因素，因此相信我国的国际油气合作会有光明的前景。

第二节 国际油气合作环境

一、合作环境

按照表现形式的不同，环境可以分为软环境和硬环境。软环境是指由传播活动需要的那些非物质条件、无形条件之和构筑而成的环境，它反映了社会风气、媒介管理、群体风貌、生活状况、信息交流等情况，是一个被人体验和意识的世界，具有动态的和软性的特征；硬环境是指由传播活动需要的物质条件及有形条件之和构筑而成的环境，它被限定或固定在一定的地理位置上和人为的、具体的物质空间之中，独立于人们的意识和体验之外，具有静态和硬性的特征。此外，按照不同的分类方式，环境还可以分为国际环境、国家环境、地区环境，或者是自然环境、人造环境等。本节论述的国际油气合作环境包括政治环境、经济环境、社会文化和教育环境、法律环境、油藏及相关环境等方面。

(一)政治环境

对油气消费国来讲，油气资源国的政治环境是影响国际油气合作的首要因素。政治环境包括政局状况及政治风险、政策连续性。①

1.政局状况及政治风险

所有参与国际油气合作的国家都希望有一个和平稳定的政局，但是，像东道国发生国家政治变动、严重社会危机、民族冲突等这些由不可抗力引致的风险却是无法预知的。

2.政策连续性

在主要政党轮流执政、缺乏政策连续性的国家，新政府上台后往往对上届政府执政期间签署的合同不太认可，甚至单方面中止上届政府签署生效并已实施的合同或协议。

---

① 参见刘冬梅、李京：《跨国经营须防政治风险》，《企业管理》2005 年第 3 期。

(二)经济环境

经济环境包括东道国的态度、东道国的政策导向、通货膨胀的压力、延迟支付的风险、财务制度方面的风险五个方面。

1.东道国的态度

之所以把东道国的态度归入经济环境,是因为东道国对国际油气合作持欢迎还是抵触的态度直接决定了东道国相关政策的制定。不同国家相关政策有所差异,使最终的结果或者说利润有所不同。此外,从国际油气合作的种类来看,东道国政策是倾向于鼓励风险服务、技术服务、纯服务、投资购买还是炼油化工,也都决定了石油公司进入的难易程度及利润水平的高低。

2.东道国的政策导向

在不同态度的前提下,东道国政策的导向性十分明显,这其中包括东道国的外汇管制、税收控制、对已开采油的油价管制、雇工问题、国有化的可能性、政府的报复性充公等。目前可能发生的征收风险是“蚕食式征用”风险,即东道国中央、地方政府不公开宣布直接征用企业的有形财产,而是以种种措施阻碍外国投资者有效控制、使用和处置本企业的财产,使外国投资者作为股东的权利受到很大程度的限制等,从而构成事实上的征用行为。

3.通货膨胀的压力

如果东道国物价上升,导致原材料价格和工资增加,就会造成生产成本上升,导致石油公司收益降低。

4.延迟支付的风险

延迟支付的风险是指由于东道国政府停止支付或延期支付,致使外商无法按时、足额收回到期债券本息和投资利润带来的风险。

5.财务制度方面的风险

财务制度方面的风险包括东道国对外国资本的外调有无限制,是否强制换汇等,具体来说包括以下方面。

(1)外汇风险。外汇风险是指各国货币汇率变化造成投资者损失的风险,也包括资源国政府冻结投资者货币,不准自由兑换造成全部或部分投资不能回收的风险。

(2)利率风险。利率风险是指投资过程中利率波动给投资者带来的风险。

(3)汇兑限制风险。汇兑限制风险是指东道国由于国际收支困难而实行外汇管制，禁止或限制外商、外国投资者将本金、利润和其他合法收入转移到境外的风险。

（三）社会文化和教育环境

社会文化和教育环境包括语言和沟通、社会习俗、教育水平、社会心理及国民感情、宗教。

1.语言和沟通

语言是交流的基本工具，良好的沟通是以语言为基础的。国际油气合作跨区域、跨国界，合作双方很可能使用不同的语言，这就增加了合作的难度。如何有效地解决语言沟通问题，已成为开展国际油气合作时必须解决的问题。①

2.社会习俗

社会习俗亦称“社会风俗习惯”，是人们自发形成并为社会大多数人经常重复的行为方式。社会习俗对人们行为的控制是非强制性的，是潜移默化的，是特定社会的产物，与社会制度变革有着密切的关系。在国际油气合作中，一定要重点关注东道国社会习俗方面的情况，因为社会习俗往往与宗教相关联，甚至有相关的法律规定。

3.教育水平

东道国国民的整体教育水平、文化程度的高低也制约着国际油气合作的开展。国民教育水平较高，对新事物的理解、接受的速度快，在工程、项目进行中就表现为效率高。

4.社会心理及国民感情

社会心理及国民感情与国家历史有很大关系，比如曾经受殖民统治的非洲地区对欧美国家的抵触情绪就成为中国企业进入非洲开展投资合作的优势。

5.宗教

不同种族、不同民族的宗教信仰存在差异，有时甚至是对立的关系，这种情况在国际油气合作中时有发生。对此，石油公司必须充分了解和尊重东道国地区的宗教信仰。

（四）法律环境

目前，国际商法、合同法、买卖法等法律法规是国际油气合作合理进行的保

① 参见杨雪雁、罗洪、李佩玲等：《论中国石油国际经营环境与策略》，北京：石油工业出版社，2004年，第8页。

障条件。东道国与石油公司都必须依法办事。然而，石油公司还要注意，在一些地区存在法律形式的多样性，比如口头法就是非洲地区特有的法律文化。

(五)油藏及相关环境

油藏及相关环境包括油藏相关内容和基础设施。

1.油藏相关内容

东道国油气储量的丰富程度、油品质量的高低、气候条件、地质复杂程度等因素都是石油公司需要认真考虑的。此外，东道国对开采区域面积的划定也决定了石油公司的利润。

2.基础设施

在基础设施比较完善的地区，工作人员的生存条件要好于基础设施不完善的地区，工作效率也会随之提高。

二、主要地区合作环境分析

前面主要是从国际油气合作的总体环境进行了分析。下面将针对我国目前开展国际油气合作的形势，对中国石油公司正在参与和可能参与合作的油气资源地区环境进行有针对性的分析。

(一)西亚与北非地区的国际油气合作环境

1.石油储量及油品质量

西亚与北非地区是目前世界上石油储量最大、生产和输出石油最多的地区，其中沙特阿拉伯的石油储量约占世界石油储量的1/4。西亚与北非地区不仅石油储量丰富、分布集中，而且油质好、开采成本低。目前中国进口的石油有一半以上来自西亚与北非地区。

2.石油工业水平

西亚与北非各国虽然石油储量十分丰富，但石油加工工业却非常薄弱。近年来，西亚与北非地区的主要产油国大量减少对上游勘探部分的投资，把部分勘探资金转投到下游工业，发展液化石油气对外出口业务。

3.国民收入与经济结构

作为主要的石油输出地区，西亚与北非地区国民的收入水平普遍较高。但应看到，西亚与北非地区各产油国的经济几乎完全依赖油气工业，经济结构较为单一，存在不稳定因素。

4.宗教与战争

西亚与北非地区宗教派系复杂，宗教冲突不断，战乱频频。极端宗教势力，什叶派、逊尼派和库尔德人的矛盾，两伊战争，伊拉克战争等，都使西亚与北非成为极不稳定的地区。①

5.合作及投资

20世纪60年代，西亚与北非国家先后进行了石油资源的国有化运动，在石油勘探开发和生产环节上禁止外国石油公司从事石油生产业务，但鼓励外国石油公司对中下游进行投资。目前，在西亚与北非国家进行投资和作业的外国公司仍以欧美国家的石油企业为主。② 近年来，伊朗与中国的石油合作力度不断加大。

6.伊朗问题

伊朗是西亚地区的重要产油国，其在2017年的石油生产能力和石油出口量分别居世界第4位和第2位。随着美伊矛盾的加剧，为抗衡美国的全面遏制战略，伊朗积极地推行"能源外交"，意在充分借助"能源武器"的威力，从现实主义、地缘政治和全球外交格局出发，营造自我保护、安全与发展的外交战略联盟，以牵制美国。③ 为此，伊朗不仅大力支持本国的能源企业开展国际合作，如加强与邻国的合作，同时还与美国以外的国家和地区（如俄罗斯、欧盟、中国、日本）展开合作，实现"能源外交"的多向化、重点化。

（二）独联体国家的国际油气合作环境

1.油气资源

在独联体国家中，俄罗斯是世界油气生产大国，也是世界上石油和天然气的主要出口国之一。里海地区是国际上的石油勘探热点地区。④

2.石油工业

独联体国家地区油气输送管网系统建设较早，已形成了生产、输送和供应

---

① 参见郝卫东、王玉生、郭鹏：《战后伊拉克石油合作模式分析》，《石油科技论坛》2005年第10期；杨洪林：《浅析伊拉克战后的教派之争》，《阿拉伯世界研究》2006年第5期。

② 参见张爽、刘卫国：《我国与中东、俄罗斯、非洲战略石油合作的前景分析》，《化工技术经济》2006年第2期。

③ 参见刘清志、林乃菊、程燕：《伊朗石油资源对外合作合同模式经济研究》，《内蒙古石油化工》2006年第4期。

④ 参见石冬明、张金凤：《中亚石油地缘经济与中国地缘战略》，《学术交流》2004年第12期。

的完整体系。但随着各国的独立,原有管网已经不能满足使用需求,因此该地区的石油工业在未来一段时间内将处于发展阶段。①

3.社会经济结构、法律法规

某些独联体国家的经济结构单一,石油工业是主要产业,相关法律法规也有待完善。

4.政府态度与政局

独联体国家政局相对稳定,各国政府致力于发展本国经济,实行优惠政策,吸引外商投资。

5.中俄石油合作潜力

中俄石油合作方面,首先,俄罗斯有开发西伯利亚和远东油气资源的迫切要求;其次,俄罗斯要实施东北亚能源战略,力图占领中国油气市场。② 正是这种互补性,推动了中俄双方的互利合作。此外,中俄在经济上的紧密合作有利于东北亚地区的稳定和安全。

(三)非洲地区的国际油气合作环境

1.油气储量

目前,非洲地区已经探明的油气储量居世界第 4 位,其中石油资源主要集中在陆地。非洲的油气勘探程度相对较低,待发现资源量较多,远景区域主要分布在北非陆上和西非深海海域。③

2.石油工业

就非洲地区的油气资源勘探程度而言,北非较高,西非相对较低。如今,非洲各国已经开始重视加强石油工业的下游生产,并重视对天然气资源的利用。

3.社会经济结构

许多非洲国家经济结构单一,石油产业是国家的经济支柱;非洲地区开放程度相对较高,但很多非洲国家的法律法规有待健全。

4.政府态度及相关政策

为发展石油工业,适应国际竞争环境,非洲国家实施了一系列对外开放的

① 参见巴哈提:《中亚地缘政治的现状与未来》,《新疆社会科学》2004 年第 6 期。

② 参见王家旭:《中俄石油合作前景分析》,《齐齐哈尔大学学报》2006 年第 9 期。

③ 参见姚佳梅:《中国与非洲的石油合作》,《国际石油经济》2006 年第 11 期。

优惠政策，非洲地区的国际勘探开发活动正变得日趋活跃。[①]

5.政局的稳定

不少非洲产油国由于宗教和种族纷争、政府官员腐败、人民极度贫困等原因，造成政局不稳，犯罪率居高不下，因此投资者面临的风险较大。

6.特殊的法律文化

非洲大陆由于长期存在的非文字文化的影响，导致习惯法的生成途径大多离不开口耳相传。因此，“口头非洲法”是非洲法律文化中极为重要的元素。谚语在非洲传统社会裁断案件、调解纠纷的法庭上被广泛使用，这在世界其他地区是不多见的。[②] 在很多非洲国家和地区，诉讼当事人除了列举事实外，往往要援引谚语，利用谚语生发的道理指责对方或为自己的论辩增加分量。

7.基础设施

非洲很多国家陆路基础设施不完善，输油管道奇缺，石油及其制品的运输只能依靠卡车、油罐车或火车。外国公司与非洲的国际油气合作领域往往会存在不同程度的腐败现象，经济运作效率低。这些不利因素在一定程度上减弱了外国石油公司对非洲的投资热情，影响了非洲石油的开发进程。[③]

8.“安哥拉模式”

由于投资风险较高，非洲产油国很难获得外部融资来改善基础设施和发展基础工业。中国在安哥拉采取的集勘探、开发和融资为一体的“安哥拉模式”既满足了非洲产油国对建设资金的需求，又保证了中国油气企业的安全，降低了合作的风险，真正做到了互利双赢。

（四）拉美地区的国际油气合作环境

1.石油储量

拉美地区曾是世界上最早发现的产油区之一，其石油储量仅次于西亚与北非地区，居世界第2位。拉美地区的石油主要分布在委内瑞拉、巴西和厄瓜多尔等国，天然气主要分布在委内瑞拉、阿根廷和玻利维亚等国。

2.政局的稳定

拉美地区的政局较不稳定，管道爆炸等事故时有发生，再加上贫困、失业、

① 参见史凌涛：《非洲地区石油工业投资环境》，《国际石油经济》2004年第10期。

② 参见夏新华：《口头法与非洲传统法律文化》，《湘潭大学学报（哲学社会科学版）》2006年第5期。

③ 参见张键：《非洲战乱国一览》，《时事报告》2006年第11期。

社会不公、政府官员腐败以及经济缺乏竞争力等原因,导致该地区政治动荡。

3.国有化

20世纪中叶,拉美地区普遍开展了石油国有化运动,将石油资源的勘探、生产全部收归国有。2006年5月1日,玻利维亚宣布将石油和天然气产业国有化,并派军队进驻油田和天然气田,让国营石油矿业公司对全国所有的油气田实行全面控制。委内瑞拉频频出台国有化政策,政府经常大幅上调石油特许权使用费费率。① 2006年4月,厄瓜多尔规定,政府有权获得国外石油公司因石油价格上涨而超出原来销售合同价格利润的50%;2006年5月,厄瓜多尔接收了美国等西方国家的石油公司在本地的全部油田以及一切生产设备等相关资产。自1938年以来,墨西哥一直严格实行石油国有化政策,甚至在宪法中明确规定禁止能源部门向私人资本开放。墨西哥国有石油公司(PEMEX)独家垄断了墨西哥所有的油气资源,禁止国际石油公司开发,并将全部石油收入上交墨西哥政府。

4.合作及投资

拉美地区历来被美国视为自己的"后院",拉美国家在政治、经济上都严重依赖美国。在拉美地区进行石油和天然气勘探开发作业的主要是西方石油公司。② 对中国油气企业而言,美国不可能允许其在拉美地区获得较大的资源控制权,从而威胁美国的能源供应;另外,美国也会防止某些拉美国家经济规模较大时对该地区可能产生的政治影响。

5.以委内瑞拉为重点

20世纪90年代以来,委内瑞拉政府为了振兴石油工业、恢复经济,逐步修改和制定了一系列石油政策,积极开展石油工业对外合作,内容包括重油带的合作开发,新区的风险勘探、利润分成,边际油田的二次开发,实施天然气开放计划,下游部门的国际化等。通过这一系列石油开放举措,委内瑞拉在油气产量增长等方面颇有成效。但2002年的全国性大罢工使委内瑞拉的石油工业连遭重创,石油工业的投资环境有所恶化。尽管大罢工最终平息,但严重不足的投资、粗放的能源管理模式使委内瑞拉石油工业发展前景变得扑朔迷离。此外,委内瑞拉实行外汇管制,所有用汇或收汇的企业必须到外汇管理委员会

---

① 参见魏书杰:《中国与委内瑞拉石油合作浅析》,《绥化学院学报》2006年第4期。

② 参见徐博源:《发展潜力巨大的南美市场》,《对外经贸实务》2002年第5期。

(CADIVI)进行外汇管理体系用户登记(RUSAD),经该委员会批准并颁发登记证后,企业凭此证申请用汇或办理结汇手续,出口商必须在结汇后5个银行工作日内按照委内瑞拉政府公布的汇率将外汇强制性地卖给委内瑞拉中央银行,这也对委内瑞拉石油行业的发展造成了一定的不利影响。[①]

(五)亚太地区的国际油气合作环境

1.油气资源

亚太地区油气资源量相对较少,石油储量仅占世界总储量的3.7%,以陆上开采为主;天然气储量占全球总储量的8.1%,其中海上天然气储量占该地区天然气总储量的67%。

2.石油工业

亚太地区探井成功率低,油气勘探正步入高成熟期。进入21世纪以来,亚太各国正积极寻求对陆地边远地区及海上油气资源的勘探开发。

3.石油贸易

亚太地区的石油贸易中,进口量远远高于出口量,其中中国已经成为世界第一大石油进口国。

4.经济发展及政局稳定性

亚太地区主要的产油国经济发展比较平稳,各产油国制定了较为完善的石油政策法规,尤其是经营业务全面对外开放,以吸引外商投资。同时,和西亚与北非及非洲地区相比,亚太地区政局相对稳定,商业环境较好。

5.印度尼西亚的对外开放

20世纪70年代以来,印度尼西亚政府全面放开各种油气经营业务。虽然印度尼西亚是世界上合同条款较为苛刻的国家之一,但是由于油气资源较丰富,因此依旧有大量企业与其开展国际油气合作项目,其主要的油气生产市场也被西方石油公司占据。不过,印度尼西亚在进行石油改制后,石油政策体制还不稳定,存在一定的投资风险。

(六)北美和欧洲地区的国际油气合作环境

北美和欧洲地区的产油国经济发达,国内技术力量雄厚,基础设施健全,交通运输便捷,对外开放程度高,是世界上各项条件最完备的石油市场。但是,由

① 参见魏书杰:《中国与委内瑞拉石油合作浅析》,《绥化学院学报》2006年第4期。

于北美和欧洲地区集中了世界上的主要发达国家,因此其产量低于消费量。此外,北美和欧洲地区的油气资源已进入开采成熟期,后备储量不足,开采效益差,再加上当地的石油公司控制等因素,因此外国石油公司只有在石油进口方面与其合作的机会较大。

三、总结

通过以上对几大地区石油合作环境的分析,结合中国油气企业参与国际油气合作的具体情况,笔者认为,中国企业开展国际油气合作的重点应放在西亚与北非和非洲地区。尽管这两个地区的政治稳定性及相关石油工业技术水平与其他地区相比还存在一定差距,但从石油储量、开采的难易程度、油品质量等方面来讲,却是世界主要石油储藏地区中最好的。此外,与独联体国家的石油合作亦不容忽视,该地区在地理位置上与中国相邻,有着重要的政治意义。在拉美地区,由于美国的干预,中国油气企业的发展前景不容乐观,不论是合作规模还是合作深度,都要远远低于其他地区。

随着经济的快速发展,中国对石油依赖程度日益加深。根据中国石油供需情况分析,国内原油供应量与需求量之间的缺口将越来越大,国际油气合作的范围也将由出口劳务、工程承包等逐步扩大到对海外石油资源的直接投资开发。要想参与国际油气合作,就必须熟悉国际油气合作的环境。通过本节的分析,希望有助于让中国的石油企业争取主动,更好地参与国际油气合作,为中国的经济建设发挥应有的作用。

第三节　国际油气合作的沟通与冲突管理

一、国际油气合作的公关工作

(一)国际油气合作公关工作的特点

同其他项目一样,国际油气合作也需要有效的公关工作来推动。公共关系的建立可以为国际油气合作项目提供信息,开辟新的信息通道,在东道国社会和公众中树立企业的良好形象,减少在项目组织中遇到的矛盾,加快项目的推进。公关工作还能促进国际油气合作项目在经营理念和管理方式上的改革,使项目工作人员比较好地适应外界各种环境的变化，在管理方面提升公众意识、环境意识和服务意识，增强决策的透明度与合理性，充分调动项目工作人员的积极性和创造性，树立良好的企业形象，为企业创造无形的资产，增强企业的竞争力。[①]

(二)国际油气合作公关工作的基本流程

1.对公共关系的调研

围绕国际油气合作项目进行各种决策时，对公共关系的调研是必不可少的，其能够为项目工作人员提供基本的信息。对公共关系的调研是企业获取信息、了解情况的基本方式，项目工作人员必须了解当地的政治、法律、法规和地情，熟悉当地的税收政策和市场规则，对当地特有的商务法规要有深刻的认识，认真向当地的咨询公司深入了解，做到知己知彼。在进入投标和日后的项目实施过程中，要始终掌握主动，吸取国内外油气企业在其他市场的教训，避免因前期工作匆忙而留下"后遗症"。

2.对公关工作的策划与创意

对公关工作的策划与创意是国际油气合作中公关工作的核心和关键，它是在项目调研的基础上，针对项目需要解决的问题，进行相关的公关筹划。应该认真分析相关信息和因素，按照科学的方法，发挥公关工作人员的创造才能，确定公关工作的目标、主题和战略，制定最佳的项目方案。策划与创意水平的高低在一定程度上决定着公关工作的成败，也反映了国际油气合作项目公关人员的素质与能力。

3.公关工作的开展

国际油气合作项目的公关工作的开展，也就是公关工作人员动手去解决各种公关问题的过程，是国际油气合作公关工作的关键阶段，它决定着企业能否实现最终目标。在方案的实施阶段，有大量的具体工作要做，需要克服许多困难和障碍。在国际油气合作公关工作的实施阶段，要注意以下环节。

(1)开展前的准备。认真、细致的准备是项目顺利进行的保证，具体来说，包括协调与当地政府和当地居民的关系，进行内部员工培训，准备项目工作所需的物品和材料，与当地新闻媒体开展联系，布置规划施工现场等。

① 参见于鹏:《国际石油业国有化新趋势》,《经济导刊》2006年第10期。

(2)项目实施过程中的各项管理。随着公关工作的开始，项目方案的实施真正进入了实质性阶段。为保证整个项目获得预期的效果，在项目进行过程中，应尽力做好对人员、组织、进程、信息、组织现场和各种物品设施的管理。

4.对公关工作的评估和反馈

对公关工作的评估和反馈是公关工作的重要部分，它在很大程度上是对公关工作及公关结果的评价。当地政府与民众的感受、评价与反应，是衡量公关工作成败得失的重要依据。对公关工作的评估和反馈有助于加强公关工作人员的自律意识，强化他们对工作的自我监督和约束，也有助于使国际油气合作项目的管理人员评价公关工作人员的贡献，激励公关工作人员努力提高工作效率和专业化水平。

(三)国际油气合作中所要处理的几种主要关系

在计划和实施过程中，国际油气合作会遇到各种各样复杂的公共关系，主要有甲方与乙方的关系、企业与当地政府的关系、企业与中介公司的关系、企业与当地民众的关系、企业与当地宗教的关系。

1.甲方与乙方的关系

在现场施工中，一切活动由甲方发布指令，乙方是按照甲方的指令去完成的，是服务者，因此在合同规定的范围内，乙方需要严格按照甲方的要求去做；如果甲方安排的作业指令有问题，乙方应当在尊重甲方的基础上阐明自己的观点，以求达成一致，以便使项目顺利推进；如果问题较大且导致的后果会很严重，则乙方应写好备忘录，阐明乙方的观点并交给甲方。有时，乙方也需要与甲方进行一些思想感情上的交流，这样有利于合作项目的开展。

2.企业与当地政府的关系

一般情况下，合同规定甲方负责与当地政府直接协调关系，但有时乙方也需要与当地政府等有关部门协调关系，如交通运输、通信、邮政、水源、采购、雇用当地员工等。对此，乙方现场代表应提前做好工作，与当地政府的有关部门及时联系，以求得到支持和帮助。开展国际油气合作需要与当地政府保持密切的联系，相关注意事项如下。

(1)熟悉和掌握当地政府的各项有关政策和法令，制订与调整企业的项目计划；在计划的执行过程中，接受当地政府有关职能管理部门的监督检查，使项目在当地法律的保护下顺利进行。

(2)及时了解当地政府部门对项目运作的意见和看法,积极地参加当地政府部门举行的有关会议和其他活动,还要与当地政府各部门的工作人员增进友谊,保持良好的关系。同时,在某个环节出现问题时,能及时发现并设法予以疏通。

(3)要赢得当地政府的支持,就要引起当地政府对企业的高度重视,这就需要把握时机,扩大企业在当地政府部门中的信誉和影响力。企业还可以通过新闻媒体向社会公众介绍石油合作项目的情况。

3.企业与中介公司的关系

企业开展国际油气合作离不开中介公司的支持。拿到项目后,需要按照合同总额的一定比例向中介公司支付代理费。企业在与中介公司打交道时要讲信誉,即使项目完成后也不要轻易中断与中介公司的联系,这样有助于企业未来的发展。

4.企业与当地民众的关系

企业在充分了解掌握东道国法律和风俗的基础上,要加强对工作人员的教育,告诉工作人员要尊重当地的风俗习惯,与当地人友好往来、和平共处。当地居民需要帮助时,企业也应提供力所能及的帮助,以求建立一个和谐的外部环境,未来在项目中也可以得到当地社会各界的大力协助。

5.企业与当地宗教的关系

在处理与当地的宗教关系方面,公关工作人员可以拜会当地的宗教头领和精神领袖,向其解释该项目对当地的意义等。

(四)影响国际油气合作的环境因素

在国际油气合作中,有时候工作人员会把在国内的一些做法不假思索地用到新环境中。实践表明,这样做很容易使合作项目失败。事实上,好的管理实践应随着国家和文化的不同而改变,这才是项目成功的关键。如果真正认识到国内外环境因素的差别,就能减少甚至避免很多国际油气合作中的矛盾和困难。影响国际油气合作的环境因素主要有法律和政治,治安因素,地理因素,语言、礼仪和传统习俗。

1.法律和政治

国际油气合作项目应该在东道国法律许可的范围内实施,东道国及当地的法律法规对项目的实施有很大的影响力。一般来说,这些法律法规倾向于保护东道国及当地的公民、供应商和环境。在法律方面需要注意的问题有以下几项：

(1)所在国主管部门将对项目施加多大的控制？

(2)当地中央和地方政府对那些可能导致项目延误的政策法规的态度如何？

(3)预期有多少政府干预或支持？

(4)全国性和地方性法律法规的相关规定是什么？

(5)当地有无生态保护方面的法律限制？排污标准是什么？

(6)当地劳工法对雇用当地工人有何影响？

由于对商业活动有影响的法律在各国的差别很大，因此获得有效的法律援助是非常有必要的。除了法律法规，政治稳定性是决定国际油气合作项目成败的另一个关键因素。在政治方面需要注意的问题有以下几项：

(1)在项目进行期间，东道国执政党发生变化的可能性有多大？

(2)政治上发生变化时，税收政策和相关的法律法规是否会变化？

(3)东道国的政策是如何制定的？过去的公平性如何？

(4)工会在政治领域的作用如何？

(5)过去是否有罢工发生？在项目进行期间有没有发生罢工的可能？

2.治安因素

某些国家和地区黑社会等犯罪活动猖獗，使许多国外企业对在其国内开展业务望而却步，也严重阻碍了国际油气合作项目的开展。此外，对当今世界而言，国际恐怖主义是切实存在的威胁，因此安全防卫措施是重要的成本考虑因素，这不仅体现在硬件方面，而且体现在外派人员的心理健康方面。

3.地理因素

如果国际油气合作项目的工作人员先前没有到过这个国家，那么其对这个国家的地理环境常常是缺少直观感受的。然而，在实践中，国际油气合作项目的计划与实施必须考虑项目东道国的地理因素，地理因素不仅会影响户外项目，对室内项目也可能产生直接和间接的影响。例如，坚硬的地面岩石会导致勘探设备发生故障，可能会使石油合作项目陷入僵局。因此，在开始一个国际油气合作项目之前，项目的计划者和管理者需要认真研究东道国的特殊地理特征，需要把气候、季节、纬度和自然地理障碍等因素都考虑在内。例如，20 世纪

90年代中期,中国海外石油投资的最大项目是对苏丹南部油田的开发,苏丹北部旱季的时候气温高达50摄氏度,阳光直射时温度更高,可以达到70摄氏度,在中国,这样的温度下就要停工停产。以苏丹南部油田一、二、四区长输油管道建设为例,中石油的管道工人克服高温导致的种种困难,穿过沙漠、戈壁、热带丛林、高山和河流,仅用11个月的时间就完成了1506千米的输油管道建设,创造了世界输油管道建设的奇迹。

4.语言、礼仪和传统习俗

语言是国际油气合作中的一大难题,也是沟通过程中最直接、最明显的差异。开展国际油气合作时,工作人员要努力学习当地的语言。如果不能理解地方的语言,就必须聘用优秀的翻译人员。此外,各国的礼仪和传统习俗可能存在很大的差异,如果不了解这种差异,就有可能导致互不信任。因此,沟通的双方都要积极主动地了解对方的文化和习俗。

(五)加强沟通、增进信任的做法

在此,以中国与伊朗的石油合作项目为例,介绍几种加强沟通、增进信任的做法。

1.尊重民俗,获得良好的印象

中国有句俗语叫"入乡随俗"。对伊朗人来说,礼仪问题是十分重要的,在礼仪上应当注意的东西很多。例如,在接待伊朗客人时,不仅需要准备好茶,而且需要准备喝茶时用的小勺和喝茶间隙食用的方糖,通常还需要准备果盘;若是接待高层人物,还需要准备点心以表示尊敬。一些石油企业的公关部在接待伊朗人时,需要安排他们到清真餐厅吃饭,在宾馆住宿的时候,也要单独安排他们的膳食。再就是注重伊朗人许多独特的习俗,如女子是不能随便和陌生人说话的;伊朗人普遍信仰伊斯兰教,伊斯兰教教义中,很重要的一条就是禁酒,因此要尤其重视这个问题。中石化胜利油田伊朗勘探项目部在当地开展国际油气合作时,项目工作人员都十分尊重当地的风俗,给对方留下了良好的第一印象。

2.能解决的问题尽快解决,让对方得实惠

中石化胜利油田伊朗勘探项目部在一些小的问题上采取灵活措施,让对方得到实惠,取得了较好的效果。例如,在卡山项目的一些小合同中,规定了伊朗员工要在几个月后才发工资,但我们承诺在新年时给伊朗员工发一部分现金工资。这些伊朗员工拿着属于自己的工资高高兴兴地回家过新年，并对中方的这一举措颇有夸赞。在生活中，项目部也注意搞好与伊朗方面的关系。项目部驻地的左右邻居对中方企业的车辆及人员在早晨的活动不太习惯，于是项目部采取积极沟通的方式，最终解决了问题，也向外界打出了中国油气企业对外形象的“活广告”。

中石化胜利油田伊朗勘探项目部在积极改进自身工作的同时，也积极处理与当地居民的其他矛盾。项目部驻地东邻有家人的儿子结婚，连续几个晚上跳舞到很晚，造成中方人员劳累后无法休息。对此，项目部领导及时做工作化解矛盾：首先通知了当地政府，其次聘请当地原来做过类似工作的人来搞好和当地居民的关系，最后根据物价给予当地居民一定的经济补偿。经过努力，当地居民与项目部的矛盾完全得到了化解，在中方工作人员临走时他们甚至主动送来水果、蔬菜。

3.不能解决的问题说清缘由，尽量取得对方谅解

对于解决不了的问题，也要做出积极的努力，争取得到对方的谅解。比如在中国与伊朗的石油合作项目中，碰到过这样的难题：2003 年 4 月，正是“非典”流行的时候，有一批伊朗人来中国参观学习。他们于 2003 年 4 月 24 日到达北京，当时北京还没有对流动人员采取严格控制措施，但几乎路上所有的行人都戴着口罩。4 月 25 日早晨从北京飞回东营，两天后政府开始对流动人员进行严格控制，北京方面的交通很多都已停运，山东省也采取了一些严格控制措施，这给我方的外事接待工作造成了很大的影响，事先安排好的接待计划几乎全部被打乱，很多工作无法进行，被迫取消。例如，飞回东营后，本来第二天安排伊朗人参观地质研究院，通过外事处联络部的工作人员做了大量的工作才得到允许，定在早上 8 点参观，但 7 点的时候地质研究院打电话来，又取消了参观计划。即便我们给伊朗人做了一番解释，他们也很不高兴，但没有说什么。接着要去参观海洋钻井平台，结果驱车刚上高速公路就接到电话，被告知只能到码头，不能上钻井平台，结果伊朗人又很不高兴，还与我方陪同人员发生了一点小小的摩擦。回来后，伊朗人主动向我方表示歉意，因为他们也知道我方已经做了很大的努力，但有些事情并不是我方能够左右的，我方的工作人员也向他们道歉，表示了我们的诚意。原本要去北京、上海、西安等城市参观的计划也因为疫情而被取消，只能安排到青岛和泰安去参观。结果，去泰安的准备工作刚做

完，正准备去的时候，泰安宾馆来电话，称取消了接待外来人员的计划，最后做了很多努力才去了青岛。到青岛后，伊朗人住在青岛疗养院，但因为当时是“非典”时期，住在那里的人很少，可能对卫生方面有些松懈，再加上管理不够严格，致使伊朗人对安排有了意见。在去青岛之前，中方企业外事处专门开会部署了这次参观活动，我方人员在实际操作中也做到了万无一失，每天给伊朗人量体温、填表，进行观察，其他各个方面考虑得也比较周到。因为延长了在青岛的停留时间，所以青岛大部分景点都带伊朗人参观过了，他们非常高兴。送他们回国的时候，又遇到了麻烦：本来安排好从青岛直飞北京，然后从北京转道莫斯科，再飞德黑兰（回程是开口票，必须转机），但是东方航空公司打来电话说，因为“非典”，取消了从青岛到北京的航班，我方只好连夜驱车赶往济南，从济南飞往北京再转机，这才将客人顺利送走。整个过程中，我方经历了许多突发事件，做了大量细致的工作。据事后反映，虽然与他们设想的有些差距，但伊朗方面对我方的安排还是比较满意的，这也为后来双方建立非常融洽的石油合作关系奠定了基础。

4.做好宣传，扩大知名度结交当地朋友，获得较完整的信息

中石化胜利油田伊朗勘探项目部总经理李进龙说过，如果连当地的镇长都没拜访过，那就不是一个合格的项目经理。在中石化胜利油田伊朗勘探项目中，面对复杂的施工外部环境，李进龙总经理决定亲自开展公关行动，他与其他管理人员到伊朗伊斯法罕省拜访了当地官员。伊斯法罕省负责经济工作的副省长亲自接见，并专门找当地懂汉语的人担任翻译。最终，通过沟通，伊斯法罕省的副省长说：“我们欢迎中石化在我省四个省辖市区域进行油气勘探。”这四个市大小不一，卡山市市长能力最强。然后，他当场给卡山市长打电话，让该市长担任四个市的总协调人，积极配合中方企业的工作。通过这一系列公关行动，使中石化在卡山区块内的施工极为顺利。

5.成果显示

经过9个月的辛苦工作，2003年12月31日，中石化胜利油田伊朗勘探项目部在伊朗的第一口探井阿旺1号正式放喷。这口井的放喷在当地乃至整个伊朗都引起了巨大轰动，放喷当天，巨大的火焰吸引了当地民众纷纷前来观看。在此之前，有多家外国石油公司在这里进行过多次勘探，但都以失败告终，其中就有世界500强企业之一的法国埃尔夫石油公司。阿旺1号井的放喷意味着

这里不但有油气，而且还可能存在一个储量较大的油藏结构，从而彻底推翻了此前外国公司得出的“此地无油藏”的结论。伊朗媒体也纷纷报道了当地成功完成钻井并放喷的事件。伊朗政府也对中方的工作给予了高度肯定，并表示中石化是出色的合作伙伴，希望与中国油气企业继续展开合作。

在这一段时间，为了利用好这一工作成果，做好对中国油气企业的宣传，树立中石化良好的品牌形象，李进龙总经理与项目部的其他人员经常工作到夜里很晚，仔细筹划在当地的新闻宣传工作。相关宣传工作不仅提高了中石化在伊朗的形象，而且极大地提高了中石化在其他合作伙伴中的声望，为未来的进一步合作打下了良好的基础。阿旺 1 号井放喷后不久，许多当地及外国石油公司纷纷向中石化表示出了合作意向。这次成功的新闻宣传极大地拓展了中石化在伊朗的业务，也为中伊两国在油气勘探领域开展更大规模的长期合作奠定了良好的基础。2004 年 5 月 4 日，伊朗总统拉夫桑贾尼访问中国期间，中伊两国就开展石油勘探开发方面的合作达成了共识。

（六）开展国际油气合作公关工作的对策和建议

中国油气企业的国际油气开发合作虽然已经持续了多年，但未来仍有很长的路要走。面对 21 世纪中国国内能源相对短缺的事实和中国在国际环境中面临的机遇与挑战，我们应当采取更加积极主动的对策，进一步扩大对外石油合作，建立更全面的公共关系，具体来说可以做到以下几点。

1.树立良好的企业形象，便于长期占领市场

企业形象是知名度与美誉度的统一，特别是在工程进度、商务合同、财务账目上，企业更要树立信誉。对工程进度要确保时间，工作质量要符合标准；在商务合同中提供的作业量、材料的数量要做到数据准确，做到日报、周报、月报三对口，签字齐全；财务账目方面，多数国家要求甲方负有监管税收的责任，即甲方有权检查承包商的财务账目，因此要做到严格审核财务账目。

2.进一步改革管理体制，以适应市场经济的要求

中国油气企业要想在国际竞争中取胜，首先要建立起一套适应市场经济规律要求的运作体制。对于那些明显滞后于“走出去”战略的管理方法和措施，应当立即进行调整，如进一步简化海外投资的审批环节，增加透明度，提高工作效率；赋予企业更多的投资决策权，放宽对企业海外投资的额度限制和外汇管制；加快金融和外汇管理体制的改革步伐，完善金融和外汇监管制度；增强政府部

门的服务意识，改变工作作风，简化海外投资的审批环节和手续，提高政府工作效率，加强有关部门之间的协调等。

3.为企业“走出去”营造良好的外部条件

国际市场风云变幻，许多因素都将影响国际油气合作项目的实施，因此政府部门应当为企业“走出去”营造良好的外部条件，包括积极开展多边、双边及地区间能源经济合作；加强外交工作，促进和维护能源生产地区的政治稳定；积极援助海外能源生产国，建立能源合作伙伴关系；在谈判中提出并争取有利于中国油气企业的规则等。总之，政府应在政治、经济、外交等多个领域采取积极的措施，帮助中国油气企业在海外石油开发领域获得进一步的发展。

二、国际油气合作中的冲突管理

开展国际油气合作时，地域环境的差异会对项目的开展产生巨大的影响。开发海外石油资源时，如果不事先考虑经济环境、政治环境、法律环境、社会环境、文化环境等方面的差异，就很容易在项目实施过程中产生冲突，严重影响项目的进展。

所谓“冲突”，是指组织团队或队员为了限制或阻止另一部分组织团队或队员达到其预期目的而采取的行为和措施。在项目的内部运作中，往往会因项目目标、技术问题、项目计划、成本、资源分配、项目成员、组织结构、优先权问题、管理程序等发生冲突；在项目运作的外部环境中，往往会因与合作方（包括承建商或业主、分包商、供货商及其他与项目有关的政府部门、银行机构等）的根本利益对立或组织结构、管理模式、工作方式等不协调，甚至因任何一个环节的任何变化而发生冲突。

冲突可以分为不同的类型，按照冲突的性质可以将其分为建设性冲突、破坏性冲突，按照冲突的来源可以将其分为内部冲突、外部冲突等。其中，建设性冲突多表现为双方关心企业共同目标的实现，乐于了解对方的观点，在冲突中注重沟通；而破坏性冲突多表现为不愿听取对方的观点和意见，双方争论经常转变为人身攻击，目的是破坏性的。内部冲突多表现为工作方式、工作职责、工作权限及情感上的冲突，如上层因项目各方案的决策发生的冲突，基层因职责、协作、情感等发生的冲突，上级对下级的工作方式、效率等不满意引发的冲突，下级对上级的领导方式、职责权利不平衡等引发的冲突等，但双方在根本利益上是一致的；外部冲突多表现为根本利益的对立或组织体制的不协调引发的冲突，包括组织与合同合作方的冲突。

下面，笔者将通过两个案例，向读者展示中石化胜利油田伊朗勘探项目中的两起冲突管理事件。

【案例一】

某人是伊朗某大学英语专业的毕业生，受雇于中石化胜利油田伊朗勘探项目部。但因为种种原因，项目部需要将其辞退。刚开始此人不同意，而且当地人对中方企业辞退伊朗员工的行为也议论纷纷，如果处理不当的话，必然会给中方企业的形象造成负面影响。这一冲突就是破坏性的内部冲突。

【案例二】

中石化胜利油田伊朗勘探项目部人员刚到伊朗时，对很多情况还不了解，工作做得不够周全。有一次，在一个村庄施工完要离开时，当地老百姓却不让走，说是我们的工作人员破坏了环境，要求赔偿。原来当时我方人员还是采取在国内时的做法，施工前先通知当地政府，施完工再按照破坏情况把损失赔偿直接交给当地政府，现在这种方法在伊朗就行不通了。这次的冲突就是组织与其他利益相关者之间的外部冲突。

由于国际油气合作项目是在国外进行，项目工作人员身处一个新的环境，而雇员又大多为当地员工，所以合作项目中的冲突既有外部冲突，也有内部冲突。

（一）国际油气合作项目及其过程中的冲突

1.海外勘探项目的特征

在国际油气合作项目中，容易产生冲突的是海外勘探项目。海外勘探项目是指中国油气企业在海外进行的，以地质单元为对象，以完成特定的地质勘探任务为目标，以探明油气储量为目的，具有明确时间限制的工作。根据这一定义，可见海外勘探项目具有一定的时效性和目的性。海外勘探项目的特征如下。

(1)具有极高的风险性。勘探项目本身就具有一定的风险性，尤其是在异域环境下，项目具有更大的风险。

(2)勘探项目的工程作业和研究工作大多是同时或交叉进行的，也就是说，项目团队是由作业人员和研究人员组成的，海外勘探项目组的研究人员一般都是中国企业派去的专家，而作业人员约一半是当地员工，项目组内部在磨合过程中如果处理不好关系，就很容易产生冲突。

(3)勘探项目是多专业、多工种协同作业的系统工程，多种作业紧密衔接，这就需要项目组员工相互配合，才能使项目顺利进行。

(4)勘探项目多为野外作业，工作条件艰苦，需要从事此项工作的人具备吃苦耐劳的精神。由于项目实施地点在国外，因此需要尊重当地习俗和当地人的工作习惯。如果与合作方、当地政府、居民和其他相关部门没有处理好关系，就会产生外部矛盾。

2.海外勘探项目中的冲突特征

由上述海外勘探项目的特征，我们可以总结出以下几项海外勘探项目中冲突的特征。

(1)非线性。不同性质的环境像不同的水体，几片或多片水体的冲突与交融，常常会表现出错综复杂的状态，因而具有非线性特征。这也就是说，冲突随时随地都有可能发生，而且原因是多方面的，这就需要管理人员有很好的应变能力去处理这些随时会发生的冲突。在前面案例二中的冲突就是因为对伊朗当地政策没有很充分的了解，而在施工过程中突然出现的冲突。

(2)间接性。冲突一般都在心理、情感、思想观念等精神领域中进行，其结果是人们在不知不觉中发生变化。但是，这种变化需要通过较长的时间才会表现出来。也就是说，海外勘探项目组的冲突不可能在项目组成立时就表现出来，但会随着项目的进行，由于双方思维方式和处世方面的差异而表现出来。例如，在案例一中，那位伊朗雇员刚刚进入公司时各方面的缺点都没有表现出来，也许他的一些问题在本国从事某项工作时会被认为正常的而无人过问，但是进入中国企业的项目组后，再加上勘探项目本身所具有的时效性，这些缺点在合作过程中就会慢慢体现出来，从而导致了冲突的发生。

(3)交融性。开展海外勘探的项目组可通过有关部门，有计划、有组织地开展国际公关活动，使企业能在舆论、广告、服务和社交过程中，在不同文化背景下掌握管理人员、员工之间协调的主动权，努力在不利的形势下化被动为主动。

(二)导致国际油气合作产生冲突的原因

异域环境的差异是社会化的结果。同一群体中，个体会经历相似的社会化过程，自然形成了类似的刻板印象。这种共有的刻板印象对同一群体具有巩固和团结的作用，它可以使同一群体内的沟通变得更为便利，更易形成共同的意见。具体而言，当一个海外项目组的经营管理者进入另一种环境，面对环境中各种各样的不熟悉情况时，常常会产生不适应和抵触的心理，这样就很容易导致冲突的发生。导致国际油气合作产生冲突的原因有以下几点。

1.优越感

这里的优越感是指新进入某区域的海外项目管理人员认为自己的某些或各个方面都比对方优越，从而处处以自我为中心，总是将自己的观点强加给东道国的有关人员。这种行为自然会遭到东道国有关人员的抵制，甚至引发冲突。出现这种情况的主要原因是管理者对自己的管理风格存在优越感，这使他们很难接受东道国不同的生活方式和管理方式。

2.管理方式不当

就其主要内容来说，海外项目管理是一门艺术。因此，在一国被证明是最好的管理方法，在另一国不一定也是最好的。真正有效的管理应该是与当时、当地的具体情况相适应，特别是与东道国的环境相适应。

3.不同的感性认识

感性认识是通过感觉器官对客观事物局部的、现象的和外在的认识。一个人独特的感性认识是在特殊的环境背景中，通过亲身经历获得并发展起来的，因此感性认识存在某种惯性，它的变化总跟不上环境变化的速度。进入不同的环境之后，这种惯性常常会导致错误的估计和判断。

4.沟通误会

沟通是人与人之间或群体与群体之间信息传递的过程。在海外石油合作项目中，由于存在许多障碍，如语言障碍或非语言障碍，或是政策法规的不同，人们对时间、空间、风俗习惯、价值观等的认识有所不同，从而导致开展充分的沟通往往会有一定的难度，容易产生误会。例如在前面的案例一中，与当地居民的冲突就是因为政策法规的不同，从而产生误会的一种冲突。

（三）冲突的后果

在异域环境中，国际油气合作项目的工作人员如果不能很好地解决以上四个方面的问题，就容易引发项目冲突。项目冲突常常导致生活失调，生活失调又将加剧项目冲突。二者的交互影响，将导致以下四种不良后果。

1.怀恨心理

随着海外直接投资的进入，文化交流也在所难免，再加上原本就存在的环境差异，因而很容易产生冲突。如果处理不好，冲突双方容易对对方产生怀恨心理，从而不利于今后项目组工作的进行。例如在前面的案例一中，如果与员工的冲突未得到很好的解决，那么被辞退的员工可能会产生怀恨心理，甚至诋毁公司的形象，从而使项目组在当地的工作受到影响。

2.极度保守

项目冲突会影响项目管理人员与当地雇员之间的和谐关系。管理人员不能死板地按照规章制度控制企业的运营，从而更加疏远当地雇员，当地雇员也会在工作上变得不思进取，最终导致管理人员的行动计划实施起来更加艰难。

3.沟通中断

当管理人员与基层之间的距离大到一定程度时，自下而上的沟通便自然中断，结果是管理人员无法了解真实情况，管理人员与基层间的距离也越来越远。

4.非理性反应

管理人员如果不能正确面对项目冲突，就会对当地雇员感情用事，这种非理性的行为方式很容易引起当地雇员非理性的报复，致使误会越来越多，矛盾越来越深。例如在前面的案例一中，如果处理不好这一冲突，将会产生严重的后果。

(四)冲突管理的适应策略

1.加强对管理人员的培训

建立一支具有国际市场经营能力的驻外管理人员队伍，是海外项目组全面适应东道国环境、解决各种冲突矛盾的必要前提。人员的素质，特别是项目管理人员的素质，是国际油气合作项目在充满竞争的国际环境中能否获得成功的首要影响因素。所以，必须首先对管理人员进行培训，并以此带动和指导对项目内部其他员工的培训。

对管理人员的培训一般包括对其管理能力、业务能力、责任感、创造性、适应性以及个人特质等方面的训练和指导。一般的培训过程包括以下几个方面。

(1)一般文化培训和地区性研究。在一般文化培训和地区性研究方面，要求管理人员熟悉异域环境及相关法规，获得对异国环境的感受，执行上级的人事方针和措施。

(2)特定的文化和语言培训。通过特定的文化和语言培训,要求管理人员学习东道国的语言,了解东道国的文化和国情,特别是获悉东道国的社会禁忌制度、风俗和民情,并会晤来自东道国的同事,获得最新情况。

(3)导向培训。通过导向培训,要求管理人员了解东道国的经营环境,了解对方的客户和关键人物,了解工作计划程序与合同管理,熟悉当地的物资采购、劳资关系等。

(4)海外监督支援性服务。管理人员出国后,总部人事部门应开展海外监督支援性服务,督促他们融入东道国当地的文化和环境,并定期对驻外管理人员开展问卷调查。

通过对管理人员的全面培训,使其能较好地适应东道国环境,并通过他们指导、帮助和监督项目组的其他人员较好地全面适应东道国环境,从而完成对东道国环境的适应。

2.站在对方的角度上换位思考

国际油气合作项目的经营范围极为广泛,海外勘探项目也极为复杂,所以项目组应充分考虑东道国一方所能接受的程度,尊重东道国基本的社会规范与传统。在前面的案例二中,伊朗当地政府是由七个委员会推举成立的,所以中方管理人员立即决定邀请这七个委员会的有关成员以及政府相关官员进行磋商。在会上,中方管理人员阐明了这样的观点:在海外施工中,难免发生这样的情况,以后中国企业会改变方法,直接赔偿到户;中国企业现在勘探找石油的行为也给当地带来了一定的经济效益;要是需要我们赔偿,我们也会采取相关措施处理好这件事;等等。

总之,项目组应该设身处地为对方着想,要了解不同的思考方式,要开展深入的调查分析。

3.要充分考虑对方的感受,以理服人

在案例一中,项目组在辞退员工时,首先指出他的缺点,让他自己认识到公司辞退他是必需的,其次从伊朗法律的角度来说明辞退他是合法的,公司的做法没有任何不合理的地方。最终,项目组认真考虑之后,总结了数条理由,一条一条摆给那位员工听,讲完理由后,那位员工表示自己接受项目组的决定。

(五)冲突的解决方式

解决冲突的原则及目标是抑制破坏性冲突,鼓励有益的建设性冲突,通过良好的沟通管理实现公平、合理、双赢。为了实现有效的冲突管理,必须研究冲突的性质、根源及产生的影响,从而预见冲突的出现,有效地化解或利用冲突。

在项目环境中,冲突是不可避免的。在大多数情况下,冲突总是因人而起。如果采取正确的方式,这些冲突通常可以在影响项目计划之前得以化解。把握冲突的强度也非常重要,就像在一个经济模型中,把握每种经济变量的权重,只有这样才能清楚每种变量对经济现象作用力的大小。

管理人员要研究冲突的起源、冲突的强度,并把它放在项目的生命周期中来考察,有利于寻求更好的解决模式。根据对大量冲突处理事例的统计分析,概括出解决冲突的方法有正视、妥协、缓和或调停、竞争或逼迫、回避或撤出。如果冲突处理得当,能极大地推进项目组的工作。冲突能将问题及早暴露出来并引起团队成员的注意;冲突会迫使项目团队寻求新的解决方法,激发团队的积极性和创造性,从而实现创新,它还能引发成员的讨论,形成一种民主的氛围,从而加强项目团队建设。正是在这样一个冲突的环境中,项目团队才能不断发展和创新。

1.正视

正视即直接面对冲突,这是克服分歧、解决冲突的有效途径。通过这种方法,项目人员直接正视问题,正视冲突,得到一个明确的结果。这种方法既重视问题的解决,也重视有关人员之间的关系。对此,冲突双方都必须以积极的态度对待冲突,并愿意就面临的问题、面临的冲突广泛交换意见。只有暴露冲突和分歧,才能寻求最好的、最全面的解决方案。正视是一种积极的冲突解决途径,但它需要一个良好的项目环境,有意识地营造一种民主的合作氛围,避免钻牛角尖。在这种方式下,双方的关系是开放的、真诚的、友善的。正视或者说直接面对冲突是解决冲突的主要的、有效的方法。

2.妥协

协商并寻求争论双方在一定程度上都满意的方法是妥协的实质,妥协这种解决冲突的方法的主要特征是寻求一个调和的折中方案。有时,当几种方案或几种计划难分优劣时,妥协是较为恰当的解决方式。

3.缓和或调停

“求同存异”是缓和或调停这种解决冲突的方法的精神实质。缓和或调停的通常做法是忽视差异,在冲突中找出一致的方面。在运用缓和或调停的方法时，项目有关人员之间的关系问题更为重要，通过征求不同的意见来解决问题会伤害人员之间的感情，从而减缓项目进度。这一方式尽管能缓和冲突，避免某些矛盾，但不利于问题的彻底解决。

4.竞争或逼迫

竞争或逼迫这种解决冲突的方法的精神实质就是“非赢即输”，即认为在冲突中获胜要比勉强维持人际关系更为重要。这种解决冲突的方法往往被用于处理一种不可调和的矛盾，如只有根本对立的两种极端情况而无折中措施的问题、大是大非的决定、影响某些集体或个人根本利益的问题等。运用这种解决冲突的方法时，即便双方职位、权力相差巨大，要求下级无条件服从上级的决定，也需要给下级一个合理的解释，以便下级更好地领会上级的决定，化解情绪冲突。

例如，在前面的案例一中，项目组认真考虑之后，总结了数条理由，一条一条摆给那位员工听，最后那位员工表示自己接受项目组的决定。这样，首先指出对方的缺点，让对方认识到公司辞退他是必需的，其次从伊朗法律的角度来说明辞退他是合法的，公司没有任何违法的地方，从而既很好地解决了冲突，又没有给项目组带来负面影响，影响项目在当地的进行。

5.回避或撤出

回避或撤出就是让卷入冲突的项目成员从这种状态中撤离，从而避免发生实质性的或潜在的争端。如果是项目相关人员的情感、协作或工作方式等引发的冲突，回避或撤出是一种积极的解决方法；但如果是项目成员对某个方案、计划有不同意见或建议，而采用回避或撤出的态度，把自己更好的方案、计划隐藏起来，就会对项目工作的开展产生重大的不利后果。

三、海外油气项目沟通管理

（一）项目沟通管理的要点和方法

1.项目沟通的重要性

项目沟通管理是现代项目管理知识体系的内容之一，为成功必需的因素——人、想法和信息提供了一个关键连接。涉及项目的任何人都应准备以项目语言发送和接收信息，并且必须理解他们以个人身份参与的沟通怎样影响整个项目。项目管理中，因为沟通是一个“软指标”，沟通所起的作用不好量化，而沟通对项目的影响往往也是隐形的。一般来说，项目沟通主要有以下几方面的作用。

(1)决策和计划的基础。项目团队要想做出正确的决策，必须以准确、完整、及时的信息作为基础。

(2)组织和控制管理过程的依据和手段。只有通过信息沟通，掌握项目团队内的各方面情况，才能为科学管理提供依据，才能有效地提高项目团队的组织效能。

(3)建立和改善人际关系是必不可少的条件。信息沟通，意见交流，将许多独立的个人、团体组织贯通起来，成为一个整体。畅通的信息沟通可以减少人与人的冲突，改善团队成员之间的关系，形成更加紧密地团队凝聚力。

(4)管理人员成功对项目进行管理的重要手段。管理人员需要通过各种途径将意图传递给下级人员并使下级人员理解和执行。如果沟通不畅，下级人员就不能正确理解和执行上级的意图，项目就不能按企业的意图进行，最终导致项目混乱甚至失败。在国际油气合作项目的管理中，由于合作项目具有投资大、工期长、风险大的特点，因此沟通就显得更加重要。沟通的好坏将间接决定整个项目的成败，沟通的效率影响整个项目的成本、进度，沟通不畅的风险是项目面临的最大风险之一。

2.项目沟通管理的特点

(1)项目的独特性。客户的需求、项目的目标、项目的计划都需要通过沟通才能达成。项目管理的目标是要达到或超过项目有关各方的期望，但不同的项目利害关系者对项目成功的评价标准和期望是不同的。如何达到平衡，需要管理人员多方面进行沟通协调。

(2)项目的预测性。未来是富于变化性的，要有一种机制对这种变化进行分析和管理，要针对重新恢复平衡做必要的沟通，这些沟通可能会是跨部门甚至是跨组织的。

(3)项目的生命期。项目的生命期决定了项目组也是随着项目的立项而组建，随着项目的完结而解散，其间会经历形成、磨合、规范、表现、解散等各个阶段。团队的建设对于项目的成败非常关键，沟通在其中也起到了很重要的作用。

项目团队人员大都来自组织的各个职能部门，人员的获取、获得职能部门的支持、人员绩效的评估等都需要管理人员保持与职能部门的顺畅沟通。项目中存在各种各样的冲突，冲突的有效解决往往离不开有效的沟通。

3.沟通对项目实施效率的影响

沟通对项目实施效率的影响往往是间接的、不易觉察的和量化的。不少项目管理者认为，在项目管理中，沟通是一个软指标，很难考核一个项目组成员的沟通能力。下面是几个对项目实施效率有较大影响的，且与沟通有直接或间接关系的因素。

(1)项目本身的复杂程度和耦合度。沟通所花费的工作量的多少取决于合作项目本身的复杂程度和耦合度。在估算国际油气合作项目的工作量时，要充分考虑项目本身的复杂程度和耦合度。

(2)团队的规模。需要协作沟通的人员数量影响着沟通的成本。项目管理的有效性取决于项目管理的沟通成本，而沟通成本一般取决于项目管理的协作性，也就是取决于项目成员之间的沟通意愿和沟通能力。项目沟通管理中的成本具体表现在两个方面：一是沟通所花费的时间和精力，二是沟通过程中信息的失真和损失。人与人之间必须通过沟通来解决各自承担的任务之间的接口问题，如果项目有 n 个工作人员，则有 $n(n-1)/2$ 条相互沟通的路径。随着人员的增加，沟通的消耗以二次方的方式增长。因此，项目团队的规模应在沟通顺畅的基础上尽可能精简。

(3)团队的组织方式。不难看出，通过减少沟通消耗、提高沟通效率能够提高项目团队的工作效率。良好的团队组织方式可以减少不必要的交流和合作的数量，是提高团队工作效率的关键措施。

(4)团队的配合默契程度。一个经过长期磨合、相互信任，形成了一套默契的做事方法和风格的团队可以节省很多不必要的沟通，相反，初次合作的团队因为受团队成员各自的背景和风格不同、成员间相互信任度不高等影响，要充分考虑沟通消耗。因此，团队的配合默契程度对项目的实施效率影响很大。

4.提高与改善项目沟通管理的方法

提高与改善项目沟通管理的方法有提升沟通的有效性，注意利用多种沟通渠道，正确运用文字语言，沟通要有明确目的和改变争论双方的关系。

(1)提升沟通的有效性。沟通是否成功，取决于领导者(发信者)所要向下级人员提供的信息与下级人员通过理解而获得的意义是否一致。为了增加沟通成功的可能性，必须保证领导者(发信者)提供的信息(下达的指令)与下级人员(接受者)对信息(指令)的理解实现最大限度的一致。

(2)注意利用多种沟通渠道。一个项目组织往往是综合运用多种方式进行沟通的，只有这样才能提高沟通的整体效率。油气企业往往有很多共性，它们通常都有自己的信息系统，因此可以通过与其他同类企业进行沟通获得有用的信息及经验教训。

(3)正确运用文字语言。根据对象的不同，可以分别采用通俗的语言或专业的术语进行沟通，但不管什么对象，都力求简明扼要、意思明晰。要使用精确的语言表达，要把管理人员的想法用语言(尤其是文字语言)的方式精确地表达出来，而且要使接收者从沟通的语言中得出所期望的理解。对国际油气合作项目而言，正确运用合作方国家的语言(尤其是文字语言)，对于双方的合作无疑具有极为重要的意义。

(4)沟通要有明确目的。沟通前，项目人员要弄清楚沟通的真正目的是什么，要对方理解什么，漫无目的的沟通是无效的沟通。沟通不仅仅是说，更是听。一位有效的聆听者不仅要能听懂话语本身的意思，而且要能领悟说话者的言外之意。沟通时，要考虑到多种情况，包括沟通的背景、社会环境、人的环境以及过去沟通的情况等，以便让沟通的信息配合环境情况。要对沟通信息进行追踪和反馈，信息沟通后必须同时设法取得反馈，以弄清对方是否真正了解，是否愿意遵循，是否采取了相应的行动等。要避免无休止的争论。

(5)改变争论双方的关系。在发生争论时，管理人员一定要发挥自己的权威性，充分利用自己对项目的决策权。使用高效的现代化工具，如电子邮件、项目管理软件等可以提高沟通效率，拉近沟通双方的距离，减少不必要的面谈和会议，从而减少争论。

沟通可采取多种方式，如表 1-1 所示。

表 1-1 沟通方式

沟通方式	什么时候使用
正式的书面形式	复杂的问题、项目计划、项目章程、远距离沟通介绍
正式的口头形式	演讲
非正式的书面形式	便函、电子邮件、笔记会议
非正式的口头形式	谈话

(二)国际油气合作的沟通管理

1.项目沟通模型

沟通是发送者凭借一定的渠道,将沟通意图经编码而成的信息发送给既定对象(接收者),并寻求反馈以达到相互理解的过程。沟通是一个反复循环的互动过程(见图 1-1),包括七大要素——发送者、编码欲传之信息、信息、渠道、接收者、解码已收之信息、反馈。此外,整个沟通过程易受到噪声的影响。

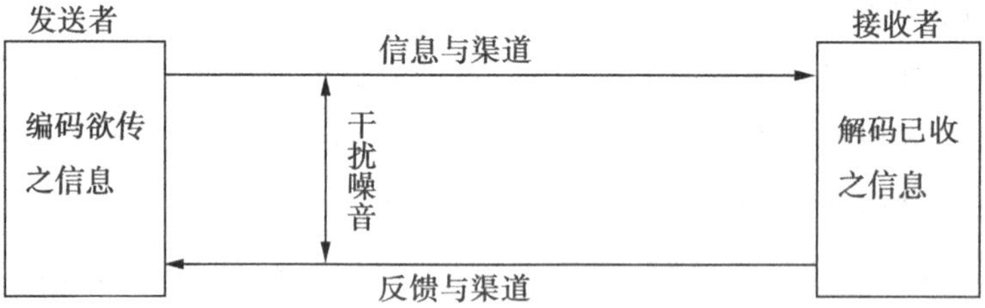

图 1-1 沟通的过程

在图 1-1 中,发送者是沟通过程的发起人,是信息发送的源头;接收者是对发送者传递的信息进行接收解码的人。渠道也称“通道”或“媒介”,是指由发送者选择的、借由传递信息的工具和手段。编码是发送者将信息符号化,编成一定的文字或其他形式的符号。解码则是接收者在收到信息后,将符号化的信息还原为思想,并理解其意义。反馈是指接收者把信息返回给发送者,并对信息是否被理解进行核实。沟通总是在一定的背景条件下进行的,信息的传递必然受到干扰噪声影响和制约。典型的干扰噪声包括难以辨认的字迹、电话中的静电干扰、接收者的疏忽大意等。

在国际油气合作项目中，图 1-1 中的各个要素分别做如下理解：发送者是中国石油企业；接收者是国外石油企业；信息渠道则可以理解为在双方的沟通过程中采取的合作方式以及交流方式，信息则是双方合作中交换的各种技术信息、项目进展情况、问题的解决商讨等；解码则是指国外石油企业对中国石油企业提供的信息进行分析理解，并做出相应的决策；干扰噪声在国际油气合作模型中则代表双方在合作过程中遇到的困难及阻力（见图 1-2）。

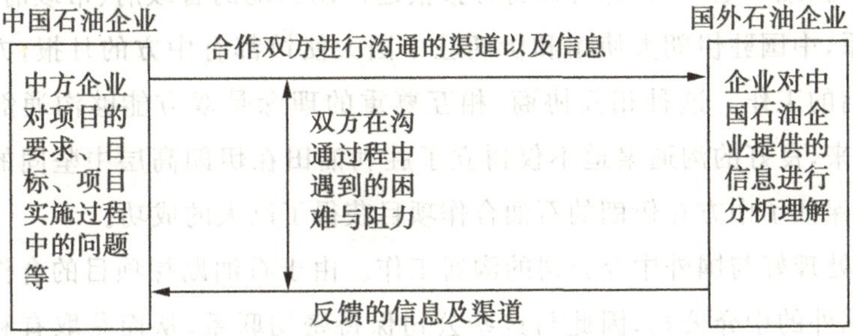

图 1-2　中国油气企业在国际油气合作项目中的沟通过程

结合沟通模型以及上述沟通方法和技巧，我们可以把国际油气合作项目中的沟通管理分为外部沟通和内部沟通两个部分来讨论。

2.国际油气合作中的外部沟通

在实施过程中，国际油气合作必然会与其他组织团体发生一定的联系，如与政府部门、中介机构、当地居民等的联系等。在外部沟通的过程中，要注意以下问题。

(1)处理好与该国政府部门的沟通工作。在国外，沟通问题直接关系到公司的形象，甚至关系到国家的荣誉。石油勘探项目本身就具有投资大、周期长、风险大的特点，因此国际油气合作项目往往很受参与国政府部门的关注，有的国际油气合作项目甚至是参与国政府直接参与执行的。因此，处理好与国家政府部门的关系，就成为项目沟通的一个重点。例如，在卡山项目中，中国企业就成功地树立起了中石化胜利油田在伊朗的良好形象，中方项目工作人员与伊朗政府部门保持着良好的关系，为项目的实施减少了很多障碍和阻力，也减少了很多成本方面的损耗。由于政府要员往往身居要职，因此在与他们沟通时不仅要具有积极主动的沟通意愿、灵活的沟通方式，而且也要有一定的原则性，争取用个人魅力赢得对方的信任和支持。

(2)做好与地方政府部门的沟通工作。以卡山项目为例,该项目的区块面积达5000多平方千米,涉及伊朗伊斯法罕省的四个市。在这四个市中,有一个处理不好,工作就无法进行。石油勘探是满地区、等网格地进行作业,一个地方也不能漏掉。在卡山项目的实施过程中,遇到了很多问题,如与当地人的关系等,最终都通过与当地政府的沟通得到了解决;即使解决不了,也可以把损失降到最低。在细节上,中方每月都将月报报送伊朗当地的省政府、市政府,让他们协调关系,中国驻伊朗大使馆和伊朗驻中国大使馆都有中方的月报,方便他们了解目前的工作。这种相互协商、相互尊重的理念是双方能够沟通舒畅的基石,反过来,良好的沟通渠道不仅树立了胜利油田在伊朗高层中坚固的地位和威望,也保证了中方在伊朗的石油合作项目获得了巨大的成功。

(3)处理好与国外中介公司的沟通工作。由于石油勘探项目的合作信息很多来自国外的中介公司,因此与这些公司保持密切联系,从而获取有利的合作信息对于开拓国际市场、提升企业实力是大有益处的。但是,由于沟通双方文化背景的差异,沟通的结果可能存在偏差,这无形中增加了项目的实施风险。例如,在中石化胜利油田与埃及的石油合作项目中,信息来源于设在埃及的一家中介公司,该中介公司掌握了埃及当地的石油勘探信息,并且及时联系了胜利油田的有关负责人,中方详细调查了该中介公司的背景,并且多次派有关技术人员到埃及进行实地考察,双方的沟通进行了两年多的时间。在确定投资安全的情况下,双方才签订合同。最终,该项目取得了令人满意的成果,并且让中石化胜利油田在埃及的石油市场上占据了一席之地。

(4)处理好与当地居民的沟通工作。石油勘探项目都是在野外进行施工工作,难免会影响或者是受到当地居民生活习惯的影响。而且在国际油气合作项目中,当地工人要占有很高的比例。在解决此类问题时,可以把出现的矛盾分歧进行分类,如哪些属于施工作业问题,哪些属于生活习惯问题,哪些属于宗教信仰问题等,依次进行协商解决。卡山项目中也遇到过类似的问题。中方为了能妥善处理好与左邻右舍的关系,把出现的问题分为四类,每一类都提出相应的解决办法,并且积极地与当地居民协商沟通,最后问题得到很圆满的解决,并且树立了中国人民真诚友好的形象,增进了两国人民的友谊。

3.国际油气合作中的内部沟通

对国际油气合作中的沟通管理来说，除了外部沟通之外，内部沟通也是非常重要的。内部沟通的主要目的是要增强团队的凝聚力，使项目团队的各个部门能有有机地结合在一起，提升团队的整体实力。同时，良好的内部沟通环境能够使团队成员感到亲切和温暖，为他们创造一个良好的工作环境，使他们充分发挥自身的才能和优势，这些都是项目得以成功实施的保障。国际油气合作中的内部沟通主要有以下特点。

(1)项目中的成员大都是来自不同领域的精英和专家，由于知识背景的不同，对问题的思考方式也不尽相同，因此沟通起来比较困难。项目负责人应该为这些工作人员创造更多相互了解和接触的机会，在团队中形成各抒己见、畅所欲言的氛围，使大家能够以实现项目目标为自己的最终目标，为大局着想，不计个人得失。同时，也应该制定相应的规章制度，使大家做事时有章可循，出现问题时也有法可依。团队成员是由于项目需要才结合到一起的，因此在解决矛盾问题时也应该从关心、爱护、理解的角度出发。在合作项目中，由于工作的需要，团队成员大都要远离祖国和亲人，常年在异国他乡工作。为了缓解大家的思乡情绪，还应该经常举办一些娱乐活动，管理人员也要多给予工作人员鼓励和支持，使工作人员能够全力投入项目工作，这也是项目成功的保障。

(2)国际油气合作项目是一项对技术要求很高的专业项目。技术问题也是沟通过程中经常遇到的问题。例如，在卡山项目中，国内技术人员与国外专家曾经讨论过喷油嘴大小的问题，并且为此发生争执，这个问题看似是一个纯技术问题，但是技术方面意见的对立也可能演变成双方合作关系的对立。这实际上就涉及对外合作是一个“大技术，小公关”还是“小技术，大公关”的问题。在这个问题上，中方企业最终认为，尽管国内技术人员的观点更合理，但仍必须尊重东道国的意见，因为整个项目需要得到东道国的认可才算完成，因此在技术上必须尊重东道国的决策。整个项目部各部门都需要进行各种形式的对外联络，这些对外联络工作都要提高到公共关系的层面上来，因此在对外合作中需要树立“小技术，大公关”的观念。

(3)在国外开展国际油气合作时，要雇用当地的劳动力和技术人员。不同国家和地域的人们在相处和沟通时，要考虑双方的文化背景差异，这种差异表现在语言、生活习惯、思维方式、宗教等多个方面。如何有效地消除这些差异，是沟通环节中需要关注的问题。例如,胜利油田在阿拉伯国家开展的国际油气合作项目中,对方的工作人员早晨有做礼拜的习俗,所有工作都必须在做完礼拜后才能开始,因此在工作时间的安排上要考虑这种需求;又如,胜利油田在阿尔及利亚的石油合作项目中,中方安排的员工宿舍是三人一间,但是阿方规定员工宿舍必须是单人单间,中方员工也必须遵守这一规定,否则无法开工。为了满足对方的要求,中方不得不在当地租用房间,这样做虽然增加了项目成本,但是项目最终得以顺利进行,而且取得了不错的业绩。

(三)国际油气合作中沟通管理计划的制定

在国际油气合作中,要全面关注沟通的细节和沟通过程中可能出现的问题。一般来说,在一个比较完整的沟通管理体系中,应该包含沟通计划、信息分发、绩效报告和管理收尾等方面的内容。沟通计划决定了项目干系人的信息沟通需求,即谁需要什么信息,什么时候需要,怎样获得;信息发布可以使信息及时被发送给项目干系人;绩效报告旨在收集和传播执行信息,包括状况报告、进度报告和预测;项目或项目阶段在达到目标或因故终止后,需要进行收尾,管理收尾主要是形成项目结果文档,包括项目记录收集、对符合最终规范的保证、对项目效果(成功或教训)进行的分析以及对这些文件的存档。

1.制定国际油气合作项目沟通管理计划时需要考虑的问题

(1)油气合作项目中利害关系者的多样性。项目有关各方对项目的期望是不同的,他们在项目中对信息的需求也是不一样的。因此,在制订项目沟通管理计划时,需要对主要的项目利害关系者进行分析,使项目沟通管理计划尽可能地符合项目利害关系者的需要。

(2)油气合作项日组织的层次特点。在制订项目沟通管理计划时,要结合项目的组织分解结构,项目的组织分解结构为项目沟通提供了一个信息传递的层次结构。项目组织可以分为高层管理者、项目经理、子项目经理、项目团队成员,不同的层次需要的信息是不同的。信息传递的过程要使每一层都能得到各自所需的信息,过滤掉不重要的信息。

(3)沟通的内容要结合工作分解结构。统一完善的工作分解结构可以使沟通工作有条不紊。

(4)油气合作项目双方的文化差异。石油合作项目的双方来自不同国家,文化背景差别很大,可表现在语言、生活习惯、思维方式、宗教信仰等多个方面。

另外，石油勘探开发项目经历的时间一般较长，投资数额庞大，乙方经常需要在甲方所在的国家工作，如何有效解决文化差异，是沟通环节中需要关注的问题。

对于国际油气合作项目而言，制定全面详细的沟通计划是至关重要的，这不仅能减少工程实施过程中的障碍，而且能降低项目遇到的风险。例如，在中石化胜利油田与阿尔及利亚的石油合作项目中，阿方要求井队开工时必须配备消防泵，而中方配备有消防用灭火器，两者的作用是相同的，但是阿方却因为中方达不到他们的施工标准而迟迟不允许开工生产。而且，阿方要求的消防泵型号在当地根本买不到，需要到邻国订购，这样不仅会造成工期的延误，而且会给中方造成一定的损失。如果中阿双方在事先的沟通中就考虑此类问题，进行有效的洽谈协商，就可以大大减少这些问题带来的损失。

2.石油合作项目沟通管理计划

制订石油合作项目沟通管理计划时，应该包括以下几方面的内容：

(1)沟通的对象以及沟通的内容。沟通的对象包括项目出资方、客户、项目团队、项目分包商、供应商等项目有关各方；针对不同的沟通对象，需要确定不同的沟通内容。

(2)沟通的时间和频率。针对不同的沟通内容，需要确定沟通的时间和频率。

(3)沟通的地点。确定沟通的时间和频率后，还要确定沟通的地点，比如是召开面对面的会议还是电视会议等。当一个项目需要位于多个地理位置的团队相互协作时，召开电视会议是一种常见的形式。

(4)沟通的技术。沟通的技术包括电子邮件、网络聊天软件等，移动通信技术将对项目的沟通管理产生巨大影响。

(5)沟通中信息的提供者。在项目中，需要明确由谁负责提供相应的信息，要做到分工明确。

(6)沟通的原因。针对每一项沟通，要描述为什么要进行这项沟通，这项沟通对应的需求是什么，沟通双方能获得什么信息，等等。

(7)沟通计划对项目沟通的成败起着至关重要的作用。由于项目的发展不是固定不变的，因此在实施过程中，沟通计划需要不断进行更新和补充，以适应项目进展的需要。同时，在沟通中也要注意沟通成本的问题。精简项目团队是节约沟通成本的一种方法。当今的石油合作项目中，有些是依靠国外中介代理进行的。为降低合作项目的风险，沟通不仅要了解对方国家政治、经济、技术方面的情况，而且要准确了解该中介机构的信誉度。这些问题都应该详细地反映在沟通计划中，以减少石油合作项目的风险。

四、总结

自1992年国家明确提出“充分利用国内外两种资源、两个市场发展中国石油工业”的战略方针以来，中石油、中石化、中海油等中国油气企业在开展国际油气合作方面有了突飞猛进的发展。1993年，中石油中标秘鲁塔拉尔第六、第七区块服务项目，标志着中国油气企业在“走出去”方面实现了零的突破。从2000年4月到2001年2月，中石油、中石化和中海油相继在境外成功上市，这不仅表明中国石油管理体制改革取得了重大进展，而且标志着中国油气企业在市场化和国际化经营方面迈出了重要的一步。

多年来，中石油成功地中标了苏丹、委内瑞拉、哈萨克斯坦、加拿大等30多个国家和地区的石油合作项目。截至2021年，中石油在海外有石油合作项目90多个，分布于四大洲15个国家，项目的勘探储量和石油产量实现了多年大幅增长；海外石油工程、技术服务、物质装备出口呈良好发展态势，目前在26个国家拥有自己的工程技术服务队伍；1997年中标的苏丹一、二、四区项目，委内瑞拉项目和哈萨克斯坦项目运营获得巨大成功，为海外经营奠定了坚实的基础；在海外初步形成了集油气生产、管道营运、炼油化工、成品油销售为一体的经营产业链；海外投资取得了高达15%的投资回报率。美国《财富》杂志评选的2021年世界500强公司排名中，中石油名列第4位，居中国企业第2位。

在多年的海外油气勘探开发中，中国油气企业取得了较好的成绩，目前已形成较稳定的海外石油勘探开发战略区域。开展国际油气合作，是中国油气企业正在不断寻求突破的方向。由于国际油气合作项目经营的特殊性和复杂性，对项目沟通管理提出了更高的要求。虽然到现在为止还没有出现过单纯由于项目沟通问题导致项目失败的案例，但国际油气合作项目的成功经验告诉我们，良好的项目沟通管理是项目得以成功实施的重要保障。妥善处理好项目实施过程中出现的矛盾问题，不仅能够减少项目实施过程中的障碍，为项目顺利进行铺平道路，而且能够在国际市场和世界人民心目中树立企业甚至是企业所在国家的良好外交形象。所以说，项目沟通管理虽然是小问题，但处理得好与坏却直接影响到很多大的方面。在进行国际油气合作的沟通管理工作时，应该保持高度的沟通意愿，选择灵活的沟通方式和多种沟通渠道，采取真诚的沟通态度，营造积极的团队文化氛围，开诚布公地解决各种冲突问题，找到能照顾到各方需求的合适的办法。还要建立坚实的关系网络，打造方便各方沟通的桥梁，使各方增进了解，减少隔膜，促进相互之间的尊重和合作。同时，还要注意利用先进的通信技术，建立顺畅的沟通渠道，这些都是项目沟通管理获得成功的重要保障。

第四节 国际油气合作软环境

作为一个与国际油气合作硬环境相对的概念，国际油气合作软环境是指物质条件以外的诸如政策、文化、制度、法律、思想观念等外部因素和条件的总和，如相对于地理条件、资源状况、基础设施、基础条件等“硬件”而言的思想观念、文化氛围、体制机制、政策法规及政府行政能力水平和态度等。

一、政治环境

（一）政治风险、政治状况、政局状况

影响对外投资的东道国政治因素主要包括：东道国政府为保护本国企业的政治及经济安全而设置的各种政治性壁垒，以此来干预外国企业对本国企业的投资；国际性政治事件的爆发以及由此引起的国际关系格局的变化；各种国际性经贸组织的建立及有关商品协议的达成；政府对经济干预采取的各种政策和措施等。

对于油气产业而言，其海外投资面临着来自产油国及世界主要石油消费国的各种政治压力。一方面，某些国家基于意识形态的不同或地缘政治上的考虑，会以能源安全和经济安全为由，对其他国家的石油合作项目进行干预乃至阻挠；另一方面，世界主要产油国的政治经济局势不稳及对本国资源实行国有化等举措，会给海外石油合作项目带来一定的风险。鉴于油气产业投资所面临的特殊的政治风险，再加上当下世界石油资源市场的严峻形势，因此东道国的政治因素在某种程度上决定着中国油气企业对外合作的成败。

1.政治的稳定性

政治的稳定性为石油企业在该国进行投资、勘探和生产经营提供了一个相对持久的安定环境,也是影响石油企业开展国际油气合作的决定性因素之一,没有政治稳定和独立自主,就不可能有石油企业的正常运转。东道国是否有一个稳定的政府、是否可能发生骚乱、是否有爆发战争的危险、是否有恐怖主义活动存在等,是外国合作者开展石油合作决策过程中首先应考虑的因素。若一国的政治稳定性不好,即便合作的经济收益和其他条件都较好,具有长期石油合作目标的外国合作者也不应贸然行事,以免生命、财产受到损失。

2.国有化的可能性

国有化的可能性是指东道国政府是否在可以预见的未来将外国合作者的投资收归国有。外国合作者始终面临东道国国有化政策带来的风险。若东道国实行非补偿性的国有化政策,则外国合作者的政治风险较大;若实行补偿性的国有化政策,则外国合作者的政治风险较小。即便是东道国政府对外国合作者保证不实行国有化,也只是降低了风险,并不能排除将来国有化的可能性。因此,开展国际油气合作的投资方必须充分认识国有化这一风险,通盘考虑,做好是否合作的决策。

3.外汇管制

由于某种原因,当一国外汇短缺时,政府就会对外汇兑换加以严格控制,这就限制了外国合作者利润的汇出和资本的转移。因此,在进行国际油气合作之前,必须了解东道国外汇管制的各项措施以及汇率可能发生的变化,以避免外汇管制带来的风险,有时外汇制度也被当作一个衡量法律制度软环境的指标。

4.雇工问题

在国际油气合作中,东道国一般都要求优先雇用本国的各类人员,同时对雇用第三国人员也有规定,外国合作者应透彻了解东道国这方面的规定。有时,雇工问题也归属于社会文化软环境中的指标,依据具体情况划定。

(二)东道国的态度与政策

东道国的态度与政策是指东道国对合作开发该国油气资源的态度和其石油政策的稳定性。与我国的交好度将体现东道国对中国油气企业经济活动的干预程度,与我国关系较为密切的国家会在政策等多方面对中国油气企业提供相对宽松的环境,有利于国际油气合作项目的开展。一般来说,一个国家对开展油气合作的态度要么是欢迎、鼓励，要么是限制、反对。因此，必须研究东道国政府对外国投资与合作开发的态度和是否具有政治风险。

油气政策的导向性因素体现了东道国对油气资源的态度，是否允许外国企业对本国的油气资源进行开发、采取何种方式进行开发，都会直接影响石油企业跨国经营的成败。另外，也要注意到该国对石油合作是否有优惠鼓励措施，是否允许有外国独资的石油公司，是否允许与该国合资或合作经营，是否允许外国石油公司将开采得到的原油拿到国际市场上销售，是否规定了企业的经营期限，政策是否会有大起大落等。

二、社会文化环境

社会文化环境是指一个国家或地区对投资具有影响作用的价值取向、文化观念、生活方式、风俗习惯、工作态度等因素，其中较为重要的是社会文化教育程度、社会治安和服务状况以及社会对外来文化的接受程度三个方面。社会文化教育程度是体现一国国民素质的重要因素，在现代化社会中越来越起到重要的标志性作用；社会治安和服务状况是外国企业在东道国进行正常经营的重要保证，只有良好的社会治安和较为完备的服务状况，才能够为石油企业开展的国际油气合作项目提供良好的后勤保障；社会对外来文化的接受程度是考虑东道国对外国企业及外来文化的态度的指标，如果东道国国民对外来文化持敌对的态度，外国企业在该国的经营活动就会受到影响，甚至无法正常地经营下去，反之则会促进外国企业的发展。具体来说，社会文化环境包括以下几方面。

1.语言和沟通

在国际油气合作中，除英语之外，中方企业人员还应熟练掌握东道国的语言，这样才能更好地与对方沟通感情，这对外国合作者来说极为重要，反之则往往会产生误解，使合作受挫。

2.教育水平

东道国的教育水平如何，直接影响着国际油气合作的质量。由于在国际油气合作过程中都要雇用东道国的人员，若东道国教育水平高，则雇用合适的工作人员较容易并能胜任工作，否则将有可能雇用一些不能胜任工作的人，致使工作效率低下，甚至贻误工作。一般说来，合作者最感兴趣的并非东道国劳动力成本低，而是拥有一批具有竞争能力、思维敏捷、技术水平高的劳动力。

3.社会心理和国民感情

外国合作者必须了解东道国各个阶层民众的社会心理和感情，其中很重要的一个方面是民族主义和国家主义情绪，以及当地人对外国合作者的态度等。不了解这些，国际油气合作项目就很难顺利进行。

4.商业行为和方式

由于各个国家的风俗习惯不同，因此它们体现在商业行为和方式上也不同。例如，日本人在谈判中很少当面做出拒绝或否定的表示，这往往会给对方留下错误的印象；美国人则喜欢开门见山，而且在交往中不拘小节。这些都会对国际油气合作项目产生不同的影响，也是参与国际油气合作时需要注意的问题。

三、经济环境

经济环境包含一个国家的经济体制、生产力发展状况、居民物质生活水平、产业的构成及发展趋势、科技发展水平以及经济增长的稳定性，其中主要是一国的宏观经济运行情况、对外贸易发展状况以及一国石油行业的经济状况三大指标。宏观经济运行情况可以通过一国的国内生产总值(GDP)、通货膨胀率、就业率等指标来体现，是一国整体经济实力的体现，也能让石油企业了解一国的宏观经济环境。可以从以下方面判断一国的经济环境。

1.对外贸易发展状况

对外贸易发展状况体现了一国与国际经济的结合程度，也是石油企业进行经营管理的重要依据。

2.一国石油行业的经济状况

一国石油行业的经济状况主要是考察该国的行业规模和行业水平，为石油企业跨国经营提供一个较为具体的行业环境。

3.税收

作为一种手段，税收可以用来控制外国合作者，因此是一种经济风险。开展国际油气合作时，应认真研究东道国的税收情况(有时税收也被视为制度环境因素指标)。

4.石油资源的丰富程度

石油资源的丰富程度是决定石油企业开展国际油气合作成败的资源性因素，只有石油资源丰富、品质好，才能够为石油企业带来较大的经济效益，并使石油企业获得较好的经营效益。

四、法律环境

法律环境是指一个国家或地区的法制情况，包括关税、贸易、产权保护等条约或协议。石油企业开展国际油气合作的法律环境主要是指东道国法制的健全和稳定性、涉外法规的完备和稳定性以及石油法规的完备性三个方面。一个国家的法治程度是该国现代化程度的重要标志，也是保障企业在该国顺利经营的重要因素，只有法律健全和稳定，企业经营才能够做到有法可依，其合法权益才能够得到保护；涉外法规的完备性和稳定性对外国企业会产生直接的重要影响；石油法规的完备性是体现石油行业特色的法律因素，与石油企业在外国的持续健康发展息息相关。

国际油气合作的法律环境是由国际法、国际商法和各国与石油及天然气矿产管理有关的法律相互作用形成的。

(一)国际法

1.国家领土主权不可侵犯的原则

国际法用来保证国际油气合作各方的国家主权和领土完整，这体现在“国家领土主权不可侵犯”的原则里。现代国际法认为，国家领土是指处于国家主权管辖下的地球表面的特定部分及其地下和上空。一方面，这在内涵上反映了国家领土与国家主权的紧密关系，即强调国家领土必须受国家主权的支配，否则便不是国家领土；另一方面，这在外延上穷尽了国家领土的各个组成部分，即国家领土包括领陆(一国疆界之内的大陆和岛屿)、领水(内水与领海)、领空和底土(国家领陆和领水以下的地下层)。就其本身而言，国家领土具有两个基本特征，一是国家领土具有确定性和固定性，二是国家领土的所有权与管辖权具有不可分割性，二者缺一不可。因此，国家对其领土拥有属地优越权。领土主权和领土完整是国家主权在其领土主权上的体现，是国家独立的重要标志。领土主权和领土完整不受侵犯的原则是现代国际法的重要原则。企业在参与国际油气合作时，必须了解这一原则并接受这一原则的严格约束，否则国际油气合作就无法进行。

2.《联合国海洋法公约》

1982 年颁布的《联合国海洋法公约》分区划定了各种不同海域，确定了各种海域的法律地位和制度，明确了海洋中的各种活动，规定了各国在从事海洋活动中的权利和义务。特别是对大陆架和专属经济区的划分，对国际油气合作而言尤为重要。

（二）国际商法

国际商法是调整国际商事交易和商事组织的各种关系的法律规范的总和，其调整范围不仅包括有形商品（货物）的国际交易，而且包括技术、资金和劳务在国际流动中产生的各种关系。与国际油气合作密切相关的国际商法主要有合同法、买卖法、商事组织法及工业产权法等。企业开展国际油气合作时，应该熟悉这些法律。

1.合同法

合同法是当代社会进行各种经济活动的基本法律。资本主义国家的合同法分属两个法律体系，即大陆法系和英美法系。在大陆法系国家，合同法是以成文法的形式出现的，如法国、德国、意大利、日本和瑞士等国，它们的合同法都包含在民法典或债务法典中；而在英美法系国家，关于合同的法律原则主要包含在普通法中，这是几个世纪以来由法院以判例的形式发展起来的判例法。在英美法系国家，除印度外，都没有一套系统的、成文的合同法。

中国的合同法见于《民法通则》《经济合同法》《涉外经济合同法》以及其他有关合同的单行法规中。《民法通则》规定了合同法的一般原则，主要包括民事权利能力与民事行为能力、民事法律行为和代理、全权、民事责任等内容，它所规定的各项原则基本上适用于一切合同。

《经济合同法》主要包括经济合同的订立和履行、经济合同的变更和解除、违反经济合同的责任、经济合同纠纷的调解和仲裁以及合同的管理等内容。该法的适用范围很广，除适用购销、建筑工程承包、加工承揽、货物运输、供用电、仓储保管、财产租赁二借款、财产保险及科技合同外，还适用于其他各种国内经济合同，但不适用于涉外经济合同。

《涉外经济合同法》主要包括涉外经济合同的订立、合同的履行和违反合同的责任、合同的转让、合同的变更、解除和终止、争议的解决等内容。该法适用于中国企业或其他经济组织同外国的企业和其他经济组织或个人订立的涉外经济合同，但国际运输合同除外。以上三部法律构成了中国合同法的主要框架。

除上述法规外，中国还颁布了《中外合资经营企业法》《中外合作经营企业法》《技术引进合同管理条例》等，分别对中外合资经营企业合同、中外合作经营企业合同和技术引进合同作出了相关具体规定。

2.买卖法

买卖法包括有关货物买卖的国内立法、国际条约和国际贸易惯例。

(1)国内法。资本主义国家有关货物买卖的国内法分两种情况：在大陆法系的大部分国家里，由于民商分开，把有关买卖的法律编入民法典内，作为民法典的一部分，法国、德国和日本都是如此，但也有一些大陆法系的国家采取民商合一的形式，把有关买卖的法律纳入商法典中，如意大利和瑞士。在英美法系国家，买卖法由两个部分组成，一是普通法，二是成文法，如英国的《货物买卖法》及美国的《统一商法典》。中国有关货物买卖的法律主要见诸《民法通则》《经济合同法》《涉外经济合同法》。

(2)国际货物买卖的国际公约。目前，国际上有三个关于国际货物买卖的国际公约，分别为《国际货物买卖统一法公约》《国际货物买卖合同订立统一法公约》《联合国国际货物买卖合同公约》。

《国际货物买卖统一法公约》和《国际货物买卖合同订立统一法公约》于1964年在海牙会议上正式通过，并先后于1972年8月18日和8月23日生效。批准或参加前者的只有8个国家，参加后者的只有7个国家。以上两个公约在国际上没有被广泛接受和采用，难以起到统一国际货物买卖法的作用。

《联合国国际货物买卖合同公约》于1980年2月在维也纳召开的外交会议上获得通过，并于1988年1月1日起生效。截至1990年6月，核准和参加该公约的共有包括中国在内的26个国家。该公约分为适用范围、合同的成立、货物买卖等内容，最终条款共101条。该公约是迄今为止关于国际货物买卖的最重要的国际公约。作为缔约国，无论国家大小，其外贸企业与其他缔约国的当事人之间订立的货物买卖合同都将适用这个公约，除非当事人已在合同中排除公约的适用。

(3)国际货物买卖的国际贸易惯例。国际货物买卖的国际贸易惯例有《国际贸易术语解释通则》《华沙-牛津规则》《国际贸易定义》。

《国际贸易术语解释通则》于1935年由国际商会制订，1953年修订，并于1980年和1990年两次修政和补充。该通则对内陆交货、装运港船上交货以及成本加运费、保险费交货等贸易术语作了详细的解释，具体规定了买卖双方在交货方面的权利与义务，现已得到广泛的承认和应用，是国际货物买卖参照的重要国际惯例。

《华沙-牛津规则》于1932年由国际法协会制订，共21条，是针对成本、运费、保险费合同而制订的，在国际上有较大的影响。

《国际贸易定义》于1941年由美国修订，对美国在对外贸易中经常使用的贸易术语进行了解释，具体规定了各种不同的贸易术语中买卖双方在交货方面的权利与义务，但它对装运港船上交货的解释同《国际贸易术语解释通则》有较大的区别。《国际贸易定义》在北美洲和南美洲各国有较大影响。

以上惯例并不具有普遍约束力，只有当双方当事人采用某一惯例时，该惯例才适用该合同并对当事人产生约束力。

3.商事组织法

资本主义国家的商事组织主要有三种基本的法律形式，即个人企业、合伙和公司。合伙的法律方面，在现代大陆法系国家主要规定在民法典和商法典的有关章节之中，在英美法系国家大都采取单行法的形式，如英国的《合伙法》。

公司的法律主要是公司法，在大陆法系国家，早期的公司法主要规定在商法典中，后来更多地采取单行法的形式，如法国和德国。英美法系国家都采用单行法。近年来，各国公司法出现了国际统一化的趋势，其中有代表性的是欧共体委员会为统一成员国公司法而颁布的一系列“关于共同体公司法的指令”。

4.工业产权法

工业产权法主要包括专利法和商标法，其目的是确认专利与商标的所有人对其创造性的劳动成果享有专有权，保护其利益不受侵犯。这方面的国际立法主要有《保护工业产权的巴黎公约》《专利合作条约》《欧洲专利公约》《商标国际注册的马德里协定》《商标注册条约》等。中国在20世纪80年代也颁布了《中华人民共和国专利法》和《中华人民共和国商标法》。

5.其他法律法规

除上述法律法规外，还有其他一些调节国际经济贸易行为的立法，如《关税与贸易总协定》和《解决国家与他国民间投资争议公约》等。

（三）与石油及天然气矿产管理有关的法律

1.矿产资源法

（1）矿产资源法概况

有关矿产资源的法规，大多数国家都称为“矿业法”。矿业法是自然资源有关法律中历史较为悠久的一种。在近200年以前,欧洲即出现了专门的矿业法。西方资本主义国家的矿业法大都在20世纪先后形成。

由于社会制度不同,各国矿产资源法的基本内容也有所不同。多数国家不允许私人对矿产资源有所有权,但有的国家则允许有些矿物可为私人所有。例如,英国的相关法规规定,除金、银外,其他矿物允许私人所有。世界各国的矿产资源法律大体上可分为两种类型:一种是纲领性的,如苏联的地下资源法纲要、加拿大的矿业法;另一种是全国性的完善法规,如德国的矿业法和中国的矿产资源法。纲领性的矿产资源法规必须由地方政府进一步立法加以补充。

各国的矿产资源法规虽然有所区别,但也有一些共同的特点,主要体现在以下方面。

第一,各国的矿产资源或者说主要的矿产资源大部分属于国家所有,在使用这些矿产资源时,必须依法办理手续。勘探权、探矿权或勘探许可证等是一大类,开采许可、采矿权等又是一大类。"经营权"是普遍使用的法律术语,有的也规定在矿业法中。构成复杂情况的因素是土地所有制,在资本主义国家中,这个问题比较复杂,因此有关探矿权、采矿权等的法律条款占了很大的篇幅。在这些规定中,对时间与空间的限定在权属取得与转移过程中规定得比较细致。

第二,有的国家在矿产资源法规中列举了各个矿产名称,有的专门列举了本国具有特色的矿产的有关规定,有的矿业法中对矿产品运输、销售等也做了法律规定,同时对大陆架的矿产设施、研究等的要求也包括在矿业法中。矿业法管辖的矿种在不断增加,有关矿业活动的立法工作也在加强。

第三,对安全生产、环境保护、矿产资源的保护等有关法律规定,在矿业法中逐步完善,而这些方面的技术要求也往往写在矿业法中。

第四,立法工作是服务于国家政治需要的。除立法的经济效益、社会效益、环境效益外,还必须考虑政治战略的需要。许多发展中国家针对自己的矿产资源优势,专门制定了一些法规以维护本国的利益。目前的一个重要问题就是在立法中如何限制与防止跨国公司权力过大。

(2)中国的矿产资源法

中国的矿产资源法经历了长时期的变革。1898年10月,清政府订立了《路矿章程》22条,次年又进行了修正;1907年,清政府颁布了中国历史上第一部矿业专门法——《大清矿务章程》;1930年,国民政府颁布了《中华民国矿业法》。但在激烈动荡的历史条件下,这些矿业立法从未得到过很好的实施。中华人民共和国成立后,国家多次发布有关矿业及其管理方面的法规和规范性文件。1950年,政务院颁布了《中华人民共和国矿业暂行条例》;1965年,公布了国务院批准的《矿产资源保护试行条例》。改革开放后,面对我国矿产资源开发活动中积累的旧有矛盾和出现的新问题,迫切需要进行新的立法。1986年3月19日,国家颁布了《中华人民共和国矿产资源法》,并从1986年10月1日起正式实施,这是我国矿产资源勘查、开采走向法制的开端和矿产资源规范化管理的历史转折。

2.石油法律与法规

石油法律与法规是指针对石油工业的特点及其在国民经济和国防上的重要地位,对石油与天然气勘查和开发活动制定的法律与法规。各国针对石油与天然气的法律和法规大致有三种形式。

(1)石油法。石油法是针对石油工业专门颁布的单行法,如泰国就是如此。泰国有关油气资源管理的法律有两部:一部是《石油法》,另一部是《石油所得税法》。这两部法律均于1971年颁布,后经1973年、1979年和1989年三次补充修改后趋于完善。泰国的这些法律适用于整个石油业,并覆盖了各道工序。其中,1971年版的主要内容有总则,石油委员会,从事石油勘探和生产应遵循的准则,石油储存和运输,石油销售与分配,承租人的权益和义务,矿区使用费,涉及费率、汇率、支付、豁免和减少等方面的违法行为的处罚等。

(2)归于其他法律之中。有些国家没有专门的石油法,但在其他法律中体现了对石油工业的管理。以美国为例,美国陆上和外大陆架的资源开发由两部法律来管理,一部是1920年修订的《矿产土地租让法》,另一部是修订的《外部大陆架土地法》。美国没有国家石油公司,其领土上自然资源的勘探与开发一般是由私营公司和联邦政府一起遵从以上法律,依据租约或合同来进行。这两部法律的主要内容是国籍限制、新土地所有权、租用面积、投标规定、海上区域规定、海上租用面积、海上租约期限、海上投标规定、陆上租约期限、矿区使用费/税的规定、地面租金规定及其他。

(3)作为特定矿种进行管理。有些国家既无专门的石油法,也未在其他法律中对石油工业的管理有详尽规定,而是通过政府的特殊规定来管理石油工业。例如,自 1982 年至今,我国先后颁布了《中华人民共和国对外合作开采海洋石油资源条例》(1982 年 1 月 12 日)、《石油及天然气勘查、开采登记管理暂行办法》(1987 年 12 月 24 日)、《石油及天然气勘查、开采登记管理办法实施细则》(1990 年 9 月25 日)、《中华人民共和国对外合作开采陆上石油资源条例》(1993 年 10 月 7 日)等法规,对石油工业进行管理。

3.其他与石油工业有关的法律

其他与石油工业有关的法律主要是税法、环境保护法及其相关规定。

(1)税法中的有关规定。税法中主要规定的税种有公司(企业)所得税、暴利税(有的国家为限制石油公司因油价暴涨获取暴利而额外征收暴利税,美国称为“暴利税”,英国称为“石油收益税”,挪威称为“特别税”)、经营销售税(如中国的增值税,美国某些州的单位生产税)、销售税、矿产资源税、房地产税、车船牌照税等。许多国家通过折旧折耗、利息减免、税收抵免和避免双重征税实施税收放宽政策。

(2)环境保护法及其相关规定。由于温室效应、酸雨和臭氧层破坏这三个全球性的主要环境问题都与石油工业有密切的联系,因此许多国家除制定环境保护法外,还经常把有关环境保护的规定作为条款写在本国的石油法和有关条例中,或写在具体合同中。这些条款一般规定了禁止污染的有关内容,有时也对污染可能造成的损失规定需要承担的民事责任等。

除上述政治环境、社会文化和教育环境、经济环境与法律环境外,国际石油工业的形势及发展趋势对国际油气合作也十分重要。特别是世界石油与天然气的供求状况及趋势、世界石油市场的价格状况及趋势、石油工业的技术进步状况及趋势和石油企业的经营方式趋向等因素对石油合作也有颇大的影响,参与国际油气合作也应研究这些问题。

(四)中外石油法律体系比较

1.中国的石油法律体系状况

我国与石油有关的法律法规主要是 1982 年颁布的《对外合作开采海洋石油资源条例》、1986 年颁布的《中华人民共和国矿产资源法》、1987 年颁布的《石油及天然气勘察、开采登记管理暂行办法》、1990 年颁布的《石油及天然气勘查、开采登记管理暂行办法实施细则》、1998 年颁布的《开采海洋石油资源交纳矿区使用费的规定》、1990 年颁布的《中外合作开采陆上石油资源交纳矿区使用费暂行规定》、1989 年颁布的《对外合作开采陆上石油资源条例》、1989 年颁布的《石油地震勘探损害补偿规定》、1988 年颁布的《石油及天然气勘察、开采登记收费暂行规定》、1993 年颁布的《资源税暂行条例》、1994 年颁布的《矿产资源补偿费征收管理规定》等，涉及油气资源管理体制、油气矿权、对外合作、管理安全、地震补偿、税费、土地、环保等领域。这些法律法规对于巩固我国石油行业改革的成果，促进中国油气企业的健康发展，发挥了积极的作用。

2.美国的石油法律体系状况

美国是世界上石油资源所有权归属较复杂的国家。按照美国的法律规定，地下资源归地表所有者所有，只有地主才是原始的地下资源所有权人。由于历史原因，美国土地分别为联邦、州、印第安部落和私人所有四种形式。

美国联邦和各州的立法与设置机构不尽相同。在此仅以美国联邦为例，进行比较研究。美国联邦石油法律体系中，重要的法律有以下几部：

(1)1920 年国会通过的《矿产租让法》，该法律规定对未探明区域实行非竞争性勘探许可和丰产区域实行竞争性租让招标，矿权只租不卖。

(2)1935 年国会通过的《矿产租让法修正案》，该法案取消了对未探明区域的许可等复杂程序，仍采取"申请在先"原则，不采取"最高出价人"原则。

(3)1987 年国会通过的《联邦陆上石油天然气租让修正案》，该法案通过后，所有陆上土地必须经过竞争性招标的办法租让。只有在无人肯出等于或高于该法案规定的最低标的金额时，才可以采用非竞争性方式出租。这项规定一直延续至今。

美国海上石油法律有 1953 年众议院通过的《水下土地法》和《大陆架土地法》及 1978 年修正案，其中修正案有四个重大措施性规定：设计(设定)土地出租 5 年计划；土地标授(出标及权利授予)；标准勘察计划；准许开发和生产，但事先要审查开发生产计划。

另外，在美国的石油法律体系中，《美国海军石油储备法》也具有举足轻重的地位。这里所谓的"海军石油储备"是指为保障国防安全而划出一部分含油土地或可能含油的土地，专门留给海军在非常时期使用，储备的对象是含油土地而非原油或石油产品。该部法律依次规定了相关概念、管辖权与控制权、行政管理、定期审查生产要求、石油储备的生产以及保护合同、征用及征购、影响海军油储、合作或合并计划、海军油储的合作或合并计划、合同及租约、某些土地的再租借、产品的位置、协商与审批要求、预期权限、权利金的处理、外国权益、承租人违法、转让、某些油页岩储备等方面的内容。

3.英国的石油法律体系状况

英国现行石油法律主要有《石油生产法案》(1934 年)、《大陆架公约》(1964 年)、《石油法》(1987 年)、《石油和海底管道法》(1975 年),除此之外,还有石油税收、环保、安全等方面的法律规定。

(1)英国的石油许可证法律体系

《石油生产法案》和《大陆架法》是英国关于陆上和海上石油许可证制度的专门立法。其中规定,石油资源为国家所有,石油公司通过政府发给许可证,获得勘探开采石油的权利。许可证由工业贸易部通过竞争性招标的方式有偿授予,陆上许可证分为三种,即勘探许可证、评价许可证和开采许可证;海上许可证只有开采许可证,分为初期、第二期、终期三个时期。

(2)英国石油税法体制

1992 年之前,矿区使用费按石油产量的 12.5%计征。后来,英国政府认为此项税费没有考虑资本投入及回报情况,因此 1992 年后石油公司不再缴纳该费用。

公司税的课征对象为包括石油公司在内的所有公司。公司税将利润额作为纳税基数,税率为 52%,1992 年的税法规定税率降至 33%,同时允许公司内部不同经营业务盈亏相抵后缴纳。

石油所得税计征的前提是石油公司的投资得到回报,回报前不征收。英国政府在 1982 年规定,一个油田内干井的成本可计入生产成本,在全部投资获得回报后计征此税,税率为 75%。

除上述税费外,石油公司在获得许可证的同时,要向政府缴纳一定的费用。为避免重复征税,纳税基数中均已扣除已交纳的税费额。各项税费相加占公司盈利的 85%左右,公司留利占 15%左右。除许可证和税法外,在石油设施建设、环境保护、健康安全等方面,英国均有法律规定。1975 年,英国颁布了《海底管道法》,规定铺设海底管道必须经政府批准,避免因铺设管道引起与其他行业的冲突。1987 年,英国又颁布了《石油法》,对海上和陆上设施废弃作出明确规定,要求石油公司对废弃的平台装置等按国际标准予以废弃;陆上油库等可保留建筑物，但石油设施应当移走。

在环境和安全方面，英国现行主要法律有1971年颁布的《防止石油污染法》，根据该法律规定，除非公司能够证明泄油是第三方引起，否则要受到严厉处罚；还有1974年颁布的《工作与健康安全法》，该法律主要对雇主和雇员作业安全提出了明确的要求，着重强调雇主的责任。

4.巴西的石油法律体系状况

1977年8月3日，巴西政府实行了新的石油财税制度。在新的石油财税制度下，巴西采用矿区使用费＋税收的租制合同，取代此前的风险服务合同。该制度规定了勘探合同和生产合同的主要条款，包括勘探面积、合同期、租金和生产合同期以及生产租金。

1995年，巴西国会通过了一项宪法修正案，决定取消巴西国家石油公司在石油勘探、开发、运输、炼制和销售以及进出口方面的垄断经营地位，允许国内外的私营公司通过与政府签约的形式参与石油工业所有领域的业务活动。

1997年8月，巴西新颁布的《石油投资法》允许国内和国外私有公司投资巴西石油工业，与巴西国家石油公司进行竞争。

5.委内瑞拉的石油法律体系状况

委内瑞拉是发展中国家，石油资源十分丰富。1975年8月，委内瑞拉颁布了《石油基本法》，规定自1976年1月1日起，委内瑞拉对外国公司实行国有化，并成立国家石油公司。委内瑞拉的石油立法基本上是以国有化为基础，强调资源归国家所有，国家对石油勘探开发和炼制等经营活动进行直接控制。

委内瑞拉于1975年立法设立的国家石油公司是有限责任公司，国家是唯一股东，能源部是股东代表，代表国家对石油工业实施宏观管理。

在委内瑞拉，国家对石油公司征收以下五种税：

(1)生产税。生产税按石油产量的16.75％计征，可以用石油交纳，也可以交钱。石油产量要由能源部核实，由能源部在各地区的办公室出具证明后，税务部门负责征收。生产税每月交纳一次。

(2)消费税。消费税的纳税对象主要是炼油厂，税率为50％。

(3)石油运输税。管道运输企业以管道运输收入为基数，按2.5％的税率交纳石油运输税。

(4)土地占用税。土地占用税以矿区面积按占用年限计征。

(5)石油所得税。石油所得税以收入减去成本为计税基数,税率为67.6%。

6.哈萨克斯坦的矿产资源法律体系

1991年独立后,哈萨克斯坦颁布的主要石油法规有:1994年颁布的《关于陆上和海上石油作业法令》;1994年颁布的《石油作业法令》,规定由承包商承担税负和税收稳定担保;1995年颁布的《石油法规章》;1995年颁布的《石油法》(根据哈萨克斯坦总统1995年签发的2350号令发布),该法全面规定了石油作业权、许可、合同、管道建设以及国家管理等内容;1996年颁布的《石油法》是关于地下石油资源及利用的;1998年颁布的"产量分割标准合同";1999年修订后颁布的《石油法》;2001年颁布的《税法》(分别于2002年3月和11月进行了补充和修改);2003年颁布的最新的《投资法》;2004年1月1日《税法》修正案正式生效。在这些法规中,《税法》对油气工业的影响最大。哈萨克斯坦于2001年颁布的《税法》、2002年的两次修改和2004年生效的《税法》修正案对哈萨克斯坦的国际油气合作具有特殊意义,其中涉及产品分割协议的相关内容在2005年后的里海石油开发规划的第二阶段中正式实施。

其中,《石油法》与《哈萨克斯坦共和国地下资源及地下资源利用法》(以下简称《地下资源及地下资源利用法》)并行使用,成为哈萨克斯坦调整石油资源开发利用的专门法。该法的实施,使哈萨克斯坦在吸引外资、开发本国丰富的油气资源方面迈出了一大步,也为外国公司在哈萨克斯坦石油工业领域投资提供了法律保障。

哈萨克斯坦针对国际油气合作的最新的税收模式主要有两种:第一种模式是许可证模式,在矿产开采合同内需要交纳的税费有矿产开采者交纳的专项预扣费用(签字费、商业发现费、地下矿藏使用费)和超额利润税;第二种模式是产品分割模式,在矿产开采合同内需要交纳的税费包括矿产开采者交纳的专项定金(签字费、商业发现费、地下矿藏使用费)和哈萨克斯坦产品分割份额。另外,必须注意的是,此种模式不包括石油消费税、超额利润税、土地税、财产税。这两种模式都必须交纳的税费有财产税、石油消费税、增值税、个人工资所得税、法人所得税、退休基金固定费、土地税、道路税和水税。

2003年11月20日,哈萨克斯坦众议院全体会议通过了《关于课税问题的若干法律条款的修改和补充》,正式引入了石油出口地租税。石油出口地租税和石油开采税的区别在于,后者没有考虑运输因素。哈萨克斯坦不同矿区有不同的运输费用,地租税的实施将只针对新的地下矿藏开采合同以及续签的旧合同,这些旧合同是指已经完成了一个合同周期但依然受法律支配的合同。出口石油的价值是计算出口石油税的基础,而这些出口石油的价值又是考虑石油品质和开采费用后,根据市场价格和石油出口时实际形成的价格计算的。

7.吉尔吉斯斯坦的矿业管理

1997年7月,吉尔吉斯斯坦颁布了《地下资源法》,该法律被认为是独联体各国中最完善的矿业法。该法律规定,制定和监管《地下资源法》实施的权力归内阁,地方政府机关也有一定的权力。管理委员会是由9名内阁部长级官员组成,负责矿业权证的发放,地方矿产资源和保护部负责发放一些级别较低的矿业项目的许可证。州行政部门和市政部门等地方管理机构主要负责以下工作:发放土地分配证,实施地方矿产资源勘查和开发利用计划,对各种矿业活动特别是矿产资源开发期间的环境达标情况进行监督和管理。

吉尔吉斯斯坦的矿业权主要有地质研究许可证和矿产资源开发许可证两种。地质研究许可证持有者有2年的地质调查专有权,在遵守许可证规定条款的情况下,可将许可证延期至10年。矿产资源开发许可证为综合类许可证,其持有者对规定区内矿产资源的地质勘查、开采、加工、销售和出口具有专有权。但吉尔吉斯斯坦拥有购买矿产资源开发许可证持有人生产的全部或部分贵金属或其他战略自然资源的优先权,而无论其产品是在国内还是在国外精炼加工的。矿产资源开发许可证期限为20年,可延期至矿产资源采尽。吉尔吉斯斯坦法律规定,矿业权只能通过投标竞争获得。经有关机构批准,许可证持有者有权将许可证转让给作为自然人或法人的第三方,或作为抵押物抵押给银行或其他财政机构,以获取在许可证规定范围内进行工作的财政支持。如果许可证持有者未能履行对银行或其他财政机构的职责,银行或财政机构将取得该许可证的权利以换取抵押物,并通过政府主管部门将许可证转给具备必要技术能力和财力的第三方。

(五)各国石油法律体系的基本特点

通过对上述国家在石油法律体系方面的比较研究,我们不难看出,石油立法是石油行业得以健康发展的重要保证,是规范市场的最有效手段。我们可以从范畴、层次、模式和繁简等方面考察各国石油法律的基本特点。

1.范畴

一国的石油立法，由专门规制该国管辖地内石油经营活动的所有法律、法规及规章组成，其中既包括对员工及公共安全和健康、环境保护等加以规定的石油作业规章，也包括对石油税收或利润分成加以规定的法律法规。

2.层次

各国的石油立法一般分为三个层次：一是法律，由人民代表机构（通常指议会）决议通过，是对石油活动的基本规定，修订程序较为复杂；二是政府或政府部门的法规，通常是根据某法律的授权另外颁布的实施细则或有关法规条例，修订程序比第一层次的法律要容易一些；三是政府部门对特定事项的具体决策，如授予许可证、批准工作合同、批准开发计划或销售合同等。

3.模式

根据法律涵盖的领域，一般国家的石油立法可归纳为以下三种。

（1）对不同专业领域分别立法。这种模式的特点是针对石油行业某特定领域单独立法，一般见于西方国家，如美国、加拿大和英国。由于这些国家石油行业下游领域大多是私有化的，市场经济运行较为成熟，除个别专门立法外，下游领域主要适用于竞争、环保和消费等一般性法律。因此，这种模式主要侧重勘探开发、能源安全、环境保护等上游领域。

（2）上下游分开立法。这种模式的最大特点是石油行业上游和下游领域一般各有一个基本法律，多见于自产不足的石油消费国，如日本、韩国和印度就是采用这种模式。这些国家的石油进口量很大，国内自产石油远远不能满足需求，需要制定专门针对下游领域的法律来保障国内供应和消费。

（3）全行业统一立法。这种模式的特点是整个石油行业适用一部基本法律，这部基本法律涵盖了勘探开发、炼油、运输、进出口和销售等所有领域，一般见于经济对石油的依赖性较强、国家对石油行业干预较多的国家。

4.繁简

各国的石油法律繁简差异很大。一般来说，很多西方国家的石油法律体系较为具体而详细，这些国家一般采取特定领域单独立法的模式，留给政府开展行业管理的自由空间较小，但政府行业管理和稳定性及可预见性较强。这种情况尤以美国为甚。相比较而言，非西方国家的石油法律较为简练，条款规定也较为“原则化”，包括许多授权政府另外颁布法规条例的条款。

在中国的石油立法方面,石油工业作为中国的重要产业部门之一,必须借鉴世界主要产油国的立法经验,按照社会主义市场经济体制的要求,尽快初步形成以《石油法》为龙头的石油法律体系。首先,应该制定《石油法》作为矿法的特别法和能源法,主要调整石油勘探、开发、储运、销售等活动中发生的国家与企业、企业与企业、企业与社会之间的法律关系。其次,石油专业性法律、法规应以《石油法》为依据,主要解决某一专业领域的法律问题,如石油和天然气输送管道法规、石油和天然气产品管理法规、石油生产环境法规、石油生产安全法规、石油建设用地法规以及石油税收法规等。最后,依据《石油法》的相关规定,由国务院石油工业主管部门与有关部门制定管理石油工业的章程和办法。

第二章 中国企业开展国际油气合作项目的基础

第一节 中国的国际油气合作现状

随着世界经济的发展，能源安全问题牵动着每一个国家的神经，这也使全球范围内的油气资源竞争日趋激烈。中国是世界上发展速度最快的国家之一，能源安全关系到我国经济的持续稳定发展。但是，我国能源安全的现状却不容乐观。自1993年我国成为原油净进口国以来，原油进口量急剧增加，进口依存度不断提高，目前我国已是世界第一大石油进口国。2021年，我国的石油进口量突破了5亿吨，石油的对外依存度超过了70%。由此可见，石油资源的相对短缺已成为制约我国经济发展的重要因素。此外，我国对国外石油资源的依赖程度正在不断加深，这也在一定程度上影响了我国的经济安全。因此，突破我国国内油气资源储量的限制，从新的高度考虑开展国际油气合作，加大对海外石油资源的勘探开发力度，通过采取多种合作途径，不失时机地利用和分享世界石油资源，已成为保障我国石油供应的重要举措。

一、中国国际油气合作简述

（一）国际油气合作的概念

根据现代国际油气合作实践，通常认为所谓的“国际油气合作”是指自20世纪70年代以来，不同主权国家政府、国家石油公司、国际石油经济组织和超越国家界限的自然人与法人为了共同的利益，在石油、天然气生产领域，以生产要素的移动与重新组合配置为主要内容进行的、较长期的石油经济协作活动。

(二)中国油气企业的国际油气合作方式

目前,中国油气企业的国际化经营尚处于起步阶段,开展国际油气合作可以逐步由初级向高级过渡。参照国际惯例,可以采取以下几种合作方式。

1.与东道国的石油公司合作

中国油气企业可利用自身的技术优势和施工经验,与东道国技术与经验相对不足的石油公司合作投标并组织施工,以弥补中国油气企业在资金与信息获取能力方面的不足。

2.与有经验的大型国际石油公司合作

在国际经验不足的情况下,中国油气企业在参与国际投标时,可与有经验的大型国际石油公司合作,开展联合投标或组队施工。

3.签订服务合同

签订服务合同是指由东道国雇用中国油气企业承包服务项目(包括勘探开发、钻井、测录井、修井等单项作业),并支付服务费用。

4.合资经营

合资经营是指中国油气企业与东道国合建新公司,开展勘探、采油、运输、炼化、销售等业务,并按所占股份的多少分享利润及承担责任。

5.购买储量

购买储量是指中国油气企业出资购买外国的原油储量,包括直接收购业已探明但尚未开采的油气储量,收购拥有一定储量的小石油公司,或是购买业已开采但还有一定剩余可采储量的老油田。

6.并购发达国家的中小型石油公司

通过并购发达国家管理水平较高的中小型石油公司,中国油气企业不仅可以获得石油资源,而且可以较大幅度地节约成本,获得更好的经济效益和规模效益。

二、中国企业开展国际油气合作的现状及分析

(一)中国企业开展国际油气合作的现状概述

自1993年中国成为石油净进口国以来,中国石油公司就迈出了“走出去”的步伐,三大石油公司(中石油、中石化、中海油)均把“建成具有国际竞争力的跨国公司”作为长远发展目标。

中石油于1993年中标秘鲁塔拉拉六区和七区项目，成为中国油气企业“走出去”的先行者。之后，中石油又先后在委内瑞拉、加拿大、泰国、巴布亚新几内亚、苏丹及哈萨克斯坦等地拓展业务，取得了很大突破。近年来，中石化利用其在炼油及工程服务等领域的优势，在西亚与北非、中亚及撒哈拉以南非洲地区也开展了海外业务。中海油开展国际油气合作起步较晚，但其合作项目的规模均较大。

中国三大石油公司在国外的业务拓展，使我国国际油气合作“走出去”战略初显成效，奠定了中国油气企业国际化经营的基础。

(二)中国企业开展国际油气合作的相关案例及解析

1.2020年中国原油进口量快速增长，沙特阿拉伯蝉联最大石油进口来源国

随着中国国民经济的发展，石油在经济发展中的作用日益显著，特别是自中国成为原油净进口国以来，保持稳定的石油来源就显得更为重要；沙特阿拉伯的石油储量丰富，石油的产量和出口量在世界石油市场上占据重要地位。石油也是沙特阿拉伯经济发展的支柱产业，寻求稳定的出口市场是沙特阿拉伯能源战略的重要组成部分。需求和市场的结合，是双方能源战略实现共赢的基础。2020年，中国从沙特阿拉伯日进口原油169万桶，同比增长1.9%，沙特阿拉伯成为中国最大的石油进口来源国；2019年，中沙双边贸易额达到781.8亿美元，同比增长23.29%。发展和稳定中沙两国在能源领域的合作，有利于两国经济良性运行。总之，中国与沙特阿拉伯在石油合作领域有实现共赢的基础，石油合作对中国与沙特阿拉伯两国经济的发展都具有重要作用。①

2.中国与委内瑞拉开展了开采、运输、炼油领域的一体化合作，进入双方合作的新阶段

委内瑞拉的石油国有化政策给了中国油气企业一个进入的机会②，其必然会造成一些国际石油公司出局和委内瑞拉石油市场重新洗牌。中国可以利用同拉美地区的特殊友谊，进一步扩大国际油气合作。中国与委内瑞拉开展石油合作具有以下两点优势：

首先是政治外交优势。中国一向奉行和平外交的方针，因而与世界上绝大多数国家，特别是发展中国家和落后地区保持着良好的政治外交关系，这是中

① 参见张华：《沙特阿拉伯的油气资源及能源政策》，《国土资源》2003年第5期。

② 参见刘伟：《中国与委内瑞拉在石油方面合作前景分析》，《信息快报》2005年第4期。

国开发海外市场的重要优势。

其次是特定的技术和成本优势。经过几十年来在国内市场开发中的积累,加上多年来在国外市场的艰难探索和实践,中国油气企业已掌握一系列效率高、成本低的特定优势技术,如提高老油田采收率的技术、油田快速勘探评价技术、水平井开发及配套技术等。这些优势必将促使中委两国的石油合作获得更加广泛的发展前景。

此外,我们必须注意到,一旦在某一地区、某一项目上打开局面,就要尽一切可能形成辐射效应,不断拓展市场空间。另外,中委扩大能源合作势必会影响委内瑞拉传统石油出口国(如美国)的利益,所以我们也要处理好与相关国家的关系,以达到最终合作共赢、利益共享的目的。

3.中国与苏丹的石油合作

1996 年 11 月,中石油与苏丹政府签订了六区勘探开发协议,之后苏丹一度成为中国进口份额油最多的国家之一。2005 年,中国从苏丹进口份额油累计达到 1000 万吨;苏丹也在中国的帮助下,由一个纯粹的石油进口国变成了石油出口国。苏丹有丰富的自然资源,而中国在诸多领域积累了成功经验。加强中苏两国在能源领域的双边合作,可以实现互利双赢,造福两国人民。[①] 中国始终支持苏丹人民为实现民族和解、和平、繁荣和维护国家主权与独立所做的努力,同时向其提供了无私的帮助。

4.中国推进与俄罗斯的油气合作

从邻国俄罗斯进口石油,既可以满足中国日益增长的能源需求,降低对西亚与北非石油的依存度,促进石油进口来源的多元化,又可以避免长途运输带来的困难和风险,保障运输安全,还能够节省大量运输费用,降低国内的能源使用成本。笔者认为,中国应该努力推进与俄罗斯的油气合作,这不仅有助于解决中国自身的能源短缺问题,而且对强化中俄两国的战略协作伙伴关系具有非常深远的意义。

5.中国加强创新性的国际能源合作

在创新性的海外能源合作中,中国是大有可为的。首先,在金融支持方面,中国的国有银行等机构完全可以面向世界上的产油国,发挥其金融资源作用。

---

① 参见姚桂梅:《中国与非洲的石油合作》,《国际石油经济》2006 年第 11 期。

此外，中国还有庞大的国家外汇储备，其中相当一部分可以用来保障我国的海外能源安全。其次，中国是一个巨大和稳定的能源消费市场，这是一个巨大的优势，对世界各产油国来说，这一点很有吸引力。中国油气企业可以与产油国共同发展一些中下游业务，如建设炼油厂等。最后，中国还是一个规模巨大的投资市场，可以加强吸引各产油国的投资者到中国投资，同时获得各产油国对中国更高的认知度。

总之，中国应该借鉴其他国家开展海外能源合作的创新思路，加强创新性的国际能源合作，为中国的能源安全提供更好的保障。

（三）最终分析结论

目前，我国开展国际油气合作的地区主要集中在西亚与北非、非洲、拉美以及独联体国家（俄罗斯和中亚国家）。我国与这几个地区油气合作的基本情况如表 2-1 所示。

表 2-1 我国开展国际油气合作的主要地区比较分析

合作地区	合作开始时间	合作方式	合作前景	合作领域
非洲	20 世纪 90 年代初	无风险技术服务，合资经营	石油工业落后，政策优惠	上下游一体化
西亚与北非（以沙特阿拉伯为代表）	20 世纪 90 年代初	石油贸易为主，技术服务	资源丰富但政局动荡，应巩固和扩大合作	上下游均涉及
独联体国家	20 世纪 90 年代中期	技术服务	存在地缘政治优势，有“双赢”的基础	石油贸易（管道运输）
拉美（以委内瑞拉为代表）	20 世纪 90 年代中期	合作开发，油田改造	政局稳定，但应注意其政策变化	上下游均涉及

通过表 2-1 可以看出，我国与上述地区的合作前景都是很广阔的，但各个地区的情况都不相同，这就要求在对外合作的实践中具体问题具体分析，充分利用好各个地区的优势，并努力克服不利因素的影响。同时应该看到，经过多年来在国外市场的探索实践，我国的国际油气合作取得了不菲的成绩，我国石油合作的战略区范围在扩大，合作领域更加广泛，合作形式呈现多样性，合作思路也有所创新。

三、我国在国际油气合作中存在的问题及应对措施

(一)国际经营意识不强,缺乏优秀人才

中国油气企业在开展国际油气合作时,还在很大程度上存在国际经营意识不强、缺乏优秀人才等问题。针对这些问题,需要我国的石油企业培养国际经营意识,转变传统的经营管理理念,明确石油产业集约型可持续发展目标,实施国际化、大集团、低成本、有效益战略,深化国际石油大市场观念,注意把握国内石油市场国际化发展趋势,在低成本、高质量的基础上,提高在两个市场上的竞争效率。加强国内与国际石油产业企业的合作与交流,优化石油贸易结构,实现石油进出口产业的战略升级。同时,多层次加大投入力度,强化对石油企业员工的教育、培训和再教育、再培训,建设学习型石油企业,培育知识型、技能型、创新型石油科技和产业员工,不断提高石油劳动者素质,实施"人才兴油"战略,培养和造就石油科技人才,为推进石油产业经济增长方式转变提供先进、科学的技术装备物质基础和优质的人力资源与人才支撑。①

(二)合作地区政局不稳定

目前,我国最重要的国际油气合作地区是西亚与北非地区。但是,西亚与北非地区的产油国在不同程度上存在种族纠纷、宗教冲突以及政治派系斗争。各种不稳定因素的客观存在,为中国油气企业在国外的经营带来了很大风险,如中石化埃塞俄比亚油气项目现场曾遭反政府武装袭击导致企业遭受重大损失等。

针对上述情况,一方面需要政府通过外交、经济手段来拓展国际油气合作的基础。中国开展油气合作有自己在政治上、外交上以及技术与市场等方面的优势,这些都是我国同西亚与北非地区开展进一步合作的有利条件。所以说,政府应出面为石油企业的发展扫清障碍。另一方面,加强对投资风险和投资环境的系统评估,尽可能把发生风险的可能性降至最低。中国油气企业必须加强对油气资源国政治、经济、文化环境的系统评估,加强软环境分析,做到谨慎投资、降低风险。

(三)海洋油气勘探技术与发达国家相比差距明显

在海洋油气资源勘探技术领域,我国与发达国家相比尚有很大的差距。尽

---

① 参见温青山:《国际石油公司发展战略与财务管理》,北京:石油工业出版社,2004年,第17页。

管我国对海洋油气资源的勘探开发技术已经取得了较快的发展，但与美国、英国、法国、俄罗斯、荷兰、挪威等海洋科技发达的国家相比，整体水平仍有较大差距。

近年来，在全球性的重大油气勘探发现中，有一半来自海上，特别是深水区域。当水深在500～1500米时，油气田的平均储量规模将随着水深的增加而大幅提高，深水油气田平均储量规模明显高于浅水油气田。2003～2007年，英国石油公司（BP公司）、埃克森美孚、壳牌等全球十大石油公司拥有世界深水油气开发产量的73%。2012年，BP公司已有一半的油田发展项目来自深水海域，其作业深度达到了2500～3000米甚至更深。①

为了让我国石油公司更好地走出去参与国际石油市场的竞争，进一步保障我国的能源安全，就必须加快实现海洋油气勘探开发技术的突破。政府、企业乃至全社会对海洋油气勘探开发技术研发工作都应予以重视。国家应出台相关产业政策，整合全社会的科技资源，为海洋勘探开发技术的研发提供支持。我国石油公司可以借鉴国际大型石油公司的经验，设立海洋油气勘探开发技术创新基金。通过加大资金投入力度，早日实现海洋勘探开发技术的突破。②

（四）合作进程易受大国排斥

中国油气企业进入国际油气合作领域的时间较晚，在技术、规模、经营经验方面同西方的大型石油公司相比还存在一定的差距。同时，由于石油资源具有重要的战略性地位，美、日等国的石油公司容易对不断取得进步的中国油气企业产生敌意，从而设置种种障碍。

针对这些问题，我国石油公司在开展石油合作的过程中，一方面要处理好与产油国的关系，另一方面要加强与相关国家进行制度性的磋商与合作，逐步形成一种公平、合理、能妥善解决能源问题的协商机制，从而达到最终的合作共赢、利益共享。例如，可以采取强强联合的方式，加强同西方知名石油公司的合作。欧美石油公司在国际油气合作方面具有较长的经营历史，应该说也积累了一定的应对政局、经济等不稳定性因素的经验。同这些大的石油公司合作不仅可以共担项目风险，而且有助于中国油气企业不断学习先进的管理经验和技

① 参见李文：《2003年世界能源市场综述——来自BP的最新能源统计报告》，《国际石油经济》2004年第7期。

② 参见葛艾继、郭鹏、许红：《国际油气合作理论与实务》，北京：石油工业出版社，2004年，第45页。

术,包括海上勘探开发技术。

四、总结

随着我国经济持续快速增长,对石油的需求不断增加,石油供需矛盾日益突出。同时,随着石油在经济发展中的作用日益突出,尤其是自我国成为原油净进口国以来,保持稳定的石油来源就显得尤为重要。这就使得中国开展并加快国际油气合作的进程成为必然。

经过多年的实践,中国开展国际油气合作的"走出去"战略已经取得了重大成果。中国石油合作战略区的范围在扩大,不再局限于西亚与北非,而是努力拓展中亚和俄罗斯等新的合作战略区;合作方式呈现多样化,不再局限于合作开发,而是通过并购国外大的石油公司来获得更多的油气资源;合作领域更加广泛,不再局限于勘探开发领域,而是努力实现上下游一体化;合作思路也有所创新,在学习国外先进经验的同时,加强与大国的磋商合作等。

但是,我们也应该看到,由于中国开展国际石油合作的历程尚短,因此中国油气企业在"走出去"的过程中仍然面临着重重困难,这就需要国家给予石油企业必要的支持,同时石油企业要充分利用各种机遇和方式,在国际化经营进程中不断做大做强。另一点就是在合作过程中要处理好与大国(如美国)的关系,争取与其在竞争中寻求合作,经过磋商形成双方的共赢机制,努力实现利益共享。[①]

总之,中国企业开展国际油气合作任重而道远,但有理由相信,在各方的参与支持下,中国企业开展国际油气合作的前景必定是广阔而美好的。

第二节　中国油气企业开展国际油气合作的经营环境

改革开放以来,随着经济高速发展,中国对能源的需求越来越大。石油作为能源的重要组成部分,在我国一次能源消费和生产中所占比重迅速上升并基本稳定在一定的水平上,而我国也由往日的石油出口国转变为石油进口大国,

---

① 参见乔恩言、李玉顺:《在国际油气合作中的体会与思考》,《国际经济合作》2004年第2期。

石油已经成为制约我国经济增长的瓶颈。[①] 我国国内的石油勘探尚处在中等成熟阶段，石油储量仍处于高基值稳定增长时期，但勘探难度越来越大；国内的主力油田总体已进入产量递减阶段，稳产难度不断增加。因此，中国油气企业走出国门，加快国际油气合作的步伐势在必行。

石油是一种重要的能源和优质化工原料，是涉及国计民生的重要战略物资，石油工业也是我国国民经济的重要基础产业。2020 年，我国的石油消费量约为 6.4965 亿吨，中国巨大的石油消费需求一直被认为是影响国际油价的关键因素。目前，中国是仅次于美国的全球第二大石油消费国。2020 年，中国 70% 的石油依赖进口。随着汽车工业（汽/柴油消费的主力）和乙烯工业（化工用油消费的主力）的发展，中国对石油的需求将进一步增加。

与大型国际石油公司相比，中国油气企业走出国门并在海外直接投资起步较晚。但从一开始，中国油气企业开展国际油气合作就受到了国家的高度重视。早在 1993 年年初，国务院就明确提出了“充分利用两种资源、两个市场发展中国石油企业”的战略方针。

一、中国的国际油气合作现状

（一）国际油气合作发展迅速，合作伙伴几乎遍布世界各地

从世界石油资源的分布情况可知，中国主要从西亚与北非、拉美、俄罗斯、中亚地区获取石油，所以中国的国际油气合作伙伴主要集中在这些地区。以中海油为例，中海油是开展国际油气合作较早的企业，在对外合作中，中海油按照国际石油公司的模式，结合实际，创造性地运用“风险合同”，建立优势互补的联合管理体制，实行项目管理，形成了科学的生产经营管理体系。从 1982 年开始，几十年来，中海油几乎与包括 BP 公司、壳牌、埃克森美孚等在内的世界大型石油公司都有过合作。[②] 这种国际合作不仅使中海油成功利用了国际资金和先进技术，而且积累了丰富的国际合作的管理经验，为构建国际油气公司运行体制奠定了坚实基础。

---

① 参见李春第、邵万钦：《石油走向世界——石油工业国际化经营战略构想》，《中国石油》2000 年第 2 期。

② 参见李文：《继往开来走出去开阔海外新天地》，《国际石油经济》2000 年第 9 期。

(二)国际油气合作从业务上游到下游,从生产到金融

中国油气企业对外合资合作呈现出全方位、多领域发展的良好势头,对外贸易大幅度增长,从而使中国油气企业在国际市场上的影响力和对外形象不断提升。

下面以中石化为例进行简单介绍。中石化在国际油气合作的各个领域均有发展,目前在国际上已经具有较大的影响力。

1.油气勘探开发领域

2005 年,中石化重点组织实施了与美国能源开发公司(EDC)合作的渤海湾埕岛西区块石油勘探、开发和生产项目,与马来西亚云顶石油公司合作的胜利桩西古潜山油田提高采收率项目,与美国 BJ 公司合作的胜利油田单井改造增产项目。埕岛西区块开发项目、桩西古潜山油田可采储量均有不同程度的增加,埕岛西生产平台被国家海洋局北海分局授予"北海区海洋石油勘探开发环境保护先进单位"荣誉称号。

在海外,中石化实施、签署协议或中标了多个海外油气资源勘探开发投资项目,在西亚与北非、非洲、中亚、拉美和澳大利亚等国家和地区新开发成功了包括沙特阿拉伯 B 区块天然气风险勘探项目,苏丹第三、第七区块勘探开发项目部分权益转让,收购哈萨克斯坦 FIOC 公司(六个区块)和中亚公司(两个区块)的石油勘探开发项目。① 中石化还重点跟踪一批项目,为形成比较合理的勘探开发序列,为保证我国对海外油气资源勘探持续快速发展奠定了基础。

2.炼油化工领域

2004 年,洞氮煤气化合资项目工程建设施工进展顺利;扬子石化 BOC 空分、齐鲁伊斯曼羰基合成衍生物、南化 DSM 己内酰胺等合资项目建成投产。新设立了中国石化青岛炼油化工有限责任公司,并进行了合资合作洽谈的前期准备工作。上海赛科和扬巴两个大乙烯项目已经机械竣工。福建炼油化工一体化项目合资合同等商务谈判基本收口,正全面展开建设前期准备工作。天津大乙烯项目建议书已经获得国家正式批准。2004 年,还新设立了与韩国 SK 公司合资的上海高桥-SK 溶剂有限公司等一批中外合资公司。与法国威立雅水务公司关于水务管理方面的合资合作、与比利时苏威公司的合资合作等一批新的

① 参见曹耀峰、于安坤:《石油企业如何实施"走出去"战略》,《国际石油经济》2001 年第 2 期。

合资合作项目前期工作进展顺利。2005 年,与康菲公司合作推广 S-Zorb 技术取得重要进展;与 UOP 公司签订了对二甲苯吸附剂合作协议,采用中国石化自主开发的对二甲苯吸附剂在齐鲁分公司装置上应用成功;与 UOP 公司在芳烃技术上进行合作,向福建炼化一体化项目提供了联合技术;与 ABB 鲁玛斯公司合作开发的大型 SL 裂解炉和乙烯分离工艺在茂名乙烯改造和福建一体化项目中得到采用;用 SL 型炉在齐鲁石化建设的两台裂解炉已经开车成功;利用与 ABB 鲁玛斯合作开发的新乙烯回收技术在天津建设的中试装置按照计划进行了试验,装置生产的乙烯-1 产品纯度达到聚合级标准;与雪佛龙菲利普斯合作开发聚烯烃催化剂的项目继续推进;与安格公司签订了聚丙烯 N/LYNX 催化剂交叉营销协议。

3.天然气、液化天然气领域

2004 年,中石化与中国燃气控股有限公司在天然气领域开展全面合作与技术交流,认购了中国燃气控股有限公司 2.1 亿股新股,占已发行总股本的 11.87%、扩股后总股本的 10.61%。山东液化天然气项目正式获得国家发展和改革委员会立项批复,相关的资源、项目建设前期工作已经展开。

4.成品油零售领域

中石化在国内成立了中国石化壳牌(江苏)石油销售有限公司、中国石化碧辟(浙江)石油有限公司,将相关加油站纳入合资公司的工作正在进行。福建-埃克森美孚/阿美成品油销售合资项目联合可行性研究报告已正式上报国家发展和改革委员会核准,正在进行合资合同谈判。国外成品油零售投资方面,中石化也取得了进展。2004 年,中石化中标了香港特区政府招标的 5 座加油站用地项目;2005 年,中石化中标了香港特区政府招标的 6 座加油站用地项目。

5.海外工程承包及工程技术服务

2004 年,中石化在海外 21 个国家和地区实施物探、钻井、油田地面建设及输油气管道建设,从事石油石化工程技术服务的项目 120 个;业务主要涉及陆上和海上钻井工程、井下作业、地震资料采集处理、采油工程、炼厂改造工程、管道储运和工程设计施工;业务区域包括非洲、西亚与北非、中亚、拉美、南亚和东南亚。在开拓国际工程市场方面,按照国际通用的性能招标承包方式获得叙利亚麦哈德电厂改造大修工程合同,与印度 ESSAR 炼厂正式签订工程技术服务合同,这两个项目均已正式启动。

除了上述五个领域外,中石化在金融等领域也取得了很大发展。

二、中国企业开展国际油气合作的国际环境

(一)政治、外交环境有利

中国与多数第三世界产油国保持着良好的外交关系和经贸往来,国家也高度重视与这些国家开展经济外交尤其是"石油外交",这对中国油气企业开展国际油气合作有非常重要的意义。

(二)合作组织带来壁垒的打破

中国油气企业进入目标市场国家的壁垒逐渐被打破,为企业的项目运作逐步创造了良好的环境。例如,上海合作组织的成立将在一定程度上有利于逐步改善中亚地区的市场开发环境与项目运作环境。

(三)世界石油资源充足

目前,世界石油勘探开发市场仍有广阔的发展空间。据估计,世界石油剩余的探明储量主要分布在西亚与北非(66%)、非洲(7%)、拉美(10%)和俄罗斯-中亚(7%)等地区,这些地区的国家多为发展中国家,它们迫切希望能够吸引国外投资商勘探开发本国石油资源,因此不断出台具有吸引力的财税政策,实行对外招标。尽管美国等西方国家占据了西亚与北非等大部分地区的勘探开发市场,但世界能源市场尚有发展空间,中国油气企业拓展石油勘探开发对外合作的空间还比较广阔。

(四)需求刚性与高企油价提供了机遇

作为不可再生性资源,世界石油越采越少,发现和勘探开发难度越来越大,但是石油消费量却逐年增加。1985 年,世界石油消费量为 28 亿吨,2000 年达到 35 亿吨,2005 年为 38.7 亿吨,2010 年为 42.7 亿吨,2015 年为 47 亿吨。这种需求量的快速增长和价格的居高不下,将继续刺激产油国及国际石油公司加大勘探开发与研究的投资力度,为中国油气企业走向世界提供了广阔的市场。

(五)绝大多数不发达产油国的石油技术尚不完善

部分国家受西方制裁,部分国家由于社会不稳定等,导致西方服务公司介入不深,再加上其本国的技术尚不成熟,从而为中国油气企业走向这类产油国提供了条件。

三、中国油气企业走合作之路应注意的问题

中国对国际石油的严重依赖，使中国的能源安全从未像今天这样紧迫。中国油气企业必须从新的高度思考如何开展国际油气合作。

（一）石油价格总体上的不可逆转性

石油作为世界各国经济发展的基础能源，其不可再生性决定了在没有发现替代产品之前，原油价格具有不可逆转的特性。但清洁能源技术如电动汽车、风电、光电等的发展，打破了这种不可逆性。

（二）石油资源具有很强的地缘政治性

石油是一种具有政治意义的初级产品，在石油市场上，地缘政治是最根本的问题。近年来，由于西亚与北非局势不稳，美国在将石油进口来源转向北非等其他未开发国家的同时，在西亚与北非以“民主”为口号，引发了以石油为最终目标的战争。近年来，俄罗斯在俄中日石油管线问题上也态度暧昧。产油国的政治经济变化（如2003年的伊拉克）影响着整个石油市场，也是影响油价持续上涨的因素之一。一方面，能源可能造成大国对抗，从而加剧地区紧张；另一方面，通过重要的新形式合作，各国间的矛盾亦可化解。积极推进能源合作，将对整个世界的稳定起到建设性作用。

（三）国际油气合作整体规划的战略性

自20世纪90年代以来，我国石油产业的国际化已从单纯的“引进来”发展到“走出去”，我国石油专业的技术科学有着丰富的实践积淀，相对于其他第三世界国家，我们在技术上有优势。但是，我国石油公司在整体上未形成一个协调合作、共同出击的模式，却形成了国内石油企业在海外市场相互竞争的局面，给了外国公司以可乘之机，既损害了中标公司的经济利益，也摊薄了中国油气企业在市场上应得的总体利益。国家急需一个协调机构来对中国油气企业走向海外市场进行整体规划。

（四）石油价格的工具性

加入世界贸易组织（WTO）后，我国的石油市场逐渐开放。目前中国已成为世界石油消费绝对水平上的二号大国、增量水平上的头号大国，在进口上却面临“越买越贵”和“越贵越买”的困境。中国石油战略过去的重点是以参与勘探、开发和获取份额油为主；在新的石油战略中，应重点考虑如何全方位参与国

际竞争,在竞争中化解市场风险。市场是我们的优势,我们应学会用市场影响油价,用市场保障石油供应,利用好市场和海外开矿同样重要。要积极参与国际石油市场运作,坚持多元化、多渠道原则,努力规避油价波动和市场供应的风险。

(五)开展国际油气合作的金融风险

开展国际油气合作需要较大的资金投入,而目前很多产油国为不发达国家,在汇率和金融政策上都不稳定,因此在项目执行过程中需要与我国金融机构合作,合理规避可能的损失非常必要。

(六)国际油气合作中培养人才的重要性

从中国油气企业自身的经验来看,国际化经营缺乏人才。开展国际油气合作需要政治素质高、懂管理、懂技术、外语要求高的复合型人才,而我国的企业在这些方面相对缺乏。

(七)学习先进的管理经验

与大型国际石油公司相比,我们在管理方面还比较薄弱。在对国际石油市场的把握、对国际油气合作项目的选择与评价、国际投标策略、跨国公司的经营运作和科学化管理等方面,中国油气企业目前仍处于初级发展阶段。

(八)政策措施的完整性

从国家层面来看,我国尚缺少一整套鼓励企业开拓海外石油市场的相应政策。美、日等国都支持其国内公司到海外勘探开发油气资源。日本政府制定了相关政策,鼓励企业到海外勘探,在勘探开始,政府提供资金,有了发现、有了利润后偿还,没有发现则政府承担风险。我国在这些方面还有一定的差距,可以根据自身情况适当进行调整。

第三章　分区域国家贸易投资软环境介绍①

第一节　中亚国家的贸易投资软环境

本节主要介绍哈萨克斯坦、土库曼斯坦、乌兹别克斯坦这三个中亚国家的贸易投资软环境，将从政治环境、社会文化环境、经济环境、法律环境四个大方面对上述国家的贸易投资软环境进行详细阐述，重点介绍各国贸易投资软环境的特点与需要注意的事项。在中亚五国中，由于吉尔吉斯斯坦和塔吉克斯坦几乎没有石油资源，因此本书不进行详细的介绍和讨论。

一、政治环境

(一)政治概况

近年来，哈萨克斯坦、土库曼斯坦、乌兹别克斯坦这三个中亚国家的政治形势普遍向好的方向发展，并逐渐趋于稳定，三国的经济也开始进入稳定增长的时期。

1.哈萨克斯坦的政治概况

哈萨克斯坦为总统制共和国，政治局势较为稳定。2006年，哈萨克斯坦成立了新的“祖国之光”党，时任总统努尔苏丹·纳扎尔巴耶夫兼任党主席。哈萨克斯坦宪法规定，哈萨克斯坦是“民主的、非宗教的和统一的国家”；是实行总统制的共和国，总统为国家元首，有权决定国家对内对外政策的基本方针，在国际

① 本章所有关于贸易投资软环境介绍的参考资料均来源于中华人民共和国商务部网站。

上是代表哈萨克斯坦的最高国家官员，是体现人民与国家政权统一、宪法的不可动摇性、公民权利和自由的象征与保证。哈萨克斯坦的政治体制以宪法和法律为基础，议会、政府、法院根据立法、司法、行政三权分立的原则行使职能。

哈萨克斯坦总统的任期为7年。2007年5月18日，哈萨克斯坦议会通过了宪法修正案，授权努尔苏丹·纳扎尔巴耶夫可不受次数限制连任总统职务。哈萨克斯坦总统可以任命总理、副总理，以及外交、国防、财政、内务等部门的负责人（部长）和国家安全委员会主席，但需经哈萨克斯坦议会同意。自1991年12月哈萨克斯坦独立后，纳扎尔巴耶夫担任哈萨克斯坦总统一职直至2019年。鉴于目前哈萨克斯坦的政治局势，未来其总统换届选举时权力能否平稳过渡是需要认真考虑的问题。

2.土库曼斯坦的政治概况

土库曼斯坦于1992年5月18日通过了第一部宪法，规定其为民主、法制和世俗的国家，实行三权分立的总统共和制，立法、行政、司法三权相互独立又相互平衡和制约。土库曼斯坦总统为国家元首和最高行政首脑，人民委员会为国家最高权力代表机关，立法权和司法权分别属于国民议会和法院。1995年12月27日，土库曼斯坦人民委员会对土库曼斯坦宪法进行了修改和补充，将土库曼斯坦的中立国地位写入宪法，又在国歌和国旗中加以体现。1999年12月，土库曼斯坦人民委员会和国民议会联合通过决议，授权萨帕尔穆拉特·阿塔耶维奇·尼亚佐夫可以"无限期地行使总统权力"。土库曼斯坦于2003年8月通过的新宪法规定，土库曼斯坦不承认那些持有外国护照、拥有其他国家国籍的人是本国公民。2005年2月，尼亚佐夫宣布放弃土库曼斯坦人民赋予他的"终身总统"地位。土库曼斯坦人民委员会通过了新的选举法，决定于2010年举行土库曼斯坦总统选举。根据新的选举法，土库曼斯坦总统任期为5年，最多可以连任两届，总统候选人由人民委员会提名。目前来看，土库曼斯坦正在实行更加开放的对外合作政策，以吸引更多的外资，地区油气合作开放力度也在不断加大。

3.乌兹别克斯坦的政治概况

乌兹别克斯坦最高苏维埃于1992年12月8日通过了新宪法。新宪法规定，乌兹别克斯坦是民主的主权国家；全体公民享有同样的权利和自由，在法律面前人人平等；乌兹别克斯坦的国家政权体制建立在立法、行政和司法三权分立的原则基础上。乌兹别克斯坦总统既是国家元首，同时也是内阁主席和武装部队最高统帅；总统任职期满后，终身为宪法法院成员；内阁成员由总统提名，经议会批准后方能履职；议会是乌兹别克斯坦的最高会议机构，是行使立法权的国家最高权力代表机关，共有250个代表席位，按选区选举产生，议员任期为5年。2002年1月27日，乌兹别克斯坦举行全民公决，决定将议会改为两院制；12月12日，乌兹别克斯坦议会第二届第十次会议通过了有关建立两院制议会的法律文件，文件规定，未来乌兹别克斯坦议会将由参议院（上院）和立法委员会（下院）组成，总统的部分权限将转归参议院。届时，政府总理和副总理人选将由总统向议会提名，经议会讨论后批准。此外，乌兹别克斯坦国家安全委员会成员、驻外大使的任免也改由参议院负责。议会下院由地方代表组成，需要定期召开例会和各委员会会议，其基本职能是立法。目前来看，虽然乌兹别克斯坦国内的反对派较为活跃，但该国还是制定了一系列外资税收优惠政策，以鼓励私人资本投资油气领域。

俄罗斯是在中亚地区影响力最大的国家，与上述三国的关系都较为密切。但是，中亚各国目前的利益诉求是实现独立自主的发展，它们更倾向于采取“大国平衡”的外交政策。出于对能源安全的战略考虑和地缘政治利益方面的诉求，美国和欧洲也都希望在中亚地区施加一定的影响力。大国势力的复杂性为我国在中亚地区开展国际油气合作增加了政治和安全风险。

（二）民族和宗教概况

中亚地区民族较多且多数杂居，民族关系较为复杂，矛盾冲突时有发生，如塔吉克族与乌兹别克族的历史矛盾、吉尔吉斯斯坦与塔吉克斯坦边民对峙事件、吉尔吉斯斯坦与乌兹别克斯坦边防军交火事件等。此外，某些自然资源的分布不均及边界争端也会影响中亚国家之间的关系，如对跨界河流的开发利用等。这些民族间的矛盾不仅会影响外国投资者的人身安全，而且会对交通、电力等方面造成影响，增加投资者在当地经营企业的成本。民族矛盾已成为外国投资者在中亚地区投资时必须考虑的一个问题。

宗教极端主义是影响外国投资者在中亚地区投资安全的另一个重要因素。虽然目前来看中亚大部分地区局势相对稳定，但不可否认的是，宗教极端主义这一问题仍然存在。从外部环境来看，中亚地处西亚与北非地区的宗教极端主义向东亚、东南亚传播的路线上，又与阿富汗相邻，因此宗教极端主义对中亚的威胁不容忽视。从各国自身的情况来看，宗教分布状况比较复杂，虽然伊斯兰教占主导地位，但三国的世俗化程度和宗教氛围不同，不同的信教地区也存在教派等方面的差异。宗教冲突和民族矛盾往往交织在一起，再加上不同国家之间经济发展水平差异较大，从而导致中亚各国更容易受到宗教极端主义的影响。相对而言，哈萨克斯坦的安全环境最好，与阿富汗接壤的三个国家（乌兹别克斯坦、塔吉克斯坦和土库曼斯坦）安全形势则较为严峻，特别是塔吉克斯坦的安全形势最为严峻。

1.哈萨克斯坦的民族和宗教概况

哈萨克斯坦的主体民族为哈萨克族，约占人口总数的69%，其主要信仰伊斯兰教，属逊尼派，伊斯兰教也是哈萨克斯坦的第一大宗教。东正教是哈萨克斯坦的第二大宗教，信徒人数约占人口总数的30%，主要为俄罗斯族。哈萨克斯坦宪法规定，哈萨克斯坦是民主的、世俗的、法治的和社会的国家，这表明哈萨克斯坦实行世俗化的治国方针，奉行政教分离的政策。哈萨克斯坦的社会治安总体来说比较稳定，居民生活有安全感。哈萨克斯坦法律规定，居民可以合法持有枪支。但近年来，哈萨克斯坦国内也发生过多起恐怖袭击事件，同时存在宗教极端主义组织的活动。据哈萨克斯坦官方统计，2017年，哈萨克斯坦全国共发生刑事案件31.64万件，犯罪率为1.75%。就各地区而言，阿拉木图市的犯罪率高于全国平均水平，其他犯罪率较高的地区包括阿斯塔纳市、科斯塔奈州、西哈萨克斯坦州、阿克莫拉州、阿克托别州等。

2.土库曼斯坦的民族和宗教概况

土库曼斯坦的主体民族是土库曼族（94.7%），此外还有乌兹别克族（2%）、俄罗斯族（1.8%）、哈萨克族、亚美尼亚族、鞑靼族、阿塞拜疆族等120多个民族。土库曼斯坦居民多信仰伊斯兰教，绝大多数为逊尼派，穆斯林占土库曼斯坦人口总数的89%。伊斯兰教在土库曼人的社会生活中占有重要地位。

土库曼斯坦的社会治安状况总体较好，该国法律规定，不允许居民拥有枪支。但近年来，土库曼斯坦的社会治安呈恶化趋势，吸毒、偷盗等案件逐年增多，土库曼斯坦官方未公布本国的刑事犯罪率及刑事案件数量。土库曼斯坦与阿富汗、巴基斯坦等恐怖袭击多发的国家毗邻，反恐形势较为严峻。近年来，土库曼斯坦国内虽未发生直接针对中国企业或中国公民的恐怖袭击及绑架案件，但在边境地区，土库曼斯坦边防军与武装分子发生过多次交火。对此，中国企业应有充分的认识,提高风险防范意识。

3.乌兹别克斯坦的民族和宗教概况

乌兹别克斯坦属政教分离的国家,该国人口大多信仰伊斯兰教,多属逊尼派,穆斯林占乌兹别克斯坦人口总数的90%以上;第二大宗教为东正教。乌兹别克斯坦的社会治安总体情况较好,国内没有反政府武装组织。据统计,2017年乌兹别克斯坦未发生恐怖袭击事件,也未发生直接针对中国企业或中国公民的袭击及绑架案件,但每到年底,偷盗和抢劫等刑事犯罪案件会增多,社会治安状况会相对恶化。乌兹别克斯坦法律规定,本国居民不允许持有枪支。

(三)外汇管理

目前,哈萨克斯坦、土库曼斯坦和乌兹别克斯坦这三国的货币与人民币均不能直接结算,需要以美元计价结算;而受全球性经济危机和俄罗斯卢布汇率波动的影响,这三国的货币总体上呈贬值态势,从而给中国企业在投资过程中的经济往来和利润汇出等带来了风险。此外,虽然除土库曼斯坦之外,哈萨克斯坦和乌兹别克斯坦均规定外国投资者在本国的货币可以自由兑换,合法利润可以自由汇出,但在实际操作过程中,由于外汇短缺等问题,乌兹别克斯坦国内的外汇兑换及利润汇出往往会比较困难。土库曼斯坦的外汇管制则更为严格,如每人每天可购买的外汇不得超过1000美元,每人可携带出境的外币最多不超过10000美元等。由此可见,我国投资者在上述国家投资时,必须考虑外币兑换及利润汇出的问题。

(四)雇工问题

目前,中亚国家都实行工作许可制度,即外资企业雇用外籍劳务人员时,必须申请工作许可。目前,中亚各国普遍希望外资企业优先雇用本国劳动力,并引进高级技术型外籍劳务人员,因此对引进的外籍劳务人员的学历、工种以及人数都有严格的规定,而且在本国就业形势不佳的情况下,受劳动配额的限制,外籍人员申请前往中亚国家工作的许可往往更为困难。例如,哈萨克斯坦实行严格的劳务配额制度,工作许可和签证的办理手续十分烦琐,这在很大程度上增加了外资企业使用外籍劳务人员的成本。中亚各国本国劳动力受教育程度普遍不高,高技术人才不足,熟练工较为短缺。相对来说,哈萨克斯坦的劳动力受教育程度较高,工人素质较高,但薪酬在三国中也是最高的;土库曼斯坦和乌兹别克斯坦两国廉价劳动力较为丰富,但工人只能从事简单工种。在劳动力成本方面，这三国对员工的最低薪酬、工时、假期和社会福利的规定存在差异，其中乌兹别克斯坦在雇主交纳社保方面要求较高，其余两国差异不大。

二、社会文化环境

近年来，随着中国与中亚国家关系的发展，中亚国家与中国的社会文化交流也逐渐增多，在中亚国家设立的孔子学院数量以及中亚国家赴华留学生人数也在不断增加。但是，相对于经济合作水平而言，中国与中亚国家的社会文化交流仍存在很多问题，如文化交流活动以政府为主导且主要针对精英人群，受众范围很小；旅游业发展仍然处于起步水平；等等。社会文化交流不足导致中国与中亚国家的民间友好互信程度不高，这不仅会导致中国企业对中亚国家的社会文化状况缺乏了解，也会导致中国企业难以在当地树立良好的形象，甚至有可能引发矛盾，如对中亚国家的能源和其他自然资源进行投资开发时，容易激起当地民众的民族情绪而使项目施工受阻。

（一）哈萨克斯坦的社会文化环境

哈萨克斯坦将哈萨克语作为国语，俄语与哈萨克语同为哈萨克斯坦的官方语言。近年来，哈萨克斯坦在文化领域的建设有了显著发展，文化机构在哈萨克斯坦各地区的网点建设规模进一步扩大，文化和视觉艺术活动的举办次数也在稳步增加，文化及休闲场所的基础设施建设发展迅速。哈萨克人的传统食品是羊肉、羊奶及奶制品，最流行的菜肴是手抓羊肉，这也是哈萨克斯坦的特色美食。手抓羊肉的哈萨克语发音类似“别什巴尔马克”，意思是“五指”，即用手抓着吃。

（二）土库曼斯坦的社会文化环境

在世界文化宝库中，土库曼人创造的精神财富有着不可替代的地位。例如，土库曼斯坦总统尼亚佐夫撰写的《鲁赫纳玛》一书就记述了土库曼民族的历史起源、国家独立以来的发展历程和发展前景，以及土库曼人的精神风貌。

（三）乌兹别克斯坦的社会文化环境

乌兹别克人能歌善舞，且擅长刺绣工艺。每逢节假日，乌兹别克人都要唱歌跳舞，有大规模的、集体的，也有家庭的或个人的，形式很多。乌兹别克人用的床单、枕套、帽子、衣服等都有绣花，一般都很精美，还有最负盛名的绣花盘，工艺精巧。乌兹别克人取暖用的坑炉较为特别，这种坑炉又叫“火塘”，是在屋中央挖一个大坑，里面放炉生火，既可以做饭又可以取暖，不过这里所说的"取暖"不是一般意义上的取暖，而是在坑沿上搭上木板，人可以睡在木板上，就像是木头做的炕一样，十分别致。乌兹别克家庭的一大特点是孩子多，每家少则几个，多的有几十个。由于乌兹别克斯坦没有生育政策的限制，再加上人们有"多子多福"的观念，所以家家放开生育，孩子都很多，故乌兹别克斯坦是世界上年轻人占总人口比例很高的国家。另外，乌兹别克人还有很多宗教习俗，如吃饭时不能脱帽；对食物不能挑来挑去、嗅闻摸擦；饭前必洗手，洗手后禁止乱甩，要用毛巾擦干净；吃馕时不能拿着整个馕往嘴里放；家里有年轻的妇女时，禁止外人进入；新婚夫妇的房子禁止外人进入；等等。

三、经济环境

(一)宏观经济条件

哈萨克斯坦、土库曼斯坦和乌兹别克斯坦三国的经济改革和发展均始于国家独立之后。受苏联时期经济产业布局的影响，这三国的国内经济基础普遍比较薄弱，经济结构较为单一，经济发展的能源和资源导向性十分明显，制造业和加工业基础较为薄弱，高科技产业发展不足。

1.哈萨克斯坦的宏观经济条件

作为目前中亚地区经济发展水平最高的国家，哈萨克斯坦已经具备了一定的经济基础，GDP 及人均 GDP 明显高于其他中亚国家，已进入中高收入水平国家行列，国内的基础设施、劳务等条件也都有了很大的改善。作为独联体国家中经济发展速度最快的国家之一，哈萨克斯坦在 2020 年的 GDP 为 1710.82 亿美元，连续多年经济都有较大幅度的增长。为进一步刺激经济增长，哈萨克斯坦政府制定了矿产领域的便利投资机制，有效改善了投资环境。随着哈萨克斯坦国内已探明油气和矿产资源余量不断减少，哈萨克斯坦越来越重视国家战略资源的地位，以能源资源出口为支撑的经济发展模式的脆弱性也使哈萨克斯坦致力于推动经济的稳定、独立、多元化发展和产业结构的优化。因此，目前哈萨克斯坦已经取消了对外资的特殊优惠条件，改为以优先发展产业经济的优惠政策为主，在矿产和油气资源勘探开发等领域对外资进入的限制越来越严格。据我国有关方面统计，2017 年中哈双边贸易额达 180 亿美元，比上年增长 37.4%，中国成为哈萨克斯坦的第二大贸易伙伴国。截至 2017 年年底，中国累计对哈萨克斯坦直接投资存量约为75.61亿美元，各类贷款超过500亿美元，签订的各类工程承包合同总额约为270亿美元，在哈萨克斯坦注册的中资企业数量超过3000家；2017年开行过境哈萨克斯坦的中欧班列达1800余列，比2016年增长了50%。

2.土库曼斯坦的宏观经济条件

目前，土库曼斯坦的经济发展速度较快且比较稳定，但整体经济环境较为封闭，经济自由化和市场化程度不高，对外资进入的产业限制较多，鼓励外资进入的产业主要有矿产资源开采和加工行业、纺织行业、基础设施建设行业、旅游业等。2010年前，在与土库曼斯坦的双边贸易中，中国长期保持着大幅顺差。随着土库曼斯坦对华出口天然气量的快速增加，中国的顺差局面发生了逆转。自2011年以来，中国连续7年成为土库曼斯坦的最大贸易伙伴国。据中国海关统计，2017年中土双边贸易总额为69.56亿美元，比2016年增长17.81%。其中，中国向土库曼斯坦出口3.8亿美元，比2016年增长11.57%；中国从土库曼斯坦进口65.75亿美元，比2016年增长18.19%。据商务部统计，2017年中国对土库曼斯坦的直接投资流量为4672万美元；截至2017年年底，中国对土库曼斯坦的直接投资存量为3.43亿美元。根据土库曼斯坦国家统计委员会提供的数据，2017年中国企业对土库曼斯坦的固定资本投资为5.539亿美元。

3.乌兹别克斯坦的宏观经济条件

近年来，乌兹别克斯坦的经济发展速度较快且比较稳定，但乌兹别克斯坦同样也对外资进入能源及重要的矿产开发等领域实行限制政策，同时鼓励外资进入农业、加工工业、基础设施及高新技术产业等领域。据统计，自2000年以来，中国和乌兹别克斯坦的贸易规模不断扩大，并保持了较快的增长势头。据中国海关统计，2017年中国与乌兹别克斯坦的双边贸易额为42.24亿美元，比2016年增长16.9%。其中，中方出口27.53亿美元，比2016年增长37.1%；中方进口14.71亿美元，比2016年下降8.4%；中方贸易顺差12.82亿美元。据乌方统计，2017年乌中贸易额为49.67亿美元，比2016年增长16.8%，中国是乌兹别克斯坦的第一大贸易伙伴国。其中，中方进口22.39亿美元，比2016年增长12%；出口27.28亿美元，比2016年增长21%。两国贸易统计数字的差距主要在于乌方将服务贸易纳入统计范畴，而中国海关统计则以商品贸易为主。此外，中乌两国在统计口径、统计方式、汇率结算上也存在差异。据商务部统计，2017 年中国对乌兹别克斯坦的直接投资流量为 7575 万美元。截至 2017 年年底，中国对乌兹别克斯坦的直接投资存量为 9.5 亿美元。乌兹别克斯坦对中国的投资额较少。

除上述三国外，塔吉克斯坦也有类似的投资限制性规定，但由于塔吉克斯坦国内的产业技术水平较低，因此目前外资企业在该国的矿产资源勘探和开发领域仍有一定的发展空间。此外，农业、交通、水利水电等也是塔吉克斯坦希望外商重点投资的领域。

（二）油气资源条件

中亚地区地处欧亚大陆腹地，是连接欧洲和亚洲的陆上走廊。中亚是能源和矿产资源极为丰富的地区，之前是苏联的重要工业区之一，尤其里海周边是石油和天然气的富产区，被誉为“第二个中东”。中亚地区的油气田主要集中在五个盆地：滨里海盆地、曼格什拉克盆地（主要位于哈萨克斯坦境内）、西土库曼盆地、阿姆河盆地（分属于土库曼斯坦和乌兹别克斯坦）、费尔干纳盆地（主要位于乌兹别克斯坦境内）。

1.哈萨克斯坦的油气资源条件

哈萨克斯坦西部是富油区，已探明储量约为 30 亿桶（39 亿吨），占世界石油总储量的 1.8%，可供开采至少 30 年。目前，哈萨克斯坦国内共有 172 个油田和 42 个天然气凝析油田，2013 年的石油产量为 8180 万吨。哈萨克斯坦国内主要有巴弗洛尔达尔、阿特劳和希姆肯特三家炼油厂负责处理开采的石油，超过 50%的石油产自卡沙甘、田吉兹和卡拉恰甘纳克油田。哈萨克斯坦的财政收入很大部分来自油气资源出口，其经济结构相对单一，石油出口收入占 GDP 的 40%以上。哈萨克斯坦全国的石油储量预计能够持续开采 50～60 年，预计到 2030 年前后，哈萨克斯坦的原油产量将较 2015 年翻一番。但哈萨克斯坦的石油工业基础较为薄弱，只有加大国际油气合作的力度，才能顺利完成国民经济发展的各项目标。随着油气勘探力度的加大，新发现的油气田埋藏深、开发难度大，不论是从资金还是从经验和技术设备来看，哈萨克斯坦本国的油气公司都不具备完全独立作业的能力，因此必须引进外国投资来完成勘探和钻井采油工作，这就为外国投资者提供了一定的合作空间。

2.土库曼斯坦的油气资源条件

土库曼斯坦已探明石油储量约为 28 亿吨，剩余探明储量约为 1 亿吨。土库曼斯坦的天然气剩余探明可采储量约为7.94万亿立方米，占世界总储量的4.3%，居世界第4位。土库曼斯坦的天然气资源主要分布在两个巨型沉积岩盆地，其中阿姆河盆地占土库曼斯坦剩余探明可采储量的88%，南里海盆地占土库曼斯坦剩余探明可采储量的12%。阿姆河盆地向北延伸到乌兹别克斯坦，累计可采储量高达3.68万亿立方米。土库曼斯坦已经规划将天然气开采量从2013年的769亿立方米提高到2030年的2500亿立方米，并计划出口大部分开采的天然气，未来几年其出口量有望达到每年600亿立方米。目前，中国是土库曼斯坦天然气的最大出口市场，2012年从土库曼斯坦进口的天然气保障了中国51.4%的需求。近年来，土库曼斯坦的油气工业取得了较大进步，土库曼斯坦已经成为具有全球影响力的天然气生产国，但由于历史原因，土库曼斯坦的油气工业基础薄弱，装备技术落后，人才匮乏，目前这种局面还没有得到根本性的改善。土库曼斯坦是世界上主要的天然气出口国家，但原油出口规模不大。土库曼斯坦的油气出口受地缘政治影响很大，其油气输送管线都必须过境俄罗斯和其他独联体国家才能出口到包括欧洲在内的世界各地，在开展国际油气项目合作时，这一点必须予以考虑。

3.乌兹别克斯坦的油气资源条件

乌兹别克斯坦的天然气资源储量丰富，石油和天然气工业是乌兹别克斯坦国民经济的支柱产业。乌兹别克斯坦60%的国土被认为具有油气开采前景，在苏联的15个加盟共和国中，乌兹别克斯坦的油气总储量居第3位，天然气储量尤为丰富，属于世界上15个拥有丰富天然气资源的国家之一。据统计，乌兹别克斯坦的石油可开采储量为53亿吨，已探明储量为5.84亿吨；天然气可开采储量为5.43万亿立方米，已探明储量为2.055万亿立方米，居世界第14位。但是，由于设备老化、技术落后以及油气勘探和开发投入不足，近年来乌兹别克斯坦的石油产量连年下降，已经从2000年的750多万吨下降到2015年的297万吨。乌兹别克斯坦的天然气产量一直相对稳定，年均生产590多亿立方米，居世界第8位。

（三）营商环境

从总体排名情况来看，随着经济政策的调整和相关法律制度的完善，哈萨克斯坦、乌兹别克斯坦和土库曼斯坦三国的营商环境都在逐渐改善，整体排名都在上升。但是，这三国的情况又各有不同，其中哈萨克斯坦奉行开放性的经济政策较早，国内市场和制度环境都较为成熟，因此其营商环境在中亚国家中是最好的。

1.哈萨克斯坦的营商环境

总体来看，哈萨克斯坦是中亚国家中营商环境最好的国家，仅有“跨境贸易”这一项指标在世界上的排名处于100名以后，主要原因是进出口成本的上升。在其他相关指标中，2015～2016年哈萨克斯坦的“开办企业”和“保护投资者”这两项指标有明显改善，但“施工许可”“财产登记”和“信贷排名”相对靠后，这与哈萨克斯坦实行的行业准入和限制政策有关。

哈萨克斯坦的企业所得税税法规定，扣除规定的收入额和支出额，以及扣除按税法规定程序结转的亏损得到纳税人应纳税收入；如果未另行规定，则按照20%的税率对其征税，企业所得税税基抵扣项目包括在用建筑、设施、机械和设备。对出口企业，增值税、消费税实行先征后退，即进口一方自其他国家进口时，向哈萨克斯坦政府缴纳“两税”，出口商凭出口单据向哈萨克斯坦政府申请退税。哈萨克斯坦、乌兹别克斯坦和土库曼斯坦三国的税务部门建立了信息交换系统，每月相互交换货物过境和纳税资料，负责协调和处理征/退税事宜。哈萨克斯坦的增值税税率为12%，适用于应纳税营业额和应纳税出口业务，超额利润税按等级浮动税率0～60%缴纳。

哈萨克斯坦与中国相互给予了最惠国待遇。对实施优先投资项目的新成立的法人，如其投资额超过200万倍的月核算基数，还可享受税收优惠（免交企业所得税、土地税和财产税）、投资补贴、使用外籍劳务不受配额限制、保持税收和移民政策稳定、“一站式”服务等优惠和便利措施（相关条款中未注明生效时间的，从2014年6月23日起生效）。另外，优先投资项目指的是新成立的哈萨克斯坦法人按照哈萨克斯坦政府批准的优先活动目录实施投资的项目，投资额不得少于200万倍的月核算基数（2014年时约为2018万美元，由于月核算基数每年都有调整，汇率也在波动，因此折合成的美元数每年也会相应地改变）。

2.土库曼斯坦的营商环境

从投资营商环境吸引力的角度看，土库曼斯坦的竞争优势体现在以下三个方面：一是政治稳定，社会事业发展较迅速；二是油气资源储量丰富，经济增长前景良好；三是地理位置优越，处于欧亚大陆中心地带。同时，土库曼斯坦也存在一系列问题，如高度集权的政治经济体制，市场机制不发达，政府机构经常对外资企业或涉外合作项目进行行政干预和检查等，曾发生过在与外企产生合同争议时，土库曼斯坦方面采取单边行动，强行终止外企经营的情况。土库曼斯坦吸引外国投资的相关法律法规也不健全，执法随意性较强，如土库曼斯坦《外资法》就规定，外企在当地经营过程中发生的争议只能在当地仲裁机构或法院解决。另外，土库曼斯坦的通信业发展水平低，传媒受到严格监管，社会经济统计数据严格保密，还存在拖欠外国公司工程款和货款的现象，这一点需要投资者注意。

土库曼斯坦的主要税种包括企业利润（所得）税、股息/红利税、增值税、矿产使用税以及油品消费税。企业利润（所得）税的纳税人包括土库曼斯坦本国企业，以及在土库曼斯坦长期经营场所（工厂、商店等）、开展活动或有收入来源的外国企业，土库曼斯坦本国企业的税率为8%，外国企业的税率为20%（在土库曼斯坦长期经营获取的利润）或15%（从其他渠道获取的收入）。股息/红利税的纳税人包括在土库曼斯坦境内从事商品销售、工程建设和设备安装、提供劳务等应税业务的企业、单位、个体经营者和其他个人，税率为15%。增值税纳税人包括在土库曼斯坦境内从事商品销售、工程建设和设备安装、提供劳务等应税业务的企业、单位、个体经营者和其他个人，税率为15%。土库曼斯坦对出口货物（石油、天然气及其加工产品除外）和国际客货运输活动等免征增值税。土库曼斯坦的矿产使用税中，天然气和伴生气的税率为22%，原油的税率为10%；油品消费税中，汽油和柴油的税率均为40%。

另外，土库曼斯坦还出台了以下税收优惠政策：在首批投资回收期内，以可自由兑换货币所进行的投资额占注册资本30%以上的外资企业，免交股息/红利税，企业免征利润税；将利润用于再投资的外资企业，在首批投资回收后，对其再投资的部分予以免税；对经批准立项的投资项目和外资企业注册免征手续费；外国投资者运抵土库曼斯坦的设备、材料免征认证服务费等。

3.乌兹别克斯坦的营商环境

自2014年起，乌兹别克斯坦的营商环境在逐年改善且进步较大，在开办企业、财产登记和信贷方面有了明显的改善，但施工许可、电力供应、纳税和跨境贸易等指标排名较低，说明乌兹别克斯坦存在施工许可证办理时间过长、程序复杂，电力成本较高，税负较重，进出口成本高，须提交的文件较多，手续办理时间过长等问题。

乌兹别克斯坦国内的主要税种及税率为公司所得税（税率12%）、增值税（税率20%）、资源税（石油开采征收20%，天然气开采征收30%）、超额利润税（天然气超过160美元/1000立方米的差额的50%）、石油消费税（石油产品每吨征收5万～40万苏姆，柴油每吨征收27万～35万苏姆）。另外，根据乌兹别克斯坦法律的规定，下列情况免征增值税：从事石油和天然气勘探工作的外国公司及其所聘请的外包机构，在勘探期间免征增值税，但时间不超过5年，在特殊情况下可再延长3年。

乌兹别克斯坦政府给予了在塔什干市和塔什干州以外地区的外国直接投资企业各种税收优惠政策，如免交法人财产税、统一税费等，前提是外资注册资本比重超过30%，投入的是可自由兑换货币或新型技术工艺设备，收入的50%以上用于再投资等，而且没有政府担保。享受优惠的行业包括无线电电子、电脑配件、轻工、丝绸制品、建材、禽肉及蛋类生产、食品、肉乳、水产品加工、化学、石化、医疗、兽医检疫、制药、包装材料、可再生能源利用、煤炭、五金制品、机械制造、金属加工、机床制造、玻璃陶瓷、微生物发酵、玩具制造等。同时，乌兹别克斯坦对外资比例不低于33%的外资企业的入境财产、签订劳务合同的外国公民的入境财产、投资额超过5000万美元的法人入境产品及乌兹别克斯坦法律批准入境的工艺设备和配件等免除关税。对于从事出口导向型和进口替代型产品生产的外资企业，可同时享有乌兹别克斯坦本国法人享有的所有优惠政策。

四、法律环境

哈萨克斯坦、乌兹别克斯坦和土库曼斯坦三国的法律制度均不够完善，国民的法律意识也相对淡薄。立法之后，国家往往使用总统令等对法律条款进行修改，相关投资法律也经常更改，对投资者而言，法律变动风险较大。此外，中亚国家的司法机关受政府领导人意志及上级机关影响较大，执法人员在执法过程中主观性较强，这也给外资企业的经营带来了一定的风险。

（一）哈萨克斯坦的法律环境

自1991年独立后，哈萨克斯坦颁布的主要石油法律法规有1994年的《关于陆上和海上石油作业法令》、《石油作业法令》（承包商承担税负和税收稳定担保）和1995年的《石油法规章》、《石油法》（根据哈萨克斯坦总统令发布），后者全面规定了石油作业权、许可、合同、管道建设以及国家管理等内容；1996 年的《石油法》(关于地下石油资源及利用)；1998 年的《产量分割标准合同》；1999 年的《石油法》；2001 年的《税法》(分别于 2002 年 3 月和 11 月进行了补充和修改)；2003 年发布的最新的《投资法》；2004 年 1 月 1 日正式生效的《税法》修正案。在这些法律法规中，《税法》对哈萨克斯坦油气工业的影响最大。2001 年颁布的《税法》(及其 2002 年的两次修改)和 2004 年正式生效的《税法》修正案对哈萨克斯坦开展国际油气合作具有特殊的意义，其中涉及产品分割协议的相关内容在 2005 年之后的里海石油开发规划的第二阶段中正式实施。

另外，哈萨克斯坦的《石油法》与《哈萨克斯坦共和国地下资源及地下资源利用法》(以下简称《地下资源及地下资源利用法》)共同发挥作用，是哈萨克斯坦调整石油资源开发利用的专门法律法规。《地下资源及地下资源利用法》的实施使哈萨克斯坦在吸引外资、开发本国丰富的油气资源方面迈出了一大步，也为外国公司在哈萨克斯坦石油工业领域的投资提供了法律保障。

哈萨克斯坦开展国际油气合作的最新税收模式主要有两种：第一种是许可证模式，在矿产开采合同内需要交纳的税费有矿产开采者交纳的专项预扣费用(签字费、商业发现费、地下矿藏使用费)和超额利润税；第二种即产品分割模式，在矿产开采合同内需要交纳的税费有矿产开采者交纳的专项定金(签字费、商业发现费、地下矿藏使用费)和哈萨克斯坦产品分割份额。另外必须注意的是，第二种模式不包括石油消费税、超额利润税、土地税、财产税，而这两种模式都必须交纳的税费有财产税、石油消费税、增值税、个人工资所得税、法人所得税、退休基金固定费、土地税、道路税和水税。

2003 年 11 月 20 日，在哈萨克斯坦众议院全体会议上通过了《关于课税问题的若干法律条款的修改和补充》，正式引入了石油出口地租税。石油出口地租税和石油开采税的区别在于后者没有考虑运输因素，而在哈萨克斯坦的不同矿区有不同的运输费用。地租税的实施将只针对新的地下矿藏开采合同以及续签的旧合同，这些旧合同是指已经完成了一个合同周期，但依然受法律支配的合同。出口石油的价值是计算出口石油税的基础，同时出口石油的价值也是考虑石油品质和开采费用后，根据市场价格和石油出口时实际形成的价格计算的。

(二)土库曼斯坦的法律环境

土库曼斯坦法律规定，外国投资者和外商投资企业享受国民法律待遇。国民法律待遇是指外国投资者和外国投资企业在其经营活动及支配投资利润方面享受的法律待遇不低于本国投资者在投资活动和支配投资利润方面所享受的待遇。土库曼斯坦法律还规定，在自由经济区经营的外国投资者和外资企业享受优惠法律待遇。优惠法律待遇是指外国投资者和外商投资企业在其经营活动及支配投资利润方面享受的法律待遇，其优惠程度不低于任何第三国为其提供的相关待遇。

如土库曼斯坦法律未另作规定，外国投资者则可自由选择其所成立的企业的规模、组织方式和资本结构。土库曼斯坦法律如需对外国投资者的经营范围和(或)地域设置限制或禁忌，或对外国投资者设置其他限制，只能将其限定在维护宪法原则、保障土库曼斯坦国防能力和国家安全所必需的限度内。如因土库曼斯坦法律修改带来的禁止和限制条款导致外国投资者、外商投资企业经营活动的法律待遇恶化，则外国投资注册时所适用的法律的有效期将顺延 10 年；对于经土库曼斯坦内阁批准实施投资项目的外国法人企业、外国法人分支机构，在其根据土库曼斯坦法律申报的项目投资回收期内，适用其立项时有效的土库曼斯坦法律。上述规定同样适用于土库曼斯坦税法，但不适用于以保护宪法原则、保障国防能力和国家安全为目的对土库曼斯坦法律进行的修改。

(三)乌兹别克斯坦的法律环境

乌兹别克斯坦主要的贸易法律法规有《对外经济活动法》《出口监督法》《保护措施、反倾销及补偿关税法》《关税税率法》等。自 1991 年独立后，乌兹别克斯坦政府便开始实行有计划的贸易自由化政策。1998 年 1 月 1 日生效的《关税税率法》规定，采取从价关税、从量关税和组合关税三种税率。按照世贸组织的分级标准，乌兹别克斯坦的税率可归入“开放”类(加权平均税率低于 10%)。在乌兹别克斯坦现行的税率中，进口关税税率分为四级，即 0%、5%、10%、30%。根据《关税税率法》的规定，对于与乌兹别克斯坦签订了最惠国待遇协定的国家，从其进口商品的最高关税税率由法律确定；对于未与乌兹别克斯坦签订最惠国待遇协定的国家进口的商品或无出产国的进口商品，进口关税税率加倍。截至 2021 年，乌兹别克斯坦已经与世界上 45 个国家签订了最惠国待遇协定。

中乌两国政府于 1992 年 3 月 13 日签署了《中华人民共和国政府和乌兹别克斯坦共和国政府关于鼓励和相互保护投资协定》，于 1996 年 7 月 3 日签署了《中华人民共和国政府和乌兹别克斯坦共和国政府关于对所得避免双重征税和防止偷漏税的协定》，于2009年10月14日签署了《中华人民共和国政府和乌兹别克斯坦共和国政府长期贸易协议》。

第二节 西亚与北非国家的贸易投资软环境

本节主要介绍沙特阿拉伯、科威特、埃及、卡塔尔、阿联酋、伊朗、阿曼、伊拉克、也门这九个西亚与北非国家的贸易投资软环境。下面将从政治环境、社会文化环境、经济环境、法律环境四个大方面对上述国家的贸易投资软环境进行详细阐述，重点介绍各国贸易投资软环境的特点与需要特别注意的事项。在西亚与北非地区，由于其他国家的石油资源相对较少，故本书不进行介绍与讨论。

一、政治环境

（一）政治概况

1.沙特阿拉伯的政治概况

沙特阿拉伯位于亚洲西南部的阿拉伯半岛，东濒波斯湾，西临红海，地处亚、欧、非三大洲的交界处，是中国"一带一路"倡议的重要节点国家。沙特阿拉伯是政教合一的君主制国家，禁止政党活动，无宪法。1992年3月1日，法赫德国王颁布《治国基本法》，规定沙特阿拉伯王国由其缔造者阿卜杜勒·阿齐兹·拉赫曼·费萨尔·沙特国王的子孙中的优秀者出任国王，王储在国王去世后有权继承王位；国王行使最高行政权和司法权，有权任命、解散或改组内阁，解散协商会议，有权批准和否决内阁会议决议及与外国签订的条约、协议。2006年10月，沙特阿拉伯国王阿卜杜拉颁布谕令，宣布修改《治国基本法》中由国王选定王储的条款，成立效忠委员会，效忠委员会由老国王阿卜杜勒·阿齐兹的35个有王位继承权的儿子及其后代（每家一人）组成。2007年，沙特阿拉伯王室确立了由国王和效忠委员会共同确定王储人选的制度。2015年1月23日，沙特阿拉伯国王阿卜杜勒·阿齐兹逝世，萨勒曼·本·阿卜杜勒-阿齐兹·阿勒沙特继位，成为沙特阿拉伯第七任国王。

2.科威特的政治概况

科威特是君主世袭制酋长国，埃米尔是国家元首兼武装部队最高统帅。科威特以伊斯兰教为国教，伊斯兰教法是其立法的主要依据。科威特埃米尔由穆巴拉克·萨巴赫家族的后裔世袭。科威特的立法权由埃米尔和议会行使，埃米尔有权解散议会和推迟议会会期；行政权由埃米尔、首相和内阁大臣行使；司法权由法院在宪法规定的范围内，以埃米尔的名义行使。科威特王储由埃米尔提名，议会通过；首相由埃米尔任免，并根据首相提名任免内阁大臣等。根据宪法规定，科威特是一个主权完整、独立的阿拉伯国家。科威特原本禁止一切政党活动，但海湾战争之后，在科威特议会选举中出现了以下几个主要的政治派别：

(1)伊斯兰宪章运动，1991 年 3 月成立，该政治派别为穆斯林兄弟会和传统派组织，掌握着许多金融和商业公司，财力雄厚，主张以温和的手段促使科威特成为更遵循伊斯兰教法的国家。

(2)伊斯兰联盟，系什叶派组织，主张采取温和的方式实施伊斯兰教法。

(3)宪章联盟，由商人和富豪组成，多为科威特工商会会员。

(4)民主论坛，1991 年 3 月成立，成员多为知识分子，自称是左派民族主义组织，强调人民权力，反对王室成员垄断内阁职位，但不反对埃米尔世袭制。

(5)自由独立派，主张民主、自由和进行民主改革，成员主要是知识分子和文化、教育、新闻出版界人士。

3.埃及的政治概况

埃及是历史悠久的文明古国之一，地处亚、非两大洲交界处，扼苏伊士运河之咽喉，地理位置极其重要，在世界地缘政治格局中具有重要的地位。首都开罗是埃及的政治、经济、文化中心，人口超过 2000 万，也是非洲和阿拉伯国家中最大的城市，是阿拉伯国家联盟总部所在地和重要的国际会议中心。埃及是一个多党派国家，被批准的政党有数十个。2011 年和 2013 年，埃及经历了两次政变。军队在维持埃及国家政权的稳定中扮演着重要的角色，埃及的多次政变都是在军队的主导下化解的。在前总统穆巴拉克下台之后，埃及的政局稳定性与以往相比出现了一定程度的下降。

4.卡塔尔的政治概况

卡塔尔系君主立宪制酋长国，埃米尔为国家元首兼武装部队最高统帅，由阿勒萨尼家族世袭。卡塔尔于 1970 年颁布了第一部宪法，该宪法规定卡塔尔是独立的主权国家，伊斯兰教为国教，埃米尔在内阁和协商会议的协助下行使权力，并承认法官的独立性。1972 年，卡塔尔对其宪法进行了修改。2003 年 4

月，卡塔尔举行全民公决，以96.6%的赞成票通过了《国家永久宪法草案》。2004年6月8日，《卡塔尔国宪法》正式生效。卡塔尔不允许任何政党存在，但多年来政局较为稳定。

5.阿联酋的政治概况

阿联酋是"阿拉伯联合酋长国"的简称，由七个酋长国组成，其最高权力机构是联邦最高委员会，该委员会负责讨论决定国内外重大政策问题，制定国家政策，审核国家预算，批准法律与条约。阿联酋总统和副总统从最高委员会成员中选举产生，任期为5年，总统兼任武装部队总司令。阿联酋除外交和国防相对统一外，各酋长国拥有相当的独立性和自主权。阿联酋政局稳定，近几十年来没有发生大的政治动荡。

6.伊朗的政治概况

伊朗实行政教合一的政体，神权统治高于一切，国家的一切行为必须符合伊斯兰教法。在伊朗，宗教领袖拥有至高无上的权力，凌驾于所有的权力机构之上。伊朗于1989年4月进行的宪法改革虽然强调政教合一体制和共和制，但也在一定程度上平衡了宗教领袖和总统的权力。在宗教领袖的领导下，伊朗的国家权力机构由彼此独立的政府、议会和司法部门组成。目前，伊朗国内的政治势力主要归属于两个联盟，即保守派和改革派。

7.阿曼的政治概况

阿曼是君主专制国家，无宪法和议会，禁止一切政党活动。阿曼由苏丹颁布法律、法令和批准缔结国际条约、协定。阿曼的国家管理机构以海赛姆为首，由内阁秘书处、各专门委员会和国家协商委员会等构成。1996年11月，卡布斯苏丹颁布谕令，公布了《国家基本法》(相当于宪法)，就阿曼的国体与政体、国家政策的指导原则、公民的权利与义务、国家元首的职权、内阁及其成员的职责、阿曼委员会和司法体系运作等问题做出了规定。2011年10月，卡布斯苏丹颁布谕令，对《国家基本法》进行修订，其中主要是对苏丹王位的继承、协商会议的权限等内容做出了进一步的规定。

8.伊拉克的政治概况

伊拉克是联邦制国家(2006年10月11日，伊拉克议会通过了联邦制法案)，设总统委员会(由总统和两位副总统组成)、总理府(部长内阁)和议会(325位议员)，实际行政权力掌握在以总理为首的部长内阁手中。2005年10

月 25 日，伊拉克全民公决通过的宪法规定，伊拉克是拥有完全主权的、独立的联邦国家，实行议会代表制。伊拉克党派众多，目前有 200 余个政党和政治实体，这些政党和政治实体组成了多个政党联盟。总的来看，目前伊拉克政局不算稳定，受外部势力影响较大，伊拉克境内的各种国际势力的利益关系也错综复杂。

9.也门的政治概况

也门实行共和制，也门人民通过选举投票直接行使政治权利。2015 年 3 月，时任也门总统阿卜杜勒-拉布·曼苏尔·哈迪宣布，因其首都萨那被胡塞武装分子占领，因此将亚丁定为临时首都。2018 年 6 月 13 日，也门政府军对胡塞武装控制的西部港口城市荷台达发起代号“黄金胜利”的军事行动。2018 年 12 月 6～13 日，联合国推动交战双方在瑞典首都斯德哥尔摩举行和谈，并达成了《斯德哥尔摩协议》。2018 年 12 月 21 日，联合国安理会通过了涉也门问题的第 2451 号决议，授权联合国派遣观察员工作组监督《斯德哥尔摩协议》的执行情况。近年来，也门的社会局势趋于平稳，但恐怖袭击和内战交火时有发生，其安全环境有待进一步改善。

（二）民族和宗教概况

1.沙特阿拉伯的民族和宗教概况

沙特阿拉伯人口的主体是阿拉伯人，其中逊尼派穆斯林占大多数，分布在全国各地；什叶派穆斯林人数较少，主要居住在东部地区；此外，还有少量贝都因人。沙特阿拉伯是高福利国家，公立学校实行免费教育，全体国民享受免费医疗（私人医院除外）。沙特阿拉伯政局长期保持稳定，社会治安相对较好，但自 2015 年以来，由于受到国内和国际局势的影响，沙特阿拉伯政局面临的安全挑战有所增加。

2.科威特的民族和宗教概况

科威特人口的主体是阿拉伯人，其中外籍侨民占科威特总人口的 69.15%。据科威特《消息报》2016 年 5 月 19 日报道，科威特境内共有 260 万名拥有合法居留身份的外国人，主要来自印度（88 万人）、埃及（58 万人）、菲律宾（23 万人）、孟加拉国（19 万人）、叙利亚（15 万人）和伊拉克（15 万人）等国家。科威特以伊斯兰教为国教，95%的居民信仰伊斯兰教，其中约 67%属逊尼派，约 28%属什叶派。

3.埃及的民族和宗教概况

埃及的主要民族是东方哈姆族(即埃及国内的阿拉伯人、科普特人、贝都因人、柏柏尔人等),占埃及总人口的99%,努比亚人、希腊人、亚美尼亚人、意大利人和法国人后裔占1%。埃及以伊斯兰教为国教,信徒主要属逊尼派,占埃及总人口的84%。科普特东正教、科普特天主教和希腊正教等教派的信徒和其他宗教信徒占埃及总人口的16%,其中科普特东正教为东方礼天主教会中的一个独立教派,埃及科普特人多信仰此教派。埃及约有600万海外侨民。

4.卡塔尔的民族和宗教概况

卡塔尔本国居民都是阿拉伯人,但占卡塔尔人口大多数的却是外籍居民,其中虽然也有阿拉伯人,但更多的则是来自印度、孟加拉国、巴基斯坦、尼泊尔和菲律宾等亚洲国家的人。卡塔尔以伊斯兰教为国教,本国居民大多信仰伊斯兰教,多数属于逊尼派中的瓦哈比教派,什叶派约占全国人口的10%。在卡塔尔的外籍居民中,77.5%的人信仰伊斯兰教,其余的人则信仰基督教、天主教和佛教等。

5.阿联酋的民族和宗教概况

阿联酋全国总人口中,阿拉伯人占87%,其他民族占13%,其外籍人口主要来自印度、巴基斯坦、孟加拉国、菲律宾、埃及、伊朗等国。外籍人口占阿联酋全国总人口的88.5%。阿联酋以伊斯兰教为国教,本国居民大多信仰伊斯兰教,其中多数(约80%)属逊尼派,什叶派在迪拜占多数。

6.伊朗的民族和宗教概况

伊朗是一个多民族国家。伊朗的全国人口中,波斯人占66%,阿塞拜疆人占25%,库尔德人占5%,其余为阿拉伯人、土库曼人等少数民族。伊朗全国98.8%的居民信仰伊斯兰教,其中91%为什叶派,7.8%为逊尼派。阿舒拉节和诺鲁孜节是伊朗人的重要节日。

7.阿曼的民族和宗教概况

阿曼人口中,绝大多数是阿拉伯人,外来定居人口则以印度人、伊朗人和巴基斯坦人等居多。根据2018年3月中国外交部的数据,阿曼人口为455.9万,其中阿曼人占54.9%,外籍常住人口占45.1%。仅马斯喀特省和巴提奈区的人口就占全国总人口的一半以上,但也有一些地广人稀的地区,如人口最少的穆桑达姆省,其人口占全国人口的比重不到1%。阿曼以伊斯兰教为国教,85.9%

的阿曼人为穆斯林，其中大多数属于伊巴德教派。

8.伊拉克的民族和宗教概况

截至2017年，伊拉克总人口约为3700万，其中阿拉伯人占伊拉克全国总人口的73%，库尔德人占21%。约95%的伊拉克人信仰伊斯兰教，其中什叶派穆斯林占54.5%，逊尼派穆斯林占40.5%，但居于统治地位的主要是逊尼派穆斯林。伊拉克北部的库尔德人也信仰伊斯兰教，多属逊尼派，只有少数人信仰基督教或犹太教。

9.也门的民族和宗教概况

也门人绝大多数为阿拉伯人，只有极少数非洲人。据统计，2019年也门人口为2758万。生活在也门的阿拉伯人主要以部落为单位，全国共有190多个部落，其中150多个位于山区。哈希德、巴基尔、哈卡和穆德哈基是也门四个最主要的部落，其中最强大和知名度最高的是哈希德部落。哈希德部落集中于萨那、哈贾、萨达三省，人口逾百万，由50多个中小部落组成，是一个集政治、经济、军事、宗教为一体的强大实体。宗教在也门的国家生活中占有极其重要的地位，国家的一切活动、社会组织以及风俗习惯都直接或间接地受到宗教的影响。也门以伊斯兰教为国教，99%的也门人信仰伊斯兰教，其中什叶派的宰德教派和逊尼派的沙斐仪教派各占一半。

(三)外汇管理

1.沙特阿拉伯的外汇管理

在外汇管理方面，沙特阿拉伯没有具体的立法。但是，沙特阿拉伯货币署(沙特阿拉伯中央银行)会采取措施，控制货币的数量和流通。沙特阿拉伯货币署禁止银行在没有征得货币署事先同意的情况下用里亚尔进行国际金融交易，金额超过10万里亚尔的交易必须通知货币署。任何沙特阿拉伯居民、外国投资者的常设机构在向沙特阿拉伯境外汇款时，应按以下比例交纳预提费(特许税15%，管理费20%，租金5%，机票、航空运费和海运费5%，国际电信服务费5%，其他类别汇款的预提费不超过15%)，待出具交税证明后，款项全部退回。外国人携带贵金属、珠宝、宝石及现金出入境的总限额为1.6万美元或等值货币，超额部分需申报，不得携带以色列谢克尔。

2.科威特的外汇管理

目前，科威特议会法律事务委员会已批准对在科威特的外国人征收国外汇款税，征税的税率为：向外汇款 100 第纳尔以下的，征收税率为 2%；100～500 第纳尔的，征收税率为 4%；500 第纳尔以上的，征收税率为 5%。征收的税款将直接上交科威特国库。另外，对通过其他渠道汇款并避税的，将处以 6 个月以下监禁并处最高 1 万第纳尔的罚金。

3.埃及的外汇管理

2015 年 2 月 4 日，埃及中央银行宣布，限制国内外汇交易，并限制银行账户内的外汇现金存款额度，即每个账户每日存款最高额度为 1 万美元，每月累计最高额度为 5 万美元。2016 年 1 月 26 日，埃及中央银行对一些特定行业和进口产品提高了外汇现金存款限额，由原来的每月最高限额 5 万美元提升到 25 万美元，并且不再受每日 1 万美元限额的约束。但是，提升后的限额只适用于企业，目的是满足进口必需品(包括食品、机械设备、零部件、中间产品、生产资料、日常用品、药品、疫苗和相关化学产品)的需要。2015 年 12 月，埃及中央银行规定，不再提供任何形式的以贸易为目的的针对进口的融资服务，但原材料、生产资料和一些战略性商品(包括药品、疫苗和相关化学产品，以及婴幼儿奶粉等特定食品)的进口不受这一融资限制的约束；有些银行对部分进口商做出规定：其账户里必须保证足够的可支配资金用于国际结算，即 100%的现金保证。这项新规定自 2016 年 1 月 1 日起执行，这就意味着埃及的进口商不能再使用反向保理/贴现、信用证融资、进口押汇、保函，或者以获取资金为目的的定期信贷产品。

4.卡塔尔的外汇管理

卡塔尔采取自由汇兑制度，不实行外汇管制，投资资金、贷款资金和个人所得可以自由地汇出境外。卡塔尔法律规定，如果外国公司与卡塔尔股份合资公司要将其在卡塔尔的年利润全部汇往国外，该合资公司必须将相当于其年利润 10%的资金存入一个合法的储蓄账户，直至该账户金额至少达到其投资资金的 50%，这是卡塔尔对外国合资公司往国外汇款的唯一限制。在卡塔尔，外国人和外资企业均可持担保人出具的信函，在卡塔尔银行开设外汇账户。

5.阿联酋的外汇管理

在阿联酋，汇款不受限制，可自由地汇进汇出，但必须符合阿联酋政府的反洗钱规定。一般情况下，外商投资资本和利润回流不受限制，外资银行在将其利润汇出境外前，必须事先获得阿联酋中央银行的同意，并将其纯利润的 20%

作为税收交给阿联酋政府。阿联酋对外国人携带现金出入境无规定；对外资企业在阿联酋开立外汇账户也无特殊限制，但需要提交在阿联酋注册公司的工商执照、母公司营业执照、财务报表、母公司签字授权人的信息等材料。

6.伊朗的外汇管理

目前，伊朗不允许其境内的外国居民及投资者在当地银行开设外汇账户，必须兑换成当地货币方可进行储蓄，而且外国公民进行储蓄需要获得当地的合法居民身份。受以美国为首西方国家发起的金融制裁的影响，现阶段美元等外汇无法在伊朗自由出入。伊朗市场对外汇的供应和需求实际上取决于伊朗政府的决定。在外汇方面，伊朗政府和中央银行考虑的主要是以何种价格将外汇提供给谁的问题，希望获得外汇的人必须清楚地表明其希望获取外汇的原因以及外汇的使用目的。伊朗对于跨境外汇转账也有限制，如禁止携带5000美元以上的外汇或等值的其他货币出境。另外，伊朗政府正计划干预并调低市场汇率。伊朗中央银行法律部表示，伊朗国内投资与油价和汇率密切关联，其市场汇率不能真实反映市场情况，伊朗政府正在着力进行干预。

7.阿曼的外汇管理

阿曼中央银行成立于1974年，是阿曼负责制定金融政策、监督和管理金融机构的部门，也是阿曼的外汇管理部门。阿曼实行外汇自由汇入汇出政策，外资企业经批准设立后，即可在当地开立外汇账户。外资企业利润所得在交纳企业所得税后，便可自由汇出。美元是阿曼外汇市场的主要外币，商业银行的美元存款占阿曼外币总存款的90%，而美元信贷占阿曼商业银行外汇信贷的97%。从2012年开始，阿曼对外国人携带大额现金出境实行登记制度，即携带6000阿曼里亚尔（相当于15600美元）现金出境时必须在机场向当局申报登记。

8.伊拉克的外汇管理

对于不同来源的货币，伊拉克实行不同的政策，主要分为以下几类。

(1)对于经常项目外汇管理，伊拉克对进口的货物实行许可制度，除军火和毒品外的其他货物均可进口，出口没有特殊限制，银行可为许可内的进出口开立信用证，信用证总额不能超过银行资本金的100%。伊拉克银行需要在汇款前15日内递交客户汇款金额说明，每月以固定的形式向信贷和银行监管部门递交详细的外汇汇款金额说明。在伊拉克境内运营的公司购汇并向境外支付超过等值5万美元的，需要提交完税证明。

(2)服务贸易、收益和经常转移,投资收益汇出前,必须先清偿相关债务。伊拉克《投资法》准许的对外投资支付需要向银行提交应付利润、投资许可、事务所审计的会计报表等相关文件。向外国专家支付款项时,需要提交证明文件,非伊拉克雇员的工资和其他补偿款汇出境外之前,需要先清偿政府的债务,非居民向境外汇出金额超过1500万第纳尔的,需要先完成其对政府的义务,并清偿相关债务。资本和金融项目外汇管理政策直接投资,除直接或间接拥有外,不得以外汇竞拍的方式购汇用于对外资本交易。

(3)除从事开采和初始加工的自然资源公司、银行和保险公司,其他所有经济部门都允许外商直接投资,投资收益汇出前需要清偿政府债务。伊拉克限制居民境外投资,在境外居住的伊拉克公民或外国卖家出售所持证券或股份的资金汇出时,需要出具卖方所有权证明、载明日期以及伊拉克证券市场销售记录的合同、资金通过伊拉克银行周转的证明。

(4)对于个人外汇管理,伊拉克也有明确的政策规定,即伊拉克成人居民可携带进出境的最大本币金额为20万伊拉克第纳尔,个人出境所持外币现钞不能超过等值1万美元,携带外币现钞入境无限额规定,不打算携带出境的可以不申报。

9.也门的外汇管理

也门的外汇管制相对宽松,在企业提交也门投资总局或工贸部发放的投资许可证或经营许可证以及税务登记卡的情况下,商业银行可为外国人、外资企业和合资企业开立外币账户,外汇可自由汇入或汇出。通过私人钱庄汇款时,手续费一般为1%;通过银行的外汇账户汇款时,手续费一般最高不超过100美元。外国人在出入境时,可自由携带外币现金。

(四)雇工问题

1.沙特阿拉伯的雇工问题

沙特阿拉伯的总劳动人口中,沙特籍占36%;非沙特籍占64%,主要来自印度、巴基斯坦、孟加拉国、菲律宾、埃及等国家。沙特阿拉伯的劳动人口中,政府雇员约为390万人,其中沙特籍占87.2%,非沙特籍占12.8%;私营行业雇员约为1030万人,其中沙特籍占16.5%,非沙特籍占83.5%。从行业的劳动力分布情况来看,建筑和运输业占31.2%,服务业占29.3%,操作和技术人员占15.5%,其他行业占24%。与其他国家一样,在沙特阿拉伯,雇员的收入随身份、职位以及工作经验的不同而不同，私营行业沙特籍雇员的平均月工资为1895美元，外籍雇员的平均月工资为1051美元。2006年7月15日，沙特阿拉伯政府实行外国劳工强制健康保险，由雇用劳务的公司或个人向被雇用者提供，没有健康保险的外国劳工将无法续延工作签证。2014年，沙特阿拉伯劳工部将私营行业的沙特籍劳工最低工资标准定为每月1412美元，外籍劳工最低工资标准定为每月666美元。2016年7月，沙特阿拉伯政府开始实施统一的强制性健康保险计划，即所有私营企业都必须为其沙特籍和外籍劳工以及家属（包括配偶、子女）提供健康保险，违者将被罚款。根据沙特阿拉伯《社会保险法》的规定，该国社保总局（GOSI）针对沙特籍雇员征收占工资18%的养老金，针对所有的雇员征收占工资2%的失业保险金，这两项费用均由雇主和相关雇员按1∶1的比例分担。此外，雇主还要为所有雇员支付意外保险费，费率为雇员工资的2%；为外籍雇员支付2%的职业补偿费，包括医疗保险、高级员工接送或交通补贴、回国返程票及服务年限奖金。另外，沙特阿拉伯还要求实现雇员本地化，现行的雇员本地化政策要求：工程承包、维修、清洁、操作等行业的雇员本地化率为10%，国家投资项目为5%，私营投资项目为10%。企业违反本地化政策将受到沙特阿拉伯劳工部禁止雇用外国劳工的处罚，不符合本地化规定的企业将不能获得沙特阿拉伯政府的合同。

2.科威特的雇工问题

据统计，2015年科威特籍总人口为131.8万人，15岁以上劳动人口为83.39万人，其中33.16万人在政府部门工作，非政府部门劳动人口为9.27万人，其余为学生、家庭主妇、退休人员和失业人员。科威特劳动人口中，女性占51.95%，为43.32万人；男性占48.05%，为40.07万人。根据科威特政府公布的数据，非科威特籍劳动人口为213.8万人，占科威特劳动力总数的83.1%。科威特拥有较多的劳动力，其经济领域中，私营和政府部门的大部分高级职位都由科威特本国人担任。科威特本国的年轻人中，每年有1万～1.2万人涌入就业市场，由于他们不愿进入私营领域，而政府部门又不能全部吸纳，因此失业率连年增长。科威特拥有大批外国劳动力，其中来自欧美国家的劳动力大多从事对技能要求较高的工作，而大部分来自西亚、北非、南亚和东南亚国家的劳动力收入较低。海湾战争后，科威特大部分中层管理岗位由来自其他国家和地区（如埃及或南亚国家）的人占据。科威特对外籍劳工的需求较大，其外籍人口占全国人口的比例约为70%。外籍人口在科威特从事的工作包括医生、护士、律师、工程师、教师、酒店管理人员、各类技术工人、维修人员、专业司机、商场销售员以及普工、力工、保安、清洁工等,几乎涵盖了各个行业。其中,在科威特政府部门工作的外籍人口有14.26万人,在非政府部门工作的外籍人口有139.04万人,从事家政服务业的外籍人口有58.77万人。目前,科威特的外籍人口主要来自印度、埃及、孟加拉国、叙利亚、菲律宾、巴基斯坦和斯里兰卡等国。

3.埃及的雇工问题

埃及是西亚与北非地区的人口大国,也是劳动力资源十分充裕的国家。埃及总人口已逾9300万人,劳动人口为2618万人。在海外工作的埃及人逾355万人,其中在沙特阿拉伯工作的埃及人达98.5万人。在西亚、北非和地中海沿岸地区,埃及劳工的工资水平有一定的竞争力,平均月工资为150～250美元。其中,男性农业工人日工资约为3美元,合资银行的雇员月工资约为600美元,普通技工月工资约为100美元,纺织工人月工资约为150美元,管理人员月工资约为300美元。另外,加班费白天为正常工资的125%,夜间为正常工资的150%,假期为正常工资的200%。2017年1月,埃及政府最新颁布的最低工资标准为每月1500埃及镑(约合84美元),政府职员的基本工资上调35%。埃及议员普遍要求将最低工资标准上调至每月2000～2500埃及镑。2016年,以制造业企业为例,埃及普通劳动力的工资为每月2000～3000埃及镑(含社保和税收),技术工人(即所从事的工作为有一定技术含量的工人)的工资为每月3000～5000埃及镑,好的中文翻译的工资为每月6000～12000埃及镑(含税收和社保),普通管理人员(会计、人资、物流清关等岗位)的工资为每月2000～4000埃及镑(效益较好的企业可达每月4000～6000埃及镑)。埃及镑大幅贬值后,埃及的薪资标准均在此基础上增长了20%～30%。

4.卡塔尔的雇工问题

卡塔尔本国人口较少,劳动力供应紧张。卡塔尔本国人口中,96%的人在政府部门或国有企业供职,故需要大量引进国外人才和普通劳动力。卡塔尔引进的高级人才主要来自欧美国家,中级人才主要来自其他阿拉伯国家、印度和巴基斯坦等国,普通劳工则主要来自尼泊尔、孟加拉国和斯里兰卡等国。卡塔尔没有法定最低工资,外籍普通劳工月工资一般为1200～2000里亚尔(合330～550美元),技术工人工资一般为2500里亚尔(约合690美元)以上。根据国际社会保障协会的资料，卡塔尔养老保险为个人交纳总收入的5%，雇主（包括政府单位）交纳10%；男性60岁退休，女性55岁退休，连续交满15年可领取退休金；退休金最低额为工资的75%，最高额为工资的100%。

5.阿联酋的雇工问题

阿联酋的劳动人口主要来自国外，包括来自欧美的中高层管理人员、来自周边阿拉伯国家的行业技术人员和来自南亚的管理人员及劳工。外籍劳工在阿联酋主要从事建筑工人、司机、保安、保姆等工作，月工资普遍在2000～5000迪拉姆。根据供职公司和劳工国籍的不同，劳工的工资标准也不尽相同。在阿联酋劳务市场上，外籍劳工占据着十分重要的地位（约占阿联酋劳动人口数的90%），而在某些私营部门，99%的员工都是外国人，主要来自印度、巴基斯坦、孟加拉国、斯里兰卡、埃及、也门、菲律宾等国。

6.伊朗的雇工问题

近年来，伊朗劳动力素质的提升较为显著。伊朗劳动力资源丰富，但高失业率是伊朗当前面临的一个重大社会问题。据伊朗《金融论坛报》2014年11月的报道，伊朗央行发布报告称，57%的伊朗家庭拥有1个就业人口，15.5%的伊朗家庭拥有2个就业人口，仅3%的伊朗家庭拥有3个及3个以上就业人口，而无就业人口的伊朗家庭数量已经从2004年的15.5%上升到了2014年的24%。2016年，德黑兰的平均月工资在1600万里亚尔左右。伊朗职工社保费约占工资总额的30%，其中23%由企业负担，7%由职工个人交纳。根据伊朗劳动和社会事务部的规定，2016～2017财年伊朗普通工人最低月工资不得低于812万里亚尔（约合237美元）。此外，雇主必须在每年年终发放不少于一个月工资的奖金。

7.阿曼的雇工问题

阿曼国内具有工作经验和较高技能的专业技术人才和管理人才不多，这类工作人员对薪金的要求也很高。阿曼政府对阿曼籍员工设定有最低工资标准，截至2018年年底，最低工资标准为350里亚尔，约合910美元，适用于该标准的一般为没有文凭的阿曼人，如保安、司机、接待人员等；有文凭但工作经验较少的人员（相当于中国的大专毕业）月最低工资为450里亚尔；留学生为550里亚尔；既有文凭又有工作经验的人员（包括技术人员）为700～1200里亚尔。企业派出参加长期系统性就职培训的阿曼籍员工计入其“阿曼化”比例指标，而且在员工参训期间不需要支付任何费用或薪资，仅需要交纳规定的社保(约占薪资的18%，略高于在岗阿曼籍员工11.5%的比例)。阿曼籍员工在参训期间不需要承担任何费用，而且每月可获得400美元的政府补助，参训结束通过考核者可获得相关从业资格证书和来自就职企业为期1年以上的工作合同。按照阿曼政府的有关规定，外资企业应根据阿曼员工的基本工资，每个月向阿曼社保中心交纳社保基金，其中个人承担6.5%，公司承担10.5%，总计17%。另外，交纳比例每隔1～2年还要提高。

8.伊拉克的雇工问题

伊拉克人口目前为4022万，其中15～64岁法定工作年龄的劳动力约占总人口的56.7%。伊拉克15～29岁青少年的失业率为22.6%，其中男性失业率为18.1%，女性失业率为56.3%；青年人在劳动力中的占比达到36.1%，其中年轻男性占61.6%，年轻女性占8.8%。就业率随受教育程度的提高而提高。伊拉克的文盲率(15岁以上不会书写者)约为20%，而受教育者或拥有较高学位的人占就业总人口的92.6%。伊拉克工薪阶层中，三分之一的人在政府所属机关、企事业单位和公共部门就业，45.6%的人在救济抚恤和社会安保等领域就业，其他的人在私人企业、外资企业或国际组织就业。

9.也门的雇工问题

也门由于人均受教育程度不高，劳动力素质较低，因此失业率很高，劳动力供大于求。世界银行数据显示，2017年也门劳动人口约为663.2万，占也门总人口的23.3%，其中男性劳动力占劳动力总数的92.3%。也门的大多数劳动力受雇于农业和畜牧业，服务业、建筑业、工商业雇用人员不到也门劳动力总数的25%。2014年4月也门劳动力薪酬标准为：普通劳务工人为14～16美元/天或420～500美元/月，普通技术工人或技术人员为700～800美元/月，石油领域的劳务工人为300～450美元/月，石油领域的技术工人为500～600美元/月。

二、社会文化环境

(一)沙特阿拉伯的社会文化环境

沙特阿拉伯男人大多穿白色长袍，头戴白头巾，用黑色绳圈压紧，许多人喜欢戴印有红色格子的头巾。另外，在沙特阿拉伯需要注意的禁忌包括：不得携带人物雕塑进入公共场所；男女间的接触很受忌讳；严禁饮酒，饮酒和私自酿酒都会受到严厉的处罚，轻者一般要判处 6 个月有期徒刑或受鞭笞之刑；不可随意照相，严禁对女人、宗教设施和王室建筑等拍照，旅游者最好向周围人询问，获得肯定的答复后再拍照；禁食猪肉及一切外形丑陋和不洁之物，如甲鱼、螃蟹等；忌讳左手递送东西或食物，认为这种举动有污辱人的含义。沙特阿拉伯国内的社会治安情况总体来说尚可，但恐怖袭击、抢劫事件时有发生，对此中资机构或个人应保持高度警惕，加强对工地和办公场所安全设施的建设、安保人员的配备和安保制度的规范，建立有效的应急机制，应对突发事件的发生。近年来，沙特阿拉伯的安全形势有恶化的迹象，暴恐事件时有发生，对此我国石油企业应当高度重视。

（二）科威特的社会文化环境

科威特的官方语言为阿拉伯语，通用英语。科威特是传统的阿拉伯国家，伊斯兰教为国教，居民多为逊尼派，伊斯兰教法影响着科威特人日常生活的方方面面。科威特目前仍保持着阿拉伯民族的传统和习惯。科威特重视教育，教育经费占国家财政支出的 10%以上，从幼儿园到大学实行免费教育。科威特全国的小学、初中、高中均为四年制，小学和初中实行义务教育。截至 2015 年，科威特全国共有各类学校 1332 所，其中公立学校 843 所，私立学校 489 所；在校学生共约 61.5 万人，教师 7.6 万人。科威特政府重视扫盲，1982 年颁布了《义务扫盲法》，建立了 85 个扫盲和成人教育中心，15 岁以上成人文盲率已从 1957 年的 54.5%降到 2015 年的 0.66%。科威特社会治安良好，犯罪率较低，当地居民可以合法持有枪支，但申请手续较为严格。虽然科威特国内尚未发生过直接针对中国企业或公民的恐怖袭击及绑架案件，但由于西亚与北非地区的整体安全形势日趋严峻，因此在科威特开展国际油气合作时仍应尽量避免在人群聚集的闹市街区逗留，回避政府机关、清真寺、美军基地等重要和敏感的场所。

（三）埃及的社会文化环境

埃及的官方语言为阿拉伯语，大多数埃及国民亦将阿拉伯语视为母语；科普特语（由古埃及语演变而来）由埃及国内的科普特基督徒使用。另外，在埃及的大城市及旅游区通用英语及法语。埃及实行普及小学义务教育制度，其教育体系由小学、初中、高中、职业教育和高等教育组成。埃及的公立学校每个班由 60～70名学生组成，私立学校每个班由 25～35 名学生组成。目前埃及全国共有基础教育（含小学、初中、高中和中等技术教育）学校 4.2 万余所，其中公立学校 3.7 万余所，私立学校 0.5 万余所；共有大学 34 所，其中公立大学 18 所，私立大学 16 所，著名的大学有开罗大学、亚历山大大学、艾因·夏姆斯大学、爱兹哈尔大学等，埃及大学（高等教育）平均入学率达 32%。2015 年以来，埃及各地恐怖袭击和爆炸事件频繁发生，其中西奈半岛的安全形势尤为严峻，宗教极端组织经常在西奈半岛内陆地区活动，制造了多起恐怖事件。对此，不建议中国企业前往西奈半岛、北部马特鲁、西部沙漠等偏远地区，特别是当地的大型活动场所、军事禁区、警察局等敏感地区，否则很有可能遭遇暴力袭击事件。开展国际油气合作的中国企业来埃及开展业务前，要事先做好对项目的风险评估，与当地的有关部门建立安全联系，建立安全防范机制。

（四）卡塔尔的社会文化环境

卡塔尔的官方语言为阿拉伯语，通用英语。近年来，卡塔尔政府对科技和教育的投入大幅增加。2014～2015 财年，卡塔尔财政预算总支出为 2257 亿里亚尔，其中教育支出为 263 亿里亚尔，比上一财年增长了 7%。卡塔尔教育城建于 2001 年，城里集中了大学、科研中心以及人才培训中心等与教育密切相关的机构，其核心是包括多所高校在内的大学园区。园区除两所本地大学外，其余均是从国外直接引入的优秀大学，其中美国的弗吉尼亚联邦大学、康奈尔大学、得克萨斯州农工大学、卡内基梅隆大学、乔治敦大学和西北大学都在这里设立了分支机构和分校区。目前，卡塔尔共有 178 所公立学校，约 10 万名在校生；203 所私立学校，约 14 万名在校生。卡塔尔国民享受免费教育，但在国际学校就读需要交纳学费且费用高昂。卡塔尔政府不允许本国居民持有枪支。卡塔尔的社会治安状况较为良好，刑事案件发生率相对较低。世界经济论坛在全球 136 个国家中评选出的“2016 年最安全的国家”中，卡塔尔排名第 10。但近年来，随着重大项目的开发，外来人口迅速增长，卡塔尔总人口超过了 260 万人，外来人口与本地人口之比达到 9∶1，且外来人口性别比例严重失衡，男性占 80%以上，导致卡塔尔的社会治安隐患越来越多。

（五）阿联酋的社会文化环境

阿联酋的官方语言为阿拉伯语，通用英语，英语在商务活动领域使用广泛；另外，阿联酋国内使用的语言还有乌尔都语和波斯语，前者为印度人和巴基斯坦人使用，后者为伊朗人使用。阿联酋重视发展教育事业和培养本国的科技人才，为国民提供从幼儿园到大学各阶段的免费教育。阿联酋国民不但可免费就读于国内的公立高等院校及各种私立学院，而且赴海外高等院校深造也由政府资助。在中学最后一年注册的所有学生中，95%的女性和80%的男性申请进入阿联酋高等院校深造或赴海外留学。阿联酋的社会治安情况较好，刑事暴力类案件较少。但近年来，由于外来人口增多，人口流动性增大，导致偷盗和抢劫案件偶有发生。2015年以来，在阿联酋发生了数起针对中国公民的恶性刑事案件，中国驻阿联酋大使馆及驻迪拜总领馆对此高度重视，密切跟踪案情进展，要求阿联酋警方尽快破案，缉拿凶犯且依法严惩，并采取有效的措施，切实保护中国公民的人身和财产安全。

（六）伊朗的社会文化环境

伊朗的官方语言为波斯语，土耳其语、阿拉伯语在伊朗的使用也比较广泛。1979年伊斯兰革命之后，伊朗的教育全面伊斯兰化。伊朗政府对教育的投入较大，对国民实施免费教育，因此伊朗的教育普及率较高，整体教育水平在西亚与北非国家中居于前列。据伊朗官方统计，伊朗的文化教育费用约占政府总支出的16%。伊朗实行12年免费教育，即学龄前1年(5岁)、小学5年(6～10岁)、初中3年(11～13岁)、高中(含职高、普通师范)3年(14～16岁)。伊朗全国现有学校约9万所，其中大部分是在1979年之后建立的，涵盖小学到高中，男生和女生不同校，目前伊朗儿童的入学率在95%以上。伊朗的高等教育包括大学预科1年、大学4年(包括大专、本科、硕士和博士四种学位)。伊朗的国立大学也实行免费教育，伊朗全国现有高等院校300余所。伊朗是政教合一的国家，犯罪率相对较低，社会治安状况总体较好。伊朗政府按照宗教法和世俗法治理国家，对犯罪行为的惩处非常严厉，对死刑犯实行绞刑和石刑。恐怖袭击是影响伊朗社会治安的一个重要因素，近年来，在伊朗的中资公司遭到抢劫或盗窃的事件也时有发生。2017年6月7日，极端分子针对伊朗议会大厦和霍梅尼陵墓两处地标性建筑发动了恐怖袭击，最终导致17人死亡，50多人受伤。对于此类事件，前往伊朗开展国际油气合作的中资企业一定要注意。

（七）阿曼的社会文化环境

阿曼实行免费教育制度，在全国开展扫盲和成人教育，共有扫盲中心254个，成人教育中心192个，各类中小学995所，在校学生约55万人。卡布斯大学于1986年9月建成开学，设有7个学院，有学生8000余人。2003年，阿曼政府批准建立的第一所私立大学——苏哈尔大学正式开学，该校有在校注册生

1150人,教师62人。阿曼为阿拉伯国家,外国人应尊重当地的风俗习惯,如穿着和举止不要刺激当地人的感情,不穿过短的衣服,不在斋月期间在公共场合吃东西、喝水等。在正式场合,阿曼男子一般习惯穿无领长袍,扎缠头巾,并且必须佩带饰刀;阿曼妇女一般喜饰金银,所穿的服装颜色艳丽。阿曼人能歌善舞,不过他们一般都是女歌男舞:女人在外面围成一个圈,拍手唱歌伴舞,男人则在圈中欢快地跳舞。阿曼对女性的限制不像有些阿拉伯国家那样严格,阿曼国内女性在着装(从面纱到服装)上相对较为开放,也可以出入公共场所,甚至男女间的待遇也在逐步趋于平等。

(八)伊拉克的社会文化环境

伊拉克的官方语言为阿拉伯语,北部库尔德地区主要讲库尔德语,东部地区有些居民讲波斯语。海湾战争后,伊拉克教育经费不足,师资力量严重匮乏。同时,由于人民生活困难,6～23岁的伊拉克适龄儿童及青年的入学率大幅下降,教育水平严重滑坡,15岁以上拥有读写能力的人占总人口的78.5%。伊拉克实行6年制义务教育,适龄儿童的小学入学率为98%,但中等和高等院校入学率仅分别为45%和15%,成人识字率为79.7%。目前伊拉克全国共有20所大学和44所专科院校。由于20世纪70年代石油收入大幅增长,伊拉克在全国建立了比较健全的医疗系统,伊拉克人的生活水平也有了较大幅度的提高。但在海湾战争之后,伊拉克人的生活水平急剧下降。伊拉克战争之后,由于经济重建进展较为缓慢,安全局势恶化,伊拉克人的生活水平提升仍然相当缓慢,有20%的人口生活在贫困线(每天2美元)以下,供电能力只有需求量的一半,还有20%的地方未通自来水。伊拉克人的预期平均寿命为74.9岁,其中男性预期平均寿命为72.6岁,女性预期平均寿命为77.2岁。

(九)也门的社会文化环境

也门的官方语言为阿拉伯语,英语仅在涉外政府部门和其他领域小范围应用。宗教在也门的国家生活中占有极其重要的地位,也门的一切国家活动、社会组织以及风俗习惯都直接或间接地受宗教信仰的影响。也门全国的中小学实行免费教育,小学实行义务教育制度。也门政府还致力于扩大基础教育、技术教育和职业教育的规模。目前,也门国内有小学和初中约1万所(其中宗教小学和宗教初中600余所)、高中3000余所(其中宗教高中600余所)、公立大学7所、私立大学8所。其中,萨那大学建于1970年,下设9个学院和1个语言中心，在6个地方设有分院；亚丁大学下设9个学院，是一所综合性大学。2005年3月，作为也门“基础教育国家战略”的一部分，也门政府启动了“发展基础教育项目”，世界银行、荷兰政府、英国政府和也门政府都纷纷出资。

三、经济环境

（一）宏观经济条件

1.沙特阿拉伯的宏观经济条件

目前，沙特阿拉伯是西亚与北非地区最大的经济体和消费市场，2020年其GDP为7210亿美元。沙特阿拉伯是世贸组织、石油输出国组织和二十国集团成员国，其在西亚与北非地区乃至世界政治、经济和宗教领域都发挥着举足轻重的作用。截至2017年4月7日，国际评级机构标普对沙特阿拉伯主权信用评级为A－/A－2，展望为稳定；截至2017年6月2日，国际评级机构穆迪对沙特阿拉伯主权信用评级为A1，展望为稳定；截至2017年3月22日，国际评级机构惠誉对沙特阿拉伯主权信用评级为A＋/F1＋，展望为稳定。

2.科威特的宏观经济条件

近年来，科威特经济保持平稳增长。国际货币基金组织的数据显示，2016年科威特GDP的估值为1062亿美元，其实际GDP增长率为2.4％，消费价格上涨了3.4％，失业率为2.1％。据国际货币基金组织测算，2016年投资占科威特GDP的比重为27.8％，国民储蓄占科威特GDP的比重为26.9％；2016年，科威特政府的财政收入约为492.9亿美元，占GDP的比重为46.2％；政府支出约为635.8亿美元，占GDP的比重为59.6％；财政赤字占GDP的比重约为13.4％。根据英国智库列格坦研究机构发布的2015年“繁荣指数”排名，科威特在阿联酋之后，居阿拉伯国家“繁荣指数”排行榜第2位。2015年，科威特的主权财富基金已达5920亿美元，其抗财政风险能力较强。

3.埃及的宏观经济条件

近年来，埃及推出的各项改革措施彰显了政府促进发展的决心，国际社会对埃及的经济发展也给予了正面的评价和强力支持。埃及政府获得了国际货币基金组织等外部机构的贷款或援助，并与欧盟、俄罗斯、韩国、中国等开展了广泛的合作，加强了与沙特阿拉伯、约旦、厄立特里亚等周边国家的合作，国际合作不断深化。埃及的整体营商环境尚需大力改善。为吸引外资，埃及出台了大量政策，但很多政策相对来说并不优惠或未完全落实，从而影响了外国资本的进入，很多外国投资者对到埃及投资依然十分谨慎，处于前期接触和观望状态。深层次、结构性的矛盾对埃及的经济复苏构成了严峻挑战。经济结构的调整有助于埃及经济的可持续发展，但同时也将使埃及面临短期阵痛。2016年12月，埃及的通胀率为24.3%，核心通胀率为25.9%。截至2016年9月16日，埃及内债总额为2.7035万亿埃及镑，占GDP的比重为83.3%，其中政府债务为2.5230万亿埃及镑，占GDP的比重为77.7%。截至2016年12月底，埃及外债余额为673.22亿美元，占GDP的比重为37.6%，其中短期外债为119.45亿美元，占外债余额的17.7%，私人领域外债为1.56亿美元。

4.卡塔尔的宏观经济条件

油气产业的快速发展带动了卡塔尔经济的高速增长，使其成为全球经济增速较快和人均GDP名列前茅的国家。据世界银行统计，2017年卡塔尔实际GDP为2200亿美元，经济增长率为2%。稳定的经济增长、丰厚的油气出口收入，加之日益健全的法律法规体系和不断改善的营商环境，为外国企业赴卡塔尔开展投资合作创造了良好的空间。

5.阿联酋的宏观经济条件

阿联酋的经济也保持了稳步增长，据阿联酋联邦竞争力和统计中心的数据，按现价计算2016年阿联酋GDP总值为3490亿美元，按不变价计算为3790亿美元，同比增长了3%。2015年，阿联酋人均GDP为70570美元，排名世界第10。美国方面的数据显示，2016年阿联酋财政收入为981.5亿美元，支出为1126亿美元，赤字为144亿美元。根据阿联酋财政部发布的数据，2016年阿联酋联邦预算为131亿美元，主要用于政府事务、社会发展、社会福利、基础设施建设等。阿联酋联邦预算仅占预算总额的10%，阿布扎比和迪拜的预算占比都超过了80%。

6.伊朗的宏观经济条件

自2008年世界经济危机及2012年西方国家对伊朗实施石油禁运和金融制裁以来，伊朗的原油出口量被限制在100万桶/天，较制裁加剧前减少了近一半，其GDP增速明显放缓，对外贸易增长缺乏后劲，外国投资大幅缩水，通胀率和失业率也长期在高位徘徊。2016年1月制裁解除后，伊朗大力增加原油出口量，当前已经接近400万桶/天。2019年，伊朗又遭到美国的单方面制裁，其石油出口遭受打击,加上2020年年初新冠肺炎疫情的影响,伊朗的石油出口量进一步下降,国内经济和民生也受到了严重影响。

7.阿曼的宏观经济条件

阿曼2017年的GDP为719亿美元,GDP增长率为1%。油气产业是阿曼的支柱产业,油气收入占阿曼国家财政收入的75%,占阿曼GDP的41%。阿曼的工业以石油开采为主,现在也开始重视天然气开采。阿曼实行自由和开放的经济政策,利用石油收入大力发展国民经济,努力吸引外资,引进技术,鼓励私人投资。为逐步改变国民经济对石油的依赖,实现财政收入来源多样化和经济可持续发展,阿曼政府大力推动产业多元化、就业阿曼化和经济私有化,增加对基础设施建设的投入,提升私营资本的参与程度。阿曼的农业不发达,粮食主要依赖进口。阿曼的渔业资源丰富,渔业是阿曼的传统产业,所获水产品除满足阿曼国内需求外,还可供出口,是阿曼非石油产品出口收入的主要来源之一。

8.伊拉克的宏观经济条件

伊拉克2017年的GDP为1868亿美元,人均GDP为4958美元,经济增长率为1%。伊拉克的工业部门主要有石油开采、提炼和天然气开采等。油气产业在伊拉克的国民经济中始终处于主导地位,为伊拉克的支柱产业。伊拉克于1973年实现了石油工业国有化。从两伊战争结束到海湾战争之前,伊拉克平均日产原油350万桶,最高时达450万桶。伊拉克主要出口原油、天然气、椰枣、化肥等,进口各种生产资料、粮食等生活必需品。2012年,伊拉克出口额为882.7亿美元,其中原油出口超过80%,进口额为568.9亿美元。

9.也门的宏观经济条件

自2014年爆发国内危机以来,也门的经济状况持续走低,到2018年其GDP下降至269.14亿美元,比2014年下降了37.74%;2018年,也门的人均GDP为944美元,仅相当于2014年的56.4%。世界银行的数据显示,2018年也门的GDP构成中,农业(包括种植业、林业、渔业)、工业(包括建筑业)和服务业增加值所占比重分别为4.03%、28.69%和13.51%。根据国际货币基金组织的统计数据,2017年也门的GDP构成中,消费占116.35%(家庭消费占109.87%,政府消费占6.49%),固定资本形成占2.08%,净进口占18.44%(出口占3.23%,进口占21.67%)。

（二）油气资源条件

1.沙特阿拉伯的油气资源条件

沙特阿拉伯拥有丰富的油气资源，素有“石油王国”之称，石油储量和剩余可采量均居世界首位。沙特阿拉伯已探明原油储量为2642亿桶，占世界已探明总储量的19%，原油日产能达1250万桶。石油产业为沙特阿拉伯贡献了50%的GDP、70%的财政收入和90%的外贸收入。沙特阿拉伯的石油剩余可采储量为363亿吨，占世界剩余可采储量的26%，居世界首位；天然气剩余可采储量为8.2万亿立方米，占世界剩余可采储量的4.1%，居世界第4位。除油气资源外，沙特阿拉伯还有金、铜、铁、锡、铝、锌等矿藏。另外，沙特阿拉伯是目前世界上最大的淡化海水生产国，其海水淡化量占世界总量的20%左右。

2.科威特的油气资源条件

科威特境内石油和天然气储量丰富，石油与天然气工业是科威特国民经济的支柱产业。科威特现已探明的石油储量为1049亿桶，占世界已探明储量的10%，居世界第5位；天然气已探明储量为1.78万亿立方米，占世界已探明天然气储量的1.1%，居世界第19位。

3.埃及的油气资源条件

埃及是北非地区重要的石油和天然气生产国，据《BP世界能源统计年鉴(2017年)》的数据，截至2016年年底，埃及石油和天然气已探明储量分别居非洲国家第6位和第3位。其中，已探明石油储量为34.7亿桶(4.6亿吨)，已探明天然气储量为1.8万亿立方米(未包含新发现的祖哈尔气田，储量约为0.85万亿立方米)。2016～2017财年，埃及的石油和天然气产量合计为每天146.7万桶(油当量)。目前，埃及是非洲第一大石油消费国和第一大天然气消费国。埃及油气产业链的上游环节高度对外开放，油气投资环境友好。埃及的炼油能力居非洲大陆首位，目前埃及境内有10座炼油厂，炼油能力为每天75.8万桶，产出为每天58.6万桶，利用率为77.2%，日处理原油能力为97.5万桶。

4.卡塔尔的油气资源条件

卡塔尔油气资源丰富，已探明石油储量为262亿桶，居世界第13位；已探明天然气储量为25.8万亿立方米，居世界第3位。卡塔尔液化天然气的产量和出口量自2006年至今均居世界第1位。

5.阿联酋的油气资源条件

阿联酋最重要的资源就是石油和天然气，其中超过95%的油气资源位于阿布扎比酋长国。阿联酋目前已探明的石油储量为978亿桶，居世界第7位；已探明的天然气储量为6.09万亿立方米，居世界第7位。

6.伊朗的油气资源条件

伊朗境内蕴藏着丰富的石油、天然气和煤炭资源。伊朗人口仅占世界总人口的1%，其自然资源储量却占全球总储量的7%。根据《BP世界能源统计年鉴(2016年)》的数据，截至2015年年底，伊朗的已探明石油储量高达1578亿桶，占全球已探明总储量的9.3%，居世界第4位；已探明天然气储量达34万亿立方米，占世界已探明总储量的18.2%，超过了俄罗斯(32.3万亿立方米)，居世界第1位。

7.阿曼的油气资源条件

根据阿曼石油和天然气部的最新评估勘探结果，2018年阿曼新探明了5100万桶石油和凝析油储量，以及272亿立方米的天然气储量。截至2018年年底，阿曼石油和凝析油总储量为47.9亿桶，与2016年年底相比减少了3.75亿桶；天然气总储量为6776亿立方米，与2017年年底相比减少了300亿立方米。

8.伊拉克的油气资源条件

伊拉克具有得天独厚的地理条件，石油、天然气资源均十分丰富，石油工业是伊拉克经济的重要支柱产业。2010年10月，伊拉克石油部长称伊拉克已探明石油储量为1431亿桶，在石油输出国组织(OPEC，简称“欧佩克”)和世界已探明石油总储量中分别占12.0%和9.8%，居世界第2位；天然气已探明储量为3.17万亿立方米，占世界已探明总储量的1.7%，居世界第10位。伊拉克还有约100亿吨的磷酸盐储量。

目前，伊拉克国内的石油开发呈现出开发能力与储量大国地位不相称、炼化与运输能力严重匮乏两大特点。先来看开发能力与储量大国地位不相称，从1986年至2016年，伊拉克的石油产量起伏不定，呈现出三个重要特征：第一，产量波动幅度剧烈；第二，战后重建期间产量虽有明显增加，但产能依然与其自身的资源禀赋地位严重不相称；第三，横向对比来看，伊拉克的产量远逊于沙特阿拉伯等国的同期产量。再来看炼化与运输能力严重匮乏，伊拉克的石油冶炼设施主要分布于巴格达、巴士拉、哈迪赛、哈那根、基尔库克与卡亚拉地区，其中大部分相关设施在历次战乱中均遭到了不同程度的破坏。目前，在伊拉克北部、中部和南部地区仅有15座炼化厂，总处理能力为每天108.6万桶，不到其目前原油产量的1/3。除了炼化能力不足外，伊拉克的原油管道运输能力也严重匮乏。目前，伊拉克境内(包含跨国管线)共有7条石油运输管线，其中完全正常运行的为库尔德自治区管线和挪威德诺石油公司运营的从土耳其至库尔德地区的管线，但这两条管线均位于库尔德自治区，并与土耳其境内的输油管线相连；部分正常运行的为土耳其杰伊汉管线，其中仅有一条直径约1米的管道可用，这条管线也位于库尔德人控制的地区内；另外3条分别为通往土耳其、波斯湾与叙利亚的管线，即伊拉克至土耳其管线的巴格达段、基尔库克至巴尼亚斯管线和战略管线，这三条管线目前均处于停运或损毁状态；还有1条管线为伊拉克至沙特阿拉伯的跨国管线，从伊拉克南部的油田通往位于沙特阿拉伯境内的石油港口，但伊拉克境内的部分处于停运状态。因此，当前伊拉克石油部管理下的众多油田尚不具备任何通过管道向外输送石油的能力。

9.也门的油气资源条件

也门是一个典型的资源型国家，石油和天然气是其最主要的自然资源。从20世纪80年代开始，石油的工业化生产和出口就是也门国民经济的支柱产业。2009年，也门实现了天然气的工业化生产及出口，主要出口中国、加拿大和韩国等国。

(三)营商环境

1.沙特阿拉伯的营商环境

沙特阿拉伯2017年吸引外资流量为14.21亿美元；截至2017年年底，沙特阿拉伯吸收外资存量为2322.28亿美元。从投资存量看，约40%的外商直接投资集中在工业领域，如炼油、石化、矿业、建筑、食品、塑料、橡胶等行业。2017年上半年，沙特阿拉伯继续向外资公司开放投资领域，宣布放开外资独资设立建筑师事务所的限制，旨在进一步促进外资公司来沙特阿拉伯投资。

沙特阿拉伯企业所得税税率为20%。沙特阿拉伯于2018年1月1日开始实施增值税，连同“海合会”其他成员国一起，选择实施5%的标准税率，截至2019年4月底，沙特阿拉伯约有18万户增值税企业纳税人。纳税义务人为从事天然气、液化天然气、气体冷凝物经营的自然人、法人，征税对象为从事天然气勘探开发、生产、炼化、液化、冷凝等经营活动的收入。从事天然气开发的税率为30%，从事石油和碳氢化合物生产的税率为85%。消费税主要针对烟草及其衍生制品、电子烟及液体、能量饮料、碳酸饮料、加糖饮料征收，前三类税率为100%，后两类税率为50%。

2.科威特的营商环境

科威特工商部是科威特负责外国直接投资的主管部门。2013年，科威特成立了直接投资促进局，下设在工商部，旨在把科威特建设成为地区性的金融中心和贸易枢纽。直接投资促进局主要负责管理外资及外部招商，为外籍投资者提供服务及方便其办理手续，具体的服务内容包括：简化项目批准手续及颁发执照；协调本国其他政府部门快捷办理外籍投资者的入境居留手续；监督工程的施工进度，及时解决投资者遇到的各种问题；向投资者提供相关信息及统计数据；宣传科威特的各种优惠投资政策，介绍推广科威特的招商引资项目。2015年，科威特的第75号部长会议决定明确了10类不允许外资进入的领域，即原油和天然气开采、焦炭生产、肥料和氮化合物生产、煤气制造、通过主管道分配气体燃料、房地产（不包括私人运营的建设项目）、安全和调查活动、公共管理与国防、强制性社会保障、成员组织和雇用劳动力（包括家政人员）。

科威特公司的所得税税率为15%。据《阿拉伯时报》2019年4月23日报道，一份由当地媒体获得的政府内部文件显示，科威特自2021～2022财年开始征收增值税，该财年的起始日期为2021年4月1日。此外，针对烟草和软饮料的消费税从2020～2021财年起征收，即从2020年4月开始，科威特相关商品的价格将有较大幅度的上调。

3.埃及的营商环境

埃及的主要投资管理机构是投资与国际合作部及其所属的投资与自由区管理总局，该机构统管埃及的外资项目和自由区，具体负责制定和修改《投资法》，改善投资环境，审批和管理外资项目，开展咨询服务、对外宣传等。埃及政府于1981年颁布的《公司法》及其实施细则、1997年颁布的《投资保护鼓励法》及其实施细则、2002年颁布的《经济特区法》及其实施细则是目前埃及主要的投资管理法律。《公司法》适用于所有的投资活动；《投资保护鼓励法》适用于特定行业和部门的国内外投资活动，鼓励境内外企业对埃及进行投资；《经济特区法》允许建立出口导向型的经济特区，开展工业、农业和其他服务活动。埃及与投资密切相关的文件还有2005年颁布的《关于外国商品复出口时退还海关税和销售税的决定》、2007年颁布的《对抵离埃及者实行海关申报措施的决定》等。2016年8月，埃及政府新颁布了《苏伊士运河特别经济区法律框架》。2016年11月，埃及最高投资委员会出台了17条促进投资的措施。2016年以来，埃及政府广泛征集各领域的专家学者和投资者的意见，从符合宪法及相关法律条款的角度和埃及的社会实际情况出发，重新制定了《投资法》，新法于2017年5月经埃及议会审议通过。

埃及的公司所得税一般税率为22.5%，但有两类特殊纳税主体的税率高于22.5%，这两类特殊纳税主体分别是：苏伊士运河管理局、石油总公司、中央银行，按照40%的税率纳税；石油及天然气勘探、开采、加工企业，按照40.55%的税率纳税。另外，根据2016年9月7日埃及颁布的《增值税法》，增值税一般税率为14%。

4.卡塔尔的营商环境

卡塔尔的投资主管部门是经济和商业部。卡塔尔鼓励外国投资者在农业、工业、卫生、教育、旅游、自然资源、能源及采矿业的开发和利用等领域投资，允许外国投资者的股份超过项目资本的49%，直至100%，但要符合卡塔尔政府的发展规划。卡塔尔重点扶持那些可实现最有效利用本国现有原材料的项目和出口工业，可提供新产品、使用新技术的项目，致力于把具有国际声誉的产业国产化的项目，以及重视人才本土化并使用本国人才的项目。除非获得特别许可，否则卡塔尔禁止外国投资者在银行业、保险公司及商业代理和房地产等领域投资。外国投资者在卡塔尔投资主要以建立合资公司或参股经营的方式为主，一般来说，外国投资者投资的比例不得超过投资总额的49%。外国自然人不能直接在卡塔尔当地开展投资或者承揽工程承包项目，必须在当地成立合资公司。目前卡塔尔的三个经济区均由政府规划并出资建设，暂无外国投资建设相关园区的规定。

卡塔尔的企业所得税率为单一固定税率10%。目前，卡塔尔尚未征收增值税，但在2016年2月举行的阿拉伯财政论坛(AFF)上，海湾国家已就开征增值税一事达成一致，税率为5%。2017年，卡塔尔内阁批准了增值税法律草案及其执行规章，按照卡塔尔政府原定立法计划，将在未来开始全面推行增值税，但开征的具体日期尚未确定。消费税是对特定消费品征收的一种间接税，以危害人类健康或环境以及部分集合当地经济文化特点的稀缺消费品为课税对象，消费者是消费税的实际负担者，但石油和天然气不在其中。

5.阿联酋的营商环境

阿联酋联邦政府负责投资管理的部门主要包括经济部和财政部。只有阿联酋公民或由阿联酋公民完全所有的企业法人方可提供下列服务：商业代理，房地产服务，汽车租赁服务，农业、狩猎和林业服务（包括兽医药），渔业服务，人力资源服务，公路运输服务，调查和安保服务，世贸组织服务贸易领域的娱乐、文化、体育服务，视听服务中仅部分领域允许外商投资，如艺术、电影工作室、剧团、电影院、剧场、艺术品展览馆、体育活动。外商对阿联酋自然资源领域的投资规定由各酋长国自己制定。阿联酋的石化工业完全由各酋长国自行所有，外商投资必须以合资企业的形式进行，并由阿联酋国家控股。电力、水、天然气等资源领域也均由阿联酋国家垄断。但是，由于国际油价下跌导致阿联酋各级政府财政日益窘迫，近年来阿联酋启动的大部分水电项目都纷纷采用政府和社会资本合作（PPP）、建设-运营-移交（BOT）等模式，以吸引民营及外国资本。

阿联酋联邦政府不征收企业所得税、营业税等，对石油企业征收55%的税（其他酋长国征收50%的税），以及特许权使用费等，最终实际支付税额根据外国公司和相关酋长国政府达成的特许权合同条款而定（一般为55%～85%）。2018年1月1日，阿联酋开征增值税，税率为5%，也适用于进口商品；教育、医疗保健、石油/天然气、交通、房地产等行业的税率为零。从2017年10月1日起，阿联酋开始征收选择性消费税，对碳酸饮料征收50%的消费税，对功能饮料、烟草制品等征收100%的消费税。

6.伊朗的营商环境

伊朗财经部下属的“投资与经济技术支持组织”（OIETAI）是伊朗鼓励外国资本在伊朗投资、审批外国投资有关事务的唯一官方机构。外国投资者的有关投资许可、资本进入、项目选择、资本利用、资本撤出等事项都应向OIETAI提出申请。OIETAI接到申请后，在15天内对申请进行初步研究，并将意见提交由伊朗财经部副部长担任主席、各相关部委组派员组成的外国投资委员会，该委员会在组织提交意见后1个月内以书面的形式公布审查决定。一旦委员会审查通过并经财经部长签字，即签发投资许可。为了简化和加速外国投资申请的审批手续，所有有关机构（包括财经部、外交部、工矿贸易部、劳工部、中央银行、海关、工业所有制企业、公司注册机构和环境保护组织）都要向 OIETAI 推荐一名由本机构最高领导签字授权的全权代表，被推荐的代表作为该部门与组织之间的协调者，处理与 OIETAI 相关的一切事务。根据《伊朗鼓励和保护外国投资法》的规定，在工矿业、农业和服务行业进行建设和生产活动的外国资本的准入，必须同时符合伊朗其他现行法律法规的要求，并符合下列条件：有利于经济的增长、技术的发展、产品质量的提高、就业机会的增加、出口的增长及国际市场的开发；不得危害伊朗国家安全和公共利益、破坏生态环境、扰乱国民经济及阻碍国内投资产业的发展；政府不授予外国投资者特许权，以避免外国投资者处于垄断地位；外资提供的生产性服务和生产的产品价值的比例不应超过外资在获取投资许可时伊朗国内经济部门提供的生产性服务和生产的产品价值的 25%、国内行业提供的生产性服务和生产的产品价值的 35%。

《伊朗鼓励和保护外国投资法》不允许以外国投资者的名义拥有任何种类、数量的土地。此外，2015 年 8 月，伊朗石油部表示，重返伊朗市场的外国石油公司必须通过与伊朗本国企业合资的方式进行商业活动，合资成立的新企业不仅应经营伊朗本国市场，而且应对周边国家具有辐射性。

伊朗征收法人所得税，公司的收入和法人根据其从伊朗境内外其他营利性业务活动中获得的收入总额，在扣除了经营中的亏损、非免税亏损和直接税法规定的免税款额之后，分别依照 25%的税率纳税；对于在伊朗境内签署的任何有关建设承包、技术项目、制造安装项目、运输项目、建筑规划项目、测量、绘图、技术监理与核算、技术援助和培训、技术转让和其他方面的服务合同，按总收入的 12%纳税。另外，伊朗还采取了一些特殊税率，如香烟及烟草制品的税率为 15%，汽油及航空燃油的税率为 25%～30%等。除此之外，伊朗还设置了优惠税率，如煤油及柴油的税率为 10%，重油的税率为 5%等。

7.阿曼的营商环境

阿曼商工部是外国投资的主管部门，其职能包括向投资者提供相关服务，审批投资申请，发放许可和商业注册。阿曼商工部下属的外国投资委员会负责审核外国投资申请，并就以下方面向商工大臣提出意见和建议，如投资领域是否属于经济发展项目，是否存在与《外国投资法》相冲突之处。此外，其他部门可在外国投资项目的建设和经营期间就环境、卫生、安全等方面进行检查。根据阿曼的现行法律法规，一般性投资项目外国投资比例不超过 49%，项目最低投资额为39万美元。经商工大臣批准,外国投资比例可放宽至70%。对于个别对国民经济发展具有重要作用的投资项目,经商工大臣推荐、内阁批准,外国投资比例可达100%,但投资额不少于130万美元。阿曼对外国投资实行国民待遇,所有的外国投资者享有与阿曼当地投资者同等的待遇,可以与阿曼企业或个人合资经营,也可以合资注册,独立经营。阿曼没有相关外资收购或并购的法律,中资企业也没有在阿曼开展并购的先例。

自2017年2月起,阿曼取消了3万里亚尔营业额的免税门槛,对营业额低于3万里亚尔的企业征收税率为3%的所得税;对营业额不低于3万里亚尔的企业,征税税率从12%提高至15%;特许权收入、研发收入、计算机程序使用或使用权收入及管理费收入征税税率保持不变,仍为10%;对在阿曼未成立公司开展生产经营活动的外籍人士,将其提供服务所得、利息收益和从企业分得的股息、红利纳入计税范围;石油钻探领域的税率为:石油销售需要交纳税率为55%的所得税,石油化工公司需要交纳税率为35%的所得税。

8.伊拉克的营商环境

与西亚和北非地区的其他国家相比,伊拉克的法律体系相对更有利于外商开展投资或在伊拉克进行贸易活动。在伊拉克,外国公司和个人一般可以全资拥有公司(有特殊行业限制的除外)。为吸引外国投资,伊拉克政府于2006年颁布了《投资法》(2006年第13号法令,经2010年第2号法令和2015年第50号法令修订)。隶属于伊拉克政府内阁的伊拉克国家投资委员会就是根据该项法案成立的,该委员会负责相关外资政策制订、执行和对外资企业的监督管理等,每个省也设有国家投资委员会的分支机构。该委员会对外国投资者提供“一站式”服务。在提交正式投资许可证申请前,外国投资者需要到伊拉克贸易部公司注册处(类似工商管理机构)注册设立相关实体。在伊拉克,除军工、自然资源、土地(库区除外)等领域外,其他商业领域均适用于《投资法》。对于生产性企业,外国投资者投资不应少于25万美元,伊拉克雇员人数不应少于全部雇员的50%,并提供各项福利待遇。外国投资者可以拥有投资项目的股票和证券(不仅限于许可证持有人),作为一项持续合规要求,投资者在伊拉克的账目需要依法由注册会计师审计。按投资委员会的要求,投资者提供与项目预算有关的经济和技术可行性研究以及其他信息。投资者需要保护环境,并依据相关法律执行伊拉克或者国际相关领域适用的质量控制体系。投资者需遵循伊拉克法律中关于工资、假期和工作时间等的相关规定。投资者需要按照已提交的工期进度计划施工，实际施工与规划时间相差不得超过 6 个月；如果超过 6 个月，则投资委员会有权收回投资证。投资者需要培训伊拉克雇员，提高其工作效率和技能，同时要优先雇用伊拉克人。

伊拉克征收公司所得税的税率为 35%，不征收增值税，但针对特定的产品征收销售税：对酒店和餐厅提供服务的征收税率为 10%，对移动和互联网充值卡销售额的征收税率为 20%，对进口的各类车辆征收 5%的销售税，对进口的烟酒征收 300%的销售税。

9.也门的营商环境

也门投资主管部门是投资总局(GIA)，该部门成立于 1992 年 3 月，主要职责是促进也门当地和国外投资者对也门的投资，提供投资服务，负责投资项目的注册登记等。投资总局设有董事会，由也门总理直接领导，董事会成员包括相关的政府部长、也门工商联合会主席和投资总局主席。董事会负责制定投资政策、批准投资计划和投资项目。投资总局主席直接对也门总理负责，并设总经理负责投资总局的日常事务。在投资总局的大楼里，与投资有关的所有政府部门都设有专门的办公室，以便利投资服务。自成立以来，也门投资总局已为许多投资者提供了帮助，注册登记了 7000 多个项目，为 100 多亿美元的国内外投资提供了便利。为进一步促进投资，2016 年 6 月，也门投资总局公布了 2016 年第 39 号决议，采取积极措施，简化和加快投资者交易程序，要求所辖有关部门和政府机构按时、有效地提供“一站式”服务。“一站式”服务系统包括了 90%的负责对投资项目发放许可和准证的政府机构。根据也门《国民经济社会发展计划》中的目标和前提，在不违反伊斯兰法律条款的情况下，也门鼓励国内外资本在军火和炸药以外的所有领域进行投资，但进出口贸易，批发和零售贸易，石油、天然气勘探和开采领域，矿产勘探和开采领域要按照相应的法律规定进行。也门对投资实行国民待遇，所有外国投资者享有与也门当地投资者同等的待遇，外国投资者可以与也门的企业或个人合资经营，也可以独资经营。

也门的商业利润税税率统一为 1%，从事石油和天然气开采活动的公司交纳企业所得税的税率为 35%。也门政府对进口商品征收的增值税税率统一为 3%，交税金额在进口商品完税价格的基础上进行计算，由各地海关与销售税一并征收。2005 年，也门政府公布了销售税征收法案，规定对用于批发和零售的所有进口商品开征销售税，税率统一为5%。消费税是为体现消费政策，对生产、委托加工、零售和进口的应税消费品征收的一种税，主要是针对各种商品和服务在销售过程中实现的价格来征收。对汽油、煤油、重油等石油产品，也门征收销售价格5%的消费税。

四、法律环境

(一)沙特阿拉伯的法律环境

沙特阿拉伯以《古兰经》和穆罕默德的《圣训》作为国家立法和执法的依据。沙特阿拉伯的司法机构以《古兰经》和《圣训》为执法依据，由司法部和最高司法委员会负责管理司法事务。2007年，阿卜杜拉国王颁布了《司法制度及执行办法》和《申诉制度及执行办法》，建立了新的司法体系，设立了最高法院、上诉法院、普通法院三级法院，最高法院院长由国王任命；建立了刑事、民事、商业、劳工等法庭。沙特阿拉伯的申诉制度规定，设立直属于国王的三级行政诉讼机构，即最高行政法庭、行政上诉法庭和行政法庭。按照沙特阿拉伯《沙特商业代理规定及执行细则》(以下简称《商业代理规定》)的规定，在沙特阿拉伯没有设立实体但希望从事贸易活动的外国投资者，必须委派沙特籍代理人协助分销货物，贸易活动包括从国外进口商品到沙特阿拉伯零售和在沙特阿拉伯采购本地商品再零售。外国公司必须指定沙特籍代理人或经销商进行分销，代理协议必须在沙特阿拉伯商工部进行登记，代理人必须持有有效的、允许其从事代理业务的商业登记证，方可从事代理业务，从事代理业务的主管人员或代表必须是沙特阿拉伯人。《商业代理规定》禁止将代理权直接或间接交由外国委托人掌控的"借壳代理"，沙特阿拉伯的法律不禁止多重代理，但其商工部通常不会为同一位外国委托人注册一个以上的代理协议。

(二)科威特的法律环境

科威特工商部是负责科威特贸易事务的主管部门，科威特对外贸易及投资的相关法律主要包括《贸易公司法》《公共招标法》《直接投资促进法》《自由区法》《商业代理法》《合营公司法》《所得税法》。科威特对部分产品实行进口管制，禁止进口的产品有麻醉剂、酒精饮料及其原料、气枪、猪肉或者含猪肉的食品、色情和反政府材料、5年以上的旧车、具有核辐射的产品、废旧轮胎、工业废物和赌博用具。另外，出于保护当地产业的需要，科威特目前仍然禁止进口的产品有石棉管、面粉、工业和医药用氧气、浇铸铁和焊管等，限制进口的产品有烟花鞭炮、马科动物、盗版制品、武器弹药、部分药品和爆炸物等。科威特工业总署负责检验进口商品的质量标准，科威特市政厅下辖的进口食品局负责抽查进口食品的质量。科威特整体关税水平较低，自2003年1月1日起，根据海湾关税同盟的规定，科威特将一般商品的进口关税统一为5%(到岸价)，对少数产品征收较高的关税，如对香烟、烟草制品征收高达100%的关税，而对食品、生活必需品、药品以及新设企业所需进口的机械设备免征关税，来自全球碳委员会(GCC)成员国的工业产品及部分农产品也可享受免关税待遇。另外，科威特在1995年成为世贸组织成员，根据规定，从2004年起，科威特取消了所有与世贸组织相关原则相悖的关税和贸易保护措施。

(三)埃及的法律环境

埃及贸易与工业部(简称“贸工部”)为埃及主管对外贸易的部门，辖进出口控制总局、工业发展总局、展览和会议总局、标准和质量总局、商务代表处、出口促进中心、贸易协定局、出口促进银行、外贸培训中心等机构。其中，进出口控制总局负责进出口商品的检验及控制；贸易协定局负责处理世贸组织事务以及反倾销、反补贴和保障措施事务；商务代表处负责向各国派遣贸易代表；展览和会议总局负责代表埃及在国外办展，并管理在埃及境内举办的展览。目前，埃及对外贸易管理方面的主要法律有1963年颁布的《海关法》、1975年颁布的《进出口法》以及1999年颁布的《贸易法》。2005年，埃及修订了《进出口法》和《海关法》，颁布了《进出口法实施条例》。2002年，埃及制定了《出口促进法》。埃及早在1995年就已成为世贸组织成员国，遵守世贸组织的有关贸易规则。

(四)卡塔尔的法律环境

卡塔尔的贸易主管部门是经济和商业部。根据《卡塔尔海关法》，个人进口货物到卡塔尔销售，必须在进口商注册处注册，并获得卡塔尔工商会批准。个体进口商必须具有卡塔尔国籍，进口商号必须是卡塔尔人拥有的全资公司，但下列情况例外：外国公司从事大型工业或农业项目，并与卡塔尔政府有直接合约，允许其进口与本项目有重要关系的货物；进口商得到埃米尔特令，不受1990年颁布的第25号法令的制约，该法令对外国公司在卡塔尔从事商业、工业、农业及服务业活动进行了规定；进口商为工业企业，企业资本至少51%由卡塔尔人持有，并获得埃米尔特令进口货物。卡塔尔对出口的货物不征收关税，但禁止向以色列出口货物。

（五）阿联酋的法律环境

阿联酋是松散的联邦制国家，除国防、外交相对统一外，在经济、贸易、投资等方面各酋长国自成一体，联邦政府的一些法律在一些酋长国未得到严格执行。阿联酋实施自由经济政策，对外贸易进出口自由。除军事装备和武器由政府统一进口外，对一般消费品和机械设备等的进口没有限制，政府大型项目采购由政府统一招标进口。阿联酋现行的有关贸易的法律主要有《公司法》《商业代理法》《商标法》《保险法》《审计法》《商业交易法》等。近年来，为适应新的经济形势的需要，阿联酋经济部牵头修订了包括《公司法》《投资法》《破产法》《知识产权法》等在内的10部法律。

（六）伊朗的法律环境

伊朗伊斯兰议会是伊朗的最高立法机构，议会为一院制，议会通过的法律须经宪法监督委员会批准方可生效。伊朗属于伊斯兰法系统兼容大陆法系的共和制国家。为维护本国劳工的权益，限制外国人与本国人竞争劳动岗位，伊朗制订和颁布了《伊朗劳工法》；为规范进出口商品的活动，伊朗制订和颁布了《伊朗进出口法》；为加强对进出口货物的税收管理，伊朗制订和颁布了《伊朗海关法》及其细则；为鼓励外国及外商投资，伊朗制订和颁布了《伊朗鼓励和保护外国投资法》及其实施细则；为监管、规范税收，伊朗制订和颁布了《伊朗直接税法》，由伊朗税务部门统一执行；为加强对矿产资源的管理，伊朗制订和颁布了《伊朗采矿法》及其实施细则；为保护知识产权，伊朗制订和颁布了《商标专利注册法》。伊朗是联合国创始成员国之一，也是1958年联合国《承认和执行外国仲裁裁决公约》（简称1958年《纽约公约》）的缔约国之一，所以国际仲裁裁决在伊朗具有法律执行力。

（七）阿曼的法律环境

阿曼商工部是负责贸易管理的主管部门，阿曼与贸易相关的主要法律法规有《商业法》《代理法》《商标法》《专利法》等。阿曼实行自由贸易制度，任何自然人、法人经许可均可以贸易为目的进口商品，个人可不经批准进口自用商品，进口许可必须向商工部贸易司申请。以下情况允许临时进口，时间为期6个月并可延长：为实施工程项目或与项目有关进行科学实践需要的机械和重型设备，为完成加工进口的商品，为运动场、剧院、展览而临时进口的商品，为维修而进口的机械、设备、仪器，用于装填目的的集装箱、包装商品，用于放牧进口的动物，用于展示的样品。

（八）伊拉克的法律环境

在贸易方面，伊拉克目前仍沿用萨达姆执政时期制定的《商业法》和《公司法》。《商业法》于1984年颁布实施，该法对所有国营和民营公司及个体经营业者的营利性商业行为和交易活动进行了规定，范围涉及进出口、制造、物流、运输、建筑、旅游、银行、保险、债券股票买卖及工程承包等领域。《公司法》于1997年颁布实施，该法对有法人代表的国营和民营公司以及外商投资公司从成立、运营到破产清算等进行了规定。此外，伊拉克境内的贸易还受伊拉克民法典等法律以及其他行业性法律（如石油行业的相关法律）的管辖。贸易部是伊拉克的外贸主管部门之一，除贸易部外，还有其他政府部门负责外贸事宜，如在石油或电力行业由石油部或电力部负责。伊拉克尚未加入世界贸易组织，目前实行进口许可制度。通常来说，没有进口许可证就进入伊拉克的商品将被视为走私物品而予以没收并拍卖。一般地，进口许可证只发给特定的进口商，包括国有商业公司、政府采购代办或者伊拉克商会成员。伊拉克贸易部下属的伊拉克商贸公司负责向私营企业发放进口许可证。发放给私营企业的许可证自发放之日起3个月内有效。进口许可证的内容必须包括进口商名称、商品名称、商品说明书、价值（价格和运费，不包括保险费和包装费）、数量（以吨计或以件计）、装船地、原产地、时间、商品分类号及其海关规则。根据伊拉克2010年颁布的第22号法律（《关税法》），进口商品必须交纳关税；某些产品可以免交关税，或者为国有实体进口的商品也可免交关税，比如石油公司在技术服务合同项下为国家石油公司进口的商品就不需要交纳关税；对临时进口的商品，可在一年内免交关税，并且该期限可以续展。申请临时进口许可的手续比较复杂。伊拉克的《关税法》规定了不同的适用税率，有不少项目是从量征税，不过主要还是征收从价税。此外，伊拉克法律规定，对所有应征收进口税的项目，都必须课征相当于一定比例的关税的附加预提税。

（九）也门的法律环境

也门的贸易主管部门是工业和贸易部，该部于1992年颁布了第1号法令，即《对外贸易法》，随后为进一步突出和倡导自由贸易原则，也门分别于1996年和2007年对《对外贸易法》进行了修正，取消和减轻了大部分阻碍内、外贸易发展的束缚和枷锁，其中主要包括：取消进出口许可证；放开价格；除柴油和石油外，对所有商品取消价格补贴；重审海关税率；赋予商业银行开具进出口信用证、用外汇进行交易和汇出境外的自由；等等。2008 年 2 月，为打破私营业主的垄断地位，也门议会对《对外贸易法》再次修正，允许外国人在也门独资设立贸易公司，此举是也门加入全球碳委员会和世贸组织进程中的一项重要举措。2009 年 3 月，也门内阁批准通过了《对外贸易法实施细则》。也门现行的《对外贸易法》的立法目的在于指导、发展和复兴对外贸易，使其为实现国家经济和社会发展的目标服务；在自由贸易的基础上组织进出口活动，为也门提供所需的各类产品，扩大贸易活动的规模，稳定供应和增加生产；鼓励出口，建立新的海外市场，增加出口的产品种类，提高其在国际市场上的竞争力；发展、扩大与阿拉伯国家和世界其他国家的贸易关系，使其为也门的国民经济做出贡献；指定相关检验检疫机构对进出也门的商品进行简便、快捷的检测。

第三节　独联体国家的贸易投资软环境

本节主要介绍俄罗斯和阿塞拜疆这两个独联体国家的贸易投资软环境。下面将从政治环境、社会文化环境、经济环境、法律环境四个大方面对这两个国家的贸易投资软环境进行详细阐述，重点介绍各国贸易投资软环境的特点与需要注意的事项。由于俄罗斯和阿塞拜疆为独联体国家中的主要产油国（除哈萨克斯坦、乌兹别克斯坦和土库曼斯坦这三个中亚产油国之外），而其他独联体国家的石油资源相对较少，故本书不进行介绍与讨论。

一、政治环境

（一）政治概况

1.俄罗斯的政治概况

俄罗斯是实行总统制的联邦制国家。1993 年 12 月 12 日，经全民投票通过了俄罗斯独立后的第一部宪法，并于同年 12 月 25 日正式生效。该宪法规定，俄罗斯是共和制的民主联邦法治国家，并确立了总统制的国家领导体制。俄罗斯联邦总统是国家元首，是俄罗斯联邦宪法、人民和公民权利与自由的保障，总统按俄罗斯联邦宪法和联邦法律决定国家的对内及对外政策；俄罗斯联邦总统有权任命联邦政府总理、副总理和各部部长，主持联邦政府会议；俄罗斯联邦总统是国家武装力量的最高统帅，并领导国家安全会议，有权解散议会，而议会只有指控总统犯有叛国罪或其他十分严重的罪行，并经最高法院确认后才能弹劾总统。截至2016年，在俄罗斯司法部获准注册的政党已超过77个。

2.阿塞拜疆的政治概况

1995年11月12日，阿塞拜疆经全民公决通过了现行宪法。该宪法规定，建立民主、法治、文明的世俗国家；国家实行总统制，总统为国家元首、最高行政首脑和武装力量总司令，由全民直接选举产生，任期为5年；立法、行政、司法三权分立，最高立法机关称为"国民议会"。内阁是阿塞拜疆政府的最高权力执行机构，总理由总统提名，议会批准；部长内阁由总统任命和解散；司法权由法院依照法律独立行使，法院体系包括宪法法院、最高法院、经济法院及各级普通和专门法院。阿塞拜疆的宪法法院由9名法官组成，均由议会根据总统提名任命。最高法院是阿塞拜疆的最高审判机关，由23名法官组成，均由议会根据总统提名任命。检察院依法独立行使检察权，最高检察机关为总检察院，总检察长经议会同意由总统任免。

（二）民族和宗教概况

1.俄罗斯的民族和宗教概况

俄罗斯是一个多民族国家，境内有100多个民族，其中俄罗斯族占总人口的77.7%，主要的少数民族有鞑靼族、乌克兰族、巴什基尔族、楚瓦什族、车臣族、亚美尼亚族、阿瓦尔族、摩尔多瓦族、哈萨克族、阿塞拜疆族、白俄罗斯族等。俄罗斯国内的宗教主要有基督教、伊斯兰教、萨满教、佛教（喇嘛教）和犹太教等。基督教方面，以俄罗斯东正教信徒人数最多，约有6000万人；另外信仰人数较多的是伊斯兰教，主要是逊尼派。

2.阿塞拜疆的民族和宗教概况

阿塞拜疆是一个多民族国家，境内共有43个民族，其中阿塞拜疆族占总人口的90.6%，列兹根族占2.2%，俄罗斯族占1.8%，亚美尼亚族（主要集中在纳卡地区）占1.5%，塔雷什族占1.0%。在外来人口方面，阿塞拜疆境内目前约有10万名长期居留的外国人。2016年，约67.2万人在阿塞拜疆办理了居留登记手续，其中约5.2万人获得了临时居留许可，9480人获得了劳工许可。据非正式统计，目前在阿塞拜疆长期居住的中国人不超过1000人。阿塞拜疆人主要信仰伊斯兰教(什叶派),但不强调教派间的差异;俄罗斯族、亚美尼亚族、格鲁吉亚族等少数民族信仰东正教。穆斯林的重要节日如古尔邦节、开斋节、纳吾鲁斯节,以及俄罗斯族的传统节日等都是阿塞拜疆的法定公共假日。

(三)外汇管理

1.俄罗斯的外汇管理

俄罗斯《外汇调节监管法》规定,外国人可以在指定的银行自由开立外汇账户,存入带进或汇进的资金,接收经营或投资产生的收益及利息等,也可使用账户内的资金支付商品和劳务费用,用于储蓄生息;账户内的资金可不受限制地汇出境外,包括投资收益和分红;利润为税后部分,可以自由汇出。根据俄罗斯法律的规定,旅客携带外币等值3000美元(含3000美元)以下出入境不需要向海关申报;旅客携带外币等值3000美元以上、10000美元(含10000美元)以下出境,则需填写海关申报单,选择“红色通道”,向海关如实申报。

2.阿塞拜疆的外汇管理

阿塞拜疆《外汇调节法》规定,外资企业可在当地银行开立外汇账户,用于进出口结算。贸易往来汇出的外汇金额超过规定限额(5万美元)时,需要申报并提供完税证明或资金来源证明,同时交纳手续费(一般不超过汇出金额的1%)。在阿塞拜疆合法工作的外国人完税后,可将个人收入全部汇出。外国人携带1000美元以上的现金出境时必须向海关申报,海关对超出限额以上的现金收取1%的手续费,但出境携带现金总量不能超过10000美元。为防止资金外流,2017年2月,阿塞拜疆中央银行对国内常住和非常住居民向境外汇款的额度进行了修改,允许自然人每月最多向境外汇款30000美元,其中通过银行账户可汇10000美元,没有开通银行账户者可汇10000美元,向近亲可汇10000美元。此外,阿塞拜疆中央银行还采取了其他相关措施来管制资本外流。

(四)雇工问题

1.俄罗斯的雇工问题

据统计,截至2016年12月,俄罗斯适龄劳动人口(15~72岁)为7690万人,占俄罗斯全国总人口的52%,其中就业人数为7280万人,失业人数约410万人。目前,俄罗斯就业市场上从业人员最紧缺的行业是建筑业、制造业、贸易、教育和不动产评估交易。2016年,俄罗斯职工的月平均工资约合550美元,但各行业之间的工资差别很大,重点行业的工资远高于轻纺业、服务业及加工业。自2016年7月1日起，俄罗斯将最低月工资标准提高至7500卢布；自2017年7月1日起，俄罗斯将最低月工资标准上调至7800卢布。俄罗斯政府拟在未来彻底解决将最低工资标准与最低生活标准拉齐的问题。俄罗斯的社保政策对企业经营成本影响较大。根据俄罗斯《养老金法》的规定，雇主需要按工资总额的31.6%交纳养老金，工人和公司职员按本人工资收入的5%交纳养老金，每3个月按物价上涨情况对养老金进行调整，以抑制通货膨胀引起的养老金实际购买力水平下降。《俄罗斯联邦公民医疗保险法》规定，各企事业单位按工资总额的3.6%交纳医疗保险金，被保险者本人交纳工资额的1.8%。俄罗斯《关于居民就业法》规定，雇主将员工工资的2%交纳就业基金，以保障失业人员的最低生活水平。

2.阿塞拜疆的雇工问题

据统计，截至2017年1月1日，阿塞拜疆国内有劳动能力的人口为501万人，其中就业人口473万人；此外，阿塞拜疆还有数十万本国劳动力在俄罗斯、伊朗和土耳其等国务工，每年都可带回一定的外汇收入，可减轻阿塞拜疆国内的就业压力。2016年，阿塞拜疆国内的最低月工资标准为105马纳特(约合134美元，按当时的汇率计算)。2017年，阿塞拜疆国内的最低月工资标准为116马纳特(约合68美元，按2017年1月31日的汇率计算)。此外，阿塞拜疆对企业和劳动者个人征收社会保障基金，比例通常为企业交纳职工工资的22%，雇员本人交纳3%。

二、社会文化环境

(一)俄罗斯的社会文化环境

目前俄罗斯境内使用的语言大约有150种。俄罗斯境内的民族语言分为四大语系，即印欧语系、阿尔泰语系、高加索语系和乌拉尔语系。俄语为俄罗斯人的主要语言，属印欧语系斯拉夫语族，是俄罗斯国内各族人民进行交往时最常用的语言，同时俄语也是俄罗斯的官方语言，并承担着国际交流语言的功能。在俄罗斯，超过90%的非俄罗斯族居民通用俄语。

俄罗斯教育分为基础教育和专业教育两大类，基础教育包括学前教育、初级基础教育(小学1～4年级)、基本基础教育(初中5～9年级)和完全基础教育(高中10～11年级)，专业教育包括中等专业教育(相当于中国的高等职业技术学院)、高等专业教育(大学本科和硕士)和大学后专业教育(副博士、博士)。在俄罗斯的教育体系中,包括14万所不同级别、不同类型和不同形式的国立教育机构,另外还有1500多所研究机构、创新中心及技术车间。据统计,2016年俄罗斯国内共有公立普通教育机构42622所,在校生1521.74万人,同比增长4.3%。

俄罗斯的高等教育机构分为三类,即综合性大学、专科院校和研究院。2016年,俄罗斯共有高校817所(国立高校502所,非国立高校315所),在校大学生总计438万人,在编教师32万人,其中具有博士学位者4.1万人,具有副博士学位者16.9万人。俄罗斯的高等教育由大学、学院及其他高等学校开展,主要任务是培养具有高深专业理论知识和实际技能的专家。在俄罗斯,硕士研究生和副博士研究生属于高等教育的范畴,但博士不属于高等教育的范畴——取得博士学位者必须在工作中做出突出的成绩,对专业知识有深入的研究并通过博士答辩,才能由国家最高学位评定委员会授予博士学位。俄罗斯教育的强项学科有数学、物理、化学、生物医学、计算机/信息技术、航空、航天、航海、核能、电子电气、军工、光学、精密机械等。

(二)阿塞拜疆的社会文化环境

阿塞拜疆的官方语言为阿塞拜疆语,但居民多通晓俄语。阿塞拜疆人重视家庭,家族观念浓厚,尊重长辈,爱护子女,妇女承担全部家务。阿塞拜疆人在正式场合及节庆场合讲究衣着(成年男性在公共场合需要穿长裤),男性见面时都会握手致意,女性则习惯相互亲吻面颊;比较熟悉的同事或朋友见面和分别时,不论性别和年龄,还会以相互贴面或亲吻脸颊的方式表示尊重和友情。

阿塞拜疆实行11年制义务教育,教育体制分为学前教育、普通中小学教育、职业技术教育、中等专业教育和高等教育。阿塞拜疆现有全日制普通学校4513所,学生约118.8万人;中等专业学校113所,学生约25万人;国立高等院校34所,学生约11.95万人;私立高等院校14所,学生约2.66万人。阿塞拜疆的著名高校有国立巴库拉苏尔扎德大学、阿塞拜疆国家石油学院、斯拉夫语言大学和阿塞拜疆国立经济大学等。

阿塞拜疆的社会治安情况总体良好,属于犯罪率较低的国家,但近年来刁难、敲诈和袭击外国人的事件时有发生。

三、经济环境

(一)宏观经济条件

1.俄罗斯的宏观经济条件

受世界经济增长放缓、俄乌冲突的干扰,以及美国等西方国家对俄制裁的影响,近年来俄罗斯经济虽然面临较大的下行压力,却表现出很强的韧性和强大的抗压能力。按现行价格计算,2021 年俄罗斯的 GDP 为 1.775 万亿美元,同比增长 4.7%;人均 GDP 约为 1.22 万美元。2021 年,俄罗斯联邦的预算收入为 25.3 万亿卢布(约合 3308.9 亿美元),支出为 24.8 万亿卢布(约合 3243.6 亿美元),盈余 5147.6 亿卢布(约合 67.3 亿美元)。在财政收入中,俄罗斯税务局征收了 15.9 万亿卢布(约合 2079.5 亿美元),海关总署征收了 7.2 万亿卢布(约合 941.7 亿美元),其他机构征收了 2.2 万亿卢布(约合 287.7 亿美元)。截至 2022 年 2 月 18 日,俄罗斯的外汇储备达到了 6432 亿美元的历史高点。

2.阿塞拜疆的宏观经济条件

根据阿塞拜疆的官方统计数据,2016 年阿塞拜疆的 GDP 为 599.9 亿马纳特(约合 376 亿美元),同比下降 3.8%;人均 GDP 为 6224 马纳特(约合 3898 美元),同比下降了 28.2%。世界银行的数据显示,2016 年,阿塞拜疆农业、工业和服务业增加值占 GDP 的比重分别为 6%、51.7%和 42.3%,建筑业和产品税收分别占 GDP 的 10%和 7.7%;油气领域的收入占 GDP 的 34.3%,非油气领域的收入占 GDP 的 65.7%;固定资产投资达 93.3 亿美元,贸易总额为 176.8 亿美元,分别占 GDP 的 24.8%和 47%。

(二)油气资源条件

1.俄罗斯的油气资源条件

俄罗斯主要的能源矿产资源有煤、石油、天然气等。俄罗斯已探明的天然气储量为 48 万亿立方米,占世界已探明储量的 21%,居世界第 1 位;已探明的石油储量为 252 亿吨,占世界已探明储量的 5%;已探明的煤储量为 1730 亿吨,居世界第 2 位。近年来,俄罗斯油气和其他矿产资源的已探明储量每年都在增加,这进一步巩固了俄罗斯世界第一资源大国的地位。

2.阿塞拜疆的油气资源条件

阿塞拜疆的石油和天然气资源较为丰富,主要分布在阿布歇隆半岛和里海大陆架。据统计，属于阿塞拜疆里海区域的石油已探明储量约20亿吨，地质储量约40亿吨，且这些石油资源具有埋藏浅、杂质少的特征；天然气已探明储量为2.55万亿立方米，远景储量为6万亿立方米。

（三）营商环境

1.俄罗斯的营商环境

俄罗斯主管国内和国外投资的政府部门有经济发展部、工业贸易部、国家资产委员会、司法部国家注册局、反垄断署、联邦政府外国投资咨询委员会、中央银行、财政部、联邦金融资产管理署、联邦政府外国投资者监管委员会等。俄罗斯政府鼓励外商直接投资的领域大多是传统产业领域，如石油、天然气、煤炭、木材加工、建材、建筑、交通和通信设备、食品加工、纺织、汽车制造等行业。2008年4月，由俄罗斯联邦委员会（即上议院）和国家杜马（即下议院）分别通过和批准，同年5月5日由俄罗斯总统普京正式签署的《外资进入对国防和国家安全具有战略性意义行业程序法》（简称《战略领域外国投资法》）正式生效，该法案第5款明确规定，13大类42种经营活动被视为具有战略性意义的行业，主要包括国防军工，核原料生产，核反应堆项目的建设运营，武器生产和军事技术必需的特种金属和合金的研制、生产、销售，宇航设施和航空器研究，密码加密设备研究，天然垄断部门的固定线路电信公司，联邦级的地下资源区块开发，水下资源，覆盖俄罗斯领土一半区域的广播媒体，发行量较大的报纸和出版公司等。

2017年8月，俄罗斯总统普京签署总统令，将俄罗斯电网公司（ROSSETI）纳入俄罗斯联邦战略性企业清单。2020年前后，俄罗斯电网公司已拥有俄罗斯全国70％的配电网络及90％以上的干线输电线网，其旗下有37家子公司和附属公司，包括14家跨地域子公司和联邦电网公司。俄罗斯电网公司的股份中，88.04％由国家持有，8.82％由法人机构持有，3.14％由个人持有。此外，俄罗斯法律规定，中央银行有权对外资信贷机构在业务和最低注册资本方面提出补充要求，外国投资者不能参加航空业股东大会和董事会的管理工作。2017年9月，俄罗斯联邦总理梅德韦杰夫签署政府决议，在两年内限制外国家具及木制品参与政府采购，但欧亚经济联盟成员国生产的家具及木制品不在限制之列。另外，俄罗斯禁止外资投资经营赌博业、人寿保险业，禁止外资银行设立分行，禁止外国保险公司参与其强制保险方案。2011年，俄罗斯对《俄罗斯联邦外国投资法》进行了修订，旨在降低外资进入门槛。此外，俄罗斯政府还通过了一揽子修改条款，涉及简化外资进入食品、医疗、银行及地下资源使用等行业的手续。

俄罗斯征收企业所得税的法定税率为20%。企业所得税税收收入的2%用于支付联邦预算（2017～2024年为3%），18%用于支付联邦主体预算（2017～2024年为17%）。2018年9月3日前，各联邦主体有权通过立法的形式，针对特定的纳税人实行优惠税率，优惠税率最低不得低于13.5%，增值税税率为20%。碳氢化合物（石油、天然气、凝析油）开采税的税率为基础税率（由俄罗斯政府确定，处于不断的调整之中）×国际价格系数×各区块的资源开采程度系数。自2019年1月1日起，俄罗斯新征碳氢化合物额外收入税，石油开采为每吨1卢布，与此同时，对生产碳氢化合物（石油）的额外收入征税。凝析油开采税的基础税率为每吨42卢布；天然气开采税的基础税率为每千立方米35卢布。另外，俄罗斯还针对天然气和石油制品征收消费税，税率为天然气30%，柴油每吨8500卢布，汽油每吨13000卢布。

根据《俄罗斯联邦外国投资法》的规定，外国投资者在对俄罗斯联邦政府确定的优先投资项目（主要涉及生产领域、交通设施建设和基础设施建设项目）进行投资，而且投资总额不少于10亿卢布（约合2857万美元）时，将根据《俄罗斯联邦海关法典》和《俄罗斯联邦税法典》的规定，对外国投资者给予相应的进口关税和税收方面的优惠。外国投资者作为法定投入而进口的技术设备，以及零配件属于生产性固定资产的物资免征进口关税。外商投资俄罗斯政府鼓励的优先发展领域项目，且外方投资占项目总投资的30%以上，投资额不低于1000万美元时，前两年免交利润税，第三年交纳40%的利润税，第四年交纳50%的利润税。

2.阿塞拜疆的营商环境

阿塞拜疆主管投资的部门是经济部，经济部负责外资事务的部门是其下属的国外经济合作司外国投资处。阿塞拜疆的《投资法》虽未对限制外国投资的行业作出明确规定，但实际上在外资进入其国内金融市场等行业的市场准入方面存在一定的限制。例如，外资在阿塞拜疆保险公司中的股份不得超过49%，外国银行驻阿塞拜疆的分支机构必须依照阿塞拜疆的相关法律规定开展经营活动等。根据阿塞拜疆《投资法》和《外国投资保护法》的规定，外资企业的主要权利包括：通过在阿塞拜疆境内建立独资企业、合资企业，购买企业股份、债券、有价证券、土地和自然资源的使用权、其他财产权等方式，在阿塞拜疆进行投资，参与阿塞拜疆国有资产、地方自治机构资产的私有化，从事阿塞拜疆法律未加禁止的其他任何经营活动。目前，阿塞拜疆尚未制定有关外资并购安全审查、国有企业投资并购、反垄断、经营者集中等方面的法律，但具体并购项目需要由当地的审计公司进行审计。必要时，有关项目需要提交阿塞拜疆紧急情况部审批。

阿塞拜疆征收法人利润税，税率一般为20%。如果是私有企业从事出口石油和天然气活动获得的收入，可选择按照20%的税率交纳法人利润税，也可以按照总收入的5%交纳预提所得税；境外分包商则按照总收入的5%交纳预提所得税。阿塞拜疆的增值税税率为18%，海关对进口的石油、酒类、烟草产品和非独联体国家生产的轿车征收消费税。另外，阿塞拜疆还出台了一些税收优惠政策，如对外商作为投资向阿塞拜疆输入的设备、材料等货物，以及外企工作人员及其家属携带入境的私人财产和物品可免征关税及增值税。

四、法律环境

（一）俄罗斯的法律环境

俄罗斯与贸易相关的法律法规主要有《对外贸易活动国家调节原则法》《对外贸易活动国家调节法》《俄罗斯联邦海关法典》《海关税则法》《技术调节法》《关于针对进口商品的特殊保障、反倾销和反补贴措施联邦法》《外汇调节与监督法》《在对外贸易中保护国家经济利益措施法》等。自1991年起，俄罗斯政府对外贸管理体制进行了彻底改革，取消了垄断性外贸管理体制，所有在俄罗斯境内注册的企业均有权从事对外经济活动（包括中介业务）；除部分商品受许可证、配额等限制外，绝大部分商品已放开经营。

（二）阿塞拜疆的法律环境

阿塞拜疆与贸易相关的法律法规主要有《关税通则》《外汇调节法》《反垄断经营法》《价格调节法》《关于向部分经营活动颁发经营许可证的办法》等。阿塞拜疆实行自由贸易制度，所有的经济实体和自然人都有权从事进出口贸易，但从事烟酒、药品和爆炸品等特殊商品的生产或贸易的企业和个人必须向阿塞拜疆政府主管部门申请经营许可证。

第四节　东南亚国家的贸易投资软环境

本节主要介绍印度尼西亚、泰国、马来西亚、越南、新加坡这五个东南亚国家的贸易投资软环境。下面将从政治环境、社会文化环境、经济环境、法律环境四个大方面对上述国家的贸易投资软环境进行详细阐述，重点介绍各国贸易投资软环境的特点与需要注意的事项。由于东南亚其他国家的石油资源相对较少，故本书不进行介绍与讨论。

一、政治环境

（一）政治概况

1.印度尼西亚的政治概况

印度尼西亚是一个总统制共和国，现行宪法为1945年宪法。该宪法规定，建国"五基"（又称"潘查希拉"，即信仰神道、人道主义、民族主义、民主和社会公正）为印度尼西亚的立国基础，人民协商会议为最高权力机构，总统为国家元首、政府首脑和武装部队最高统帅。从1999年10月至今，人民协商会议对印度尼西亚宪法进行了三次修改，主要包括规定总统和副总统只能连选连任一次，每届任期为5年，弱化总统权力，强化议会职能等。2005年8月，印度尼西亚政府与"亚齐独立运动"分离组织达成了和平协议。2006年7月，印尼国会通过了《亚齐管理法》。2006年12月以来，亚齐地区举行了三次地方选举。在2017年2月的省长选举中，伊万迪·优素福（Irwandi Yusuf）和诺法·伊利安夏（Nova Iriansyah）分别当选为省长和副省长，任期至2022年。2006年7月，印尼国会通过了新《国籍法》，取消了部分带有种族歧视和性别歧视的内容。2008年10月，印尼国会通过了《消除种族歧视法》。总的来说，近年来印度尼西亚的政局较为稳定。

2.泰国的政治概况

泰国实行君主立宪制，国王是国家元首和军队最高统帅，是国家主权和统一的象征。上任国王普密蓬·阿杜德于1946年继位，2016年10月13日去世后，由王储玛哈·哇集拉隆功继位，称为"拉玛十世"。2007年8月24日，普密蓬国王御准宪法生效，该宪法分为总章、国王、公民权利、自由与义务、基本国策、议会、内阁、法院、权力监督、地方行政等15章309款，但在2014年5月22日泰国军方发动军事政变后暂停实施。2014年春天，泰国国内各政治势力对立加剧，导致泰国政局混乱，并发生了流血冲突事件。2014年5月20日凌晨，泰国陆军司令巴育上将宣布在泰国全国实施戒严，解散政府主管的国家维稳中心，设立军方维稳指挥部，接管安全事务。泰国现行宪法是2017年4月6日经哇集拉隆功国王批准生效的，是泰国的第20部宪法。泰国军队在泰国的政治舞台上扮演着重要的角色，甚至可以经商等。

3.马来西亚的政治概况

马来西亚是君主立宪议会民主制的联邦国家，其政治体制沿袭英国的威斯敏斯特模式。因历史原因，沙捞越州和沙巴州拥有较大的自治权。马来西亚最高立法机构由最高元首、上议院、下议院组成，最高元首由九个州的世袭苏丹轮流担任，任期为5年，不得连任。最高元首委任下议院多数党领袖为总理，并根据总理提名任命内阁部长、联邦法院院长、总检察长、武装部队总参谋长、选举委员会主席及委员、国家审计长等重要的国家管理人员。最高元首在行使各项权力时，也需要考虑内阁总理的建议和决定。2019年1月31日，马来西亚彭亨州苏丹阿卜杜拉在吉隆坡国家王宫宣誓就任马来西亚第16任最高元首。内阁是马来西亚的最高行政机构，由总理领导，所有内阁成员必须是国会议员，最高元首根据总理的建议委任内阁部长和副部长，内阁向国会负责。根据宪法规定，马来西亚实行多党制，但在实际执行时却不是典型的多党制，而是一种由几个政党联合组成的政党联盟执政的制度。其中，两大政党联盟分别是“希望联盟”和“国民阵线”(国阵)。

4.越南的政治概况

越南的国体为马克思列宁主义社会主义共和制人民共和国。越南宪法规定，越南社会主义共和国的国家政权属于人民，越南共产党以马克思列宁主义和胡志明思想为指导思想。国会是越南的最高权力机关，每届国会任期为5年，通常每年举行两次例会。2011年5月22日，越南第十三届国会代表选举在全国展开，从827名候选人中选出了500名国会代表。越南共产党是越南唯一的合法政党，现有党员约248万人、基层组织4万多个，同世界上180多个政党建立有党际关系。越南祖国阵线是越南共产党领导下的统一战线组织，现有44个成员组织，包括越南共产党、越南人民军、胡志明共产主义青年团、越南劳动总联合会、妇女联合会、农民协会、盲人协会、针灸协会、记者协会等。越南政坛主要有三大集团势力，即党务、政府、军队，北方以党务派为主，南方以政府派为主，军队允许经商。

5.新加坡的政治概况

新加坡实行议会共和制。1963 年 9 月，新加坡并入马来西亚后颁布了州宪法。1965 年 12 月，新加坡脱离马来西亚，成为独立国家，原州宪法经修改后成为新加坡共和国宪法，并规定马来西亚宪法中的一些条文适用于新加坡。新加坡共和国宪法规定，总统为国家元首，原经议会产生，1992 年国会通过了民选总统法案，规定从 1993 年起，新加坡总统由全民直接选举产生，任期由 4 年改为 6 年，总统委任议会多数党领袖为总理。新加坡国会实行一院制，任期为 5 年，可提前解散，大选必须在国会解散后 3 个月内举行。年满 21 岁的新加坡公民都有投票权。

（二）民族和宗教概况

1.印度尼西亚的民族和宗教概况

印度尼西亚国内有 300 多个民族，其中爪哇族占总人口的 45%，巽他族占 14%，马都拉族占 7.5%，马来族占 7.5%，华人约占 5%（超过 1000 万人）。在印度尼西亚的商贸和工业领域，华人发挥着重要的作用。印尼人口中，约 87%的人信仰伊斯兰教，其中大多数是逊尼派；6.1%的印尼人信仰基督教；3.6%的印尼人信仰天主教；其余的人信仰印度教、佛教和其他宗教等。

2.泰国的民族和宗教概况

泰国的第一大民族为泰族，其他民族还有华人、马来族、高棉族、克伦族、苗族等。泰族曾被称为“暹罗人”，属汉藏语系壮傣语族民族，与我国的傣族、壮族族源相近，在泰国全国都有分布，占泰国总人口的 75%，主要信仰佛教。19 世纪下半叶到 20 世纪 30 年代，华人大批移民泰国，目前华人在人数上仅次于泰族，占泰国总人口的 14%左右，且多数居住在首都曼谷和外府城市。据估计，首都曼谷的居民中，华人占 40%。华人在泰国的政界、工商业、金融业、旅游业和传媒业中都发挥着举足轻重的影响力。马来族主要分布在泰国南部半岛地区，高棉族主要分布在与老挝和柬埔寨接壤的泰国东北部和东南部的几个府，克伦族主要分布在泰国西北部的泰缅边境山区，苗族主要分布在泰国北部和东北部泰老、泰缅边境地带的山区。

泰国居民主要信仰的宗教有佛教、伊斯兰教、天主教和印度教。佛教是泰国的国教，也是泰国文化的重要组成部分，对当地的政治、经济、社会生活和文化艺术等领域都有重大的影响。佛教在泰国享有崇高的地位，泰国95%的人信仰佛教，因此泰国素有“黄袍佛国”“千佛之国”之称。泰国政府的重要活动以及民间婚丧嫁娶等一般都由僧侣主持宗教仪式并诵经祈福。泰国政府设有宗教事务所，管理全国的宗教事务。在建立现代教育体系之前，佛教寺院是泰国传统文化和佛学教育的重要场所。目前泰国全国的僧侣人数超过60万，分沙弥和比丘，沙弥为7～20岁的出家男僧，比丘为20岁以上的男僧。僧侣的最高领袖为僧王，由国王诰封，另设数名副僧王。泰国僧侣委员会为泰国僧团的最高管理机构。伊斯兰教是泰国的第二大宗教，其信徒人数占泰国总人口的3.8%，主要为泰国南部的马来人。泰国穆斯林中，99%是逊尼派，1%是什叶派。邻近马来西亚的陶公、北大年、也拉和沙敦四府中，穆斯林占当地总人口的70%以上。据统计，泰国目前有2300多座清真寺，200多所穆斯林学校。

3.马来西亚的民族和宗教概况

马来西亚是一个多民族国家，全国有32个民族，以马来人、华人、印度人这三大民族为主。2018年，马来西亚全国人口总数约为3238万人，其中马来人约占61.9%，华人约占20.6%，印度人约占6.2%，其他种族约占0.9%，非马来西亚公民约占10.4%。马来西亚的国教是伊斯兰教，其信徒主要属逊尼派；马来西亚人信奉的宗教还有佛教、道教、印度教、基督教、天主教、锡克教等。一般说来，马来人多信仰伊斯兰教，华人多信仰佛教和道教，印度人多信仰印度教，一小部分华人、欧亚混血人和沙巴、沙捞越地区的少数民族信仰基督教或天主教。由于多民族长期共同生活，因此马来西亚形成了多元的文化特色，主要宗教节日有开斋节、哈芝节、屠妖节、大宝森节、圣诞节、卫塞节等。

4.越南的民族和宗教概况

越南是一个多民族国家，共有54个民族，其中京族（也称“越族”）为主要民族。越南国内各民族人口比例为：京族占86.2%，岱依族占1.9%，泰族占1.7%，芒族占1.5%，高棉族占1.4%，华人占1.1%，侬族占1.1%，赫蒙族占1%，其他民族占4.1%。佛教是越南国内的主要宗教，佛教徒人数约为1100万人，另有天主教信徒约620万人，高台教信徒约440万人，基督教信徒约140万人，和好教信徒约130万人，穆斯林约7.5万人，巴哈伊教信徒约0.7万人，印度教信徒约0.15万人。

5.新加坡的民族和宗教概况

新加坡是一个移民国家。19世纪前半期，中国、印度、马来半岛和印度尼西亚群岛的移民纷纷来到新加坡。据统计，截至2018年6月，新加坡的居民中，华人占74.3%，马来人占13.4%，印度人占9.0%，其他民族占3.2%。华人在新加坡拥有较高的经济和社会地位，他们在商业领域表现突出，拥有“中华总商会”等规模大、影响广的商会组织。大多数新加坡华人的祖先来自中国南方，尤其是福建、广东和海南三省，其中四成是闽南人，其次为潮汕人、广府人、莆仙人（莆田人）、海南人、福州人、客家人，还有华人和马来人的混血后代（男性称为“峇峇”，女性称为“娘惹”）等。新加坡提倡宗教与族群互相包容，实行宗教自由政策，确认新加坡为多宗教国家。新加坡国内有各式各样的宗教建筑，许多历史悠久的寺庙已被列为国家古迹，而且每年都会举办不同的庆祝活动。新加坡人信仰的宗教包括佛教、道教、伊斯兰教、印度教、基督教等。佛教是新加坡第一大宗教，佛教徒占新加坡总人口的33.19%，其次是基督教（18.81%）、伊斯兰教（14.04%）、道教（9.96%）、印度教（4.96%）和其他宗教（0.59%），无宗教信仰者占新加坡总人口的18.45%。

（三）外汇管理

1.印度尼西亚的外汇管理

印度尼西亚实行相对自由的外汇管理制度，印尼盾可以自由兑换，资本可以自由转移。印度尼西亚对货币实行自由浮动的汇率政策，印尼央行采取了一揽子货币汇率定价法，根据印度尼西亚主要贸易伙伴货币汇率的特别提款权的汇率变化来确定印尼盾的对外比价，每日公布其汇率。在1997年爆发的亚洲金融危机中，印尼银行业受到了巨大冲击，印尼盾严重贬值，出现了清偿危机，并导致了大规模的挤兑现象，银行的社会信誉也受到了严重影响。为此，根据与国际货币基金组织达成的协议，印度尼西亚政府对其银行体系进行了全面改革。经过改革，印度尼西亚国内银行的效益明显改观。国际货币基金组织和亚洲开发银行还向印度尼西亚提供贷款，大大改善了其金融环境。

2.泰国的外汇管理

泰国《外汇管制法》规定，对所有居民持有的外汇，在携带进入泰国时没有数量限制，但在入境后的7天内，必须出售或存入泰国的商业银行。对投资者带入泰国的外汇如投资基金、离岸贷款等没有限制，但这些外汇需要在收到或进入泰国7天内出售或兑换成泰铢，或存入一家授权银行的外汇账户。外资公司向其海外总部汇出利润时，将征收10%的汇款税，汇出款项的公司在汇款7天内必须付清税金。自1991年4月1日起，泰国充分放宽了对外汇交易的管制。对于非本国居民，过境时通常可以自由携带外汇和可以流通的票据，但所有的外汇和票据必须在收到或进入泰国7天内存入一家商业银行的外汇账户上。对于投资基金、分红、利润以及贷款的偿还和支付利息，在所有适用税务清算之后，可以自由汇出。同样，本票和汇票也可以自由汇出境外。在泰国授权银行开立的账户，存入从国外或从曼谷离岸业务机构借来的外汇时，允许泰国个人和法人保留外汇。存款人需要提交证据，证明在自存款日起3个月内，向国外的个人、授权银行、泰国进出口银行或泰国工业金融公司偿付外汇，但存款人的存款不能超过上述偿付数额。外汇存款票据和硬币每天不能超过2000美元。另外，法人所有账户的日到期余额不得超过500万美元，个人不得超过50万美元。

3.马来西亚的外汇管理

马来西亚《外汇管制条例》规定，在马来西亚注册的外国企业可以在当地的商业银行开设外汇账户，用于国际商业往来支付。外汇进出马来西亚需要核准，外汇汇出马来西亚不需要交纳特别税金。马来西亚政府原则上规定，外国公民在入境或离境时携带超过1万美元或等值的其他货币需要向海关申报。对于在马来西亚工作的外国人，其合法的税后收入可全部转往国外。

4.越南的外汇管理

根据越南的外汇管理规定，外国投资者可在越南金融机构开设越南盾或外汇账户。如需在国外银行开设账户，需经越南国家银行批准。外国投资者可向从事外汇经营的金融机构购买外汇，以满足项目往来交易、资金交易及其他交易的需求。如外汇金融机构不能满足投资者的需要，则越南政府将根据项目的情况，解决其外汇平衡问题。越南海关规定，出入境时，如携带5000美元或其他等值外币、1500万越南盾以上的现金、300克以上的黄金等必须申报，否则超出部分将按越南海关的有关规定进行处罚。外国人组团进入越南时，如团费交由专人携带，则出入境时超出标准的部分应申报或者分散保管，以免被罚没。

5.新加坡的外汇管理

新加坡的外汇管理分属三大机构：一是金融管理局，该机构负责固定收入投资和外汇流动性管理，干预外汇市场和作为外汇督察机构发行货币；二是新加坡政府投资公司(GIC)，该机构负责外汇储备的长期管理；三是淡马锡控股公司，该机构负责利用外汇储备投资国际金融和高科技产业以获取高回报。新加坡无外汇管制，资金可自由流入流出，企业利润汇出无限制也无特殊税费。但是，为了保护新加坡元，自1983年以后，新加坡实行新元非国际化政策，主要限制非居民持有新加坡元的规模，包括银行向非居民提供500万新加坡元以上的融资，用于新加坡境内的股票、债券、存款、商业投资等时，银行需要向金融管理局提出申请；非居民通过发行股票筹集的新加坡元资金，如用于金融管理局许可范围外的境内经济活动，必须兑换为外汇并事先通知金融管理局；如金融机构有理由相信非居民获得新加坡元后可能用于新加坡元投机，则银行不应向其提供贷款；对非居民超过500万的新加坡元贷款或发行的新加坡元股票及债券，如所融资金不在新加坡境内使用，则汇出时必须兑换成所需的外币或外汇掉期等。

(四)雇工问题

1.印度尼西亚的雇工问题

根据印度尼西亚中央统计局的数据，截至2018年2月，印度尼西亚劳动力人口约为1.27亿人，同比增加了253万人。印度尼西亚的就业人口数虽然日益庞大，但劳动力素质略显不足。印尼政府基本上每年都会依法上调最低工资标准，2017年，印度尼西亚首都雅加达周边工业区的工人最低工资标准为每月335万印尼盾(约合248美元)，各省省会也会根据全国最低工资标准制定本省的最低工资标准。印度尼西亚的劳动力价格在亚洲地区具有竞争性，但就地区工资及工业种类而言，雅加达城区的工资比爪哇农村高；石油行业工资较高，农业工资则较低。另外，在印度尼西亚，雇主必须为雇员提供医疗保障及福利。

2.泰国的雇工问题

泰国的劳动力资源较为充足，每年都有大量劳工输出他国，但随着泰国国内经济的复苏以及吸收外资规模的不断扩大，泰国也出现了劳工短缺的现象。目前，泰国每年都会通过协议从老挝、柬埔寨、缅甸引入一些外籍劳工。据泰国2017年的统计数据，泰国人口为6619万人，其中劳动人口3839万人，占全国总人口的58%。从2013年1月1日起，泰国在全国实行最低日工资政策。2018

年，泰国的最低日工资标准是308泰铢（约合9.3美元），各府略有不同，其中罗勇、春武里地区最高，达330泰铢（约合10.1美元）。泰国各地的经济发展水平不同，其实际的平均工资水平也不一样，曼谷及周边地区的薪资水平最高，如部门经理及工厂厂长的月薪可达2000～3000美元，工程师的月薪为1500～2000美元，办公室职员的月薪为700～1000美元，勤杂工、司机的月薪为300～500美元。泰国的社保交费比例为工资的10%，其中个人支付5%，企业支付5%。

3.马来西亚的雇工问题

近年来，马来西亚劳动力市场保持稳定。根据马来西亚央行的统计数据，2018年马来西亚劳动人口约为1532.5万人，其中服务业、制造业劳动人口增幅较大，主要集中在销售行业、住宿和餐饮行业。马来西亚劳动人口的劳动参与率从2017年的68%上升到2018年的68.4%，2018年的失业率为3.4%，与2017年持平；外来劳动力为201.5万人。2017年，马来西亚的平均月工资为2880令吉，最低月工资为2160令吉。根据马来西亚雇主协会的工资调查数据，管理人员的平均工资增长了5.5%，非管理人员的平均工资增长了5.4%。2012年5月，马来西亚政府推出了最低薪金制政策，除了女佣、园丁等家政人员，最低薪金制涵盖了马来西亚国内所有行业的员工。自2019年1月起，马来西亚全国的最低薪金标准为1100令吉。最低薪金制旨在确保员工的薪金获得最低限度的保障以应付日常开销，同时鼓励雇主转向高科技领域发展，提高员工的技能及生产力，预计该政策能鼓励更多的马来西亚人就业，降低马来西亚对外籍劳工的依赖。自2017年1月1日起，马来西亚正式落实“雇主强制责任制”(EMC)，要求雇主必须全额支付外籍劳工的相关税费，不得再扣减外籍劳工的工资以支付税费。这项政策主要是为了确保雇主承担起对所聘用的外籍劳工自申请来马来西亚至归国期间的所有责任。

4.越南的雇工问题

越南的劳动力勤劳能干，工资也相对低廉，这使越南劳动力具有较强的市场竞争力，但也存在技术水平和能力不足、劳动效率较低等问题。2018年，越南总人口为9467万人，较上年净增98.84万人，其中男性占49.4%，女性占50.6%。截至2018年年底，越南15岁以上的劳动人口为5540万人，同比增加56.6万人；适龄劳动人口为4870万人，同比增加51.1万人。越南全年从事劳动的15岁以上劳动人口约5430万人，其中第一产业劳动人口占38.1%，第二产业劳动人口占26.6%,第三产业劳动人口占35.3%。越南将全国分为四个类别区,实施不同的最低工资标准:一类区为河内和胡志明市,二类区为河内和胡志明市的农村地区以及芹苴、岘港和海防市区,三类区为省级城市以及北宁、北江、海阳和永福市区,四类区为其他区域。根据越南政府关于劳动者最低工资标准的规定,自2019年1月1日起,越南的最低月工资标准平均上浮6%,即一类区最低月工资标准为418万越南盾,二类区最低月工资标准为371万越南盾,三类区最低月工资标准为325万越南盾,四类区最低月工资标准为292万越南盾。上述最低月工资标准是指在正常的劳动条件及工作时间提供正常劳动的前提下,企业向劳动者支付的最低劳动报酬。企业在支付月工资时,还需要包含加班工资、夜班工资、职业危害防护费及其他费用。

5.新加坡的雇工问题

根据新加坡人力部的数据,截至2018年年底,新加坡本地劳动力较上年增长了0.51%,劳动力总数达367.56万人;整体失业率为2.1%,公民失业率为2.9%;本地居民月工资中位数(含公积金)为4437新元。新加坡人力部指出,到2026年前,新加坡的劳动人口将会萎缩1.7%,并且在之后的10年内继续萎缩2.5%。根据新加坡《劳动法》,新加坡无最低工资标准,工资由公司和员工协商,或由公司和代表员工的工会协商确定。新加坡的劳动力市场极为灵活,企业不必负担过多的成本,很少出现业务中断的风险。新加坡《劳动法》对雇员只规定了较少的福利,法定年假也较少,而且无国家最低工资或遣散费方面的要求。此外,新加坡没有工会联盟,劳资关系普遍和谐,极少发生罢工。尽管对移民的限制使新加坡企业在引入外籍劳工时成本会增加,但总体而言,新加坡开放的劳动力市场使投资者面临的风险非常小。

二、社会文化环境

(一)印度尼西亚的社会文化环境

印度尼西亚国内有200多种语言,官方语言为印尼语。印度尼西亚实行9年制义务教育,国内著名的大学有雅加达的印度尼西亚大学、日惹的加查马达大学、泗水的艾尔朗卡大学和万隆理工学院等。近年来,印尼政府积极反腐肃贪,稳步推进政治体制改革,国民经济保持较快增长,社会秩序总体稳定,地区分离主义情绪得到缓解,民族宗教冲突日渐减少。据联合国毒品和犯罪问题办事处(UNODC)的统计数据,2017 年印度尼西亚全国共发生谋杀案件 1150 起,每 10 万人的比率(下同)为 0.40;袭击案件 1.24 万起,比率为 4.70;绑架案件 241 起,比率为 0.09;抢劫案件 1.07 万起,比率为 3.72。

恐怖主义活动在印尼国内一度较为猖獗。近年来,印尼政府加大了对恐怖主义的打击力度,并与美国、澳大利亚等国家加强反恐合作,击毙和逮捕了多名恐怖分子头目。印尼警方也在各大机构、办公楼、酒店、商场等人员密集的场所加强了监控和安检。目前,印尼国内的恐怖主义活动得到了较大程度的遏制,但一些曾前往西亚与北非的恐怖分子近年来逐渐"回流"至印度尼西亚,对此需要高度警惕。2016 年 1 月,印尼首都雅加达发生恐怖爆炸和枪击事件;2017 年 2 月,印尼第三大城市万隆发生爆炸事件;2018 年 5 月,印尼第二大城市泗水发生恐怖袭击事件。

(二)泰国的社会文化环境

泰国以泰语为国语,官方语言为泰语和英语。泰国每个地区都有自己的方言,但以中部曼谷地区的方言为标准语。潮州话、海南话、广东话在泰籍华人中使用较为普遍,此外泰国人还使用马来语和高棉语。泰国实行 9 年制义务教育,中小学教育为 12 年制,即小学 6 年、初中 3 年、高中 3 年;中等专科职业学校为 3 年制;大学一般为 4 年制,医科大学为 5 年制。泰国著名的高等院校有朱拉隆功大学、法政大学、农业大学、清迈大学、孔敬大学、宋卡纳卡琳大学、玛希敦大学、诗纳卡琳威洛大学、易三仓大学和亚洲理工学院等。泰国的治安情况总体较好,但南部的北大年、陶公、也拉三府的反政府武装组织长期以来在当地进行一些恐怖袭击活动,对此需要注意。2014 年春,泰国国内的各政治势力对立加剧,导致政局混乱,并发生了流血冲突事件。冲突期间,在泰国的中资企业和人员安全及企业的生产经营活动未受到泰国局势的直接影响。目前,泰国的居民生活和社会秩序基本正常。

(三)马来西亚的社会文化环境

马来西亚以马来语为官方语言,通用英语,讲汉语的情况也较为普遍。马来西亚华人基本上都能用普通话或汉语方言交谈,普遍使用的汉语方言有粤语、闽南语、客家话、潮州话、海南话、福州话等。印度人常用泰米尔语交谈。马来西亚实行 11 年义务教育制,儿童 7 岁上学,小学 6 年,初中 3 年,高中 2 年,大学预科 2 年,大学 3～6 年。截至 2017 年年底,马来西亚全国共有 7901 所公立小学、2586 所公立中学；另外，马来西亚全国共有 1307 所华文小学，63 所华文独立中学。总体上来说，马来西亚的国民教育体系以公立教育为主体，但在高等教育领域公立教育与私立教育并存。截至 2018 年年底，马来西亚有 20 所公立大学，10 所外国大学分校，600 多所私立大学和学院等。马来西亚著名的公立大学有马来亚大学、马来西亚国民大学、马来西亚博特拉大学、马来西亚理工大学等。马来西亚的社会治安比较稳定，但刑事案件时有发生，道路交通安全事故比较频繁。近年来，沙巴州发生了多起菲律宾反政府武装人员越境劫持人质、枪杀外国人的事件，对此需要予以注意。

(四)越南的社会文化环境

越南语是越南的官方语言，也是越南国内的通用语言和主要民族语言，部分越南人会讲英语。越南拥有较完善的教育体系，主要分为学前教育、基础教育和高等教育三个阶段，其中学前教育针对 6 岁以下的儿童，基础教育分为小学 5 年学制、初中 4 年学制、高中 3 年学制，高等教育分为大学专科或本科 4～6 年学制、硕士 2 年学制、博士 4 年学制。越南著名的高等院校有河内国家大学、百科大学和胡志明市国家大学等。2000 年，越南宣布完成扫盲和普及小学义务教育；自 2001 年起，越南开始普及 9 年义务教育。近年来，部分国家的政府和国际组织向越南提供援助，支持越南发展教育事业，特别是发展农村和少数民族地区的教育事业。越南 2018 年的财政支出预算中，用于教育的支出为234.36 万亿越南盾(约合 99.8 亿美元)，同比增长了 9%，约占越南财政支出预算总额的 15%，约占越南 GDP 的 4%。2018～2019 学年，越南有 530 万名学龄前儿童、1660 万名中小学生(其中小学生 840 万人，初中生 560 万人，高中生 260 万人)和 150 万人大专院校学生。目前，越南全国有 1954 所高等院校和职业教育学校，包括 394 所大学、515 所专科学校和 1045 个继续教育中心。越南的社会治安状况总体良好，几乎没有恐怖袭击事件发生，但存在盗抢现象，尤其是胡志明市最为明显，飞车抢劫的情况较为严重。河内、胡志明市、海防等主要城市的摩托车和汽车拥有量大，交通事故较多，存在地方黑恶势力控制资源和偷窃的现象。另外，越南法律禁止居民私自持有枪支弹药。

(五)新加坡的社会文化环境

新加坡的官方语言为马来语、华语、泰米尔语和英语，马来语为国语，英语为行政用语。新加坡十分重视教育，每个儿童都需要接受 10 年以上的常规教育(小学 6 年,中学 4 年)。新加坡的教育强调识字、识数、双语、体育、道德教育,创新和独立思考能力并重。双语教育要求学生除了学习母语,还要兼通英语。新加坡政府推行“资讯科技教育”,旨在推动学生掌握计算机知识。新加坡的学校绝大多数为公立,其中包括 170 所小学、154 所中学、14 所初级学院,以及新加坡国立大学、南洋理工大学、新加坡管理大学和新加坡科技大学 4 所高等院校。2018 年,15 岁以上的新加坡国民中,具有读写能力的占 97.3%。2019 财年,新加坡的教育预算为 132 亿新元,占预算总支出的 16.5%,占 GDP 的 2.6%。新加坡的大学学费一般专业为 7650～15300 新元/年,法学专业为 11000～24000 新元/年,医科专业为 23000～46000 新元/年,生活费为 500～700 新元/月。新加坡的社会治安状况总体良好,是世界上犯罪率最低的国家之一。

三、经济环境

(一)宏观经济条件

1.印度尼西亚的宏观经济条件

自 2016 年起,印度尼西亚经济增长率有所回升,名义 GDP 达到 9324 亿美元,经济增长率为 5.02%;2017 年,印度尼西亚 GDP 超过 1 万亿美元,达 10152 亿美元,同比增长 5.07%,人均 GDP 约为 3877 美元。2018 年,印度尼西亚 GDP 为 10400 亿美元,同比增长 5.17%,增速超过市场预期,人均 GDP 约为 4000 美元。据印尼中央统计局统计,2018 年印尼的失业率降至 5.34%,处于 1997 年亚洲金融危机以来的较低水平。据印度尼西亚中央银行统计,截至 2019 年 1 月底,印度尼西亚外债为 3833 亿美元,比 2018 年同期增长 7.2%,其中政府和央行的外债为 1902 亿美元,私企和国企的外债为 1931 亿美元。

2.泰国的宏观经济条件

自 2010 年以来,泰国的经济一直呈增长态势,2010 年和 2012 年分别获得了 7.8%和 6.4%的高增长率,但自 2013 年以来,受政治动荡和全球经济复苏乏力的影响,泰国的经济增长率开始回落。近年来,受国际金融危机的影响,泰国的经济发展呈波动态势。2017 年,泰国经济复苏向好,经济增长率达 3.9%。根据泰国国家经济与社会发展委员会(NESDB)的数据,2018 年泰国经济保持发展势头,经济增长率达 4.1%,略低于预期,但创下了 6 年来的最高增幅。根据美国方面的资料,2017 年泰国的 GDP 构成中,农业占 8.2%,制造业及其他工业产业占 36.2%,服务业占 55.6%。根据泰国财政部的数据,2018 年财年(从 2017 年 10 月 1 日至 2018 年 9 月 30 日),泰国财政收入为 2.5145 万亿泰铢(约合 786 亿美元),公共支出 3.0072 万亿泰铢(约合 940 亿美元),预算赤字为 4927 亿泰铢(约合 154 亿美元)。根据泰国央行的数据,截至 2018 年年底,泰国的外汇储备为 2056 亿美元。

3.马来西亚的宏观经济条件

2018 年,马来西亚的 GDP 为 1.2298 万亿令吉(按 2010 年的不变价格计算),同比增长 4.7%,人均 GDP 约为 37974 令吉。马来西亚国家银行的数据显示,2018 年马来西亚联邦政府财政收入为 2323 亿令吉,支出为 2863 亿令吉,财政赤字为 540 亿令吉。截至 2018 年年底,马来西亚的外汇储备为 1014 亿美元,外债为 9249 亿令吉(约合 2210 亿美元),占当年马来西亚 GDP 的 64.7%,同比增长 4.5%。其中,短期外债为 4053 亿令吉,中长期外债为 5196 亿令吉,外债偿债率为 11.2%,通货膨胀率为 1%,全国失业率为 3.3%。

4.越南的宏观经济条件

在加入世贸组织前的 2000～2007 年,越南的 GDP 基本保持 7%以上的高增速。2008 年后,受国际金融危机的影响,越南经济增速回落至 5%～7%。2018 年,越南 GDP 达 5535.3 万亿越南盾(约合 2476 亿美元),同比增长7.08%,创 2008 年以来的新高;人均 GDP 达 5850 万越南盾(约合 2617 美元)。2018 年,越南农林水产业增长了 3.76%,工业及建筑业增长了 8.85%,服务业增长了 7.03%,对 GDP 增长贡献率分别为 8.7%、48.6%和 42.7%,占 GDP 的比重分别为 14.57%、34.28%和 41.17%。加工制造业为越南经济增长的主要驱动力,2018 年同比增长 12.98%,高于 2012～2016 年的增长水平。2018 年,越南对外贸易额突破 4800 亿美元,同比增长 12.2%,为 2007 年加入世贸组织时的 4.8 倍;出口额达到 2434.8 亿美元,同比增长了 13.2%,实现顺差 68 亿美元;美国是越南最大的出口市场,越南对美国的出口额为 475.3 亿美元,同比增长14.3%。2018 年,越南的进口额为 2366.9 亿美元,同比增长 11.1%,中国是越南最大的进口市场,越南对中国的进口额为 654.4 亿美元,同比增长 11.7%。2018 年,越南的消费者物价指数同比上涨了 3.54%。截至 2019 年 1 月底,越南的外汇储备为 655 亿美元。

5.新加坡的宏观经济条件

自2009年以来,新加坡的经济保持了持续增长的势头。2018年,新加坡GDP为3610亿美元,人均GDP为64015美元。2018年,新加坡的通胀率为0.4%,低于2017年的0.6%;总体失业率为2.1%;外汇储备为2906亿美元;政府收支盈余为21.16亿新元。截至2018年年底,新加坡政府的国内债务余额为5467亿新元,无外债;国际评级机构标普对新加坡的主权信用评级为AAA/A-1+,展望为稳定;国际评级机构穆迪对新加坡的主权信用评级为Aaa,展望为稳定;国际评级机构惠誉确认新加坡的主权信用评级为AAA,展望为稳定。新加坡贸易和工业部2018年2月14日的数据显示,2018年新加坡的经济增长率为3.2%。

(二)油气资源条件

1.印度尼西亚的油气资源条件

印度尼西亚拥有丰富的石油、天然气、煤等矿产资源。采矿业在印度尼西亚的经济中占有重要的地位,其产值占印度尼西亚GDP的10%左右。据印尼官方统计,其石油已探明储量约为97亿桶(13.1亿吨);天然气储量约为5万亿立方米;煤炭已探明储量为193亿吨,潜在储量超过900亿吨。

2.泰国的油气资源条件

20世纪80年代以来,在泰国湾和泰国内陆先后发现了天然气和石油。据估计,泰国天然气的最大储量为5465亿立方米,石油(包括凝析油)的最大储量为1.64亿吨。在泰国已发现的15个气田和油田中,天然气的总储量3659.5亿立方米,石油(包括凝析油)的总储量为2559万吨。

3.马来西亚的油气资源条件

马来西亚拥有丰富的石油和天然气资源,根据《BP世界能源统计年鉴(2019年)》的数据,截至2018年年底,马来西亚的已探明石油储量为4亿吨(约30亿桶),在亚洲位列中国、印度和越南之后,排名第4位。2018年,马来西亚的石油产量为3150万吨,是东南亚地区仅次于印度尼西亚的第二大石油生产国。截至2018年,马来西亚已探明的天然气储量为2.4万亿立方米,在亚太地区排名第3位。马来西亚也是东南亚地区的第二大天然气生产国,近年来其天然气年产量基本保持在700亿立方米的水平,可满足国内消费需求并出口。2018年,马来西亚的天然气产量为725亿立方米。

4.越南的油气资源条件

越南已探明石油储量为10.25亿吨，天然气储量为2.45万亿立方米。越南的海上油气勘探主要集中在南海周边的一系列盆地上，湄公河三角洲盆地是越南石油资源最丰富的盆地，其储量占越南油气资源总量的25%；红河盆地的储量占越南油气资源总量的15%，以天然气为主。

5.新加坡的油气资源条件

新加坡的油气资源比较匮乏，其主要是将石油和天然气作为工业原料及生活必需品进口。但是，新加坡是国际上重要的石油和天然气转运中心及运输枢纽。

（三）营商环境

1.印度尼西亚的营商环境

印度尼西亚主管投资的政府部门分别是投资协调委员会、财政部、能源和矿产资源部，其职责分工是：投资协调委员会负责促进外商投资，管理工业及服务部门的投资活动，但不包括金融服务部门；财政部负责管理包括银行和保险部门在内的金融服务投资活动；能源和矿产资源部负责批准能源项目，而与矿业有关的项目则由能源和矿产资源部的下属机构负责。根据印度尼西亚在2007年颁布的第25号《投资法》，国内外投资者可自由投资任何营业部门，除非被法令限制与禁止。被法令限制与禁止投资的部门包括生产军火、火药、爆炸装置与战争装备的部门。另外，根据《投资法》的规定，基于健康、道德、文化、环境、国家安全和其他国家利益的标准，印尼政府可依据总统令对国内外投资者规定禁止行业，相关禁止行业或有条件开放行业的标准及必要条件均由总统令确定。禁止投资的行业包括受保护鱼类捕捞业、以珊瑚或珊瑚礁制造建筑材料、含酒精饮料的工业、水银氯碱业、污染环境的化学工业、机动车型号和定期检验、海运通信或支持设施、船舶交通通信系统、空中导航服务、无线电与卫星轨道电波指挥系统、地磅站、公立博物馆、历史文化遗产和古迹、纪念碑以及博彩业。2018年11月，印尼政府修订并公布了投资负面清单，大幅放宽了外资准入或持股的比例，此次被排除出投资负面清单的有五大领域54项业务，允许外国投资者拥有100%的股权。这些投资领域包括制药行业、针灸服务设施、艺术表演画廊、商业画廊、旅游业开发、市场调研服务，包括固定电信网络、移动电信网络、电信服务内容、互联网接入、信息服务中心或呼叫中心等在内的数据通信服务，还有海上石油和天然气钻井、地热钻井、地热发电厂、职业培训、征信调查等。印尼政府希望该项投资放宽政策能够吸引更多的外商来印度尼西亚投资。本轮投资负面清单调整是印尼政府推出的第16套经济改革措施的重要内容，该套经济改革措施还包括减税、出口收入回流等，意在增强外国投资者的信心和弥补贸易逆差。

印度尼西亚对国内征收企业所得税，2009年为过渡期，税率为28%，2010年后降为25%。对中小微企业可减免50%的所得税。为减轻中小企业的税费负担，2013年印尼税务总署向大约100万家印尼中小企业推行1%的税率，即按销售额的1%征税。2018年5月，印尼政府把中小微企业最终的所得税税率从原先的1%降低为0.5%。另外，印度尼西亚的增值税标准税率为10%，根据货物的不同，可调整范围为5%～15%；向进口商、生产商、批发商及零售商等提供服务的，大部分按10%的一般税率征收增值税。此外，印度尼西亚推出了多种税收优惠政策，针对包括原金属、炼油、天然气、有机基础化学、可再生能源和电信设备等工业部门，投资规模在1万亿印尼盾（约合1.17亿美元）以上的，免除其开始商业运营后5～10年的税款，已投资印尼但经营活动尚不足一年的企业也可以享受此项优惠税收政策，同时对符合印尼产业导向和优先发展战略的120个产业和地区提供相应的税收优惠。为提高本国的钢铁和石油制品产能，印尼政府一直鼓励投资建设钢铁厂和炼油厂，对相关企业可给予长达15年的免税期。

2.泰国的营商环境

泰国主管投资的部门是泰国投资促进委员会，该委员会负责根据1977年颁布的《投资促进法》及1991年第二次修正和2001年第三次修正的版本制定投资政策。投资促进委员会办公室具体负责审核和批准享受泰国投资优惠政策的项目，提供投资咨询和服务等。根据泰国《外籍人经商法》的有关规定，泰国限制外国人投资的行业有以下几类。第一类是因特殊理由禁止外国人投资的行业，包括报纸、广播电台、电视台，种稻、旱地种植、果园种植，牧业，林业，原木加工，在泰国领海、泰国经济特区捕鱼，泰国药材炮制，涉及泰国古董或具有历史价值的文物的经营和拍卖，佛像、钵盂制作或铸造，土地交易等。第二类是需要经商业部长根据内阁的决定批准后外国投资者方可从事的行业，包括涉及国家安全稳定或有可能对艺术文化、风俗习惯、民间手工业、自然资源、生态环境造成不良影响的投资行业,涉及国家安全稳定的投资行业包括生产、销售、修理枪械、子弹、火药、爆炸物及其有关配件,一切军用设备或有关配件,泰国国内的陆上、水上、空中等的运输业,包括泰国国内的航空业;有可能对艺术文化、风俗习惯、民间手工业造成不良影响的投资行业,包括泰国传统工艺品、艺术品、古董的买卖,木雕制造,养蚕,泰丝生产,泰绸织造,泰绸花纹印制,泰国民族乐器的制造,金器、银器、乌银镶嵌器、镶石金器、漆器的制造,涉及泰国传统工艺的盘器、碗器、陶器的制造;有可能对自然资源、生态环境造成不良影响的投资行业,包括蔗糖生产,海盐、矿盐生产,石盐生产,采矿业、岩石爆破或碎石加工,家具、木材加工等。第三类是本国人对外国人不具备竞争力的投资行业,即需要经商业部商业注册厅厅长根据外籍人经商营业委员会的决定批准后方可从事的行业,包括碾米业,米粉和其他植物粉加工,水产养殖业,营造林木的开发与经营,胶合板、饰面板、刨木板、硬木板制造,石灰生产,会计、法律、建筑、工程服务业等。

在泰国,具有法人资格的公司都需要依法交纳企业所得税,纳税比例为净利润的30%,每半年交纳一次。根据泰国《石油所得税法》的规定,取得经营石油购销业务特许的企业,或按照新版《石油法》以共享合约的方式取得业务资格的企业(以下简称"石油企业")需要交纳石油税;根据《石油所得税法》计算交纳石油税的石油企业,不需要再按照泰国《所得税法》交纳企业所得税;根据新版《石油法》以服务合约的方式取得业务资格的企业,仍需要按照泰国《所得税法》交纳企业所得税;取得特许营业资格的石油企业按照其石油业务的年净利润(包括经营特许权移转收益及其他由石油业务衍生的收益),按50%的税率交纳石油税。根据2017年6月23日生效的新版《石油法》,以共享合约的方式取得业务资格的石油企业,按照其石油业务的年净利润(包括权利移转收入、因转让权利而产生的年金或其他固定收入),按20%的税率交纳石油税。泰国增值税的普通税率为7%。

3.马来西亚的营商环境

马来西亚主管制造业领域投资的政府部门是贸工部下属的马来西亚投资发展局,其主要职责是制定工业发展规划,促进制造业和相关服务业领域的国内外投资,审批制造业执照、外籍员工职位以及企业税务优惠,协助企业落实和执行投资项目。马来西亚其他行业的投资由马来西亚总理府经济计划署

(EPU)及国内贸易、合作与消费者事务部(MDTCC)等有关政府部门负责，EPU负责审批涉及外资与当地企业持股比例变化的投资申请，其他相关政府部门则负责业务有关事宜的审批。外商投资金融、保险、法律服务、电信、直销及分销等行业会在股权方面受到严格限制，其持股比例一般不能超过 50%或 30%。为了进一步刺激外资流入，马来西亚政府在 2012 年逐步放开了 17 个服务业分支行业的外资股权限制，包括电信领域的服务供应商执照申请、电信领域的网络设备供应与网络服务供应商执照申请、快递服务、私立大学、国际学校、技工及职业学校、特殊技术与职业教育、技能培训、私立医院、独立医疗门诊、独立牙医门诊、百货商场与专卖店、焚化服务、会计与税务服务、建筑业、工程服务以及法律服务。马来西亚政府鼓励外国投资进入其出口导向型的生产企业和高科技领域，可享受优惠政策的行业主要包括农业生产、农产品加工、橡胶制品、石油化工、医药、木材、纸浆制品、纺织、钢铁、有色金属、机械设备及零部件制造、电子电器、医疗器械、科学测量仪器制造、塑料制品、防护设备仪器、可再生能源、食品加工、冷链设备、酒店旅游及其他与制造业相关的服务业等。

马来西亚的公司税税率为 24%。在马来西亚，石油领域上游行业的企业，包括与马来西亚国家石油公司或马来西亚-泰国联合发展机构签署石油行业相关协议的纳税个体，需要交纳石油所得税，税率为 38%。在马来西亚，销售税和服务税是两个不同的税种，而且销售税及服务税是单项税制，只对特定的产品制造商和特定服务行业收取，销售税的税率为 10%，服务税的税率为 6%。

4.越南的营商环境

越南主管投资的中央政府部门是计划投资部，下设有 31 个司、局和研究院，主要负责对越南全国“计划和投资”的管理，为制定全国经济社会发展规划和经济管理政策提供综合参考，管理国内外的投资，管理工业区和出口加工区建设，牵头管理对官方发展援助(ODA)的使用，管理部分项目的招投标，管理各个经济区、企业的成立和发展，管理集体经济和合作社，统计归口等。越南各省和直辖市的投资主管部门是计划投资厅。越南对投资项目实行负面清单制度，禁止投资的项目有危害越南国防、国家安全和公共利益的项目，危害越南文化历史遗迹、道德和风俗的项目，危害越南人民的身体健康，破坏资源和环境的项目；处理从国外输入越南的有毒废弃物、生产有毒化学品或使用国际条约禁用的有毒物质的项目。限制投资的项目有对越南的国防、国家安全、社会秩序有影响的项目，财政、金融项目，影响大众健康的项目，文化、通信、报纸、出版等项目，娱乐项目，房地产项目，自然资源勘探、开采及生态环境项目，教育和培训项目，法律规定的其他限制项目。

越南征收企业所得税，国内外石油、天然气、贵重资源（白金、黄金、白银、锡、钨、锑、宝石、稀土）勘探开采企业的基准税率为50%（贫困地区为40%），优惠税率最低为32%。自2004年1月1日起，根据商品和服务种类的不同，增值税适用5%和10%（标准税率）两种税率，10%的税率适用于石化行业。开发石油、矿产、天然气、林木产品和自然水等越南自然资源的行业需要交纳自然资源税，税率基于开发的自然资源种类，在1%～40%的范围内变化，并基于生产量（规定的单位应税值）征收；对原油、天然气和煤气，根据每日的平均生产量，按递增率收税。另外，越南推出了多种税收优惠政策，如原产于中国的商品享受中国-东盟自贸区优惠税率。根据中国-东盟自贸区货物贸易协议，越南自2018年起对90%的商品实现零关税，2020年前对其余商品削减5%～50%的税率。

5.新加坡的营商环境

新加坡主管投资的部门是经济发展局（EDB，简称“经发局”），该局成立于1961年，是隶属于新加坡贸工部的法定机构，也是专门负责吸引外资的机构；其职责是制定和实施各种吸引外资的优惠政策，并提供高效的行政服务；其远景目标是将新加坡打造成为具有强烈吸引力的全球性商业与投资枢纽。

新加坡的投资环境开放，并鼓励外国投资。希望在新加坡进行商业活动的外国个人或公司可选择各种经营载体，包括最常见的有限责任公司。无论个人还是企业，只要是新加坡主体，均可充分享受外资投资权益，并且成立新加坡公司不受最低投资金额的限制。在新加坡，本地和外国投资者均适用相同的法律和法规。从监管的角度来看，在新加城进行商业活动总体上是十分自由的，对在新加坡的外商投资无一般性要求或义务，但仍存在一些受管制的行业，包括银行和金融服务、保险、电信、广播、报纸、印刷、房地产、游戏等，对这些行业的投资需要取得新加坡政府批准。在这些行业中，特定法律也可能对其设置外国股权限制、特殊许可或其他要求。

新加坡对外资进入新加坡的方式无限制。除银行、金融、保险、证券等特殊领域需要向主管部门报备外，绝大多数产业领域对外资的股权比例等无限制性措施。新加坡给予外资国民待遇，外国自然人依照法律可申请设立独资企业或合资企业。

自2010估税年度起(即在2010年度交纳2009财年的所得税),新加坡的所得税税率调整为17%;2019课税年及以前,应纳税收入的前10万新元部分享受75%的税收减免,10万～29万新元部分享受50%的税收减免;2020课税年后,前10万新元部分享受75%的税收减免,10万～19万新元部分享受50%的税收减免。新加坡的消费税即货物和劳务税,是对进口货物和所有在新加坡提供货物和劳务服务征收的一种税,相当于一些国家的增值税,税负由最终的消费者承担;从事提供货物和劳务服务且年消费税营业额在100万新元以上的纳税人,应进行消费税的纳税登记;进行消费税登记的纳税人,其消费税应纳税额为销项税额减去购进货物或服务支付的进项税额后的差额。自2007年7月1日起,新加坡的消费税税率调整为7%。出口商品和服务被归为国际服务,免征消费税;出售和租赁无家具的住宅物业、进口和本地供应贵重金属的投资、金融服务豁免消费税;商品在海外进行销售、私人交易等不适用消费税。根据新加坡政府的计划,2021～2025年消费税税率将从7%提高到9%。从2009年1月1日起,新加坡取消了全部自中国进口的商品的关税;中国也于2010年1月1日前对97.1%的自新加坡进口的商品实现了零关税。

四、法律环境

(一)印度尼西亚的法律环境

印度尼西亚主管贸易的政府部门是贸易部,其职能包括制定外贸政策,参与外贸法规的制定,划分进出口产品的管理类别,管理进口许可证的申请,指定进口商和分派配额等。印尼国内与贸易有关的法律主要包括《贸易法》《海关法》《建立世界贸易组织法》和《产业法》等,与贸易相关的其他法律还涉及《国库法》《禁止垄断行为法》《不正当贸易竞争法》等。

(二)泰国的法律环境

泰国的法律体系属大陆法系,以成文法作为法院判决的主要依据。泰国的司法机构由宪法法院、司法法院、行政法院和军事法院组成。宪法法院由1名院长及14名法官组成,院长和法官由上议长提名呈国王批准,任期为9年,其主要职能是审查议员或总理是否违宪,对国会审议的法案及政治家涉嫌隐瞒资产等案件进行终审裁定,以简单多数裁决。行政法院主要审理涉及国家机关、国有企业及地方政府间或公务员与私企间的诉讼纠纷。行政法院分为最高行政法院和初级行政法院两级，并设有由最高行政法院院长和 9 名专家组成的行政司法委员会。最高行政法院院长的任命必须经行政司法委员会及上议院同意，由总理提名呈国王批准。军事法院主要审理军事犯罪和法律规定的其他案件。司法法院主要审理不属于宪法法院、行政法院和军事法院审理的所有案件，分为最高法院、上诉法院和初审法院三级，并设有专门的从政人员刑事庭。泰国另设有司法委员会，由最高法院院长和 12 名分别来自三级法院的法官代表组成，负责各级法官的任免、晋升、加薪和惩戒等事项。司法委员会下设秘书处，负责处理日常办公事务。

泰国主管贸易的政府部门是商业部，其主要职责分为两部分：对内负责促进企业发展，推动国内商品贸易和服务贸易发展，监管商品价格，维护消费者的权益和保护知识产权等；对外负责参与世贸组织和各类多边与双边贸易谈判，推动促进国际贸易良性发展等。泰国商业部主管对外业务的部门有贸易谈判厅、国际贸易促进厅和对外贸易厅等，主管国内业务的部门有商业发展厅、国内贸易厅、知识产权厅等。泰国主要的对外贸易法律有 1960 年颁布的《出口商品促进法》、1979 年颁布的《出口和进口商品法》、1973 年颁布的《部分商品出口管理条例》、1979 年颁布的《出口商品标准法》、1999 年颁布的《反倾销和反补贴法》、2000 年颁布的《海关法》和 2007 年颁布的《进口激增保障措施法》等。

（三）马来西亚的法律环境

马来西亚主管对外贸易的政府部门是国际贸易和工业部，其主要职责是制定投资、工业发展及外贸等的有关政策，拟定工业发展战略，促进多边与双边贸易合作，规划和协调中小企业发展，促进和提升私人企业界与当地人的管理和经营能力。马来西亚主要的对外贸易法律法规有《海关法》《海关进口管制条例》《海关出口管制条例》《海关估价规定》《植物检疫法》《保护植物新品种法》《反补贴和反倾销法》《反补贴和反倾销实施条例》《2006 年保障措施法》《外汇管理法令》等。

马来西亚海关在 1998 年颁布的《禁止进口令》规定了四类不同级别的限制类进口产品：第一类是 14 种禁止进口品，包括含有冰片、附子成分的中成药，45 种植物药以及 13 种动物及矿物质药；第二类是需要许可证的进口产品，主要涉及卫生、检验检疫、安全、环境保护等领域，包括禽类和牛肉（还必须符合清真认证)、蛋类、大米、糖类、水泥熟料、烟花、录音/录像带、爆炸物、木材、安全头盔、钻石、碾米机、彩色复印机、某些电信设备、军火以及糖精;第三类是临时进口限制品,包括牛奶、咖啡、谷类粉、部分电线电缆、部分钢铁产品;第四类是符合一定特别条件后方可进口的产品,包括动物及动物产品、植物及植物产品、香烟、土壤、动物肥料、防弹背心、电子设备、安全带及仿制武器。为了保护敏感产业或战略产业,马来西亚对部分商品实施非自动进口许可管理,主要涉及建筑设备、农业、矿业和机动车辆部门,如所有的重型建筑设备进口须经国际贸易和工业部批准,而且只有在马来西亚当地企业无法生产的情况下方可进口。马来西亚国际贸易及工业部和其他部门负责进口许可证的发放及日常管理工作。

马来西亚规定,除以色列外,大部分商品可以自由出口至任何国家。但是,部分商品需要获得政府部门的出口许可,其中包括短缺物品、敏感或战略性或危险性产品,以及受国家公约控制或禁止进出口的野生保护物种。此外,马来西亚《1988 年海关令(禁止出口)》规定了对三类商品的出口管理措施:第一类为绝对禁止出口,包括禁止出口海龟蛋和藤条,禁止向某些国家出口石油、石油产品和武器;第二类为需要出口许可证方可出口;第三类为需要视情况出口。大多数第二类和第三类商品为初级产品,如牲畜及其制品、谷类、矿物和有害废弃物,还包括军火及古董等。

(四)越南的法律环境

越南主管贸易的部门是工贸部,设有 36 个司、局和研究院,负责全国工业生产(包括机械、冶金、电力、能源、油气、矿产、食品、日用消费品等行业的生产)、国内贸易、对外贸易、世贸组织事务、自由贸易区谈判等。越南各省和直辖市设有工贸厅,主管辖区内的工业和贸易工作。此外,工贸部在各驻外使领馆和多边经贸组织派驻有代表。越南主要的贸易法律法规有《贸易法》《民法》《投资法》《电子交易法》《海关法》《进出口税法》《知识产权法》《信息技术法》《反倾销法》《反补贴法》《企业法》《会计法》《统计法》等。外商在越南投资建立独资、合资和合作经营企业,建立贸易公司和分销机构等都有明确的法律规定

(五)新加坡的法律环境

新加坡设有最高法院和总检察署,最高法院由高庭和上诉庭组成。1994 年,新加坡废除了上诉至英国枢密院的规定,确定最高法院上诉庭为终审法庭。最高法院大法官由总理推荐,总统委任。新加坡贸易工业部负责制定整体贸易

政策,新加坡企业发展局是隶属于新加坡贸易工业部的法定机构,也是新加坡对外贸易的主管部门,其前身是成立于1983年的新加坡贸易发展局。新加坡企业发展局下设贸易促进部,并分设商务合作伙伴策划署和出口促进署,其主要职责是宣传新加坡的国际形象,提升以新加坡为驻地的公司的出口能力。新加坡与贸易相关的法律法规主要有《商品对外贸易法》《进出口管理办法》《商品服务税法》《竞争法》《海关法》《商务争端法》《自由贸易区法》《商船运输法》和《战略物资管制法》等。

第五节　南亚国家的贸易投资软环境

本节主要介绍印度和巴基斯坦这两个南亚国家的贸易投资软环境。以下从政治环境、社会文化环境、经济环境、法律环境四个大方面对这两个国家的贸易投资软环境进行详细阐述,重点介绍各国贸易投资软环境的特点与需要注意的事项。由于南亚地区其他国家的石油资源或石油消费量较少,故本书不进行介绍与讨论。

一、政治环境

(一)政治概况

1.印度的政治概况

印度为联邦制民主共和国,实行英国式的议会民主制,公民不分种族、性别、出身、宗教信仰和出生地点,在法律面前一律平等。印度总统为国家元首和武装部队最高统帅,由联邦议会及各邦议会组成选举团选出,每届任期为5年,总统依照以总理为首的部长会议的建议行使职权。印度的联邦议会为两院制,包括联邦院和人民院。联邦院为上院,共250席,由总统指定12名具有专门学识或实际经验的议员,其余238名议员为各邦及中央直辖区代表,任期为6年,每两年改选1/3。以总理为首的部长会议(内阁)是印度的最高行政机关。印度政府以总统的名义行使广泛的行政权力,总统的职责多为礼仪性质,总统名义上是国家元首和武装部队最高统帅,但没有实权。

2.巴基斯坦的政治概况

巴基斯坦实行联邦制,联邦政府是最高行政机关。联邦政府由总理、部长和国务部长组成，各部委由常务秘书主持日常工作。省政府受联邦政府领导，但巴基斯坦宪法规定实行各省自治。省议会可为本省立法，但其立法必须符合联邦的立法规定。受政治、经济、民族等诸多因素影响，巴基斯坦联邦与省之间的关系十分复杂。军队是巴基斯坦国内一支重要的政治力量，曾长期干预与参与国家大政方针的制定。巴基斯坦实行多党制，目前主要的政党有正义运动党、穆斯林联盟（谢里夫派）、人民党、穆斯林联盟（领袖派）、统一民族运动党、人民民族党等。

（二）民族和宗教概况

1.印度的民族和宗教概况

印度是一个多民族、多宗教的国家，共有100多个民族，其中较大的民族有印度斯坦族（约占印度人口总数的30%）、泰卢固族（约占印度人口总数的8.6%）、孟加拉族（约占印度人口总数的7.7%）、马拉地族（约占印度人口总数的7.6%）、泰米尔族（约占印度人口总数的7.4%）、古吉拉特族（约占印度人口总数的4.6%）、坎拿达族（约占印度人口总数的3.9%）、马拉雅拉姆族（约占印度人口总数的3.9%）、奥里雅族（约占印度人口总数的3.8%）、旁遮普族（约占印度人口总数的2.3%）和锡克族（约占印度人口总数的2%）等。由于历史原因，印度华人数量极少，在印度的政治和经济生活中的影响也很小。在印度的华人居住较为集中，主要分布在加尔各答等地，主要从事皮革加工、餐饮等行业。印度居民中，约有79.8%的人信仰印度教，14.2%的人信仰伊斯兰教，2.3%的人信仰基督教，1.7%的人信仰锡克教，0.7%的人信仰佛教，0.4%的人信仰耆那教，还有少数居民信仰其他宗教。

2.巴基斯坦的民族和宗教概况

巴基斯坦是一个多民族国家，其中较大的民族有旁遮普族（约占巴基斯坦人口总数的63%）、信德族（约占巴基斯坦人口总数的18%）、普什图族（约占巴基斯坦人口总数的11%）和俾路支族（约占巴基斯坦人口总数的4%）等。根据巴基斯坦国父真纳的“两个民族”理论，巴基斯坦只有一个民族，即穆斯林民族，非穆斯林和其他巴基斯坦人（如印度教、基督教的信徒等）被称为“少数教派”。巴基斯坦有很多部落，主要分布于开伯尔-普什图省靠近阿富汗边境一带，其中大部分属于普什图族，部落地区不施行巴基斯坦的法律，而是由族人按照传统习惯和方式自主决定部落事务。部落首领称为“长老”，实行世袭制。长老的威望很高，不仅本部落内部有很大的权力，而且可以对政府及司法机构施加影响。部落地区在巴基斯坦联邦国民议会和参议院都有代表席位，一般都是由较大部落的长老当选议员。各部落拥有自己的武装，负责维持本部落的治安。根据巴基斯坦宪法规定，巴基斯坦的国教为伊斯兰教，穆斯林占巴基斯坦全国人口总数的95%，其中90%的穆斯林为逊尼派；此外，还有印度教、基督教的信徒等，但仅占巴基斯坦总人口的5%。

（三）外汇管理

1.印度的外汇管理

印度储备银行（RBI，即印度央行）是印度的外汇主管部门，其下属的外汇管理局是具体负责外汇交易和控制的部门，负责管理经常项目和资本账户下的外汇交易。《外汇管理法》是印度外汇管理方面的主要法律，该法于1999年由印度议会颁布，2000年6月1日生效，适用于印度境内的机构和印度境外由印度居民所有或控制的机构。此外，在《外汇管理法》的框架下，还有大量涉及外汇管理具体领域的管理规则，如《外汇管理（在印度设立分支机构、办公机构或其他商业场所）规则（2000年）》等。根据相关法规，印度政府放开了外汇管制，经常账户下的卢比可以自由兑换；非居民的资本账户也几乎可以完全兑换卢比。但在实际操作中，印度政府对资本流动有很多具体的规定和限制。外国投资者在印度直接投资时，需要在30天内向储备银行报告股份转让、汇款金额等信息。非居民个人投资购买股份时，可通过银行的正常渠道汇款，外国机构投资者则需要开立非居民特别卢比账户，将其款项存入该账户。除建筑工程领域、发展项目和国防项目等有投资锁定期规定的外，所有外国投资本金和利润都可自由汇回母国。外商直接投资获得的利润、股息和出售投资所得的收益均可全额汇回母国，其中证券销售收益和清算收益汇回母国应取得印度财政部所得税司的完税证明，并通过指定的银行进行。根据印度海关的有关规定，外国人携带外币现金进出境没有金额限制，但携带现金超过5000美元或旅行支票超过10000美元的必须申报。另外，印度的外汇管理制度中需要注意的还有非居民卢比账户。居住在印度的外国人、海外法人团体、至少60%的产权由印度非居民直接或间接拥有的其他法人团体，以及至少60%的产权不可撤销地由印度非居民拥有的海外信托机构，可以开立非居民卢比账户（也称"外部账户"），这些外部账户的余额可以自由兑换为外币。

2.巴基斯坦的外汇管理

巴基斯坦2001年颁布的《外汇账户(保护)法案》规定,巴基斯坦不实行外汇管制。在巴基斯坦居住的外国人、在巴基斯坦境内设立的含有外资成分的公司以及在国外登记但在巴基斯坦经营的外国公司,可以在有外汇经营资格的银行开立、使用外汇账户,这些账户可以自由汇入、汇出外汇,也可在本地自由存取现金。巴基斯坦允许外国投资者将全部资本、资本所得、红利和利润汇出,上述款项汇出将征收10%的代扣税。外国人携带外汇现金和旅行支票出入境没有任何限制。

(四)雇工问题

1.印度的雇工问题

印度的劳动人口基数庞大。据印度人力资源部估计,截至2020年,印度总人口为12.1亿人,其中男性人口6.235亿人,女性人口5.865亿人;15～64岁人口占印度总人口的63.3%,全国人口年龄中位数为25.1岁,平均年龄不到30岁,因此印度属于典型的青壮年人口国家。就业方面,印度16～59岁的劳动人口超过8亿人,其中农业人口占60%,工业人口占17%,服务业人口占23%。近年来,印度的工资水平增长迅速,根据印度劳工部2018年的规定,印度熟练产业工人的最低工资不得低于506卢比/日,发达地区不得低于653卢比/日,较以往6000～9000卢比/月的水平有了较大幅度的提高。按印度当地习俗,每逢节假日一般都要发放补贴,约为月工资的20%乃至一个月的工资。印度大学毕业生的起薪一般在15000卢比以上(电信等热门行业则更高),每年的涨幅一般不低于10%;对于有管理经验尤其是有跨国公司管理经验,具备市场开拓、协调能力的中高层管理人员,年薪可达3万～10万美元。员工人数超过20人的企业需要交纳社保,金额为基本工资的24%,其中企业与个人各负担12%,计算基数包括基本工资、物价补贴等,但不包括房租补贴、加班费、奖金。印度颁布有《雇员国家保险法》,其所规定的基于社会需要的保险制度旨在保护工人在疾病、生育、暂时或永久伤残以及工伤导致的死亡方面的权益,该法律适用于所有雇员人数超过20人的工厂或其他机构,而且要求在达到法定人数后的15天内前往相关区域的办公室完成注册。

2.巴基斯坦的雇工问题

巴基斯坦国内的劳动力资源丰富,但整体素质不高,10岁以上人口的识字率仅为58%。据巴基斯坦财政部统计，截至2020年巴基斯坦的适龄劳动人口有7378万人。根据巴基斯坦《国家人口发展报告》，2007～2015年，15～29岁的年轻人占巴基斯坦全国劳动人口总数的41.6%，年龄在30岁以下的人口占巴基斯坦总人口的比例为64%，年龄为15～29岁的人口占巴基斯坦总人口的29%，为历史最高。巴基斯坦劳动人口的分布情况大致为：农业44.65%、制造业12.99%、建筑业6.29%、批发零售业14.62%、仓储运输业5.46%、社区服务业13.66%、其他（采矿业、金融业等）2.33%。巴基斯坦的劳动人口构成中，仅44%为领取薪金的雇员，11%为无薪家庭劳作，42%为自营劳作者，2.5%为雇主。巴基斯坦政府每财年都会对劳动力的最低工资进行调整，2013年，巴基斯坦工人的最低月工资为10000卢比（约合95美元），10人以上的企业的雇员参加社保计划时，雇主需要按照参保职工工资的7%交纳。

二、社会文化环境

（一）印度的社会文化环境

印度的官方语言是印地语和英语。印地语为印度全国使用人数最多的语言（约33%的印度人使用），英语（约12%的印度人使用）是印度全国性的通用语言，也是印度人在政治和商业交往中主要使用的语言。印度有多家大型英文日报社，绝大多数政府文件也使用英文写成。此外，印度官方承认的地方性语言多达20余种。

印度实行12年一贯制中小学义务教育，高等教育需要10年才能完成，包括3年本科、2年硕士、2年副博士和3年博士。此外，印度还有各类职业技术教育、成人教育等非正规教育。印度全国现有20所国立大学、215所邦属大学、100所自治大学及多所其他学院，著名的高等院校有尼赫鲁大学、德里大学、印度理工大学、印度管理学院等。2011年，印度成人的识字率为74%，其中男性识字率为82.1%，女性识字率为65.5%；南部克拉拉邦的识字率为93.9%，在全印度排名第一。印度约有3亿成人文盲，居世界首位。近年来，印度6～14岁儿童的毛入学率为93%～95%，但印度小学的平均辍学率高达31%。

印度的社会治安状况总体较好，全国的总体犯罪率不高，但不同地区之间差别很大，德里、孟买、加尔各答、金奈、班加罗尔等大城市中心区域的刑事犯罪率较低，而西北、东北和东部地区一些地方的治安较差，盗窃案、抢劫案和凶杀案等时有发生。在印度东北部地区，生活着200多个不同的民族群体，他们信仰的宗教有基督教、印度教、伊斯兰教和其他原始宗教等。据印度政府统计，全印度目前共有66个活跃的恐怖组织，其中34个在印度东北部的曼尼普尔邦。鉴于当地的安全形势，印度政府正在东北部实施特殊的政策，外国人进入该地区均需要申请特别许可。

（二）巴基斯坦的社会文化环境

巴基斯坦宪法规定，乌尔都语为巴基斯坦国语，英语为巴基斯坦官方语言。乌尔都语通行巴基斯坦全国，英语则广泛用于高等教育、科技、商业、司法和外交等领域。除了乌尔都语之外，巴基斯坦主要的民族语言还有旁遮普语、信德语、普什图语和俾路支语等。

巴基斯坦虽然实行中小学免费教育，但受经济发展水平限制，教育水平比较落后，相对于巴基斯坦庞大的人口，学校的数量明显不足，小学入学率和初级教育普及率均较低，能接受高等教育者更少。由于教育资源匮乏，越来越多的贫困家庭将孩子送进宗教学校。联合国教科文组织的数据显示，2020年巴基斯坦小学适龄人口入学率达到76%，中学为45%，教育支出约占其GDP的2.76%，15岁以上人口识字率约为57%。另据不完全统计，巴基斯坦全国共有小学15.8万所、初中2.9万所、高中1.6万所、大学51所。著名的高等院校有旁遮普大学、卡拉奇大学、伊斯兰堡真纳大学和白沙瓦大学等。巴基斯坦大城市的社会治安状况总体尚可，伊斯兰堡和拉合尔治安较好，而卡拉奇的治安形势较为严峻，经常发生宗教派别仇杀和恐怖袭击事件。2015年以来，巴基斯坦政府在卡拉奇进行了大规模的治安整治，取得了一定的成效。巴基斯坦严禁非法持有枪支，但民间非法持有枪支的现象较为严重。巴基斯坦是世界上受恐怖袭击威胁最严重的国家之一。2019年1月，巴基斯坦智库和平研究所发布的《2018年巴基斯坦安全报告》称，2018年巴基斯坦境内共发生262起恐怖袭击事件，共造成595人死亡、1030人受伤，其中有65%以上是“巴塔”发动的。

二、经济环境

（一）宏观经济条件

1.印度的宏观经济条件

据统计，2018年印度农业、工业（包括建筑业）和服务业的增加值占印度

GDP的比重分别为14%、27%和49%。印度中央统计办公室(CSO)在2019年5月31日发布的《2018～2019财年印度经济报告》显示,2018～2019财年印度GDP同比增长6.8%,增幅较2017～2018财年下降了0.4个百分点;全年印度经济发展增速呈逐季回落的趋势,四个季度分别增长了8%、7%、6.6%、5.8%,其中第四季度的增速为近5年来最低;从产业表现来看,制造业、建筑业和金融业增长势头较好,全年分别增长6.9%、8.7%和7.4%,增幅较2017～2018财年分别上升了1个百分点、3.1个百分点和1.2个百分点,而农业、采矿业、交通运输业以及公共部门支出的增速较2017～2018财年有所放缓。截至2019年2月底,印度的外汇储备为4018亿美元,较1月底增加了16亿美元。2019年3月,印度的居民消费价格指数(CPI)同比上涨2.9%,运行在印度央行的目标区间范围内(低于4%)。印度劳动和就业部于2015年1月发布的最新报告显示,2013～2014财年印度失业率为4.9%。

2.巴基斯坦的宏观经济条件

多年以来,由于长期面临结构性问题,导致巴基斯坦的经济发展遇到了巨大的挑战,特别是能源领域的问题、与安全有关的问题、投资环境困难以及持续的财政不平衡阻碍了巴基斯坦的经济增长。从2009财年到2013财年,巴基斯坦的年均经济增长率徘徊在低于3%的水平。2013年谢里夫政府上台后,在"中巴经济走廊"及结构性改革的带动下,巴基斯坦的经济发展增速逐渐趋稳,并维持了较快的增长态势,2014～2015财年经济增长率超过4%,2015～2016财年GDP达2842亿美元,同比增长4.7%,增速创下新高;2016～2017财年GDP增长率为5.28%,为2006～2007财年以来新高;2017～2018财年GDP增长率为5.79%,创下了13年来的新高。巴基斯坦财政部的数据显示,2017～2018财年巴基斯坦的GDP中,农业、工业、服务业所占的比重分别为24%、19%、57%。截至2019年3月,巴基斯坦的外汇储备为175.8亿美元。

(二)油气资源条件

1.印度的油气资源条件

印度有26个沉积盆地,总面积为313.5万平方千米。印度的油气资源开发主要集中在成熟的东北部阿萨姆-若开盆地、西部的孟买海盆,以及近期发现的位于东南部的克里希纳-戈达瓦里海盆和考维利盆地、西北部的拉贾斯坦盆地和坎贝盆地,其中未勘探开发的地区较多。根据国际能源署(IEA)的数据,美国墨西哥湾海域平均每14平方千米就有一口钻井，而印度洋沿海地区平均每146平方千米才有一口钻井，因此勘探空间较大。据《BP世界能源统计年鉴(2018年)》，2017年印度的原油证实可采储量为45亿桶，占全球总量的0.27%；天然气证实可采储量为1.2万亿立方米。

2.巴基斯坦的油气资源条件

山地和山区占巴基斯坦国土面积的60%，这些地带历史上地壳变动明显，地质活动频繁，具备生成油气和矿产资源的地理条件。根据巴基斯坦地质调查局的资料，巴基斯坦已探明的油气和矿产资源包括石油、天然气、煤炭、铝土矿、铬铁矿、铜矿、铅锌矿、磷酸盐矿、花岗岩、重晶石、石膏、宝石和菱镁矿等。巴基斯坦官方统计数据显示，目前其石油已探明储量为12.47亿桶，天然气已探明储量为1.6264万亿立方米，煤炭已探明储量为1850亿吨。

(三)营商环境

1.印度的营商环境

印度主管国内外投资的政府部门主要是商工部下属的投资及内贸促进局(负责相关政策制定和投资促进工作，其下设金融、基础设施发展、知识产权、国际合作等相关司局)、公司事务部(负责公司注册审批)、财政部(负责企业涉税事务和限制类外商投资的审批)、储备银行(负责外资办事处、代表处的审批及其外汇管理)。在外资审批中，属于"自动生效"程序审批的外资项目直接报备印度储备银行，不属于"自动生效"程序审批的外资项目或超出印度政府有关规定的外资项目的审批由相关产业部门负责。对超过120亿印度卢比的提案，则由内阁经济事务委员会(CCEA)审核批准。印度政府禁止外国投资的行业有核能、赌博博彩、风险基金、雪茄及烟草，限制投资的行业有电信服务业、私人银行业、多品牌零售业、航空服务业、基础设施、广播电视转播等，鼓励投资的行业有电力(核电除外)、石油炼化产品销售、采矿、金融中介服务、农产品养殖、电子产品、电脑软/硬件、特别经济区开发、贸易、批发、食品加工等。外商投资如超过印度政府规定的投资比例上限，需要获得印度政府有关部门的批准

印度征收公司所得税，本国公司税税率为30%(另需加税款2%的附加税)，外国公司税率税为40%(另需加税款2%的附加税)。资本收入税主要是指出售资产所得收入的赋税；"长期资产"是指拥有实物资产时间超过3年，或持有股票、证券、基金等超过1年的；长期实物资产出售收入的税率一

般为20%，而出售同样属于长期资产的股票、证券、基金等的收入可免于征税。

2.巴基斯坦的营商环境

巴基斯坦投资部是巴基斯坦联邦政府负责投资事务的部门，下辖的职能部门为投资委员会(BOI)，BOI的主要职责包括在投资商与其他政府部门之间发挥联络和纽带的作用，建立投资对接数据库，提供投资商所需的必要信息和咨询服务。BOI在巴基斯坦各省均有分支机构。根据巴基斯坦《1976年外国私人投资(促进与保护)法案》《1992年经济改革促进和保护法案》以及巴基斯坦投资优惠政策的规定，巴基斯坦所有的经济领域都向外资开放，外资同本国投资者享有同等待遇，允许外资拥有100%的股权。在最低投资金额方面，对制造业没有限制，但在非制造业方面，则根据行业的不同有最低要求，如服务业(含金融、通信和信息技术产业)最低为15万美元，农业和其他行业为30万美元。巴基斯坦投资政策规定，限制投资的五个领域是军火、高性能炸药、放射性物质、证券印制和造币、酒类生产(工业酒精除外)。此外，由于巴基斯坦是伊斯兰国家，因此禁止外国企业在当地开设夜总会、歌舞厅、电影院，也不得从事按摩、洗浴等娱乐休闲行业。

巴基斯坦的公司所得税税率为30%。巴基斯坦联邦政府在20世纪90年代取消了增值税，改征销售税，绝大部分商品的销售税税率为16%。消费税税率一般为17%，但对于通信服务，如果各省的联邦消费税没有规定特别税率，则税率为18.5%。

四、法律环境

(一)印度的法律环境

印度最高法院是印度最高司法权力机关，有权解释宪法、审理中央政府与各邦之间的争议问题等。各邦设有高等法院，县设有县法院。印度最高法院法官由总统委任，总检察长由政府任命，主要职责是针对执法事项向政府提供咨询和建议，完成宪法和法律规定的检察权，对宪法和法律的执行情况进行监督等。印度与贸易有关的法律法规主要有《1962年海关法》《1975年海关关税法》《1992年外贸(发展与管理)法》和《1993年外贸(管理)规则》。

印度商工部是印度国家贸易的主管部门，下设商业部和产业政策与促进部。商业部主管贸易事务，负责制定进出口贸易政策，处理多边和双边贸易关系、国营贸易、出口促进措施、出口导向产业及商品发展与规划等事务；产业政策与促进部负责制定和执行符合国家发展需求目标的产业政策与战略，监管产业和技术发展事务，促进和审批外国直接投资和引进外国技术，制定知识产权政策等。印度储备银行（印度央行）负责金融体系监管、外汇管制和发行货币。印度财政部下属的中央消费税和关税委员会负责关税税率制定、关税征收、海关监管和打击走私。

（二）巴基斯坦的法律环境

巴基斯坦的司法系统由巴基斯坦最高法院和四个省的高等法院、各县法院、地方法院及调解法院组成。巴基斯坦最高法院由首席法官和若干名法官组成，首席法官由总统任命，其他法官由总统征求首席法官的意见后任命，其主要职权是裁决中央与省、省与省之间的争议，审核下级法院的判决结果，拥有司法解释权。巴基斯坦与贸易相关的法律法规主要有《公司法》《贸易组织法》《贸易垄断与限制法》《海关法》《反倾销法》及《反囤积法》等。

巴基斯坦的贸易主管部门是巴基斯坦商务部，其宗旨是通过贸易自由化和便利化提高巴基斯坦产品的出口竞争力，降低营商成本，为巴基斯坦的国民经济发展做出贡献，提高巴基斯坦产品在现有市场和新市场的市场准入标准，改善巴基斯坦人民的生活质量。巴基斯坦商务部的主要职责包括制定国内外贸易管理政策，促进出口，促进公平贸易（反倾销等），开展双边和多边贸易协议谈判，组织和监管商业协会，监管保险行业等。巴基斯坦国家银行负责监管金融体系、管制外汇和发行货币。巴基斯坦政府将出口产品分为禁止类、限制类、限价类和一般类。其中，部分禁止类商品出口需要获得巴基斯坦相关政府主管部门的许可，限制类商品的出口需要符合巴基斯坦政府的相关规定和要求。由于边境地区的走私活动猖獗，因此巴基斯坦对向阿富汗出口产品的管理相当严格，并专门出台了法规予以规范。巴基斯坦的进口产品也分禁止类、限制类和一般类，其中禁止类商品包括违反伊斯兰教教义的相关商品等十几大类，限制类商品的进口需要符合巴基斯坦政府的相关规定和要求。

第四章　国际油气合作的方式与合同选择

第一节　国际化投资经营及合作方式选择

石油作为关系国计民生的最重要的能源产品，极大地影响着国民经济的发展。目前，我国的石油供应已经远远不能满足国家发展的需要，必须实行国际化经营战略与加大投资规模，在综合分析世界各产油区的资源、政治、经济、文化和社会环境等情况后，选择合适的投资地区及合作方式。

不同于其他工业，从世界的角度来看，石油工业从一开始就不是一个封闭的经济体系，而是一个高度开放的经济体系。石油工业的特殊性使石油产品从早期就具有了世界性产品的特点，也使各大石油公司很早就开始了国际化经营活动。例如，很早就开展了大规模国际化经营活动的西方大型石油公司（以埃克森美孚公司和英国石油公司为代表）也是世界上最早的一批跨国公司。在20世纪70年代发展中国家产油国实施石油国有化政策以前，这些西方大型石油公司国际化经营的重心放在发展中国家产油国的上游领域和欧美发达国家的下游领域；后来，其国际化经营活动的范围收缩，并相对集中于政治风险较低的欧美发达国家（尤其是美国）。

一、中国实施石油国际化经营战略与投资的必要性

对中国的石油企业来说，实施跨国经营战略既是企业生存与发展的需要，也是保障我国石油安全的需要。

(一)保障我国的石油安全要求实施跨国经营战略

尽管目前世界各国都在研究如何调整能源政策,合理引导石油消耗,以减少高耗油产业在经济结构中的比重,积极开发和利用可以替代石油的能源产品,减少国民经济对石油的依赖,但是随着我国经济的发展和人民生活水平的提高,我国对石油产品的需求仍在迅速增加。

目前,我国的石油产量已不能满足国内的消费需求,对国外石油资源的依赖程度日益加深。根据《中国能源统计年鉴(2006年)》的数据,“八五”以来,我国的石油进口量年均增长4.9%,而同期原油产量年均仅增长1.7%。从1993年开始,我国已由石油净出口国变为石油净进口国,1999年我国的石油消费量接近2亿吨,原油及油品净进口达4000多万吨。长期以来,我国的石油消费保持着明显高于石油生产的增长态势,2001年我国的石油消费缺口为5306万吨,加入世贸组织后仅两年,消费缺口便急剧扩大至10590万吨。根据中国石油天然气集团公司的研究报告,2005年、2010年和2020年,我国的原油需求分别为2.7亿吨、3.1亿吨和6.0亿吨,对应年份的原油进口量分别为1.2亿吨、1.5亿吨和4.0亿吨,我国对国外石油的依赖度已经由2005的20%左右上升到2010年的40%左右,在2020年更是上升到了70%左右。

除了一般商品的特性外,石油还具有其他商品没有的政治特性。当然,这种特性是石油对国民经济发展具有的重要作用。由于石油是自然生成的,人们无法人为地改变其地理分布,因此世界各国都自然而然地把石油作为一种涉及国家安全的战略资源,将其纳入国家安全体系也是顺理成章的事了。对一个热爱和平的国家来说,不可能通过战争的手段获取所需的石油资源,以此来保障自身的石油安全。这就更需要我国的石油企业通过实施跨国经营战略为我国经济的发展提供所需的石油。

我国的石油企业正在加大实施跨国经营战略的力度,以中石油、中石化和中海油为核心的中国油气企业在世界上50多个国家参与了70多个油气项目的勘探和开发,中方累计投资超过100亿美元,获得份额油1亿多吨

(二)中国油气企业的生存与发展要求实施跨国经营战略

加入世贸组织有利于我国石油企业引进资金、技术和先进的管理措施,加快自身发展。但同时,加入世贸组织后,我国的油品和石化产品的进口关税将逐步降低,油品的零售和批发市场将逐步开放,这会使我国的石油企业面临来

自国外大型石油公司的竞争。尽管我国石油企业已经有了很大的发展，但与国外大型石油公司相比，在整体规模与竞争实力上差距还是十分明显的。例如，在我国加入世贸组织之后不久，当时世界上最大的石油公司埃克森美孚公司的营业收入是中国最大的石油公司中石化的近5倍，埃克森美孚的税后利润是国内三大石油公司中利润最高的中石油的2.8倍。从业务结构上看，国外大型石油公司的业务结构比较均衡合理，在油气储量、炼油能力、营销网络、乙烯生产能力等方面都处于世界领先地位。相比之下，中石化的炼油能力和乙烯生产能力处于世界前列，分别居世界第5位和第8位，但是油气储量规模相对较小；中石油的油气储量居世界前列，炼油能力居世界第10位，但营销网络相对薄弱，化工生产能力也比较差；中海油则是侧重于上游的油气勘探开发。特别值得关注的是，20世纪90年代末以来，国外大型石油公司间基本完成超大规模的兼并，形成了以埃克森美孚、英国石油公司、英荷壳牌、道达尔和雪佛龙五大巨型石油公司垄断世界石油市场的新格局。以上述五大公司为主的跨国石油公司控制了世界30%以上的石油工业产值、2/3的贸易量和直接投资额，并拥有80%以上的世界石油石化先进技术。

美国《石油情报周刊》2005年12月2日的统计数据表明，我国石油石化公司与国外大型石油公司的经营业绩差距仍然很大。2004年，中石油和中石化两大集团的总资产为埃克森美孚公司的67%，合计净收入为埃克森美孚公司的66.2%。

从以上情况可以看出，在早期，与国外大型石油公司相比，中国油气企业在国际市场上的竞争力存在着很大的差距；而加入世贸组织又使中国油气企业不可避免地面临国外大型石油公司的竞争和挑战，这就要求中国的石油企业必须提高在国际市场上的竞争力。要想提高中国油气企业在国际市场上的竞争力，就必须"走出去"，只有通过积极地参与国际市场竞争，中国的石油企业才能在真正承受生存压力的市场环境下努力提高自己，也才能真正向国外大型石油公司学习先进的技术和管理经验，这样才有可能真正提高中国油气企业的市场竞争力，使中国的石油企业获得更广阔的市场发展空间。

二、国际化经营与投资分析

不管是从保障国家石油安全的角度来看，还是从企业生存与发展的角度来看，中国油气企业实施跨国经营战略已经是一个不可回避的战略选择。可以说，中国油气企业实施跨国经营战略已成为21世纪中国经济建设和社会发展战略的一个重要组成部分。但是，应当实施什么样的跨国经营战略却是一个值得我们研究的现实问题。

过去，中国油气企业长期在一个相对狭小的范围内从事生产经营活动，市场环境相对单一。现在，面对错综复杂、充满风险的国际化经营环境，需要中国油气企业加强对国际市场的战略研究。我们不宜全线出击，四处撒网，而是首先应全面收集、研究和分析国际市场信息，在把握自身优势和特点的基础上，再选择、划定战略区域，确定目标市场，科学地制定战略规划。对于目标市场，要做到“选得准，进得去，站得住”。

知己知彼，方能百战不殆。在不十分了解项目或其所在国基本状况的情况下，强行开展国际油气合作会为项目日后的进行和市场开拓埋下隐患，进而影响企业的声誉。国外大型石油公司在进入某地的市场之前，除了委托专业咨询公司对该市场进行全面的投资环境研究分析外，还会派专人提前一年甚至数年到该目标市场常驻，进行观察和了解。在这方面，中国的石油企业还有一定的差距。目前，中国石油企业进入国际市场还带有一定的随机性，进入某个市场常常是基于某个临时的项目，对国际化经营的复杂性和随机进入的风险缺乏清醒的认识，这就加大了项目的风险。在有些国家，虽然我们一度有过长驻人员或开展过某些项目，但因为人员更迭频繁，对有关情况缺乏跟踪研究或研究的深度不够，一旦涉及具体项目，往往依赖项目代理或当地的合作伙伴，而企业对具体情况的掌控力度很差。鉴于此，我国的石油企业必须加强对项目及其所在国相关情况的基础研究，包括对所在国的政治、经济、文化、海关手续、税收、财务运作方式、人民的生活习俗等展开研究。做好这些基础研究后，再充分权衡利弊，择机进入市场。

(一)世界石油资源分布概述

根据《BP世界能源统计年鉴(2021年)》的数据，2020年世界石油探明储量中，西亚与北非地区占48.1%，美洲地区占32.8%，非洲地区占7.2%，亚太地区占2.6%，欧洲地区占0.8%。

西欧的油气产区主要集中在北海，主要的产油国是挪威和英国。北海地区的石油地质储量高，勘探开发程度高，油气产量也一直很高。目前，北海地区主要有风险较低的开发项目，适合由有低成本经营经验和工程技术的公司承担，许多石油公司都希望通过资产收购或交换来加强在该地区的业务。

独联体国家中，最重要的油气资源区是西西伯利亚和里海。西西伯利亚因地理位置太过偏远，至今尚无外国大公司直接进入。而里海则是近年来始终被西方石油公司看好的投资热点。但是，里海地区是成熟的石油产区，因此尽管有外国公司大举进入，仍未能遏止这一地区石油产量下滑的趋势。此外，东西伯利亚和俄罗斯远东地区拥有丰富的天然气资源，不过这些地区也存在距离消费市场太远的制约因素。

在亚太地区，南亚的巴基斯坦、印度和孟加拉国三个国家拥有较丰富的天然气资源，但勘探难度较大。东南亚的马来西亚、印度尼西亚、泰国和越南等国家因勘探程度较高或受资源条件的限制，参与油气上游项目的风险不可低估。在大洋洲，澳大利亚陆上勘探的风险很高，海上传统产油区巴斯海峡油田的产量正在下降，但西北大陆架有可能成为新的产油区。许多外国石油公司在澳大利亚的投资策略是开发储量巨大的天然气田，并向东亚国家出口液化天然气。新西兰的油气田不多，多数区块都有较高的开发风险，但获取资料容易，售价也便宜，因此最适合小公司以很少的义务工作量进行投资。

在北美地区，美国和加拿大的油田勘探和开发程度都很高，能大量新增油气储量的只有墨西哥湾、加利福尼亚州外海、阿拉斯加州野生动物保护区以及纽芬兰海域。但是，加利福尼亚州外海和阿拉斯加州野生动物保护区因环保问题而严格限制油气的勘探开发，纽芬兰海域则因气候恶劣导致勘探开采的成本很高，这就使近年来在北美的勘探开发活动主要集中在墨西哥湾。

拉美地区有许多油气资源国，近年来逐渐成为世界上投资油气上游项目的热点地区。但在拉美地区，各国之间的差异较大：墨西哥仍由国家石油公司控制着勘探和生产工作，这使外国公司缺乏投资油气上游项目的机会；委内瑞拉已开放油气勘探业务；哥伦比亚正在开发新发现的重要油气田，但政局不够稳定；特立尼达和多巴哥油气勘探开发程度较高；阿根廷石油工业的民营化改革吸引了大批外国石油公司；秘鲁、厄瓜多尔和玻利维亚也有扩大开放的倾向。

非洲地区的油气资源主要集中在北非和西非。北非的阿尔及利亚、利比亚、埃及等国仍有较大的勘探开发潜力，其投资环境也在逐步改善。西非的尼日利亚、加蓬、刚果和安哥拉等国都在外海发现了许多油气田，这也是 20 世纪

90年代发现的大型油气田蕴藏区，目前仍是重要的勘探开发热点地区。

西亚与北非地区的油气资源开发潜力仍居世界第一，但以沙特阿拉伯为首的重要产油国长期以来都没有向外国公司提供投资油气上游项目的机会。近年来，伊朗和伊拉克在这方面有所松动，卡塔尔已对外开放，而阿联酋（主要是阿布扎比酋长国和迪拜酋长国）、科威特和巴林也都准备通过勘探开发来提高石油产量。

（二）各产油区的投资环境分析

石油资源国的政治、经济、社会环境和文化、宗教习俗等都是投资者无法改变和控制的，但是可以通过策略选择来管理或规避产生的风险，从而取得更好的经济利益。

1.各产油区的政治风险状况

西亚与北非地区的石油资源和市场优势非常明显，但竞争一直很激烈，且该地区领土纷争较多，政局长期动荡不定，属于西方国家（特别是美国）的冲突势力范围。由于战略地位极为重要，因此西亚与北非历来是兵家必争之地，饱受战火之苦，历史上爆发过五次中东战争、两伊战争、巴以冲突、海湾战争、伊拉克战争等，现在巴以矛盾仍然尖锐，伊朗核问题也充满了不确定性。西亚与北非内部的地区政治往往也会促使各国的民族问题国际化和复杂化，土耳其、伊朗、伊拉克、阿富汗、以色列和苏丹等国都存在民族问题，有的甚至引发了旷日持久的内战。在政治上，西亚与北非国家与美国的关系也不同，主要分为温和亲美派和激进反美派，伊朗、利比亚等国曾长期受到美国的经济制裁。自美国发动伊拉克战争后，伊拉克的局势一直不稳定，国内政局动荡使伊拉克的石油生产和出口受到严重威胁。此外，伊拉克境内的什叶派和逊尼派也发生了大规模的教派冲突，导致伊拉克国内局势更加动荡，石油生产迟迟不能恢复到战前的水平，产能也无法释放。

非洲最大的产油国和石油出口国是尼日利亚，该国曾因为资方拖欠工资和加薪问题，爆发了声势浩大的石油工人大罢工，导致尼日利亚国内的港口、银行、商店和加油站被迫关闭。西方石油公司位于尼日利亚的石油设施多次遭到自称“尼日尔三角洲解放运动”的武装组织的袭击，甚至有员工遭到绑架；东非地区的苏丹曾遭受长达数年之久的战乱，政局不稳，石油勘探也难以进行。

在拉美地区，厄瓜多尔发生过严重的骚乱事件；委内瑞拉前总统查韦斯因支持伊朗并寻求加强与伊朗的关系而遭到美国的敌视,委内瑞拉的石油生产也因此受到影响。

在亚太地区,一些安全热点和敏感问题仍然存在,包括恐怖主义在内的新的非传统安全隐患有增多的趋势,部分国家和地区在选择自身发展的道路方面仍然受到大国的干涉,这些都对亚太地区的油气勘探和石油生产造成了影响。

2.各产油区的经济社会环境分析

西亚与北非地区在未来世界石油格局中的地位会越来越突出,因为过去多年的勘探开发结果表明,西亚与北非地区的石油储量占全球石油储量的比重不降反升,已经从20世纪80年代的1/2左右增加到了目前的2/3以上,而且随着勘探活动的开展,预计这一比重仍会增加。西亚与北非地区的国家经济属中等水平,海湾合作委员会6个成员国的经济状况普遍较好,2018年海湾国家的石油收入增长了7%。但是,由于西亚与北非地区人口迅速增长与经济增长结构性问题的存在,其国内难以满足人们不断增长的就业需求,除了人口稀少的几个海湾国家外,西亚与北非国家普遍存在失业率较高的问题。不仅如此,一些西亚与北非国家还受到战争和经济制裁的影响,经济发展缓慢。西亚与北非地区是一个巨大的建筑承包和建材市场,该地区的国家在未来几年内将大批投资城市建设、发电厂、海水淡化工程和石油化工项目。

在南亚地区,巴基斯坦的经济状况一直不尽如人意。由于管理不善,经济改革的措施执行不力,再加上国内暴力事件频繁发生等,国外投资者的热情受到影响,巴基斯坦的经济发展面临一定的困难。中亚国家目前都处于经济转型期,工业难称发达,新兴产业更是严重欠缺,农业经济也较为落后,要想在短期内调整经济结构、培植经济增长点绝非易事。因此,这些国家在独立后大都把发展能源产业和扩大能源出口作为加速国家经济发展的战略,力求在发挥比较优势的过程中获得较大的经济利益。

欧洲国家经济都比较发达,产油国挪威是世界上最富裕的国家之一。挪威是拥有现代化工业的发达国家,其经济部门中,海上石油、航运、水电、电气、冶金、化工、造船和木材加工业都较为发达。20世纪90年代初,挪威取消了石油生产限额,导致石油收入激增,外贸顺差大幅度增加。近年来,由于石油连年增产,出口获得了巨额收益,挪威经济复苏加快,失业率下降,通货膨胀率维持在较低的水平。挪威经济易受西方经济形势波动的影响,同时存在过分依赖石油生产和福利开支过大等结构性问题。

北美国家由于背靠北美自由贸易区，因此经济发展一直比较平稳。不过，由于受2008年国际经济危机的影响，墨西哥的经济仍处于复苏之中，但复苏的速度落后于同样受经济危机影响的巴西、智利等南美国家。

（三）不同产油国的合同模式分析

世界各产油国的合同模式是不同的，世界各国的石油合同多数采用的是矿费税收制合同和产品分成合同，这两类合同占全部石油合同的96.7%。就不同的产油区而言，欧洲地区倾向于采用矿费税收制合同，独联体国家地区倾向于采用产品分成合同，亚太地区倾向于采用产品分成合同和矿费税收制合同，美洲地区、西亚与北非地区倾向于采用矿费税收制合同，非洲地区倾向于采用产品分成合同。由于采用的合同模式不同，因此承包商得到的收益也存在较大的差别。

这两种合同都是投资合同，还有服务方面的合同，包括风险服务合同和纯服务合同。风险服务合同的模式与产量分成合同类似，不同的只是承包商获得报酬的方式。在产品分成合同中，外国石油公司以承担风险为交换条件，一般要求得到20%～50%的所产原油；而在风险服务合同中，外国石油公司一般只能在规定期限内，以市场价格3%～5%的折扣购买20%～50%的所产原油。因此，只有拥有丰富的探明储量，特别是很有希望找到大油田，能满足外国石油公司所需的原油量的国家才签订风险服务合同。纯服务合同又称无风险服务合同。与风险服务合同相比，在纯服务合同形式下，资源国政府雇用外国石油公司作为承包商提供技术服务，并向承包商支付服务费，承包商不承担任何风险，风险由资源国承担，任何发现均是资源国独有的财产。

从以上合同条款的比较中我们可以看出，合同财税制度由宽松到苛刻排序，依次为欧洲地区、独联体国家地区、亚太地区、美洲地区、非洲地区、西亚与北非地区。

不同地区两类合同的采用情况如表4-1和表4-2所示。

表 4-1　不同地区矿费税收制合同主要条款的比较

	欧洲地区	独联体国家地区	亚太地区	美洲地区	非洲地区	西亚与北非地区
定金和租金	出现较少，且征收数额较低	在该地区的合同中出现较多，较全球一般合同偏高	定金要求罕见，但金额大都高于世界平均水平；要求付勘探租金的较多，而征收开发租金的并不多	定金要求不高，且要求定金的合同较少；不征收租金	征收定金的合同较少	定金和租金均较高
矿区使用费	征收的国家较多，征收方式多以产量台阶确定费率	是有些独联体国家的油气法规中明文规定要征收的，征收方式多以产量台阶确定费率，总体上讲费率并不算高，一般在10%以内，有的地区按产量水平确定费率，达到最高产量台阶式的费率在30%左右	该地区的费率一般为12.5%	大部分国家均征收，一般费率在20%以下。该地区确定费率的方式较多，主要以固定比例和产量滑动比例为主，少数按特殊参数（R参数）确定费率	60%以上的合同有，费率较高	条款宽严程度相差较大，矿税类条款要求较高

续表

	欧洲地区	独联体国家地区	亚太地区	美洲地区	非洲地区	西亚与北非地区
税率	税率一般在40%左右，超过50%的合同极少	接近40%	近60%的矿费税收制合同中所得税税率高于50%	90%的财务条款存在这一要求，多数所得税税率在40%以下	税率较高，固定比例税率在40%以上，按产量滑动比例计算为50%，分成合同税率在40%以上	所得税税率较高，一般在50%以上
国家参股情况	国家参股较少，比例一般在20%以内	国家参股比例在50%以上	国家参股比例在35%以下，个别国家的参股比例在50%左右	国家参股比例变化较大	国家参股的合同较多，但参股比例超过50%的情况极少	国家参股比例变化较大
合同条款	宽松	中下	较为宽松	较为宽松	比较苛刻	最为苛刻

表 4-2　不同地区产品分成合同主要条款的比较

	独联体国家地区	亚太地区	美洲地区	非洲地区	西亚与北非地区
定金	三种定金（签字定金、发现定金和开发定金）同时存在，征收方式多样，但数额不高	三种定金（签字定金、发现定金和开发定金）同时存在，个别分成合同要求的定金额较高	定金要求不高，且要求的合同较少	征收签字定金和生产定金，其金额大多不高	定金变化情况较大
租金	少数国家征收租金，以产量水平确定滑动比率	很少征收	多数不征收	50%以上的合同不征收勘探租金，70%以上的合同不征收开发地租；征收的方式多样，租金金额相差较大	租金变化情况较大
矿区使用费	按收入的一定比例或绝对值计算，一般较低	费率一般处在世界平均水平，且条款并不苛刻；个别国家费率较高	绝大多数征收，一般费率在20%以下，确定方式很多，主要以固定比例和产量台阶滑动	合同出现的比例大致在60%以上，并且是世界上费率较高的地区	矿区使用费变化情况较大

续表

	独联体国家地区	亚太地区	美洲地区	非洲地区	西亚与北非地区
税率	在30%以上的财务制度中存在所得税条款，税率一般为30%左右	低于50%	90%的合同中有，多数税率在40%以下	税率较高，以固定比例出现的税率大多在40%以上，超过50%的合同较多；按产量滑动确定比例，起点即为50%，40%以上的合同仍然占多数	征收50%以上的所得税
成本油上限	较为宽松，从成本油上限来看，多数国家的成本油回收上限在50%以上，俄罗斯甚至不设成本油上限	绝大多数国家的成本油上限按固定比例给出，为30%～75%	主要是中南美洲国家的成本油上限较高	设定成本油上限的国家较少，成本油上限一般在50%以上，低于40%的较少	成本油上限变化情况较大
利润油	多以按特殊参数的方式出现，选用R参数、IRR参数和ROR参数计征政府利润分成比例	按日产量水平滑动确定分成比例，多数国家的政府利润油滑动比例起点较高（50%以上），利润油高限值也较高	利润油比例按产量台阶滑动，一般利润油比例从30%起，最高可达到90%以上	利润油的分成方式很多，以产量滑动比例为主，也有按固定比例分成，按R参数、ROR参数征收，还有按市场油价涨落规定分成比例。总的来看，在这些方式所规定的分成比例中，比例和起点都比较高，多以50%和60%为起始比例，有的甚至以70%为起始比例	政府利润分成比例很高，政府所得一般在80%以上，最高可达90%，少数几个区块的比例低于80%

续表

	独联体国家地区	亚太地区	美洲地区	非洲地区	西亚与北非地区
国家参股情况	国家参股一般在30%以上，有些国家的某些地区仅享受10%～20%的干股权益	国家参股的比例在30%以下，个别国家可达50%	国家参股不多，主要是拉美国家有国家参股的情况，比例也多在35%以下	国家参股的情况并不罕见，但超过50%参股比例的只有极少数国家，绝大多数在30%以下	国家参股的比例较高
优惠政策	矿费免交5年，矿费可根据矿藏生产成本计征	允许投资者提值回收，或给予投资者一定的津贴	优惠政策情况变化较大	给予投资者一定的投资津贴和提值回收的补偿	优惠政策情况变化较大

(四)国际石油市场的格局

伊拉克战争结束后,国际石油市场的格局发生了新的变化,最主要的特点是美国在海湾地区拥有了更大的话语权,而且其对国际石油市场的影响力和控制力也进一步增强。

尽管占世界石油储量的67%、产量的40%、出口量的65%的西亚与北非地区暂时不会丧失其在世界石油市场上的主导地位,但俄罗斯-环里海石油圈的崛起,东南亚新产油国的出现,非洲产油国引进外资发展石油工业的成功,都将使其受到新的挑战,并使世界石油市场的份额之争变得更加激烈。这种世界石油市场的竞争将不可避免地使四大石油供应圈形成鼎足之势。

首先是西亚与北非石油供应圈优势依旧。在未来的世界石油市场中,西亚与北非仍不失其石油主要供应地区的优势,原因之一是该地区丰富的石油资源和低廉的开采成本,其石油可开采年限也比世界平均水平多44年。不难看出,这使西亚与北非地区在未来的市场竞争中仍然拥有资源优势和价格优势,而且这一优势还将随着伊拉克重返世界石油市场而进一步增强。原因之二是西亚与北非地区的石油在历史上长期居于优势地位,这使其具备了争夺市场的得天独厚的优势。西亚与北非石油优异的历史地位早已形成,不仅跨国石油公司一直在力图维护其在西亚与北非的石油利益,石油消费国也一直将西亚与北非作为自己不可多得的油源。到目前为止,虽然各石油消费国为确保石油安全实施了进口多元化战略,开辟了西亚与北非以外的其他进口渠道,但仍对西亚与北非石油保持着很高的依赖度。伊拉克重返世界石油市场之后,随着西亚与北非石油供应安全的巩固,其在争夺世界石油市场份额中的优势将会更加受到人们的重视。

其次是俄罗斯-环里海石油供应圈的崛起。俄罗斯的石油储量虽然比不上西亚与北非地区的某些国家,但也位居世界前列,占世界总储量的5.4%。近年来,俄罗斯的石油工业表现出了高质量发展态势。一方面,作为一个能源大国,俄罗斯正在积极地向欧洲推广其石油能源,以获取发展国内经济所需的资金。俄罗斯正在大力增产石油,增加石油出口。2021年,其石油产量达5.34亿吨,出口2.3亿吨;石油日均产量为1050万桶,较2020年高出23万桶;预计俄罗斯的原油产量将在2022年进一步扩大,甚至有望成为世界第一大石油供应国。为了扩大其石油在亚太市场的份额,俄罗斯正在远东地区建设多个日出口量超过100万桶的石油集散港，以满足增加石油出口的需要。俄罗斯还一直与中国、日本及韩国就东西伯利亚的城市安加尔斯克到大庆、到俄罗斯太平洋海岸的输油管线建设问题进行磋商。另一方面，由于俄罗斯的已探明石油资源可采年限仅为24年，缺乏强大的后劲支持，因此为获取更多的石油资源，俄罗斯正在积极与伊朗、伊拉克等产油国展开合作，同时努力加大对里海地区石油的勘探力度。鉴于美国在伊拉克战争之后将主要的精力用于重建伊拉克的石油出口，而且有可能将其今后关注的重点置于"主导西亚与北非石油市场"上，这就让俄罗斯得以巩固其在开发环里海石油上已有的优势。长期来看，美俄围绕世界石油市场博弈的结果，将进一步促进俄罗斯-环里海石油供应圈的形成，并会对未来的世界石油市场产生深远的影响。

再次是东南亚石油供应圈的实力得到了进一步增强。东南亚石油圈的未来发展前景一度不被看好。然而，自20世纪90年代中期以来，东南亚地区兴起了一些小的产油国，再加上南海区域这一被誉为"世界上最后一块石油潜力地区"的石油资源区的发现，使东南亚石油供应圈具有了持续发展的新活力。

最后是非洲石油供应圈拥有雄厚的发展潜力。自20世纪90年代以来，受海湾战争以及西亚与北非地区局势动荡的影响，世界各石油消费国开始将目光转向非洲，中国、美国、日本等国都加强了与非洲的国际油气合作。与此同时，非洲产油国为发展本国的石油工业，相继推出了吸引外国资金和先进石油勘探开发技术的优惠政策，由此获得了开发本国石油的充足资金和技术。由于采用了深海勘探开发技术，非洲石油供应圈的新油田得到不断的开发，已探明石油储量也在不断增加。

三、合作方式的选择

在国际化经营方式方面，中国油气企业已经有了多年的对外合作经验。特别是近年来，中国油气企业在国际油气合作方面取得了新的突破，在勘探、钻井、采油等生产领域及投资公司、联合销售等经营领域都广泛地进行了经济技术合作，开始了国际化经营的相关运作，但总体来看仍处于早期阶段。开展国际化经营，主要可采取以下合作方式。

（一）直接在国外与资源国合作勘探开发油气田

目前，世界上许多石油公司都采取直接在国外与资源国合作勘探开发的方式从事跨国经营。中国的石油企业拥有雄厚的实力和较好的信誉，在油气开采和炼化方面拥有比较成熟的技术，这些技术不但适用于发展中国家，对一些发达国家开发中后期的油田也是适用的，这样就有可能使中国的石油企业直接介入资源国石油工业上游和下游的某些环节，取得东道国各方的支持，以技术、设备入股，以此为突破口开展合作。在此过程中，石油企业面临的主要困难有四个：资金筹措、国家银行担保、人才问题和选择理想的合作伙伴。其中，选择理想的合作伙伴是非常关键的，理想的合作伙伴应具备雄厚的资金实力和较好的经营信誉，有稳定的产品销售渠道，并且双方有一致的目标，否则合作就不容易取得成功。中国的石油企业可通过中国驻外机构、当地银行或其他正规渠道调查、咨询，了解合作对象的上述基本情况。有些东道国的石油公司技术落后、经验不足，但有资金优势和信息渠道，而且熟悉作业环境，可以利用技术优势和施工经验与之联合投标并组织施工。这种方式东道国政府乐意接受，不仅可以提高中标率，而且可以掌握东道国石油公司的情况，进一步了解当地的经济环境、商业惯例、法律法规和文化习俗，有利于日后进一步开拓市场。

（二）与有经验的大型国际石油公司联合

石油企业在进入国际市场初期，可与有经验的大型国际石油公司联合投标或组队施工。这种方式既可分散风险，获得利润，又可学到大型国际石油公司的技术与经营管理经验，培养锻炼自己的生产、经营管理和作业队伍，也有利于积累海外项目的运作经验，扩大对外影响。在国际上，即使一些比较有名气的跨国石油公司也经常采取与其他公司合作的方法来开展国际业务。例如，澳大利亚最大的企业必和必拓（BHP）公司在澳大利亚本土和中国近海进行石油勘探开发项目时，都是与英美等国的大型跨国石油公司合作。当然，合作的条件应包括不涉及资产转移，不形成公司合并，可采取合资、分包等方式进行合作，从中获得技术、部分市场份额及跨国经营的管理知识。

（三）购买储量

出资购买外国的原油储量时，可采用多种方式：直接收购业已探明但尚未开采的油气储量；收购拥有一定储量的小石油公司；购买业已开采但还有一定剩余可采储量的老油田。最后一种做法风险小，但一般利润也比较少。有些老油田进一步提高采收率的难度较大，开采成本较高，因此各大石油公司仅将其作为储量替补的辅助手段。当然，是否采用收购的方式获得储量，要依据比较经济利益原则，综合各方面的因素来考虑。

（四）获得勘探开发股份的转让

国际上，许多石油公司为了分散风险，会将已获得许可证区块的部分勘探开发股份出让。中国油气企业可采用这种方式获得部分区块的勘探开发权，进行国际化经营。其优点是在区块评价期间由对方提供全部资料，我方可利用这些资料对区块进行深入评价，从而减少失误；缺点是转让方要求我方支出比已发生费用更多的资金，作为对先期风险的补偿。

（五）有选择地兼并或收购一些发达国家的中小型石油公司

一些发达国家的中小型石油公司虽然经营管理水平较高，但人工成本也相对较高，而且缺乏技术和服务队伍的支持。并购这样的小型石油公司，正好可以发挥中国上游石油企业的整体优势，同时还可以学习和利用其先进的管理经验和机制，大幅降低成本，实现经济效益和规模效益双丰收。需要注意的是，石油工业上游领域的收购活动一直以降低成本、增加储量资源、进入新市场为目标，兼并收购活动主要通过储量交易的方式进行。例如，1996 年莫比尔石油公司收购澳大利亚一家上游石油公司安博利（Ampolex）公司后，获得了 2.7 亿桶油当量的储量和每天 50 万桶油当量的产量，是这一年度最大的储量交易。安博利公司为莫比尔石油公司打开了通向澳大利亚西北部大陆架丰富天然气资源的大门，使莫比尔石油公司拥有了许多高产油气田的股份，进而一举成为澳大利亚石油工业中举足轻重的角色。

（六）组建跨国集团，在资源国勘探开发油气田

若采用这种方式，可以实现从资料包的购买、评价、投标、谈判签约到勘探、开发作业全由中国油气企业自己决策、实施。其优点是可主动地从全球范围内筛选有远景的区块，与前述几种方式相比，该方式成功后获得的利润最大；其缺点是需要较多的投入，风险大，而且先期购买资料包的费用及报名费有可能完全沉没。采取此种合作方式需要公司具备较强的国际竞争力。

（七）无风险服务合同

所谓"无风险服务合同"，即由东道国雇用中国油气企业承包服务项目（包括物探、钻井、测录井、修井、固井等单项作业），支付服务费。中原油田在苏丹、印度尼西亚、卡塔尔、也门等国的工程劳务承包都是以这种形式提供技术服务的。

以上分析了几种国际化经营合作的方式，结合地区选择，对不同的地区可以采用不同的合作方式，现简述如下。

西亚与北非地区仍将是中国今后进口原油的主要来源地，为了降低进口的风险，利用西亚与北非地区的石油资源要做到“两条腿走路”：既要扩大石油直接进口，又要在西亚与北非石油勘探开发市场中占有一席之地。要把进口西亚与北非石油与在西亚与北非产油国进行油田合作开发、合资建厂、设备出口等结合起来，实现进口方式的多样化。与此同时，还要利用西亚与北非地区这个世界第三大承包市场，结合中国石油行业劳动力过剩的实际情况，积极开展劳务输出和石油技术服务。要改变过去劳动力技术含量低、经济效益不高的状况，采取相对集中的办法，与有关的劳务输出部门加强协作，提高劳务输出人员的素质。

沙特阿拉伯和阿联酋仍是西亚与北非地区最大的劳务输出市场，因此其应成为中国油气企业进一步扩大服务业务的对象。在竞争中，可以把主要的目标放在争取大型工程的总包和油田开发项目上。从油气资源的开发活动看，西亚与北非的伊朗、伊拉克更适合中国油气企业进入，应将其列为重点考虑的投资对象。而且从地理位置上看，伊朗、伊拉克也是中国未来在中亚和西亚与北非地区建立油气地缘经济空间的关键国家。

在俄罗斯和中亚地区进行油气田开发时，应以俄罗斯和中亚地区的石油公司为目标公司，独立或联合出资，以控股的形式购买股份。独联体国家地区的石油公司拥有的石油储量资源丰富且勘探风险较低，苏联解体后，俄罗斯和中亚地区的石油公司纷纷进行了私有化，政府允许外国石油公司购买其股份。中国油气企业可以通过购买其石油公司的股权来取得油田的开采和经营权。但在操作层面要加强研究，其中搜集来自原股东的信息、分析他们的心态和动向十分重要。要研究分析原股东是否会行使优先购买权。例如，中石化曾通过其全资子公司——国际石油勘探开发有限公司与英国 BG 集团的全资子公司 BG 国际（BG International）通过谈判达成了协议，收购后者在哈萨克斯坦北里海项目 1/12 的权益，收购价为 6.15 亿美元，但由于股东行使优先购买权，中石化最终未能完成收购。

在非洲地区，首先应选择苏丹、科特迪瓦、乍得、赤道几内亚、南非、刚果等新兴产油国，其次选择北非的主要产油国进行油气田开发。非洲的财税条款比较苛刻，政治和经济风险很高，可以与主权国家合作开发油气田，也可以在一些产油国开展三维地震勘探、钻井、测录井、修井等技术服务项目。近年来，中国从西非进口的原油量大幅度增加（仅次于从西亚与北非进口的原油量）。根据权威机构预测，在未来西非将成为全球海上油气工业投资最多的地区。因此，在今后一段时期内，中国油气企业应将西非几内亚湾地区列为重点考虑的投资对象。

综合上述分析，结合自己的主观判断，对世界各产油区投资环境的量化对比如表 4-3 所示（表中数字越大表示资源分布越好、风险状况越低或财税条款越宽松，数字越小表示资源分布越差、风险状况越高或财税条款越苛刻）。

表 4-3　世界各产油区投资环境对比

	西亚与北非地区	美洲地区	非洲地区	亚太地区	欧洲地区
资源分布	57	31	7	3	2
风险状况	10	20	15	25	30
财税条款	10	22	16	22	30

总的来说，西亚与北非地区在世界石油的供应链中仍将占主导地位，目前中国进口的石油中，1/3 来自西亚与北非地区。但是应该注意，西亚与北非地区政治不稳定，宗教矛盾复杂，文化与我国也相差甚大，在投资与合作的过程中应注意规避风险。西亚与北非地区的财税条款最为苛刻，对此可以与东道国进行合作开发，也可以开拓服务市场，进行劳务输出和石油技术服务。俄罗斯的石油储量十分丰富且与我国相邻，具有地缘优势，我国可以在俄罗斯购买石油企业的股份，以股权的形式获得油田的开采和经营权。非洲地区拥有巨大的油气资源潜力，政治和经济虽然动荡，但已出现向政局稳定和市场经济方向发展的势头，并且非洲和拉美地区的主要产油国技术水平普遍较为落后，石油工业基础较差，这些产油国有较强的出口换汇意愿，石油合同条款普遍也较为优惠，中国油气企业可以与这些主权国家合作进行开发，也可以开展一些技术服务项目。中亚地区的国家大多工业不太发达，这些国家大都把发展能源产业和扩大能源出口作为加速国家经济发展的战略，这有利于中国油气企业与其合作勘探

开发油气资源,而且中亚国家的政局逐步趋于稳定,地区经济也开始复苏,合同条款比较宽松,中国油气企业可以独立或联合出资,以控股的形式购买这些国家石油公司的股份。另外,对于中国周边的一些东南亚地区的国家,我们应充分利用地缘优势,与这些国家共同建设通往中国云南等西南省份的石油和天然气输送项目。

第二节 现代国际油气合作的基本模式

自20世纪80年代以来,中国油气企业实现了跨越式发展,并进入国际石油市场,参与国际石油市场的合作与竞争。而国际油气合作在经历了上百年的发展后,已经形成了一套相对固定的模式与惯例。中国油气企业在进入国际石油市场之前,研究国际油气合作的模式与惯例变得越来越重要,其中国际油气合作合同就是最重要的内容之一。对国际油气合作合同进行认真的研究与分析,将有助于中国油气企业在对外合作中更好地确定合同模式,选择目标市场,规避经营风险,提高国际化经营水平。

国际油气合作是通过各方(资源国政府与外国石油公司等)之间签订协议来进行的。国际油气合作经历了租让、对抗与合作三个不同性质的阶段,在这三个阶段的演变过程中,国际油气合作的模式也发生了质的变化。随着国际政治形势的变化和世界经济一体化、全球化的发展,国际油气合作逐步体现了公平合理、双方平等、互利共赢的原则,在全球范围内形成了一些相对固定的模式。现代国际油气合作的基本模式主要有租让制模式、产量分成模式、服务合同模式、回购模式和公司制模式。

一、租让制模式

(一)租让制模式的历史演变

世界上进行石油勘探开发时,租让制模式是最早使用的一种模式。在相当长的一段时期内,采用租让制模式成了石油开发的一种惯行制度。所谓"租让制模式",就是政府通过招标把有待勘探开发的区块租让给石油公司,石油公司在一定期限内拥有区块专营权,并交纳矿区使用费和交纳税收。这种形式目前被称为"许可证协议"。由于在租让制模式下,资源国政府的收益主要来自外国石油公司交纳的矿区使用费和税收，因此其也被称为“矿区使用费和税收制模式”，简称“矿税制”。

租让制模式在演变过程中经历了两个发展阶段，即传统租让制模式阶段和现代租让制模式阶段。传统租让制模式实际上是历史上殖民统治的产物，可以追溯到19世纪末，其主要特征是：

(1)租让区域很大，有时甚至包括国家的全部领土，或者至少包括国家领土中最具勘探前景的区域。在传统租让制模式下，几乎没有规定承租者在租让期内必须逐步按期撤出其部分租让区域。

(2)租让期限极长，通常为60～70年，有时甚至长达百年。

(3)资源国只能从产量中获得矿区使用费。矿区使用费费率通常采用统一不变的费率，而不是根据外国石油公司所获利润的多少而定。

(4)承租者在作业、经营等各方面都拥有实际的完全管理权，如决定勘探速度，决定新油田的投产，决定产量，制定价格等。资源国即使可以参与一些管理工作，也只限于在承租企业的董事会中有象征性的少数几名代表而已，对于真正决策发挥不了实际的有效影响。

(5)勘探、开发以及经营需要的全部资金均由承租的外国石油公司直接以股权投资的方式提供。

由此可以看出，在传统租让制模式下，资源国政府对矿区内的石油作业几乎没有任何控制权，作业和经营的实际管理权完全掌握在外国石油公司手中，因此它实际上是一种不合理的租让，是一种掠夺资源的行为。

现代租让制模式是在20世纪70年代以后逐渐发展起来的。现代租让制模式对矿区有一定的范围限制，租让期限一般比较短，勘探期通常在12年以内；勘探期满时，如果没有发现石油，协议即告终止。在现代租让制模式下，资源国的收益大大增加，矿区使用费可随产量的增加或油价的上涨递增或向上浮动，同时资源国政府也可以对外国石油公司征收所得税和其他税费，这样更有利于增加资源国的经济收入。

(二)现代租让制模式的基本特征

随着国际油气合作的不断发展和完善，传统租让制模式中的许多不利条款得到了重新修改和调整，从而演化为了现代租让制模式。典型的现代租让制模式的合同中一般包括下列规定：

(1)租让区或合同区有一定的范围限制，通常的做法是将国家领土(包括近海区域)划分为区块，根据合同授予承租者的区域仅限于若干区块。近年来的租让合同还规定，最初租让区域中的绝大部分区块要逐步撤销，返还给资源国。

(2)租让期限一般较短，通常限定在6～10年。如果租让期满时有商业数量的石油生产，则可以根据双方议定的条款对合同延期；若无发现，则合同期满后即告终止。

(3)资源国的收益除了矿区使用费外，还有按公司净收益征收的所得税。矿区使用费可随产量的增加或价格的上涨采用递增费率或滑动费率，同时资源国也可以对外国石油公司征收其他税费，这样资源国的收益将大大增加。

(4)对外国石油公司做出的各种决策，资源国有权进行检查和监督，如资源国政府要求外国石油公司必须完成最低限额的义务勘探工作量，批准油田开发计划和确保油价等。

现代租让制模式的主要特征是：外国石油公司通过谈判或竞标与资源国政府达成协议，获得租让矿区的权利；外国石油公司享有在租让矿区内进行石油勘探、开发和生产的专营权；外国石油公司单独承担风险并投资；外国石油公司向资源国交付矿区地租；一旦矿区开始生产石油，外国石油公司即以实物或现金的形式向资源国政府交纳矿区使用费；外国石油公司如果盈利，将向资源国政府交纳所得税。

通过以上内容可以看出，租让制模式发展到今天，改变并增加了许多新的内容，如许多资源国政府增加了一些附加税种，以便从高油价中获得更多的超额利润，或吸纳了其他国际合作模式中的某些条款获得收益，但基本上仍具有租让制模式的性质，均需由资源国政府发放经营许可证，资源国政府在勘探开发的全过程中享有较大的控制权。外国石油公司通过交纳上述费用取得石油勘探、开发建设、生产、集输或运输、销售全过程的局部或全部权利。外国石油公司除直接投资外，往往还附带有许多对资源国要尽的义务，如油气出口前必须满足资源国国内的需求，在资源国以低价定额销售义务油、雇用资源国的公民和使用当地产品，以及交纳一定的社会贡金等。租让制模式一般是以货币的形式作为双方收益的结算方式。

(三)现代租让制模式的类型

根据资源国政府是否进行直接资本投资，现代租让制模式可分为独资经营租让制模式和合资经营租让制模式。

独资经营租让制模式下，资源国政府并不直接进行资本投资参股，也不参与某一合作阶段的投资，而是由合作方负责全部的勘探和开发费用。独资经营租让制模式是以定金或租金、矿区使用费、税费为基本经济条款，投资者的成本回收是从净收入中提取，资源国收益的主要来源是合作方交纳的矿区使用费和税费。

合资经营租让制模式与独资经营租让制模式最大的不同之处在于前者是资源国进行了资本投资参股，与合作方联合经营，从而分担风险、共享收益的合作方式。

在合资经营租让制模式下，矿区使用费和所得税的计征方式与独资经营租让制模式是一致的，不同的是定金或租金的金额比较少，有的国家甚至不收取定金或租金。另外，由于资源国进行了投资参股，因而投资是按照参股比例被双方回收的，产生的利润油也是按照比例在两者之间进行分配的，此时资源国收益的来源有矿区使用费、利润油分成以及税费。

（四）现代租让制模式的优缺点

无论现代租让制模式是否着重于矿区使用费或者所得税，其中最有利的一点是资源国政府在经济上基本无风险，管理比较简便，成本较低。此外，如果采用竞争性招标，资源国还可以获得数额可观的定金或较多的矿区使用费，以及较高的所得税。这种租让制模式的经济条款与其他类型模式的经济条款相比，更有利于让资源国获得经济收益。其缺点主要是缺乏灵活性，资源国政府对石油作业的经营管理比较少。

总的来说，现代租让制模式比传统租让制模式进步了许多，其强调资源国对其自然资源的所有权。这种对所有权的保护不只是象征性的，也体现了资源国对其自然资源主权的进一步认识，维护了资源国的利益。

二、产量分成模式

（一）产量分成模式的主要特征

产量分成模式是在资源国拥有石油资源所有权和经营权的前提下，外国石油公司承担勘探、开发和生产的成本，在允许一部分产品作为成本回收后，由资源国政府和订约人分成，随着成本回收的扣减，产品在外国石油公司和资源国之间分享，外国石油公司并就产量分成与资源国政府（或国家石油公司）签订石油勘探开发合同。产量分成模式于1966年首先在印度尼西亚问世，经过不断完善，最终于20世纪70～80年代成为一种较为通用的合作模式。目前，全世界有很多国家和地区在国际油气合作中采用产量分成模式。

产量分成模式的主要特征为：资源国拥有石油资源的所有权，其指定机构（政府主管部门或国家石油公司）拥有石油勘探、开发、生产、运输和销售的专营权；外国石油公司与资源国政府（或国家石油公司）签订合同，作为承包商在合同区内从事石油勘探、开发和生产作业；外国石油公司要承担勘探风险，若有商业性发现，要承担开发和生产费用，若没有商业性发现，外国石油公司要承担损失；合同区内发现的油田投产后，全部产量分成两部分，一部分为用来偿还费用的"成本油"，另一部分为"利润油"，由资源国政府与外国石油公司按合同规定的比例分享；资源国政府（或国家石油公司）通常掌握重大的管理权和监督权，而日常作业管理由外国石油公司负责；外国石油公司如果盈利，将向资源国交纳所得税；用于合同区内石油作业的全部设备和设施通常归资源国所有；包括资源国政府在内的产量分成通常通过其国家石油公司实现。产量分成模式一般是在承担风险的外国石油公司的管理下进行运作的。

（二）产量分成模式的四个基本要素

产量分成模式的本质内容为油气资源归资源国所有，外国石油公司则通过作业，利用生产出的原油进行成本回收和获得产量分成。产量分成模式的四个基本要素是成本回收、（资源国政府和外国石油公司之间的）产量分成、所得税和矿区使用费。

1.成本回收

成本回收的概念始于印度尼西亚，该国把最初产量的40%给订约者，以支付成本。一般情况下，在产量分成模式中，每年用于成本回收的产量有上限，当可回收的成本超过成本回收限额时，超出的部分可以向之后的年度结转；而在一些比较宽松的财务制度中，无成本回收上限，甚至允许最初几年的年产量100%用于成本回收。相反，有些国家的条款较为苛刻，对成本回收项目有明确规定，或是对几种费用规定不允许回收。例如，美国就坚持美国石油公司参与国际产量分成时，不允许对公司成本回收设置一个固定百分比的限制，并要求实现100%的成本回收。

2.产量分成

随着成本的扣减，产量在外国石油公司和资源国之间分享，这就是产量分成。不同的国家产量分成的比例也不同，有些国家的产量分成随着产量水平变化，产量水平可以是日产量水平、年产量水平，也可以是累计产量水平。产量分成模式发展到今天，分成比例的确定标准已不仅仅是各种产量的水平，还出现了项目内部收益率、投资报酬率等指标。

3.所得税

目前，石油公司在其产量份额上一般是国家法人所得税的课税对象。虽然在许多国家的产量分成模式中，没有征收所得税和(或)其他税种的条款，但这并非意味着不征收所得税，而是明确说明所得税包含在资源国政府的利润油分成中，此时资源国政府的分成比例非常高。

4.矿区使用费

矿区使用费是石油合同中资源国政府向外国石油公司征收的最普遍的一种费用。产量分成模式下，资源国政府一般征收少量的矿区使用费，有的甚至不收取矿区使用费。

产量分成模式还要求：凡是业已发现的石油，都必须留归资源国政府(或油田)所有，在石油产量达到出口水平前，外国石油公司无权处理自己的那份石油，销售石油的任务由资源国政府和外国石油公司共同承担，但外国石油公司也可受托代理销售属于资源国政府的那部分石油。外国石油公司必须在合同规定的勘探期内投入一定的勘探费用和承担钻井义务工作量，并根据规定期限分期分批地撤销勘探面积。

产量分成模式的核心内容是产量分成，因此产量的高低即储量和油藏的风险对于外国石油公司的效益影响较大。对于一个长期的油田开发项目，产量分成模式能够保证外国石油公司在生产期间获得原油的份额产量，用于回收投资成本和获得利润。对于油藏潜力较大的油田，外国石油公司可以获得该油田中后期高额产量带来的超额收益。相反，若油藏潜力不佳，外国石油公司的损失也将较大。

(三)产量分成模式的类型

根据资源国政府是否进行直接资本投资，产量分成模式可分为独资经营产量分成模式和合资经营产量分成模式两种。

在独资经营产量分成模式下，资源国政府不进行资本投资参股。与租让制模式相比，独资经营产量分成模式的矿区使用费费率较低，所得税税率一般不太高，增加了成本油、利润油条款，成本油的回收一般有上限，但在个别国家没有上限控制，允许100%回收；成本回收扣减后，所得利润油按合同规定的分成比例，在资源国政府和外国石油公司之间分配，资源国政府收益的主要来源是利润油或利润分成。

在合资经营产量分成模式下，资源国进行资本投资参股。合资经营产量分成模式与独资经营产量分成模式的区别在于，总投资来源结构和利润油的分成方式不同，其他内容大体相同。总投资由外国石油公司和资源国政府共同承担。利润分成方式在合资经营产量分成模式下分为两个步骤：首先是利润油分成，分为资源国分成油和外国石油公司分成油两个部分；其次是在外国石油公司分成油的基础上，再按参股比例进行二度分配，分为资源国参股分成油和外国石油公司参股分成油，后者有时按合同规定要交纳一定的所得税，其税后参股分成油才是真正的收益。

合资经营产量分成模式下的合同一般不含有矿区使用费、租金和定金。一般情况下，资源国政府要求合作方交纳所得税，所得税税率各国不一，但这一模式下税率不会很高。

（四）产量分成模式举例

例如，由A公司、B公司、C公司和D国政府组成集团公司，各方参股比例为A公司40%、B公司30%、C公司25%、D国政府5%，由此可以确定各方的工作权益：A公司42.11%（40/95）、B公司31.58%（30/95）、C公司26.31%（25/95），D国政府为干股，全部投资资金由A公司、B公司和C公司承担，各家承担的比例即为工作权益。

石油勘探开发活动的费用分为三类：勘探费用、开发费用和生产作业费用。费用回收的原则为：商业生产之前发生的勘探费用和开发费用，应从商业生产之日起分4年回收；商业生产之后发生的勘探费用和开发费用，也应从商业生产之日起分4年回收；所有的生产作业费应在该费用发生的日历年内回收，商业生产日之前发生的累计生产作业费用应从商业生产之日起开始回收。

合同费用主要有签字费、培训费、社会贡金、地租、生产定金等。签字费是目前许多资源国政府采用的定金招标制度，即要签署一项合同或取得一项许可证，要交一笔固定的基本费用。培训费是资源国政府要求石油公司开办与石油工业有关的其他工业，并教育和培训人才，在产量分成模式中交付方法一般是商业生产前为50万美元，商业生产起始后为100万美元。社会贡金和培训费一样，都属于资源国政府要求的“免费供应”。地租是资源国政府规定外国石油公司按面积交付的租金，在产量分成模式中，地租在勘探阶段和开发阶段是不同的，勘探期第一阶段一般为10美元/(平方千米·年)，勘探期第二阶段一般为20美元/(平方千米·年)，开发期一般为50美元/(平方千米·年)。此外，在产量分成模式中，贡金和地租等合同费用为不可回收费用，不能从成本油中回收。

三、服务合同模式

(一)服务合同模式的类型

服务合同模式与产量分成模式的主要区别在于，承包商是以实物形式(后者)还是以现金形式(前者)取得投资报酬。在产量分成模式中，外国石油公司享有油气产量的一份股权；而在服务合同模式下，外国石油公司获得的是现金形式的利润(收入)，而不是产量的分成。按报酬以酬金形式(纯服务)支付还是以利润形式(风险服务)支付，服务合同模式分为风险服务合同模式、技术服务合同模式和纯服务合同模式三种形式。

1.风险服务合同模式

根据资源国是否进行资本投资，风险服务合同模式分为独资经营风险服务合同模式和合资经营风险服务合同模式两种类型。

在石油开发活动中，最早(20世纪60年代)采用风险服务合同模式的是拉丁美洲和西亚与北非的一些产油国，各国的风险服务合同模式有很大的差别。一般来说，资源国经常通过风险服务合同模式，利用外国的资金与技术来加快本国石油勘探开发的步伐。此时，资源国拥有土地和资源的所有权，以及勘探开发的经营管理权，即一切主权都属于资源国，而外国石油公司只能作为资源国的技术代理人，负责提供勘探资金和技术等，并承担全部的勘探风险。只有在发现具有商业性价值的油气田并投入生产后，资源国才用生产得到的现金对外国石油公司的风险和技术予以现金支付。

风险服务合同模式与产量分成模式类似，其差别主要有以下两点：

一是经营管理权不同。在风险服务合同模式下，除土地和资源的所有权为资源国所有外（这点与产量分成模式相同），勘探开发全过程的经营管理权全部由资源国掌握，外国石油公司只能以服务者的身份提供资金和技术服务，负责勘探开发生产和作业工作，并承担全部风险。

二是合作者获得回报的方式不同。风险服务合同模式规定，在勘探成功后，资源国政府将开发生产的油气产品销售收入以货币的形式偿还服务方的投资成本，并支付给服务方一定的报酬。这种现金报酬通常也要交纳所得税。

就基本特征而言，合资经营风险服务合同模式与合资经营产量分成模式没有什么差别，所不同的只是合作方获得报酬的形式是现金。

2.技术服务合同模式

技术服务合同模式是近年来在国际油气合作中出现的一种新的服务合同模式，它与风险服务合同模式不同，因为其所涉及的均是已知油田的开发和生产活动，而不涉及石油勘探。相对于风险服务合同模式，技术服务合同模式的技术含量较高而风险较低。

技术服务合同模式针对的油田类型有以下三种：资源国已发现的，但尚未开发的油田；资源国在过去曾经开发过一段时期，但因种种原因停产，目前要重新开发的油田；已进入开发中后期，需要进行开发调整或采取提高采收率措施的油田。

目前，在国际油气合作中，中国石油企业采用的技术服务合同模式主要为最后一种，一般与现存油田的产量有关。如果项目可行，承包商将以专门的技术特长为基础，通过投入设备、人员和资金开展项目的经营活动，获取收益；而资源国政府或国家石油公司通常也会进行一定比例的生产投入。

提高采收率技术服务合同项目生产的原油一般分为两部分：基础油和增产油。基础油是资源国政府在常规生产条件下所能获得的产量，这部分直接归资源国政府所有；在基础油之上的产量是增产油，它是承包商提供技术服务的结果，是技术服务合同的总收入，也是资源国政府和承包商分成的来源。

3.纯服务合同模式

纯服务合同模式也称为无风险服务合同模式。与风险服务合同模式相比，在纯服务合同模式下，资源国政府雇用外国石油公司作为承包商提供技术服务，并向承包商支付服务费；承包商不承担任何风险，项目的所有风险由资源国政府承担，任何发现均是资源国独有的财产。

纯服务合同模式通常在西亚与北非地区的国家中采用，这些国家的特点是油气资源储量丰富，但缺乏勘探开发等石油利用环节所需的资金、技术和经验。为此，这些国家的政府对外签订了大量服务合同来引进资金、技术、管理和劳务，以扶植本国石油工业发展。如果采用这一类型的服务合同模式，资源国政府要自己承担全部或部分的勘探风险，实际上就是资源国的国家石油公司雇用外国石油公司作为承包商。从理论上讲，纯服务合同属于单纯承包性质的合作，承包商收益是合同（协议）的服务支付所规定的收入。一般来讲，与风险服务合同模式相比，在纯服务合同模式下，承包商的收益比较有保证，但盈利率较低。与外国石油公司承担勘探风险的方式相比，纯服务合同模式可以使资源国付给外国石油公司的报酬大大减少。

与其他合同模式相比，纯服务合同模式能使资源国政府或其国家石油公司得到更多的收益，但迄今为止，此类合同模式只在世界上一些勘探风险相对较低或很可能找到规模较大的油田的地区才使用，因为在这些地区这种合同模式能为外国石油公司提供大量有保障的原油供应。

一般说来，在纯服务合同模式下，不论投资规模大小，外国石油公司从投入资金中所得的报酬是相同的。因此，这类合同对外国石油公司的吸引力不大。再加上这类合同中外国石油公司获得利润受到限制，所以纯服务合同模式的应用不是太广泛。

（二）服务合同模式举例

例如，A 公司在 B 国注册成立，A 公司作为作业者与 B 国的国家石油公司签订作业协议，此协议是就边际油田恢复产量签订的服务合同。A 公司为 B 国的国家石油公司提供作业服务，从而收取服务费。在这种情况下，A 公司的主要任务是加强科技投入，集中力量进行新区勘探和老区挖潜，寻找新的地质储量，提高采油速度和最终采收率。根据合同规定，作业者不能以自己的名义开展作业服务，而是代表 B 国的国家石油公司实施作业，所有生产的油气都归 B 国的国家石油公司所有，对方以现金的方式支付服务费。

在此服务合同中可以这样规定：原始油田合同期限为自油田接管之日起 20 年，勘探区合同期为新开发方案批准之日起 20 年；规定的最低义务工作量分别为 3 年内投资 1200 万美元（A 公司）和 2400 万美元（B 国）；基础产量是原始油田接管前 3 个月的平均产量，之后分别按 12％和 14％的年递减率递减；基础产量成本实行单位成本包干，每桶2.25美元，节约自得，超支自负。

油田开发方案、年度工作计划和预算、勘探活动计划、合同区外延、合同期延长及公司人事政策等都必须报请B国的国家石油公司批准。B国拥有合同规定生产的油气的所有权，矿区使用费由B国按照法定比例收取。作业者（A公司）先垫付各种生产、财务、管理费用，最后通过服务费回收。服务费分油田计算和支付，范围仅限于那些发生在该油田和以其他方式分摊到该油田上的费用（总部管理费分摊）。服务费主要包括基础油成本、A公司垫付投资、增产油成本和A公司分成。增产油分成根据项目的调整内部收益率（MIRR）计算双方的收益分成比例。项目投资回收前，增产油收益100%支付给承包方；投资回收后，以滑动比率计算分成比，最高为70%。

四、回购模式

（一）回购模式概述

回购模式是近年来国际油气合作项目中出现的一种新型合作模式，它实际上是服务合同模式的一种变异形式，即外国石油公司不是通过获得产品来实现收益，而是通过承包建设来获得固定回报。在回购模式下，外国石油公司承担全部的油田勘探开发费用，在项目投产后，从产品销售收入中回收投资和相应的作业费用，另外还可以取得一定的利润，利润水平根据项目总投资的一定比例谈判确定。回购模式诞生于1997年，它是随着伊朗42个区块的公开招标产生的，并被伊拉克政府在油田的对外合作项目中采用。到目前为止，只有伊朗和伊拉克这两个国家采用这种合作模式。

采用回购模式时，外国石油公司需要为项目的开发建设提供从油田设计开始的包括资金、设备等在内的全方位的服务，直至油田按合同要求建成后交由资源国政府管理。外国石油公司可以在合同期内从原油销售收入中回收全部的投资和生产成本，并获取一定的报酬。

回购模式允许对油田进行滚动式勘探开发，但在获得资源国政府的批准前，资本预算不得超支，否则超支的部分由外国石油公司承担。合同中规定，油价风险全部由资源国政府承担，外国石油公司的收入亏空可由资源国政府进行补偿。当外国石油公司收回其协议的投资和报酬后，便不再拥有该项目的权益，并将作业权和项目的权益移交给资源国政府。

回购模式主要分为四部分，即项目开发期限、合同的交接日、成本回收和报酬。项目的开发期限必须确定，外国石油公司向资源国政府提交项目的主体开发计划，并且按照主体开发计划的内容完成相应的工作量和义务投资。外国石油公司必须根据自己的预测投资确定一个报酬指数。由于确定了开发期限，故而根据协议要求，合同的交接日可为开发阶段结束后石油成本全部回收的那个时刻。成本回收是外国石油公司从产品净收入中回收勘探、开发和经营成本。回购合同会规定一定的成本回收限额，如果可回收的成本超过成本回收限额，超出的部分可以向以后的季度结转。在执行回购合同时，合同双方通过谈判确定项目的报酬指数，外国石油公司得到的实际总报酬为报酬指数乘以开发阶段实际的建设总投资，但每年得到的实际报酬又不能超过年产量的一定比例，这就是报酬“天花板”的限制。未支付的报酬可以结转到下一个商业生产季度。

回购模式的核心内容是确定通过承包建设投资，获得相应的投资报酬。因此，对于外国石油公司来说，投资的大小和报酬指数的高低影响较大。回购模式类似于“交钥匙”工程，对于资源国来说，能够清晰地了解外国石油公司获得的利润和回收的成本，实际的投资总额乘以固定报酬指数即为外国石油公司每年获得的报酬。外国石油公司不存在投资无法回收的情况，只有投资回收之外报酬大小的区别。对于外国石油公司以自有资金投入的项目，其盈利高峰集中在项目的前几年，而伴随项目的移交，外国石油公司将无法获得整个油田开发中后期的产量带来的利润。

回购模式规定了合同的开发期和过渡期，确定了合同的到期日。相比于产量分成模式，回购模式项目的经营期较短。虽然在回购合同中，外国石油公司的成本回收和获得的报酬也与项目的产量和油价有关，但相对关系不是很紧密。外国石油公司的成本回收是按产量的一定比例进行的，而获得的报酬是根据实际的投资和报酬指数来确定的。产量只是确定每年获得报酬的限额，报酬总额与产量无关，这是回购模式与产量分成模式的最大区别。

在回购合同中，外国石油公司如果依约履行合同，尽职作业，其成本的回收和报酬的取得相对来说是有保障的，风险也比较低。对石油公司来说，回购模式最大的优势是没有价格风险，特别是在油价处于低位时，预先规定回报率可使石油公司即使在油价暴跌的情况下仍然能够确保收益率。另外，对于西亚与北非地区那些油气资源落实程度较高的油田，采用回购模式的风险相对较小，但不可能获得暴利。

(二)回购模式举例

以A公司(某国的国家石油公司)与B公司签订的开发服务回购合同为例,假如该合同包括开发期和回收期,最多不超过7年半;开发期限为4年,可延长半年。在产量达到20000桶/天,完成钻井及主体开发方案要求的永久设施的建设、启动并移交给A公司后,进入回收期。

在合同期限内,资源国以A公司的名义进行开发作业,担任作业者。B公司承担开发作业所需的石油成本,并承担区内原油产量不足导致无法回收成本及报酬的风险;自开发期开始到合同期结束,对A公司提供技术帮助和服务;从回收期开始到合同期结束,B公司每年提供用于购买零配件及其他作业材料的资本成本费用的3.3%,这些费用可以作为操作成本进行回收。

在开发期内,B公司是作业者。完成开发作业后,所有油井及生产设施移交A公司,经A公司确认后,由其担任作业者。A公司在担任作业者期间,在联合管理委员会下将由双方人员组成生产监督委员会,监督A公司的生产作业。

B公司的投入包括资本成本和非资本成本(社会安全基金、关税、当地员工培训费等),开发作业完成前的操作费,开发作业完成后直到合同期结束前的材料费、零配件费等费用。B公司的回报包括成本回收和投资报酬,回收包括资本成本、非资本成本、操作费用、银行利息,成本回收的限制为不高于销售收入的60%;同时,如果任何一个季度的实际产量低于目标产量,当季没有回收的成本及报酬不能就递延到以后;反之,如果任何一个季度的实际产量高于目标产量,则可相应地上调报酬。B公司在执行合同期间所交纳的各种税费,包括公司所得税、社会保障费及培训基金或其他税费(包括不因B公司过错交纳的罚款及银行费用)等,除个人所得税外,A公司均应以同等数额进行补偿。

五、公司制模式

公司制模式类似我国企业类型中的中外合资企业模式,所不同的是外国石油公司以购股的方式从资源国政府手中获取了公司的部分股权,并为此支付若干签字费。在公司制模式下,外国石油公司与其他参股人共同经营管理,分担风险,并按参股比例分享收益。此外,在购股合同中,还有投资义务方面的规定及税收优惠条款等;在其他方面,外国石油公司与资源国的公司享受同等的权利。

公司制模式举例如下:某年某月,我国A公司与B资源国政府通过签订购股协议,取得了B资源国政府某股份公司的部分股权,并支付了500万美元的签字费。A公司享有的优惠权包括进出口关税优惠、法律稳定性保障、政府征用补偿、国家机关工作人员行为限制、收入使用和汇出境外的保障等。在海关税费方面,对注册资本的投入或A公司自用资产及专家私人用品免关税,作为注册资本的资产及个人私有财产的带出免收出口关税,同油气开采有关的地质样品、泥样、油样、地震记录、勘探结果在出入境时免收关税,出口商品(包括油气和油气产品)免收增值税,对出口的石油、天然气和油气产品免收消费税。

第五章　我国企业开展国际油气合作的政治环境

第一节　政治稳定性

政治稳定性是指一定的社会政治系统保持动态的有序性和连续性。具体说来,它是指没有全局性的政治动荡和社会骚乱,政权不发生突发性质变,公民不使用非法手段参与政治或夺取权力,政府也不采用暴力或强制手段压制公民的政治行为,亦不采用暴力来维护社会秩序。简而言之,政治稳定就是把社会冲突控制在一定的秩序之内。

政治稳定性是影响开展国际油气合作的重要因素之一,已开发与待开发油田在大多数产油国中属于国有资产,在我国石油企业获得油田勘探开采权的过程中,东道国政府扮演着重要的角色,对其石油勘探开采权的归属有着绝对的话语权。如果发生政变或政权颠覆,对已获得石油勘探开采权的投资者来说,将充满变数。政治越稳定,石油投资环境的安全性就越高。

"一带一路"沿线 21 个国家的政治稳定性指数如表 5-1 所示,指数范围在 −3.0～3.0,数值越大表示政治越稳定。该指数反映了一国的政治稳定性和没有暴力、恐怖主义等状况,衡量了人们对该国政治不稳定和发生政治动机暴力(包括恐怖主义活动)可能性的看法。

表 5-1 "一带一路"沿线 21 个国家的政治稳定性指数

国家	政治稳定性指数
俄罗斯	−0.542304
阿塞拜疆	−0.681131
哈萨克斯坦	−0.083449
乌兹别克斯坦	−0.272433
土库曼斯坦	−0.093641
巴基斯坦	−2.246336
印度	−0.702768
印度尼西亚	−0.481207
马来西亚	0.110277
泰国	−0.537558
越南	0.131875
伊朗	−1.698151
伊拉克	−2.564838
卡塔尔	0.704695
科威特	0.200381
阿曼	0.593485
也门	−2.768294
埃及	−1.066421
沙特阿拉伯	−0.427996
阿联酋	0.703494
新加坡	1.531602

资料来源:世界银行数据库。

从表5-1中我们可以看出，中亚国家与俄罗斯和阿塞拜疆这两个独联体国家的政治稳定性指数均为负数；南亚和东南亚国家中，除了马来西亚、新加坡和越南，其余国家的政治稳定性指数均为负数，其中巴基斯坦的政治稳定性指数在南亚和东南亚国家中最低；在西亚与北非国家中，除了阿联酋、阿曼、科威特和卡塔尔，其余国家的政治稳定性指数均为负数，其中伊拉克与也门的政治稳定性最差。总体来说，“一带一路”沿线21个国家的政治稳定性指数都较差，指数为正的国家只有7个，占总数的1/3；政治稳定性指数最差的国家是也门、伊拉克和巴基斯坦三国。也门身处内战之中，政府与反对派势力各据一方，国家处于实质性的分裂状态，当前双方都声称自己是也门唯一的合法政府，武装冲突还在继续。伊拉克深受各类极端组织等恐怖组织的危害，政府军对地方恐怖组织的清剿能力不足，恐怖袭击时常发生，加之外国势力对伊拉克国内政局的干涉，其政治稳定性较差；巴基斯坦境内存在着大量极端组织，恐怖袭击时常发生，中央政府与地方政府长期存在矛盾，军队主导的政变时有发生，政治博弈激烈；从外部环境来看，其与印度围绕克什米尔争议地区的边境武装冲突时有发生，政治稳定性难以提升。

第二节 政府效率

政府效率是指政府机构在单位时间内的运转速度、办事的数量和质量，反映了一个政府的整体功能水平。政府的工作效率高，政绩就显著，对国家事务的管理就得力，就越能赢得人民的信任。提高政府的工作效率，是任何国家任何一届政府都致力于达到的目标。

政府效率高能有效提高国际油气合作项目的落地与实施，东道国对国内事务的管理效率越高，服务意识越强，项目推进的速度就越快，但这里所说的“管理事务”并不是指一些苛刻制度下死板的管理。“一带一路”沿线21个国家的政府效率指数如表5-2所示，该指数的范围为$-2.5\sim2.5$，数值越大表示政府效率越高。该指数反映了对一国的公共服务质量、公务员队伍质量及其独立于政治压力的程度、政策制定和执行的质量、政府的政策承诺可信度的看法。

表 5-2 "一带一路"沿线 21 个国家政府效率指数

国家	政府效率
俄罗斯	0.150365
阿塞拜疆	−0.139177
哈萨克斯坦	0.124713
乌兹别克斯坦	−0.514649
土库曼斯坦	−1.156240
巴基斯坦	−0.677005
印度	0.171554
印度尼西亚	0.182741
马来西亚	0.998686
泰国	0.357056
越南	0.039077
伊朗	−0.553502
伊拉克	−1.336270
卡塔尔	0.705207
科威特	0.018467
阿曼	0.259309
也门	−2.279422
埃及	−0.423538
沙特阿拉伯	0.306445
阿联酋	1.377221
新加坡	2.221086

资料来源：世界银行数据库。

从表 5-2 中可以看出，就政府效率来讲，“一带一路”沿线 21 个国家绝大多数的政府效率指数为－1～1，指数为正的国家占大多数；政府效率最高的三个国家分别为新加坡、阿联酋与马来西亚，这三个国家的政府制度完善，政府公职人员的能力与素质较高，工作机制完善，工作效率也较高；政府效率最低的三个国家分别为也门、伊拉克与土库曼斯坦，也门与伊拉克两国长期处于战乱状态，恐怖袭击与武装冲突时有发生，当届政府的工作重心主要放在国内政治势力和解、实现国家的安定和平、安全维稳等方面，在经济事务方面（如投资领域）的效率会有所下降。总的来看，“一带一路”沿线 21 个国家的政府效率总体上处于低位，在该方面的软环境需要进一步提升。

第三节　清廉状况

与“清廉”相对的是“腐败”。所谓“腐败”，一般是指由经济社会发展引起的公职人员在职位上作风不正、行为不正导致的政治和社会问题。腐败会严重破坏国家安全，导致社会风气腐化、人际关系冷漠，导致官官相护、官僚主义、浮夸风气等现象。在社会层面，腐败会导致社会矛盾激化，贫富悬殊，社会问题暴露。腐败会孕育由作风不正经而产生的结党营私、漠视或侵害弱势群体最基本的生存权益等现象，出现违背立法的原始精神内涵、徇私枉法、过度暴力执法等各种犯罪，也可使官员利用出身背景、政治地位、经济权力、熟人关系等贪赃枉法。腐败会严重侵蚀国家和人民的根本利益，危害国家的政治安全，影响社会稳定，并最终导致社会退化。

政府的清廉状况在国际油气合作项目的推进过程中是一大重要影响因素，一国政府的清廉程度越低，企业为获得石油勘探权与开采权付出的寻租成本就将越高，并且投资项目进驻运行之后，仍将长期阻碍国际油气合作项目的经营。更有甚者，东道国的腐败现象可能以“近墨者黑”的方式渗透到企业驻外机构内部，造成不良风气的蔓延

第四节　与中国的关系

国际关系是国际行为主体之间关系的总称，包括政治关系、经济关系、民族

关系、军事关系、文化关系、宗教关系、地域关系等。其中，国际政治关系又是最重要和最活跃的关系，与政治关系密切相关的经济关系也是最基本的国际关系之一。西方一些学者将国际关系中的外交关系与军事关系视为“硬政治”，将经济关系视为“软政治”。本节主要从外交关系和经济关系两方面来介绍中国与“一带一路”沿线21个国家之间的国际关系。外交关系方面主要选取了两个指标进行判断，即2016～2019年各东道国与中国高级别领导人的互访次数、与中国的外交关系赋分。

“一带一路”沿线21个国家与中国的外交关系赋分和“一带一路”沿线21个国家与中国高级别领导人的互访次数和外交关系赋分分别见表5-3、表5-4。

表5-3　与中国的外交关系赋分

外交关系	赋分
新时代全面战略伙伴关系、全天候战略合作伙伴关系	8
全面战略协作伙伴关系	7
全面战略合作伙伴关系	6
全面战略伙伴关系	5
全方位战略伙伴关系、战略合作伙伴关系	4
战略伙伴关系	3
全方位合作伙伴关系	2
全面合作伙伴关系	1
没有建立关系	0

表5-4　“一带一路”沿线21个国家与中国高级别领导人的互访次数和外交关系赋分

国家	2016～2019年互访次数	外交关系赋分
俄罗斯	16	8
阿塞拜疆	5	1

续表

国家	2016～2019 年互访次数	外交关系赋分
哈萨克斯坦	27	5
乌兹别克斯坦	14	5
土库曼斯坦	6	3
巴基斯坦	15	8
印度	20	1
印度尼西亚	8	5
马来西亚	4	5
泰国	7	6
越南	8	6
伊朗	8	5
伊拉克	4	3
卡塔尔	7	3
科威特	8	3
阿曼	7	3
也门	3	0
埃及	17	5
沙特阿拉伯	8	5
阿联酋	11	5
新加坡	10	2

资料来源：世界银行数据库。

从表 5-3 和表 5-4 中可以看出，中国与“一带一路”沿线 21 个国家中超过半数的国家(11 个)建立了外交关系赋分在 5 分及以上的伙伴关系，只有与少数国家(3 个)的外交关系赋分为 0～1 分，这三个国家分别为也门、印度与阿塞拜疆。也门正处于内战之中，双方政府的合法性难以确定，中国尚未与其中任何一方政府建立伙伴关系，伙伴关系的建立需要在也门内政问题解决之后才可进一步决策；印度一直视中国为竞争对手，对于与印度提升外交伙伴关系的建议，我国一直持积极的态度，但由于中印存在领土争端等问题，双方的外交伙伴关系一直停留在全面合作伙伴关系的层次；阿塞拜疆与中国相隔较远，受土耳其影响较大，近年来中国与阿塞拜疆围绕着油气资源合作不断取得新进展，相信未来中国与阿塞拜疆的外交关系等级将随着中国在国际社会上影响力的不断扩大而得到提升。

经济关系主要选取了中国对外投资存量(截至 2019 年年底)这一经济数据指标来衡量，如表 5-5 所示。

表 5-5　中国对"一带一路"沿线 21 个国家的投资存量(截至 2019 年年底)

国家	投资存量/亿美元
俄罗斯	142.0800
阿塞拜疆	0.0918
哈萨克斯坦	73.4100
乌兹别克斯坦	36.9000
土库曼斯坦	3.1200
巴基斯坦	42.4700
印度	46.6300
印度尼西亚	128.1100
马来西亚	83.8700
泰国	59.4700
越南	56.0500

续表

国家	投资存量/亿美元
伊朗	32.3400
伊拉克	5.9900
卡塔尔	4.3600
科威特	10.9200
阿曼	1.5100
也门	6.2300
埃及	10.7900
沙特阿拉伯	25.9500
阿联酋	64.3600
新加坡	500.9400

资料来源：世界银行数据库。

从表5-5中可以看出，中国对外直接投资存量主要集中在东南亚、南亚、中亚与独联体国家，西亚与北非国家的投资存量较低。其中，中国对外投资存量最多的国家为新加坡、俄罗斯与印度尼西亚，新加坡人口70%为华人，与中国关系密切，而且新加坡经济发达，是东南亚的金融、航运、服务与石油炼化中心，吸引了中国大量对外投资；俄罗斯拥有丰富的石油资源，而且与我国有深厚的传统友谊，近年来中国油气企业大量参与了俄罗斯国内油田与天然气田的开发，对俄罗斯的投资存量也一直处于高位；以印度尼西亚为代表的东南亚发展中国家近年来开始大量承接我国转移的产业，其劳动力廉价且丰富，吸引了我国的大量对外投资。

第六章　我国企业开展国际油气合作的经济环境

第一节　“一带一路”主要能源合作国家区域与国别经济比较

一、总体概况

“一带一路”沿线国家中，除中国外共计有 64 个。按照地理位置进行区域划分，可以将其分为中亚、南亚、东南亚、中东欧、西亚与北非和北亚（见表 6-1）。

表 6-1　“一带一路”沿线国家地区分布状况

区域	国家
中亚（5 国）	哈萨克斯坦、土库曼斯坦、吉尔吉斯斯坦、乌兹别克斯坦、塔吉克斯坦
南亚（8 国）	尼泊尔、不丹、印度、巴基斯坦、孟加拉国、斯里兰卡、马尔代夫、阿富汗
东南亚（11 国）	泰国、东帝汶、新加坡、文莱、马来西亚、缅甸、越南、菲律宾、柬埔寨、印度尼西亚、老挝
中东欧（19 国）	阿尔巴尼亚、乌克兰、白俄罗斯、立陶宛、北马其顿、黑山、罗马尼亚、波斯尼亚和黑塞哥维那、保加利亚、克罗地亚、捷克、爱沙尼亚、匈牙利、拉脱维亚、波兰、斯洛伐克、斯洛文尼亚、塞尔维亚、摩尔多瓦

续表

区域	国家
西亚与北非（19国）	伊朗、伊拉克、土耳其、叙利亚、约旦、以色列、格鲁吉亚、亚美尼亚、阿塞拜疆、巴勒斯坦、沙特阿拉伯、巴林、阿曼、阿联酋、卡塔尔、也门、科威特、黎巴嫩、埃及
北亚（2国）	蒙古、俄罗斯

整体来看，“一带一路”沿线国家中，发展中国家占总数的55%，发达国家占总数的19%，转型经济体占总数的26%，总体经济发展水平呈现出不平衡的状况，且大多数国家正处在发展中阶段。从工业化阶段来看，“一带一路”沿线国家中，处于后工业化阶段的国家较少，约占20%；处于工业化中期和后期的国家相对较多，各约占25%；处于工业化初期的国家较多，约占30%，大致呈现倒金字塔状分布。

二、中亚国家的经济环境

中亚五国位于欧亚大陆腹地，贯穿东西，是连接欧洲和亚洲的桥梁，也是丝绸之路经济带的核心区域。中亚五国国土总面积400.79万平方千米，总人口6865.53万人。各国均为多民族国家，东西方文化在这里交融，其中伊斯兰文化较为盛行。哈萨克斯坦是世界上最大的内陆国，国土面积居世界第9位，占中亚五国总面积的67.99%；乌兹别克斯坦和哈萨克斯坦的人口较多，合计占中亚五国总人口的71.14%（见表6-2）。

表6-2 中亚五国概况

	国土面积/万平方千米	人口/万	民族数量/个
哈萨克斯坦	272.49	1754.41	125
吉尔吉斯斯坦	19.99	595.69	84
塔吉克斯坦	14.30	848.19	120
乌兹别克斯坦	44.89	3129.89	134
土库曼斯坦	49.12	537.35	—

中亚五国均为资源型国家，由于特殊的地理位置和气候条件，再加上丰富的自然资源，中亚五国的经济发展都较为依赖对资源的开发。不过，由于开发程度的不同，中亚五国的经济发展水平差异很大，按照联合国的分类，哈萨克斯坦和乌兹别克斯坦为中高等收入国家，而其余三国为中低等收入国家；五国当中，最为贫困的塔吉克斯坦的人均 GDP 不及最为富裕的哈萨克斯坦人均 GDP 的 1/10（见表 6-3）。在 2008 年的世界金融危机之后，面对全球经济发展速度放缓，外部需求疲软，国际能源价格处于低位的情况，中亚五国都在积极推进经济改革，推动经济转型；而如何在丰裕的自然资源的基础上大力发展工业，实现国家的工业化，是中亚五国经济发展面临的关键问题。

表 6-3　中亚五国的经济发展情况

	GDP/亿美元	GDP 增长率/%	人均 GDP/美元	人均 GDP 增长率/%
哈萨克斯坦	1850.31	1.20	10508.30	−0.27
吉尔吉斯斯坦	60.59	3.47	1017.16	1.36
塔吉克斯坦	78.51	4.20	917.08	1.91
乌兹别克斯坦	581.14	8.00	1856.72	6.13
土库曼斯坦	372.54	6.50	6932.84	5.19

资料来源：世界银行数据库。

中亚五国整体产业结构中，第三产业都占了较大比重，且呈逐年上升的趋势，而第二产业大都和石油和矿产资源的开采加工有关。不过，与经济发展水平和自然条件相对应，五国之间的产业结构差异还是较大的，哈萨克斯坦境内 60%的地区为沙漠和半沙漠地形，第一产业的比重只有 5%；而最贫困的塔吉克斯坦的第一产业的比重高达 27.4%（见表 6-4）。

表 6-4　中亚五国产业结构

	第一产业的比重/%	第二产业的比重/%	第三产业的比重/%
哈萨克斯坦	5.01	33.23	61.76
吉尔吉斯斯坦	15.90	25.90	57.10

续表

	第一产业的比重/%	第二产业的比重/%	第三产业的比重/%
塔吉克斯坦	27.40	21.75	50.80
乌兹别克斯坦	18.26	34.63	47.11
土库曼斯坦	—	—	—

中亚五国的对外贸易均依赖能源和原材料出口，产品结构较为单一，受外部环境影响较大(见表6-5)。除哈萨克斯坦外，吉尔吉斯斯坦、塔吉克斯坦、乌兹别克斯坦均为贸易逆差，贸易竞争力指数为负，贸易竞争力较弱。在吸引外资方面，中亚五国的表现也乏善可陈。

表6-5　中亚五国对外贸易状况

	进口额/亿美元	出口额/亿美元	贸易竞争力指数	外商直接投资/亿美元
哈萨克斯坦	301.86	518.36	0.26	148.29
吉尔吉斯斯坦	40.70	25.12	−0.24	8.19
塔吉克斯坦	34.00	11.52	−0.49	—
乌兹别克斯坦	147.97	137.91	−0.04	—
土库曼斯坦	—	—	—	—

从地缘的角度看，中亚五国位于欧亚大陆腹地，是丝绸之路经济带上的核心区域，贯通东西，居咽喉之位。这条经济大走廊贯穿欧亚，是中国商品“西进”的主要销售市场和投资密集区之一，在经贸往来上将成为我国西部地区经济增长的新动力。目前，中亚国家均在进行经济改革，处于大量产业升级和基础设施建设时期，与“一带一路”倡议的愿景相契合，与中国的经贸合作有利于促进经济要素在欧亚大陆国家和地区间有序自由流动、高效配置和深度融合。中亚五国是与中国西部边界山水相连、阡陌相通、民族跨界而居的地区，在文化上也是与中国联系极为密切的地区，这里是多种文化交汇之处，民族之交错杂居，各民族的文化相互融合。中亚五国地区的局势与中国西部边疆的稳定和发展紧密相关，在外交和国防战略上的意义尤为突出。以创新的合作模式以点带面，从线到片，逐步形成区域的大合作，中亚的繁荣大幕将会从此拉开。

由于中亚五国中吉尔吉斯斯坦和塔吉克斯坦的油气资源不够丰富，而乌兹别克斯坦的国家经济外向程度较低，油气投资可行性较差，因此在本节只对哈萨克斯坦和土库曼斯坦进行介绍。

(一)哈萨克斯坦

哈萨克斯坦是独联体国家中的第二大经济体，也是中亚地区经济发展最快、经济实力最强的国家，其经济总量相当于中亚其他四国之和，是世界银行分类中的中高等收入国家。

1.国内经济

自 1991 年独立以来，哈萨克斯坦在经历了起伏曲折的发展阶段后，于 2000 年开始进入稳定发展阶段，其经济实力和产业竞争力明显提高，实际 GDP 从 2000 年的 668 亿美元增加到了 2015 年的 1850 亿美元。2015 年，哈萨克斯坦经济遭遇"寒冬"，主要指标均创新低，GDP 增长率由 2013 年的 5.8%下降至 2015 年的 1.2%，与 2008 年国际金融危机后的增长率持平；人均 GDP 由 2013 年的 14310 美元下降至 2015 年的 10508 美元，2016 年后开始缓慢爬升，但 GDP 增长率不如之前。更多信息可参见图 6-1。

图 6-1 1991～2019 年哈萨克斯坦的 GDP 总量及增长率

2.对外经济

哈萨克斯坦属于能源、原材料出口型国家，受外围市场的拖累，近年来哈萨克斯坦的外贸额有了一定程度的缩水。2015 年，哈萨克斯坦外贸总额为 820 亿美元，同比下降了 35.3%，其中出口 518 亿美元，下降了 39.4%；进口 302 亿美元，下降了 26.9%。从哈萨克斯坦近 20 年的经济指标来看，其贸易竞争力总体呈上升趋势，但是波动幅度较大。

2011年以来，中国成为哈萨克斯坦第二大贸易伙伴和最大的出口市场，哈萨克斯坦也是中国在中亚国家中最大的贸易伙伴。在中哈双边贸易中，2010～2013年，中国一直处于贸易逆差状态，长期逆差表明中国对哈萨克斯坦的商品存在一定的依赖性，哈萨克斯坦对中国市场的依赖性也较强。从双边贸易结构来看，中哈贸易互补性较强，哈萨克斯坦主要从中国进口机电产品、金属制品、纺织品及原料等轻工业产品，向中国的出口则以能源、资源等初级产品为主。从双边贸易方式来看，在哈萨克斯坦独立初期，中哈两国主要通过简单的边境运输进行贸易合作，之后逐渐向加工贸易、租赁贸易转变，今天中哈两国的双边贸易已经向多元化方向发展，包括产品展销会、旅游购物、寄售贸易等。

中国从1993年开始对哈萨克斯坦进行直接投资，起初规模较小，仅有500万美元。2000年以前，除1997年外，中国对哈萨克斯坦的直接投资各年投资额均不足1亿美元，且增幅波动较大，极不稳定。从2001年上海合作组织成立至2012年，中哈两国经济合作迎来了新契机，中国不断加大对哈萨克斯坦的投资力度，2003年以后开始快速增长，且投资增幅较为稳定。

3.经济制度改革

为走出经济“寒冬”，哈萨克斯坦围绕五大改革目标，及时推出了“百步计划”，其中一半的内容涉及经济制度改革，希望以此全面推动哈萨克斯坦的经济现代化和产业多元化，主要措施包括：挖掘农业潜力；简化海关手续，缩短通关时间；改进税收服务；规范建筑行业标准；扩大市场开放度，在旅游、基建、乳业、肉类、能源等领域大力吸引外资；重视科技创新；打通经济走廊，积极建设“欧亚大陆桥”多式联运交通走廊；打造阿斯塔纳金融中心，目标是成为中亚地区和国际资本市场的金融桥梁。

(二)土库曼斯坦

土库曼斯坦拥有丰富的矿产资源，如石油、天然气、芒硝、碘、有色金属及稀有金属等。土库曼斯坦的天然气远景储量为26.2万亿立方米，居世界第4位；石油远景储量为208亿吨；石油和天然气的工业储量分别为2.13亿吨和2.7万亿立方米，居世界前列。[①]

① 数据来源：商务部国别投资指南。

1.国内经济

在欧亚地区经济整体增长减速、国际能源价格处于低位的大背景下，土库曼斯坦通过发展国内工业、加大基础设施投资力度、改善经济结构等多项措施，依然保持了较高的经济发展速度。2015 年年初，受俄罗斯经济增速放缓、世界能源价格走低等多重负面因素的影响，土库曼斯坦显露出经济下行的端倪，马纳特贬值，国内物价快速上涨。但是，作为一个以能源为基础产业、经济严重依赖油气生产的国家，在国际能源处于低价位的情况下，自 2016 年起，土库曼斯坦经济呈现出较高的增长势头(见图 6-2)，这表明其经济前景仍值得期待。

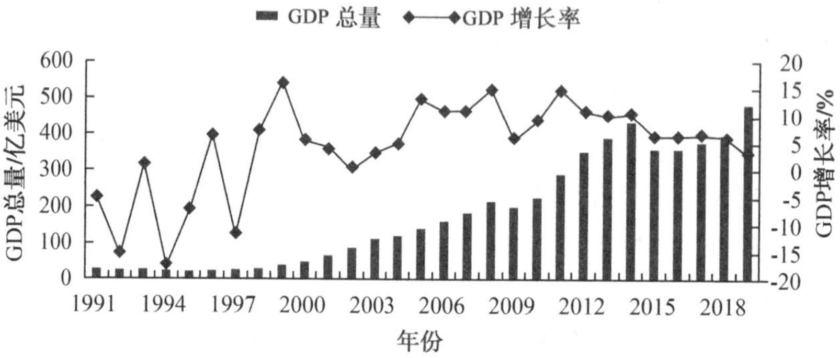

图 6-2　1991～2019 年土库曼斯坦的 GDP 总量及增长率

资料来源：联合国数据库。

2.对外经济

在外贸领域，近年来土库曼斯坦的外贸总额下滑趋势较为明显，主要原因在于土库曼斯坦最主要的出口商品(石油与天然气)的价格偏低，传统的天然气出口对象(除中国外)减少了对土库曼斯坦天然气的进口量。此外，土库曼斯坦实施了《生产进口替代产品和民族产品出口国家纲要》，扩大了进口替代产品的生产，降低了对食品等商品的进口依赖，加强了对外汇支出的监控。这些措施也降低了土库曼斯坦的商品进口总额。

土库曼斯坦的传统天然气贸易对象主要是俄罗斯、伊朗及中国。俄罗斯和伊朗正在增加天然气产量并增大天然气出口，在这种情况下，中国在未来一段时间内有可能成为土库曼斯坦唯一的天然气进口国。因此，土库曼斯坦加快了能源出口多元化的步伐，不断拓展与欧洲、亚洲、东南亚国家间的能源交往，加强了与世界一流能源企业的联系，与外国投资方签署了一系列油气领域的勘探、开采和深加工合作协议，加快了管道运输基础设施建设。

三、西亚与北非国家的经济环境

西亚与北非地区处于三洲（欧洲、亚洲、非洲）两洋（大西洋和印度洋）的交通要冲之地，石油资源丰富，经济支柱为石油加工出口。西亚与北非地区的15个国家包括阿联酋、巴林、埃及、伊朗、伊拉克、以色列、约旦、科威特、黎巴嫩、尼泊尔、阿曼、卡塔尔、沙特阿拉伯、土耳其和也门。从经济总体情况来看，西亚与北非地区的人均GDP显著高于“一带一路”沿线国家平均水平，接近世界均值，属于中等偏上收入地区。西亚与北非地区的贸易依存度适中，长期存在贸易顺差。

西亚与北非地区的国家按经济特点分为石油输出国和非石油输出国。石油输出国大多数属于外向型经济，包括沙特阿拉伯、阿联酋、卡塔尔、巴林、科威特、伊拉克、伊朗和阿曼8个国家。石油是这些国家的经济命脉，石油业在其GDP、国民收入和出口中都占据绝对优势地位，且以石油产业带动的建筑业、运输业、加工业和商业都发展非常迅速，人均GDP居世界前列。但是，这些国家以石油带动的国民经济结构单一，经常受国际市场特别是能源市场的影响，世界性金融危机的爆发会给处于国际分工边缘位置的西亚与北非国家以重创，因为世界对石油的需求下降，导致西亚与北非国家的经济安全得不到保障。为此，西亚与北非各国调整经济发展战略，推动经济多元化发展。非石油输出国的经济以农牧业为主，采矿业、加工业均较为薄弱，但这些国家可以发挥地理位置优势和劳动力优势，向石油输出国派遣劳动力。

（一）埃及

埃及具有独特的地理位置优势，地处西亚与北非地区中心，紧邻西亚、非洲和欧洲市场，拥有被誉为“世界贸易黄金航道”的苏伊士运河，对西亚和非洲市场具有一定的辐射力，也是非洲商品进入欧洲市场的重要枢纽。埃及主要的资源是石油、天然气、磷酸盐、铁等。

1.国内经济

埃及是非洲第三大经济体，属于开放型市场。在海湾危机结束后，埃及的政治立场受到西方各国及海湾国家的赞赏，对其减免了大量债务，并增加了援助。

埃及制订的经济增长计划包括加快私有化进程、吸引外资、扩大出口等，在调整经济结构、改善投资环境方面起到了一定的作用。埃及的经济总量从20世纪90年代后期开始进入增长阶段，但2011年初局势的动荡对国民经济造成了严重冲击。塞西上台后，埃及政府采取措施恢复生产，增收节支，改善民生，多方寻求国际支持与援助，以渡过经济困难期。埃及的国内经济增长虽然在2011年有较大幅度的回落，但从2012年后开始有了小幅度的提升，如图6-3所示。

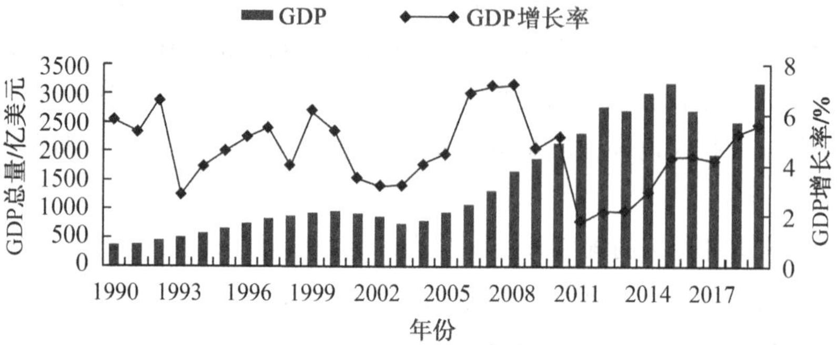

图6-3 1990～2019年埃及的GDP和GDP增长率

资料来源：联合国数据库。

埃及是非洲工业较为发达的国家之一，工业产值占其GDP的39%，其中国有企业的产值占工业产值的70%。近年来，埃及的石油、钢铁、电力、化肥、水泥、机械等重工业有了较大的发展，石油工业发展尤为迅速，石油年产量达6400多万吨，石油出口额达25亿美元。

石油在埃及的国民经济中扮演着极其重要的角色，是埃及最重要的外汇来源之一，其GDP的10%和出口收入的40%都来自石油及其制品。埃及是世界上天然气资源最丰富的国家之一，其天然气储量在阿拉伯国家中居第6位，在全球探明有天然气的102个国家中排名第18位。但是，埃及的石油产量和后备储量都已经达到极限，近年来开始出现下降的趋势。

2.对外经济

自20世纪90年代中期以来，埃及吸引外商直接投资的速度不断加快。2011年初至2013年6～7月的局势动荡导致外国在埃及的投资额持续下降。自2014年下半年以来，埃及局势逐步趋稳，投资环境逐步改善。据联合国贸易和发展会议(UNCTAD)统计,2016 年埃及吸引外国直接投资达 81 亿美元,同比增长 17%,居北非地区之首。根据阿拉伯投资与出口信保公司的报告,近五年来,埃及外资的主要来源地为中国、沙特阿拉伯、阿联酋等,主要流向领域为油气、通信技术、食品和房地产。

近年来,中国企业开始加大在埃及的投资力度,主要集中在石油、天然气、纺织、建材(石材加工)等行业。在石油方面,埃及既进口成品油,又出口原油,油价上涨对其有利也有害。中国与埃及的贸易量逐年上升,随着埃及的贸易自由化程度逐渐提高,未来中国企业在埃及还有很大的投资潜力。

(二)阿联酋

阿联酋拥有丰富的石油和天然气资源,已探明石油储量 978 亿桶,天然气储量 6.09 万亿立方米,均居世界第 7 位。[①] 在发展石化工业的同时,阿联酋政府大力推进经济多元化建设,加强基础设施建设,积极发展水泥、建筑材料等产业和旅游、会展等现代服务业。阿联酋已逐渐成为西亚与北非地区的金融、商贸、物流、旅游中心和商品集散地。

1.国内经济

同其他西亚与北非石油国家类似,阿联酋的石油开采及石化产业也为其带来了长期的经济增长,但对石油的依赖也导致其宏观经济受油价波动影响较大。1990～2019 年阿联酋 GDP 和 GDP 增长率如图 6-4 所示。

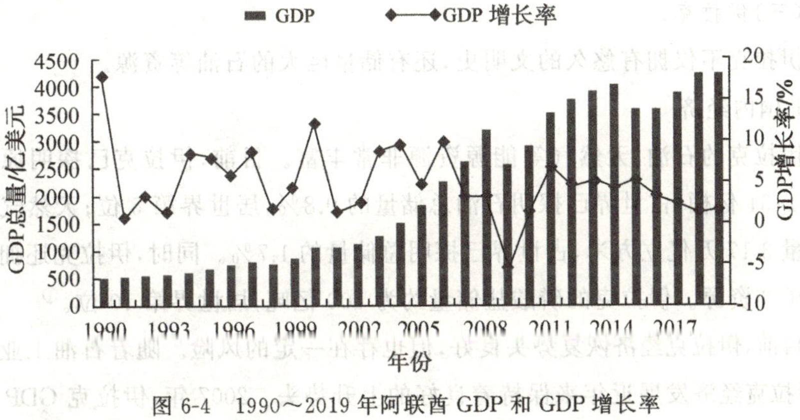

图 6-4 1990～2019 年阿联酋 GDP 和 GDP 增长率

资料来源:联合国数据库。

① 数据来源:国际能源署。

阿联酋的天然气储量也很丰富，探明储量为 6.09 万亿立方米，居世界第 7 位。但由于阿联酋国内对天然气的需求量大，而当地天然气的开采难度高，且大部分用于回灌采油，所以阿联酋目前仍实行天然气进口政策，从卡塔尔等国进口天然气。在具体生产上，阿联酋的石油和天然气生产主要依靠阿布扎比国家石油公司，其产油量占全国的 96%，两大海上油气公司和陆上石油开采活动也由该公司控制。

2.对外经济

外贸在阿联酋的经济中占有重要地位，阿联酋于 1995 年加入了世界贸易组织。在进出口商品种类方面，阿联酋主要出口石油、天然气、石油化工产品、铝锭和少量土特产，主要进口粮食、机械和消费品。在贸易伙伴方面，包括中国在内的亚太地区是阿联酋的第一大贸易伙伴，欧洲是阿联酋的第二大贸易伙伴，排第三位的是西亚与北非地区。在吸引外资方面，阿联酋凭借丰富的自然资源、优越的地理位置、发达的基础设施和较高的经济开放度，成为西亚与北非地区最具投资吸引力的国家之一。世界银行的数据显示，2019 年阿联酋的外商直接投资净流入达 137.87 亿美元，在西亚与北非地区具有巨大的投资吸引力。同时，阿联酋也在积极对外投资。根据英国《金融时报》的评估，在全球商品输出国中，阿联酋的多元化对外直接投资指数排名第 8，在西亚与北非地区排名第 1。

（三）伊拉克

伊拉克不仅拥有悠久的文明史，还有储量巨大的石油等资源。

1.国内经济

伊拉克的石油、天然气等能源资源非常丰富。目前，伊拉克已探明原油储量为 1431 亿桶，占世界已探明石油总储量的 9.8%，居世界第 5 位；天然气已探明储量 3.17 万亿立方米，占世界已探明总储量的 1.7%。同时，伊拉克还拥有丰富的矿产资源。伊拉克的磷酸盐储量约为 100 亿吨，居世界第 10 位。[①]

目前，伊拉克经济恢复势头良好，但也存在一定的风险。随着石油工业的复苏，伊拉克经济发展近年来保持着良好的上升势头。2007 年，伊拉克 GDP 不足 100 亿美元，到 2013 年已超过 200 亿美元，年增长率超过 5%。2014 年，因国内安

---

① 数据来源：国际能源署数据库。

全形势持续恶化以及石油价格大幅下跌，伊拉克经济下滑幅度较大，GDP 出现了负增长，为－2.4%，人均 GDP 也有一定程度的下滑。自 2017 年起，伊拉克经济又出现了复苏迹象，保持增长态势。[①] 同时，伊拉克的 CPI 的变化也趋于平稳。

2.对外经济

近年来，伊拉克的对外贸易发展迅速。2004 年，伊拉克出口总额仅为 178 亿美元。随着国内石油工业的恢复以及石油价格的大幅上涨，伊拉克的对外贸易额也在逐渐增长。2012 年，伊拉克出口额超过 900 亿美元，到 2019 年，受到全球经济疲软的影响，出口额又回落到 823 亿美元。随着石油价格的大幅下滑，伊拉克的石油出口收入出现一定程度的下降。在出口变动的同时，伊拉克的进口也处在波动当中。2004 年，伊拉克进口额为 213 亿美元，2012 年超过 600 亿美元，2019 年又回落到 462 亿美元。[②]

(四)卡塔尔

卡塔尔位于阿拉伯半岛中部，油气资源丰富，是世界上重要的石油、天然气生产和出口大国。同时，卡塔尔政府也在积极进行经济多元化和基础设施建设，其人均 GDP 居世界前列，全球竞争力居阿拉伯国家及西亚与北非国家之首。卡塔尔油气资源丰富，近年来卡塔尔政府大力投资开发天然气，将天然气作为卡塔尔经济发展的重中之重，卡塔尔一度跃居世界第一大液化天然气生产和出口国。在大力发展能源产业的同时，卡塔尔于 2008 年发布了《2030 国家愿景》，大力发展多元化经济。

1.国内经济

与西亚与北非其他的产油国类似，丰富的油气资源给卡塔尔带来了长期的经济高速增长。2019 年，卡塔尔 GDP 为 1834.7 亿美元，人均 GDP 为 64781.7 美元。同时，卡塔尔政府致力于推动经济多元化发展，并已取得了不俗的成绩，金融、房地产等行业发展迅速。2014 年底，卡塔尔在非油气领域的产值首次超过油气领域，占 GDP 的 50.7%。丰富的油气资源、经济多元化政策的积极实施、较为完备的基础设施和对外资的特殊优惠政策，使卡塔尔的发展前景被普遍看好。标准普尔将卡塔尔的长期主权信誉评为 AA，即前景稳定。1990～2019 年卡塔尔的 GDP 及 GDP 增长率如图 6-5 所示。

① 数据来源：联合国数据库。
② 数据来源：世贸组织报告。

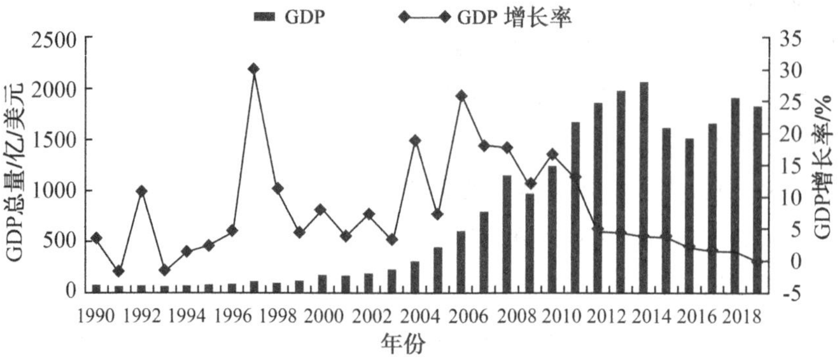

图 6-5 1990～2019 年卡塔尔的 GDP 及 GDP 增长率

资料来源:联合国数据库。

2.对外经济

卡塔尔也是一个经济高度外向的国家。2015 年,卡塔尔的贸易额占 GDP 的比重达 90.9%,对外贸易长期处于顺差状态。卡塔尔主要的出口产品是石油、液化天然气、凝析油、乙烯等,主要进口产品是机械和运输设备、食品、工业原材料及轻工业产品、药品等。卡塔尔主要的贸易伙伴国有美国、日本及西欧国家。2012～2018 年卡塔尔进出口及关税协定信息如表 6-6 所示。

表 6-6 2012～2018 年卡塔尔进出口及关税协定信息

	2012 年	2013 年	2014 年	2015 年	2016 年	2017 年	2018 年
GDP/亿美元	1868.33	1987.27	2062.24	1617.39	1517.32	1669.28	1913.62
出口贸易国数量	159	157	158	165	157	152	152
出口产品种类	—	156	152	—	96	147	83
进口贸易国数量	140	160	162	175	113	135	139
进口产品种类	—	4265	4324	4161	3447	4132	3556
关税协定数	3	3	4	8	5	5	5

在对外投资上，卡塔尔依托丰富的外汇储备，不断在全球寻觅机遇，金融、保险、仓储运输、信息通信及房地产是其主要的投资领域。在投资来源方面，欧盟、海合会、其他阿拉伯国家和亚洲居于前4位。在吸引外资方面，卡塔尔出台了多项外资优惠政策，为外来投资提供了保障和实惠。在行业分布上，制造业吸引了52%的投资，其次是与油气开发有关的矿石开采业（38%），两者共吸收了90%的外来资金。在资金来源上，欧盟国家和美国是卡塔尔的主要外资来源国。[①]

（五）沙特阿拉伯

沙特阿拉伯是西亚与北非地区的主要国家之一，在地缘政治、石油资源、民族宗教等方面发挥着关键作用，在经济、政治、文化上具有重要的国际影响力。沙特阿拉伯是目前世界上最大的石油生产国和输出国，经济总量在西亚与北非地区排名第一，也是G20成员国中唯一的阿拉伯国家。

沙特阿拉伯拥有丰富的油气资源，在国际能源体系中占有举足轻重的特殊地位。沙特阿拉伯的原油探明储量为2660亿吨，占世界储量的16%，仅次于加拿大，居世界第2位；天然气探明储量为8.2万亿立方米，居世界第6位。此外，沙特阿拉伯还有金、铜、铁、锡、铝、锌、磷酸盐等矿藏。

1.国内经济

从经济总量看，凭借丰富的油气资源，沙特阿拉伯经济得到了迅速发展。2019年，沙特阿拉伯GDP为7929亿美元，通货膨胀率为0.48%，经济总量在阿拉伯国家中名列前茅，1990～2019年沙特阿拉伯的GDP和GDP增长率如图6-6所示。2019年，沙特阿拉伯的人均GDP为23139美元，远远高于联合国高收入国家水平。石油工业是沙特阿拉伯的经济命脉，其宏观经济与石油价格波动密切相关。

① 数据来源：世界银行。

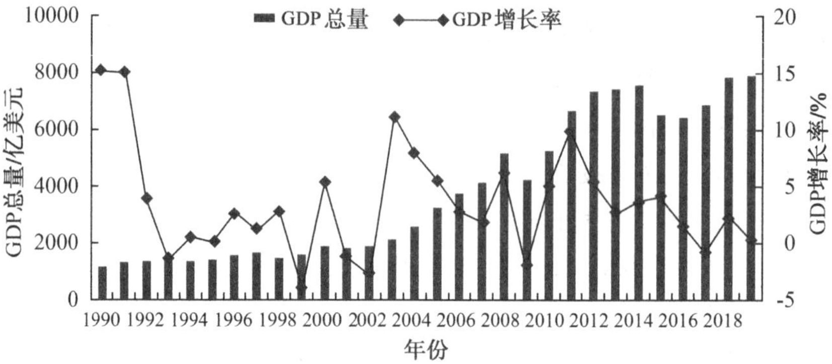

图 6-6　1990～2019 年沙特阿拉伯 GDP 总量和 GDP 增长率

从行业细分的情况来看，以原油和天然气开采为主的采矿业依然是沙特阿拉伯的主导产业，但其比重近年来逐步下降，这一方面是由于石油价格下跌，另一方面也是非石油行业发展较快的结果。工业是沙特阿拉伯的第一大产业，丰富的石油资源给沙特阿拉伯带来了丰厚的利润，2018 年石油收入占沙特阿拉伯 GDP 的比重为 28.7%。但石油收入受国际油价波动的影响较大，2003～2008 年国际油价持续攀升，沙特阿拉伯的石油收入增长迅速，石油收入占比在 2008 年达到了 55%的峰值，但随着近年来石油价格下挫，沙特阿拉伯的石油收入波动加剧，2015 年油价大幅下跌更使沙特阿拉伯的石油收入占 GDP 的比重由 2014 的 39.99%降至 23.27%，也给沙特阿拉伯政府带来了不小的财政压力。[①]

2.对外经济

沙特阿拉伯实行自由贸易和低关税政策，是世界贸易组织、国际货币基金组织、世界银行、阿拉伯货币基金组织、海湾国家合作理事会、泛阿拉伯自由贸易区、石油输出国组织等国际组织的成员。沙特阿拉伯主要出口石油和石油制品，石油和石油制品出口约占沙特阿拉伯出口总额的 85%，部分工业产品的出口量也在逐渐增加。沙特阿拉伯主要进口机械设备、食品、纺织等消费品和化工产品。沙特阿拉伯的主要贸易伙伴是中国、日本、美国、印度、韩国等。值得注意的是，从 2015 年起，中国取代美国，成为沙特阿拉伯第一大出口对象国。

从外商直接投资情况看，由于近年来油价下跌，沙特阿拉伯的国内经济增

① 数据来源：沙特阿拉伯国内报告。

速放缓。2019 年，沙特阿拉伯的外商直接投资净流入为 45.6 亿美元，呈下降趋势。[①]

四、独联体国家的经济环境

本部分主要介绍俄罗斯和阿塞拜疆这两个独联体国家的经济环境。

（一）俄罗斯

俄罗斯是世界上矿产、森林和能源资源最丰富的国家之一，也是石油和天然气输出大国。俄罗斯已探明的资源储量为石油 109 亿吨、天然气 48 万亿立方米（占世界探明储量的 35%）、煤 2016 亿吨、铁 556 亿吨等。[②]

1.国内经济

在解体之前，苏联的经济发展水平一直处于世界前列。1991 年苏联解体后，俄罗斯进行了“休克疗法”经济改革，致使此后近十年间俄罗斯经济一直处于低迷状态。2000 年，普京当选总统后实施了一系列全局性的经济振兴措施，俄罗斯经济开始复苏，开始进入高增长阶段。2008 年国际金融危机爆发后，俄罗斯经济受到了较严重的打击，但俄罗斯经济复苏的势头未受影响。2010 年后，俄罗斯经济仍继续增长。1990～2019 年俄罗斯 GDP 和 GDP 增长率如图 6-7所示。

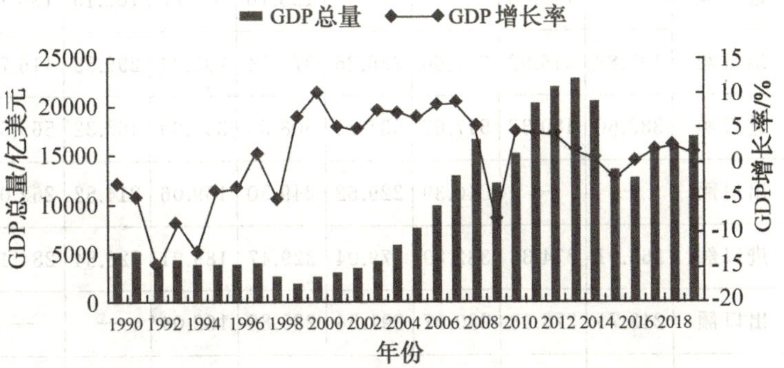

图 6-7　1990～2019 年俄罗斯的 GDP 和 GDP 增长率[③]

① 数据来源：世界银行数据库。

② 数据来源：《BP 世界能源统计年鉴（2019 年）》。

③ 数据来源：联合国数据库。

俄罗斯是一个以重工业为主的工业强国，工业在俄罗斯的整个国民经济中居于主导地位。在俄罗斯的工业体系中，天然气工业占比最高，达到49%，俄罗斯的天然气储量和开采量均位于世界前列；石油、煤炭、核电和水电工业次之。

2.对外经济

2018年俄罗斯的对外贸易总额为6917.2亿美元，比2017年增加了525亿美元，其中进口2402.2亿美元，出口4514.9亿美元。① 俄罗斯的主要贸易伙伴有中国、荷兰、意大利、德国、白俄罗斯、美国、乌克兰、日本、韩国等。对外出口方面，中国是俄罗斯的最大出口国，2018年的出口贸易额为560.19亿美元；荷兰次之，为434.50亿美元。俄罗斯出口的商品中，排名前5位的分别是矿产品、普通金属及其制品、化工产品、机电产品、贵金属及其制品。进口方面，中国是俄罗斯最大的进口国，2018年的进口贸易额为522.17亿美元；德国次之，为255.10亿美元。2010～2018年俄罗斯与主要的贸易伙伴国的进出口额如表6-7所示。

表6-7　2010～2018年俄罗斯与主要贸易伙伴国的进出口额

		2010	2011	2012	2013	2014	2015	2016	2017	2018
白俄罗斯	出口额	180.80	249.30	—	—	—	—	147.62	203.35	227.79
	进口额	—	145.08	—	—	123.16	79.88	102.15	133.16	129.06
中国	出口额	197.83	346.92	357.66	356.25	374.14	283.34	299.53	416.71	560.19
	进口额	389.60	480.38	517.67	531.73	508.53	351.99	463.32	569.50	522.17
德国	出口额	—	—	240.39	229.62	249.50	159.06	214.52	262.02	341.84
	进口额	266.01	374.36	382.89	379.04	329.47	189.91	226.84	284.41	255.10
意大利	出口额	243.75	278.98	280.07	291.56	289.86	162.04	—	—	—
	进口额	100.24	—	—	145.53	126.76	79.28	—	116.76	105.80
荷兰	出口额	532.40	612.40	760.36	692.59	666.83	401.98	318.16	382.34	434.50

① 数据来源：世界银行数据库。

截至2015年，对俄罗斯投资的国家和地区中，排名靠前的分别为爱尔兰、巴哈马群岛、英属维尔京群岛、瑞士、德国、法国、英国、荷兰、中国、新加坡、瑞典等。从增长趋势看，大部分国家对俄罗斯的投资呈增长态势，其中英属维尔京群岛、爱尔兰、中国、荷兰等已经从依赖俄罗斯投资转为向俄罗斯投资。从外商投资部门看，近年来俄罗斯的采矿与采石业是投资的重点领域；外商对俄罗斯制造业的投资较为稳定，以高科技、信息与通信等为代表的第三产业在近年来逐渐从接受外商投资的主要部门转变为向外国投资的主要部门。

中国与俄罗斯的贸易往来关系一直较为良好。2018年，中俄进出口贸易总额为1082.36亿美元，其中中国从俄罗斯进口金额为560.19亿美元，主要进口商品为原油及成品油、铁矿砂及其精矿、煤、木材等；中国向俄罗斯出口金额为522.17亿美元，主要出口商品为机械设备、服装及鞋帽类、电器及电子产品等。①

(二)阿塞拜疆

1.国内经济

阿塞拜疆以石油资源丰富而闻名。自1991年独立以来，阿塞拜疆依托油气出口，获得了高速的经济发展。基于此，阿塞拜疆在继续实施石油出口战略的基础上，努力将自身打造成欧亚大陆的能源、交通和信息枢纽。1995～2019年阿塞拜疆的GDP和GDP增长率如图6-8所示，从图中可以看出，1996年以后阿塞拜疆的GDP和人均GDP均保持正增长，但2004年以前经济总体变化不大；从2004年起，阿塞拜疆的经济开始快速增长，2006年增速高达33%，到2015年又表现出下降的趋势。

① 数据来源：中国海关数据。

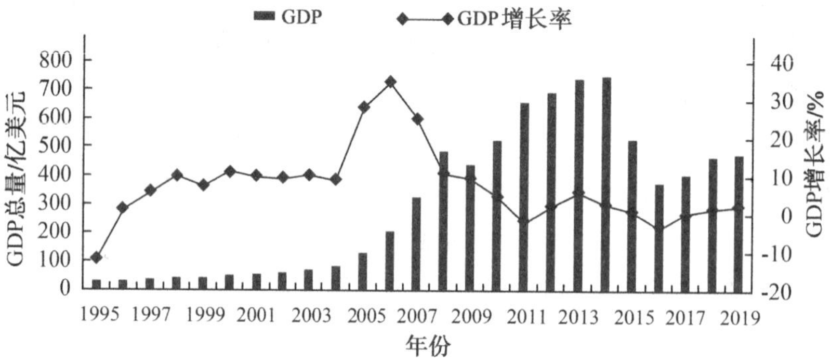

图 6-8　1995～2019 年阿塞拜疆的 GDP 和 GDP 增长率

资料来源：世界银行数据库。

根据阿塞拜疆官方的统计数据，2019 年阿塞拜疆的 GDP 为 480 亿美元，同比增长 2.2%，人均 GDP 为 4781.9 美元。2018 年，阿塞拜疆的油气产业占 GDP 的 25.27%。2019 年，阿塞拜疆的外商直接投资净流入为 15 亿美元，2018 年出口总额为 194.6 亿美元，进口总额为 114.59 亿美元，出口产品主要为燃料和工业原材料。

从三产结构的变化来看，20 世纪 90 年代以来，阿塞拜疆的主要发展策略是发展第二产业，这与阿塞拜疆立国之初的“石油兴国”发展战略相关。目前，阿塞拜疆石油年产量约为 5000 万吨，天然气年产量约为 300 亿立方米。借助油气产业，阿塞拜疆的经济保持高速发展。阿塞拜疆的第二产业基本是依靠较为初级的能源出口，而非高水平的加工业。

2.对外经济

阿塞拜疆同世界上 160 多个国家和地区建立了贸易关系，其进出口贸易表现出明显的上下波动趋势。阿塞拜疆主要的出口商品包括原油及其产品、天然气、动/植物油、铝及其制品、化工产品，主要的进口商品包括机械和电子设备、黑色金属、交通工具及其配件、药品、粮食。

从 1991 年起，阿塞拜疆吸引的外商直接投资量逐步增加，但在 2003 年出现下降趋势，直至 2013 年外商直接投资量降至低点，为 26.19 亿美元，之后缓慢恢复，但 2016 年以后又开始急剧下滑，到 2019 年降至 15 亿美元，如图 6-9 所示。阿塞拜疆的投资吸引力主要源于其稳定的政局、丰富的油气资源、快速增长的经济、不断改善的投资环境、持续增长的市场需求以及其连接欧亚两洲的地理位置和较好的交通基础设施。阿塞拜疆国内的外资主要流向油气开采领域。

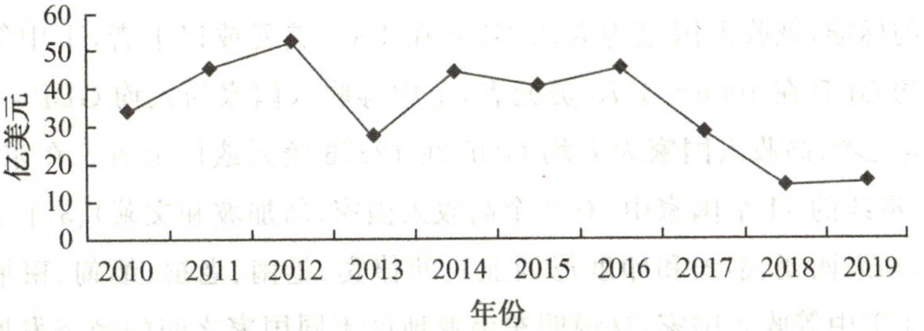

图 6-9 2010～2019 年阿塞拜疆的外商直接投资净流入情况

资料来源：世贸组织数据库。

在阿塞拜疆利用的外资总额中，中国企业的各类投资所占比例较低，但从2003 年起，中国企业对阿塞拜疆的投资量缓步提升，2010 年中国对阿塞拜疆的直接投资量达 12.38 亿美元。近年来，经过相互接触，中阿两国在经济领域的合作逐步深入，总体合作程度明显提高，项目规模显著扩大(如中电工电站项目、四川机械进出口公司铝厂项目等)，非石油领域的合作项目不断增多，合作方式、合作内容都在不断完善。

五、东南亚国家的经济环境

东南亚地区由越南、老挝、柬埔寨、泰国、马来西亚、新加坡、缅甸、印度尼西亚、文莱、菲律宾和东帝汶 11 个国家组成。对相当一部分东南亚国家而言，能源产业是其国民经济的支柱产业，如石油和天然气的生产和出口是文莱国民经济的主要支柱产业。而随着石油工业的发展，这些国家经济结构过于单一的弊端日趋显露。相比而言，在东南亚国家中，新加坡、马来西亚、泰国、文莱的经济发展较为突出。新加坡是一个转型成功的经济体，其经济实现了持续增长。马来西亚属于发展中国家，经济发展水平在东盟国家中位居前列，服务业与工业在马来西亚的国民经济中占比较高。马来西亚也是东南亚地区城市化水平最高的国家之一，其城镇化率接近 75%。泰国是东盟成员国，也是东南亚地区仅次于印度尼西亚的第二大经济体，2019 年其人均 GDP 为 7784 美元，在东盟中位居新加坡、文莱和马来西亚之后，属于中等偏上收入国家。2019 年，文莱的 GDP 达 134.69 亿美元，人均 GDP 为 31086 美元，归为高收入国家行列。

在东南亚国家中，经济发展两极分化的问题十分严重。按照世界银行 2010 年公布的标准，低收入国家为人均 GDP 在 1005 美元或以下者，下中等收入国家为人均 GDP 在 1006～3975 美元者，上中等收入国家为人均 GDP 在 3976～12275 美元者，高收入国家为人均 GDP 在 12276 美元或以上者。在东南亚“一带一路”沿线的 11 个国家中，有 2 个高收入国家(新加坡和文莱)、3 个上中等收入国家(马来西亚、泰国和印度尼西亚)，菲律宾、越南、老挝、缅甸、柬埔寨和东帝汶属于下中等收入国家，这说明东南亚地区不同国家之间的经济发展状况差异较大。2019 年东南亚国家发展概况如表 6-8 所示。

表 6-8　2019 年东南亚国家发展概况

	GDP 总值/亿美元	GDP 增长率/%	人均 GDP/美元
新加坡	3720.74	0.73	64102.73
文莱	134.69	3.87	31086.32
马来西亚	3646.84	4.30	11414.29
泰国	5420.17	2.37	7784.74
印度尼西亚	11191.91	5.02	4135.57
菲律宾	3593.94	5.91	3323.77
越南	2619.21	7.02	2715.28
老挝	188.23	4.65	2625.39
缅甸	767.85	2.89	1420.74
柬埔寨	270.98	6.84	1643.64
东帝汶	20.18	18.72	1560.51

数据来源：世界银行数据库

（一）印度尼西亚

印度尼西亚矿产资源较为丰富，其资源种类主要包括石油、天然气以及煤、锡、铝矾土、镍、铜、金、银等。矿业在印度尼西亚的经济中占有重要地位，产值占印度尼西亚GDP的10%左右。印度尼西亚的石油储量为97亿桶（13.1亿吨）；天然气储量为4.8万亿～5.1万亿立方米；煤炭已探明储量为193亿吨，潜在储量可达900亿吨以上。

1.国内经济

作为东盟最大的经济体和亚洲“四小虎”之一，印度尼西亚在20世纪90年代经历了一段经济腾飞时期，GDP年均增长率达到6%，自此跻身中等收入国家行列。但在1997年，受亚洲金融危机的剧烈冲击，印尼经济出现了严重衰退，货币大幅贬值，直到1999年底才开始缓慢复苏。2004年，苏希洛总统上台执政后，采取了一系列积极的措施吸引外资，发展基础设施建设，整顿金融体系，扶持中小企业发展。得益于上述举措，印度尼西亚的经济增长率一直保持在5%以上。在2008年的国际金融危机中，印尼政府应对得当，经济仍保持了较快增长。但自2014年以来，受全球经济不景气和美联储调整货币政策等影响，印尼盾大幅贬值，其经济增长压力加大。2019年，印度尼西亚的GDP为11191.91亿美元，通货膨胀率为1.6%，人均GDP为4135.57美元，属于中等偏上收入国家。[①]

2.对外经济

对外贸易在印度尼西亚的国民经济中占有重要的地位。印尼政府采取了一系列措施鼓励和推动非油气产品的出口，主要包括简化出口手续、降低关税等。自1990年以来，印度尼西亚进出口总体态势良好，但自2012年以来，受全球贸易低迷的影响，印尼的进出口均有所下降。2019年，印度尼西亚的出口额约为1676.8亿美元，进口额约为1712.76亿美元。[②]

印度尼西亚主要的出口产品有石油、天然气、纺织品和成衣等，主要的进口产品有机械、运输设备、化工产品、汽车及零配件、发电设备等，主要的贸易伙伴为东盟国家、美国、欧洲各国、日本等。

外国资本对印度尼西亚的经济发展有重要的促进作用。印尼政府十分重

① 数据来源：联合国数据库。

② 数据来源：世贸组织数据库。

视改善投资环境以吸引外资。2004～2018年，印尼外商直接投资规模总体来看呈上升态势，但在2009年和2016年因受到金融危机和印尼盾大幅贬值的影响锐减(见图6-10)。印度尼西亚的主要外国投资来源国有新加坡、日本、中国、美国、英国等，但中国企业对印度尼西亚的投资规模仍然较小，具有较大的发展空间。

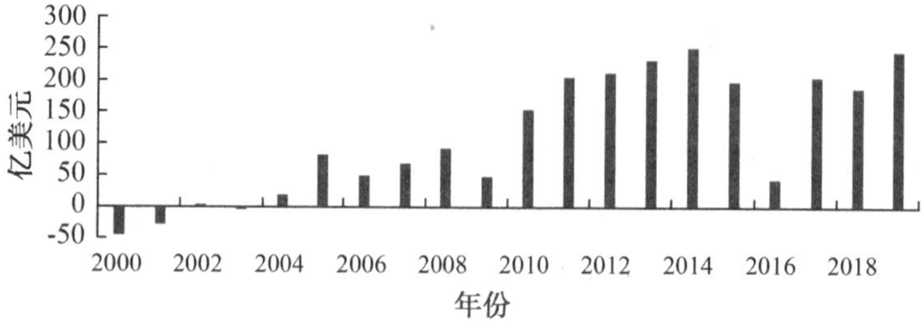

图6-10　2000～2019年印度尼西亚的外商直接投资净流入情况

(二)泰国

泰国位于中南半岛中部，是世界新兴的工业国家。泰国矿产资源丰富，包括钾盐、锡、褐煤、油页岩、天然气、锌、铅、钨、铁、锑、铬、重晶石、宝石和石油等，其中钾盐储量约为4000亿吨，居世界第1位；锡储量约为120万吨，占世界总储量的12%。[①]

1.国内经济

泰国实行自由经济政策，属外向型经济体，依赖美国、日本、中国等外部市场。20世纪90年代，泰国在1997年亚洲金融危机之前一直保持着较高的经济增速，但在金融危机中受到重创。进入21世纪以来，泰国经济恢复了较好的发展态势，后来受2008年国际金融危机的影响，经济发生波动，2010年后再次复苏。自2013年以来，受政治动荡和全球经济复苏乏力的影响，泰国的经济增长速度回落，逐渐出现负增长。目前，泰国政局已恢复稳定，泰国政府正在推行为期20年的国家发展战略——"泰国4.0"，向高附加值产业全面进军。

泰国的人均生活水平相对较高。2019年，泰国人均GDP为7784美元，在东盟国家中位列新加坡、文莱和马来西亚之后，居第4位。1990～2019年，泰国的GDP和GDP增长率如图6-11所示。

① 数据来源：我国商务部对外投资指南。

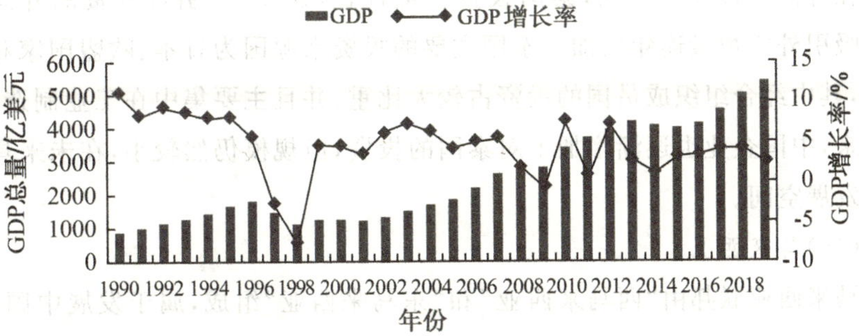

图 6-11　1990～2019 年泰国的 GDP 和 GDP 增长率

资料来源：联合国数据库。

2.对外经济

泰国是以贸易立国，与世界各大国贸易关系融洽，市场辐射范围较大。泰国的外贸重点辐射国家和地区包括中国、日本、韩国、东盟国家、澳大利亚、新西兰和印度等。自 1990 年以来，泰国的进出口总体态势良好，但自 2013 年以来，受国内政治动荡和全球贸易低迷的影响，泰国的进出口额均有所下降。2019 年，泰国出口额为 2462.7 亿美元，进口额为 2362.6 亿美元，贸易顺差为 100.1 亿美元。2010～2019 年泰国进出口情况如图 6-12 所示。

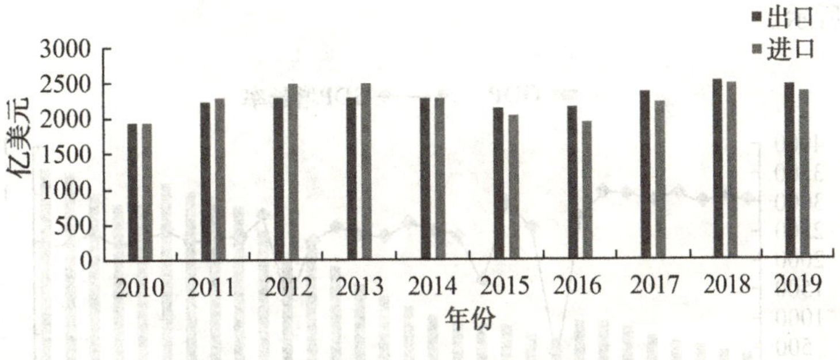

图 6-12　2010～2019 年泰国进出口情况

中国、日本和美国是泰国的前三大贸易伙伴，中、日、美三国合计占泰国出口总额的 31.7%和进口总额的 42.5%。中国香港是泰国最大的贸易顺差来源地。泰国的贸易逆差主要来自中国和日本，主要的进口商品是原料及半成品、资本商品和燃料。

在外商直接投资方面，泰国投资环境优良，建立了"引进外资的外向型经济"，吸引外资数量连年增加。泰国主要的投资来源国为日本、欧盟国家和新加坡等，其中经合组织成员国的投资占较大比重，并且主要集中在工业制造领域。近年来，中国企业也逐渐增加了对泰国的投资，但规模仍然较小，在未来具有很大的发展空间。

(三)马来西亚

马来西亚联邦由"西马来西亚"和"东马来西亚"组成，属于发展中国家，经济发展水平在东盟国家中位居前列，1997 年亚洲金融危机爆发之前，马来西亚被誉为亚洲"第五小龙"。

1.国内经济

1990～1997 年，是马来西亚经济发展的重要时期。1991 年 6 月，马来西亚政府颁布了《1991～2000 年经济发展纲要》，到 1995 年，马来西亚的人均国民收入已达 5000 美元。然而，1997 年一场突如其来的金融危机席卷东南亚，重创马来西亚的经济，1998 年马来西亚的 GDP 增长率由 1997 年的 7.7%骤降至 -6.7%。1998 年 7 月，马来西亚政府公布了"振兴经济方案"，致力于发展性的宏观经济政策和宽松的货币政策。1999 年，马来西亚经济逐步复苏，并保持稳定增长的势头。2019 年，马来西亚的 GDP 为 3646.84 亿美元，同比增长 4.3%，人均 GDP 达 11414.3 美元。1990～2019 年马来西亚的 GDP 和 GDP 增长率如图 6-13所示。

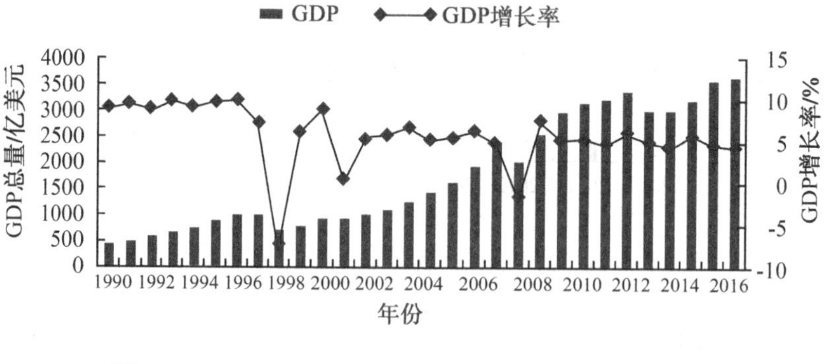

图 6-13　1990～2019 年马来西亚的 GDP 和 GDP 增长率

资料来源：联合国数据库。

2.对外经济

总体上看，由国际市场占有率反映的马来西亚具有竞争力的产品大体分为三类：借助当地动植物资源的产品、借助石油和天然气资源的初级化工产品、少量初级工业加工品。马来西亚大多数优势出口产品的国际市场占有率呈上升趋势，这反映马来西亚近年来贸易状况整体趋好。

近年来，马来西亚的外商直接投资水平大体平稳。截至2014年年底，马来西亚吸收外资存量为1337.7亿美元。2019年，马来西亚的外商直接投资净流入为91亿美元。2010～2019年马来西亚的外商直接投资净流入情况如图6-14所示。

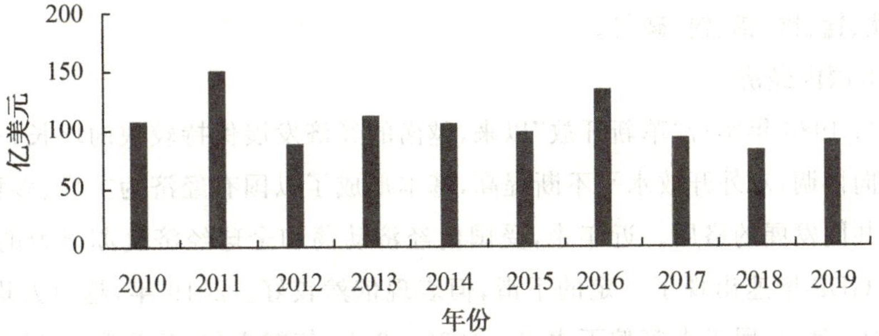

图6-14　2010～2019年马来西亚的外商直接投资净流入情况

资料来源：世贸组织数据库。

2008年，世界各地区对马来西亚的直接投资较为平均，但在之后的10年里，马来西亚的外商直接投资的来源主体从欧美地区转变为与其邻近的亚洲地区。东亚地区对马来西亚的直接投资增长迅猛，到2015年，东亚地区已经发展成为马来西亚最重要的外商直接投资来源地区。进入21世纪以来，东南亚国家以及东北亚国家是马来西亚最为重要的投资者来源国，这也在一定程度上体现了亚洲国家的经济一体化趋势。

2010～2019年，外商对马来西亚的直接投资主要集中于采掘业、制造业与服务业。在2015年，对采掘业的直接投资超过了对服务业的直接投资。

3.中马贸易合作

目前，马来西亚是中国在亚洲的第三大贸易伙伴，同时也是中国在东盟国家的第一大贸易伙伴;中国则连续多年成为马来西亚最大的贸易伙伴。2000年,马来西亚与中国的进出口总额保持增长。2018年,马来西亚对中国的进口额和出口额分别达到433.15亿美元和344.13亿美元。根据世贸组织公布的数据,2018年中国是马来西亚的第一大进口国和第二大出口国,中国对马来西亚的进口额与出口额分别占马来西亚进口额和出口额的19.93%和13.91%。从产品结构上看,中国从马来西亚进口的主要产品有机电产品、矿产品、塑料、橡胶、动植物油脂、贱金属及其制品等,中国向马来西亚出口的主要产品有集成电路、贱金属及其制品、化工产品等。

(四)越南

越南位于中南半岛东部,是东盟成员国。越南矿产资源丰富,主要有煤、铁、钛、锰、铬、铝、锡、磷等。

1.国内经济

自1986年实行"革新开放"以来,越南的经济发展保持较快的增长,三产结构趋向协调,对外开放水平不断提高,基本形成了以国有经济为主导、多种经济成分共同发展的格局。近年来,受国内经济动荡和全球经济复苏乏力的影响,越南GDP增速出现了一定的下滑,但表现依然较好。2019年,越南人均GDP为2715美元,属于中等偏下水平。1990～2019年越南的GDP和GDP增长率如图6-15所示。

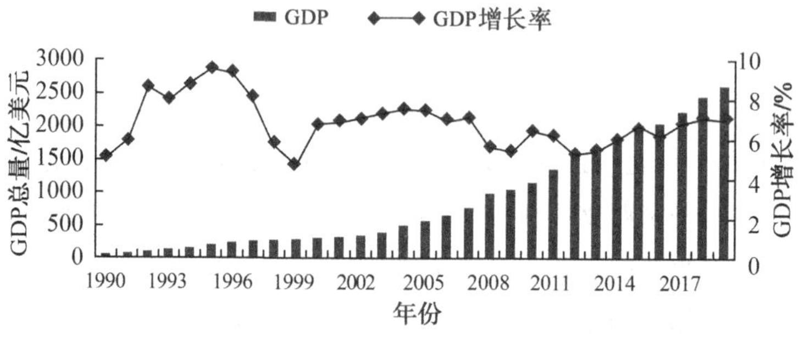

图6-15　1990～2019年越南的GDP和GDP增长率

数据来源:联合国数据库。

2.对外经济

越南的对外贸易呈高速增长态势,出口结构逐渐改善,出口商品的技术含量和附加值不断提高，电子产品和普通机械设备的出口比重不断增加。

在外商直接投资方面，由于越南坚持“革新开放”，经济保持了高速增长且潜力巨大，并在不断完善投资政策，因此越南吸引的外资数量连年增加。1990～2019年越南的外商直接投资净流入情况如图6-16所示。越南主要的投资来源国为韩国、马来西亚、美国、日本等。近年来，中国企业也逐渐增加了对越南的投资，但规模仍然较小，未来具有很大的发展空间。

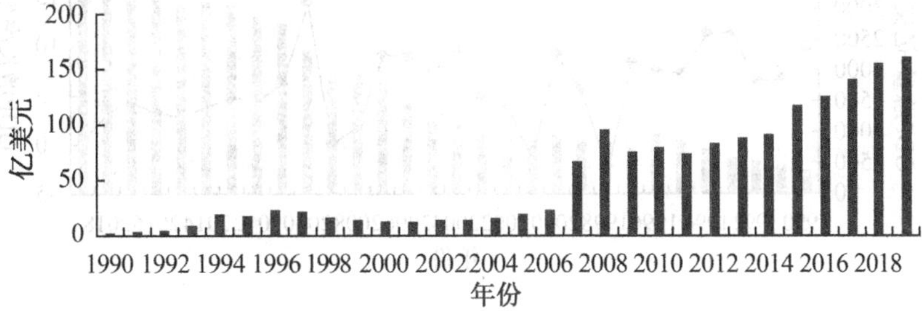

图6-16 1990～2019年越南的外商直接投资净流入情况

越南政府非常重视引进外资，加大外资引进力度，尤其强调将进一步简化税务、海关、社会保险等部门的工作流程，加强对有关部门的巡查、监察力度，并督促中央及地方政府建立与之配套的现代化市场体系，营造良好的外商投资环境。此外，越南还是亚洲基础设施投资银行的创始国之一，相信随着亚洲基础设施投资银行相关业务的开展，越南在基础设施投资领域存在的资金缺口将更快地得到解决。

(五)新加坡

自1965年独立后，新加坡经济迅速发展，在20世纪80年代成为亚洲“四小龙”之一，并跻身全球最国际化的国家行列。

1.国内经济

20世纪70年代，新加坡的经济虽然得到了迅速发展，但随着周边国家的经济发展加快，新加坡原有的优势逐渐消失。1979年，新加坡政府适时提出了新的发展战略，经济得到了进一步增长。1997年，受亚洲金融危机的影响，新加坡的经济增长出现下滑。面对恶劣的金融环境和新兴工业国低人工成本的挑战，新加坡积极着手调整经济和产业结构，使经济实现了持续增长。根据世界银行的数据，亚洲金融危机之前，新加坡的经济增长速度为5%～10%。2010年，受到全球经济增长乏力的影响，新加坡的 GDP 增速放缓，近年来已经下降到了 5%以下。2019 年新加坡的 GDP 为 3720.7 亿美元，比 2018 年增长了 0.73%，人均 GDP 为 64102.7 美元。1990～2019 年新加坡的 GDP 和 GDP 增长率如图 6-17 所示。

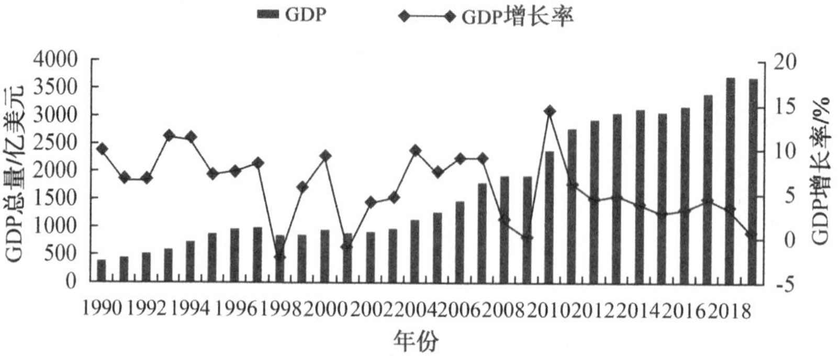

图 6-17　1990～2019 年新加坡的 GDP 和 GDP 增长率

目前，新加坡是世界第三大炼油中心和石油贸易枢纽之一。2019 年，新加坡燃料出口占其商品出口总额的 12.26%。作为新加坡的传统产业之一，其电子工业的总产值在 2014 年为 826.9 亿新元，占新加坡制造业总产值的 27.2%；精密工程产业在 2014 年的总产值为 371.8 亿新元，占新加坡制造业总产值的 12.2%。作为新加坡近年来重点培育的战略性新兴产业，生物医药业在 2014 年的总产值为 214.7 亿新元，占新加坡制造业总产值的 7.1%。

2.对外经济

2018 年，新加坡出口额为 4117.43 亿美元，进口额为 3705 亿美元，贸易顺差为 412.43 亿美元。[①] 2005～2014 年，除 2008 年前后受金融危机的影响降至 2.25%以下外，新加坡的出口增长率稳定在 2.3%左右，整体出口情况相对稳定，并在 2014 年出现了较为明显的增长，增长率为 2.58%。2010～2018 年新加坡的进出口额如图 6-18 所示，2012～2018 年新加坡各主要贸易伙伴国进出口额占比情况如表 6-9 所示。

① 数据来源：新加坡国际企业发展统计局。

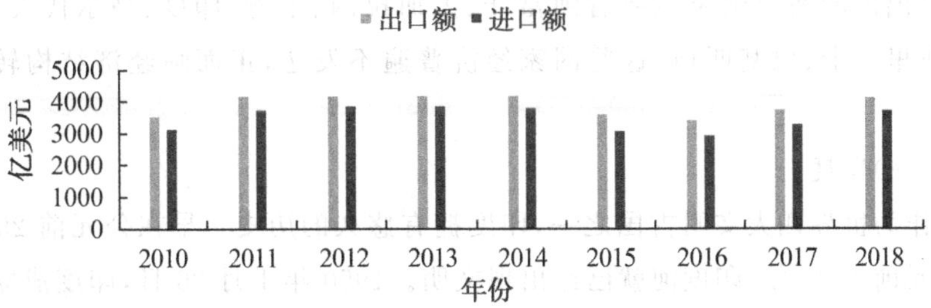

图 6-18　2010～2018 年新加坡进出口额

表 6-9　2012～2018 年新加坡各主要贸易伙伴国进出口额占比情况

		2012 年	2013 年	2014 年	2015 年	2016 年	2017 年	2018 年
中国	出口	10.65%	11.73%	13.17%	14.37%	13.12%	14.48%	12.24%
	进口	10.29%	11.33%	11.76%	13.68%	13.87%	13.84%	13.40%
印度尼西亚	出口	10.83%	10.39%	9.26%	8.27%	7.87%	7.49%	8.00%
日本	进口	—	—	—	6.23%	7.29%	6.25%	5.98%
马来西亚	出口	12.41%	12.36%	12.06%	10.8%	10.54%	10.6%	10.90%
	进口	10.49%	10.53%	10.34%	10.73%	11.04%	11.86%	11.55%
美国	出口	5.39%	5.54%	5.57%	6.49%	6.73%	6.48%	7.74%
	进口	10.03%	10.04%	10.13%	10.88%	10.62%	10.56%	11.36%

吸引外资是新加坡的基本国策之一。2019 年，新加坡的外商直接投资净流入为 1054.6 亿美元。新加坡的外资主要来自欧盟、美国、日本以及英属维尔京群岛、开曼群岛、百慕大等离岸金融中心。中国企业对新加坡的直接投资规模较小。

六、南亚国家的经济环境

南亚是指位于喜马拉雅山脉以南至印度洋的广大亚洲地区，该地区的矿物资源中，铁、锰、煤最为丰富，主要的农作物是小麦和水稻。参与中国“一带一路”倡议的南亚国家主要有阿富汗、孟加拉国、不丹、印度、马尔代夫、尼泊尔、斯里兰卡、巴基斯坦，这些国家经济普遍不发达，正面临经济结构转型的问题。

（一）印度

作为世界四大文明古国之一，印度拥有悠久的历史。早在公元前2500年至公元前1500年，印度河就已经出现文明。1950年1月26日，印度成立共和国，印度宪法正式生效，同时印度仍为英联邦成员。多元化的历史也成就了多元化的印度。

1.国内经济

自1947年独立后，印度经济共经历了三种发展模式，分别是1947年至20世纪60年代末的“尼赫鲁模式”、20世纪70年代至80年代末的“混合发展模式”和20世纪90年代至今的“市场经济发展模式”。20世纪90年代初，印度进行了经济改革，降低了政府干预的力度，并从原来的出口导向转变为进口导向，印度的经济由此出现了较为显著的增长，农业由原来的产量严重不足转变为基本可以自给自足，工业逐渐形成了完整的体系，但较为依赖进口。印度的第三产业取得了长足的进步，其产值在印度国民经济中的占比逐年上升。

进入21世纪以来，印度经济增长迅速，连续多年出现7%以上的增速。2019年，印度的GDP为28915.8亿美元，同比增长4.23%。但由于人口众多、发展不平衡，所以印度人均GDP仍处于较低水平。1990～2019年印度的GDP总量和GDP增长率如图6-19所示。

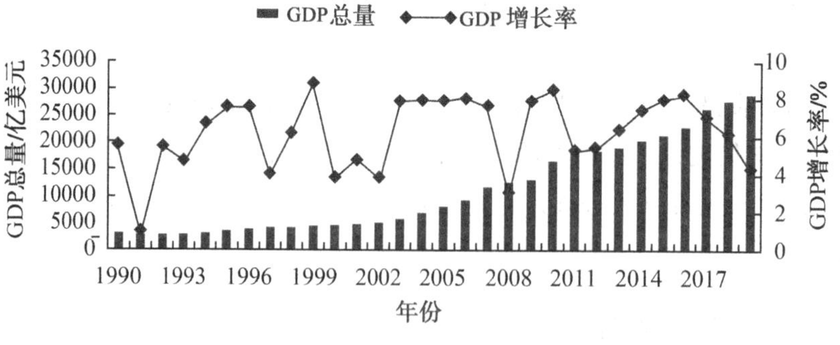

图6-19　1990～2019年印度的GDP总量和GDP增长率

印度拥有丰富的自然资源，目前已探明的可开采资源储量为：天然气1.075

万亿立方米，石油7.56亿吨，黄金68吨，煤2533.01亿吨，锌970万吨，铬铁矿9700万吨，铁矿石134.6亿吨。[①] 印度传统的工业部门有纺织、化工、制药、食品加工、水泥、钢铁、采矿、石油和机械制造等，汽车、电子产品制造、航空等新兴工业近年来也取得了长足的进步。

2.对外经济

据印度商务部统计，2018年印度进出口总额为9402.36亿美元，比2017年增长了27.3%，其中进口6179.45亿美元，出口3222.91亿美元。2018年，印度的主要贸易伙伴为中国、美国、瑞士、阿联酋、英国、新加坡等。对外出口方面，印度的最大出口对象为美国，双边贸易金额为516.28亿美元，紧随美国之后的是阿联酋，金额为285.22亿美元。印度的出口商品类别中，排名前五的分别为贵金属及其制品、纺织品及其原料、化工产品、矿产品、运输设备。进口方面，印度的最大进口国为中国，进口总额为903.98亿美元，紧随中国之后的是美国，金额为389.04亿美元，排名第三的是沙特阿拉伯，金额为343.42亿美元。印度的进口商品类别中，排名前五的分别为矿产品、机电产品、贵金属及其制品、化工产品、贱金属及其制品等。2010～2018年印度与主要贸易伙伴的进出口额如表6-10所示。

表6-10　2010～2018年印度与主要贸易伙伴的进出口额　　单位：亿美元

		2010	2011	2012	2013	2014	2015	2016	2017	2018
中国	出口	174.40	167.18	147.29	164.17	134.34	95.77	89.16	124.95	163.66
	进口	412.49	554.83	541.40	516.35	582.31	616.04	604.83	719.23	903.98
沙特阿拉伯	进口	203.74	284.24	328.27	365.97	327.04	213.53	184.61	210.87	343.43
新加坡	出口	90.66	156.27	135.53	141.89	—	—	—	115.60	104.44
瑞士	进口	221.98	313.67	287.18	246.59	211.33	211.13	148.55	204.05	—

① 数据来源：世界银行数据库。

续表

		2010	2011	2012	2013	2014	2015	2016	2017	2018
阿联酋	出口	274.12	373.69	357.81	339.80	329.20	299.90	300.42	286.36	285.23
	进口	309.07	354.72	377.99	329.65	272.88	202.83	192.41	231.15	321.19
美国	出口	235.87	329.19	371.71	419.57	426.85	403.13	419.92	460.18	516.29
	进口	190.96	225.74	241.05	226.00	204.40	204.64	203.95	240.86	389.04

在外商投资领域，近年来，随着印度经济发展速度的趋缓，为了推动经济持续增长，解决失业问题，印度逐渐放宽了外资投资领域的限制。截至 2015 年，对印度投资的国家中，排名靠前的分别为新加坡、荷兰、日本、美国、英国、德国等。从增长趋势看，大部分国家对印度的投资呈增长趋势。从外商投资的部门来看，服务业一直是投资的重点领域，电信及汽车行业的投资在近年来迅速增加。2019 年，印度的外商直接投资净流入约为 506.1 亿美元，外商投资已成为印度经济的重要组成部分。2008 年国际金融危机后，外商对印度的投资大幅下跌，2010 年后又呈现浮动上升态势。2015 年，外商直接投资占印度经济总量的 2%，而印度同期的对外直接投资自 2008 年后持续下跌，占经济总量的比重不到 0.5%。2000～2019 年印度的外商直接投资净流入如图 6-20 所示。

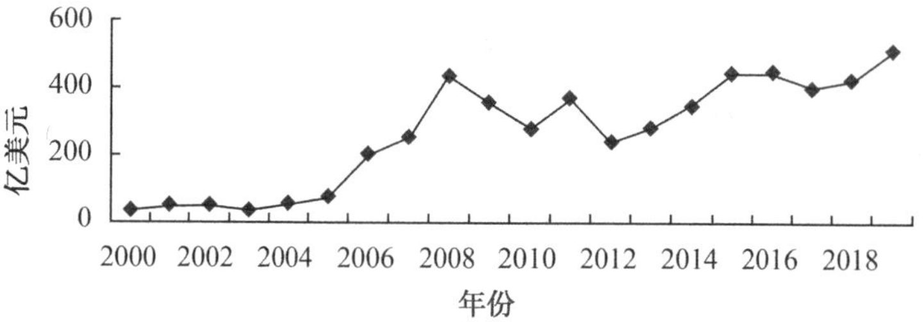

图 6-20　2000～2019 年印度的外商直接投资净流入

近年来，中国与印度的贸易关系不断强化。2018 年，中国与印度的进出口总额为 1067.64 亿美元，较 2017 年增加了 223 亿美元。其中，印度对中国出口金额为 163.66 亿美元，较 2017 年增长了 30.98%，占印度出口总额的 5.08%；印度从中国进口金额为 903.98 亿美元，较 2017 年增长了 25.69%，占印度进口总额的 14.63%。[1] 印度对中国出口的前五大类商品为棉花、铜及其制品、有机化学品、建筑材料和矿物燃料，印度从中国进口的前五大类商品为机电产品、机械设备、有机化学品、肥料和钢材。截至 2018 年年底，中国成为印度的第二大贸易伙伴，仅次于美国。

（二）巴基斯坦

1.国内经济

除 2009 年受世界经济危机的影响出现小幅下降外，巴基斯坦的 GDP 呈稳定增长的态势。2019 年，巴基斯坦的人均 GDP 为 1186.69 美元，属于中低收入国家水平，但 GDP 为 2569.96 亿美元，表现好于同类型的发展中国家。1990～2019 年巴基斯坦的 GDP 和 GDP 增长率如图 6-21 所示。

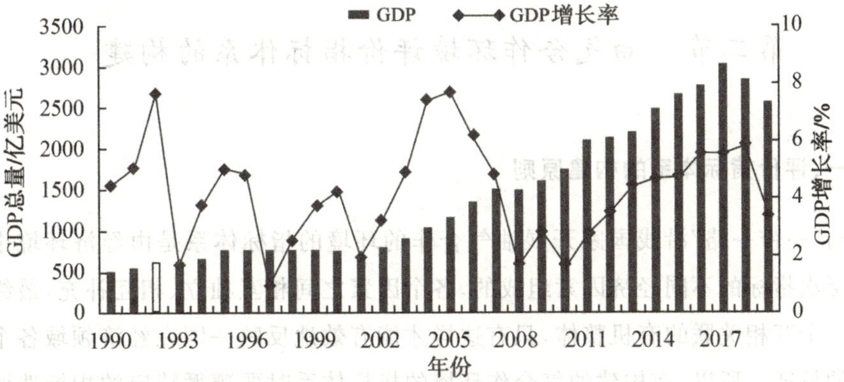

图 6-21　1990～2019 年巴基斯坦的 GDP 和 GDP 增长率

巴基斯坦的工业规模不大，门类也不齐全。巴基斯坦主要的矿藏储备有天然气 4920 亿立方米、石油 1.84 亿桶、煤 1850 亿吨、铁 4.3 亿吨、铝土 7400 万吨等。[2] 自 1947 年独立起，巴基斯坦经历了 1947～1959 年的鼓励私人投资和优先发展轻工业阶段、1972～1976 年的实行工业企业国有化阶段和 1977 年至今的工业非国有化自由发展阶段。但是，巴基斯坦的工业构成中，主要的还是非耐用消费品工业和轻工业，其中棉纺织业是巴基斯坦国民经济的支柱产业，能源产业、信息技术产业和中小型工业企业的发展也很迅速。

① 数据来源：印度商业信息统计署与印度商务部。
② 数据来源：世界银行数据库。

2.对外经济

近年来，为了促进经济增长，推动结构转型，巴基斯坦通过了一系列法律条款，放宽了多项外商投资限制，并为外资企业提供了一定的优惠条件，具体包括对投资巴基斯坦政府鼓励投资的行业的企业免除政府审批，允许资本、利润、股利汇出，对外商投资股权比例不设限，减免设备进口关税，给予税收优惠等，并对向巴基斯坦政府鼓励的地区进行投资的外商企业给予一定的优惠等。

在国际市场上，巴基斯坦出口产品的市场占有率较低，而且主要出口未经加工或者仅经过简单加工的农产品和纺织产品，技术含量较低，工业化水平不高。在货物和服务方面，巴基斯坦较为依赖进口，货物和服务进口额占国民经济的比重高于出口额。

第二节　油气合作环境评价指标体系的构建

一、评价指标体系的构建原则

与“一带一路”沿线国家开展油气合作的环境的指标体系是由经济环境中多个层次指标的不同经济因素组成的，各个因素之间相互独立、相互补充，最终构成一个互相关联的有机整体，只有这样才能有效地反映一国在经济领域各个方面的特征。所以，在构建油气合作环境的指标体系时要遵循特定的指标选取原则。本节在构建与“一带一路”沿线国家开展油气合作的环境的指标体系时，遵循以下原则。

(一)全面性原则

油气合作环境是由诸多影响因素构成的集合体，因此在评价一个国家或地区油气合作环境的优劣时，应对各个因素发挥的作用进行全面、综合的考虑，以求真实、有效地反映该地区的油气合作环境在经济方面的好坏。结合相关理论，拟从经济实力、对外合作环境、经济社会稳定性、经济体制、劳动力因素等维度构建评价指标体系，旨在能实现对各个方面信息的完整和最大化利用。因此，依据全面性原则构建油气合作环境评价指标体系是很有必要的。

(二)系统性原则

油气合作环境是由各影响因素构成的综合体系，各影响因素之间存在一定的相互影响和相互作用，这些指标既互相联系又互相制约，共同形成一个完整的系统。此外，各个影响因素又由诸多子系统构成，因此，在构建评价指标体系时，应具备系统性思想，全面深刻地反映油气合作中经济环境这个大系统中的各个子层次，进而全面、系统地分析各个影响因素之间的关系。

（三）可比性原则

“一带一路”沿线油气合作国家的合作环境的优劣是不同的，随着时间的推移，合作环境的好坏也会发生变化。评价的目的是判断各个国家油气合作环境的好坏，了解各个国家的油气合作环境在不同时期的变化和未来趋势，所以设置的指标需要能够在不同时期和不同国家之间进行比较。在分析各国油气合作环境的差异性时，指标必须满足不同国家的要求；在探讨不同时间节点上油气合作环境的变化时，指标必须具备一定的时间可比性。通过横向比较和纵向比较，能够真实反映各国油气合作环境的优劣，横向可比是指同一时间节点上不同国家的油气合作环境可比；纵向可比是指不同时间节点上同一国家的油气合作环境可比。此外，在选择各评价指标时，应保持各指标数值在计算口径和计算范围上的一致性。

（四）可量化性原则

由于合作环境受多方面的影响，因此评价指标的构成因素多种多样。这些因素中，有的能量化比较，有的不能量化，故在评价过程中应区别对待，重点关注在实证研究中对评价结果起一定促进作用、能够量化的各子要素。在现阶段，大部分指标的数据获取和数据处理都能通过查阅统计年鉴、国家数据及相关的文献进行，但在面对虽然是影响油气合作环境的经济因素，但其数据难以获得或者难以量化的少量指标时，应结合数据的可得性和可比性，选择相对而言更加容易操作的指标。

二、“一带一路”沿线国家油气合作环境的评价指标体系

经济环境在很大程度上决定了油气合作环境的优劣，本节构建了经济实力、对外合作环境、经济社会稳定性、经济体制、劳动力要素五个一级指标。

（一）经济实力

经济实力是指一个国家经济发展的综合水平和能力，如果一国经济实力强大，则有利于投资的进行；经济规模、发展水平、经济增长指标越高，就代表在该

国出现经济风险的可能性越小。如果东道国自身经济薄弱,容易受到其他国家或经济体的影响,就会在汇率、通货膨胀等方面带来风险和问题。

经济发展规模的基础指标为GDP,为了评价经济发展水平的平衡性和平均性,还应选取人均GDP作为经济实力下的细分指标。此外,未来的经济增长潜力也是在开展油气合作时需要考虑的方面,对此用GDP增长率来表示。

(二)对外合作环境

对外合作环境是对东道国贸易合作情况进行的分析,一国的对外贸易合作条件越好,越有利于开展油气合作和投资活动,并可以为决策提供非常重要的参考。

进口和出口总额可以在一定程度上反映一个国家经济的对外依存度,其进行对外贸易的能力和水平也可以从中分析;而外商直接投资净流入则可以表示该国对外商投资的接受度和吸引力。另外,对于油气合作而言,一国经济对油气出口的依赖程度也是评价其油气合作环境的重要方面,若依赖程度高,则该国对油气合作项目的支持度和包容度也会较高。在此选取燃料出口总额占GDP的比重来表示一国的对外合作环境情况。

(三)经济社会稳定性

中国对"一带一路"沿线国家的油气投资交易一般投入的资金规模都较大,投资回收期都较长,需要东道国有稳定的经济社会环境,油气合作项目才能顺利开展。

通货膨胀或汇率变动可能会导致在一国的油气合作项目面临本币外币兑换造成的资金缩水问题,造成投资效益减少,加大投资风险增加,因此可以选择通货膨胀率和汇率波动情况来反映经济社会稳定性情况。失业问题也是诸多经济社会问题的缩影,如果一国的失业问题过于严重,就会引起社会骚乱和动荡,影响合作项目的进行,这里用失业率来表示。除此之外,外债指数也会对油气合作项目造成影响,如果一国政府负债过重,可能会造成偿付危机,即外债到期没有能力还债,从而导致金融危机,出现货币贬值现象,使合作项目遭受损失。公共债务占GDP的比重可以反映一国的外债水平。

(四)经济体制

经济体制方面,主要用经济自由度来表现。如果东道国的投资自由度较高,对外资表现出自由开放的态度,创造有利的投资环境,降低商务成本,对劳动力市场限制较少，就会减少投资的风险；如果对外资进入的行业有限制，增加了投资壁垒，设立了烦琐的商务流程，设定了较高的用工标准，就会增加投资成本，也会增加在该国开展油气合作项目的风险性和不确定性。

（五）劳动力要素

一国的劳动力水平可以从多个角度去衡量，如在岗职工的平均工资、劳动力成本、劳动生产率、劳动力中接受过高等教育者的比例等。在油气合作环境评价指标中，选取劳动生产率作为评价劳动力素质和生产水平的指标。

第三节 “一带一路”沿线国家油气合作环境评价

一、评价方法的选择

在完成对“一带一路”沿线国家油气合作环境评价指标体系的构建之后，就要确定评价其油气合作环境的研究方法。在查阅了国内外相关的文献之后，发现现有的综合评价方法集中于 TOPSIS 法、主成分分析法、模糊综合评价法、层次分析法、熵权法等，但这些方法普遍只能基于截面数据测度单一时间节点的静态数据。静态测度方法仅能测度某一年份多属性观测对象之间的差异，而油气合作环境的发展是一个动态的系统过程，若仅以单一年份数据来衡量一个国家的油气合作环境难免有失偏颇，而且无法揭示油气合作环境随时间的动态变化规律。

为了解决上述问题，采用基于时序数据的动态测度方法——逐层纵横向拉开档次法，并借助非线性规划法，通过 TOMA-GA 混合算子对“一带一路”沿线主要油气国家的油气合作环境进行了动态测度。

二、研究方法介绍

（一）逐层纵横向拉开档次法

油气合作环境测度是基于面板数据的动态综合测度问题，对于此类问题，目前学术界往往是通过将动态问题简化成静态问题来处理，但这种处理方式往往会造成评价结果失真。基于此，郭亚军提出了一种用于时序立体数据的动态测度方法,即纵横向拉开档次法,该方法能够较好地弥补上述缺陷。[①]

然而,传统的纵横向拉开档次法对数据的加工过于简单,无法深层次揭示数据背后的现实意义。基于此,引入了逐层纵横向拉开档次法[②],其不仅能够体现时序立体数据的特征,而且能够通过对底层数据进行自下而上的逐层加工,使测度结果更加全面、科学。

(二)非线性规划法

非线性规划法研究的对象是非线性函数的数值最优化问题,是运筹学最重要的分支之一。非线性规划法在 20 世纪 50 年代发展为一门学科,其理论和应用发展十分迅猛。随着计算机的发展,非线性规划法的应用越来越广泛,人们针对不同的问题,提出了不同的算法。

为了测算某一段时间内油气合作环境的测度值,需要对每个时刻的测度结果进行合成,而如何科学地设置时间权重向量 $w=(w_1,w_2,\cdots,w_n)^T$ 是解决此问题的关键。作为求解时间权重的方法之一,基于信息熵指数的非线性规划法可以在区别不同时期重要程度的同时,兼顾测度指标的重要性,从而避免过度追求拉开时序差异导致测度指标失灵。

(三)TOMA-GA 混合算子

根据非线性规划法,可以得出时序对测度结果的影响程度。为了更好地发挥时间权重在数据集结过程中的作用,在此引入 TOWA-GA 混合算子作为时序加权的测度模型,TOWA-GA 混合算子是将时序加权平均(TOWA)算子和时序几何平均(TOWGA)算子组合使用的混合算子。

三、研究方法的基本原理

(一)逐层纵横向拉开档次法

假设有 n 个被评价对象 $O_1,O_2,O_3,\cdots,O_n$,每个评价对象有 m 个评价指标,按时间顺序收集并构建原始数据集 $\{x_{ij}(t_k)\}$,其中 $k=1,2,3,\cdots,n;i=1,2,3,\cdots,n;j=1,2,3,\cdots,m$;$\{x_{ij}(t_k)\}$ 表示第 i 个评价对象在第 k 年时第 j 个评价指标的观测值。

假设构建的评价指标体系有 n 个大系统(即准则层),记为 $s_i(i=1,2,$

---

① 参见郭亚军:《一种新的动态综合评价方法》,《管理科学学报》2002 年第 5 期。

② 参见卿青平、王瑛:《省域生态环境质量动态评价及差异研究》,《中国环境科学》2019 年第39 期。

$3,\cdots,n$)，每个大系统都有 p 层，且每层中均有 n_p 个相同级别的子系统。那么，首先要确定子系统的指标权重。根据第 $p-1$ 层的第 q 个子系统在时刻 k 的指标观测数据集，第 $p-1$ 层的第 q 个子系统的综合评价值为：

$$y_i^{(p-1,q)}(t_k)=\sum_{j=1}^{np} w_j\, x_{ij}^{(p-1,q)}(t_k) \tag{6-1}$$

纵横向拉开档次法确定指标权重遵循的原则是在时序立体数据表上最大化各评价对象之间的差异，因此采用最大化 $y_i^{(p-1,q)}(t_k)$ 的离差平方和的方式表示如下：

$$\sigma^2=\sum\nolimits_{k=1}^{N}\sum\nolimits_{i=1}^{n}\left[y_i(t_k)-\overline{y}\right]^2 \tag{6-2}$$

由于原始数据已经经过标准化处理，满足 $y=0$，于是有：

$$\sigma^2=\sum_{k=1}^{N}\sum\nolimits_{i=1}^{n}\left[y_i(t_k)-\overline{y}\right]^2=\sum_{k=1}^{N}\sum\nolimits_{i=1}^{n}\left[y_i(t_k)\right]^2=\sum_{k=1}^{N}\left[\omega^T H_k\omega\right]=\omega^T\sum_{k=1}^{N}\left[H_k\omega\right]=\omega^T H\omega \tag{6-3}$$

式中，$\omega=(\omega_1,\omega_2,\omega_3,\cdots,\omega_m)^T$，$H=\sum_{k=1}^{N}H_k$ 是 m 阶对称矩阵；$Hk=A_k^T A_k(k=1,2,3,\cdots,N)$。为满足指标权重的基本要求，限定 $\omega^T\omega=1$，则权重求解问题转化成求解下列非线性规划问题：

$$\max \omega^T H\omega \tag{6-4}$$

$$s.t.\begin{cases}\|\omega\|=1\\ \omega>0\end{cases}$$

当取 ω 为矩阵 H 的最大特征值 $\lambda\max=(H)$ 所对应的特征向量时，σ^2 取最大值。

其次，确定母系统的指标权重。根据上述求解的第 $p-1$ 层第 q 个子系统的指标权重及式 6-1，计算出第 $p-1$ 层第 q 个子系统的评价值 $y_i^{(p-1,q)}(t_k)$，其相当于第 $p-2$ 层对应的母系统的值，则第 $p-2$ 层系统的第 l 个子系统的综合评价值为：

$$y_i^{(p-2,l)}(t_k)=\sum_{q=1}^{np}\omega_q\, y_j^{(p-1,q)}(t_k) \tag{6-5}$$

确定 ω_q 的方法与上述方法一致。

最后，向前迭代，确定各母系统的指标权重。重复以上步骤，直至第 1 层，得到第1层系统的综合评价值：

$$y_i^{(1,1)}(t_k)=\sum_{q=1}^{np}\omega_q\, y_j^{(2,q)}(t_k) \tag{6-6}$$

(二)非线性规划法

为了测算出某一段时间内的测度值，需要对每个时刻的测度结果进行合成，而科学地设置时间权重向量 $\omega=(\omega_1,\omega_2,\cdots,\omega_n)^T$ 是解决此问题的关键。作为求解时间权重的方法之一，基于信息熵指数的非线性规划法可以在区别不同时期重要程度的同时，兼顾测度指标的重要性，从而避免过度追求拉开时序差异导致的测度失灵。在此借用信息熵原理构造熵指数 I，并引入时间度 λ 来描述时间权向量之间的差异程度，其定义为：

$$I=-\sum_{k=1}^{N}\omega_k\ln\omega_k \tag{6-7}$$

$$\lambda=\sum_{k=1}^{N}\frac{p-k}{p-1}\omega_k \tag{6-8}$$

式中，ω_k 为时间权重向量，N 为考查期年数。由式6-7可以看出，时间权重向量之间的差异越小，则 I 越大；反之，差异越大，则 I 越小。

时间度 λ 反映的是对考查期时序的重视程度，$\lambda\in[0,1]$，λ 越接近0，表示测度过程越重视近期数据；λ 越接近1，表示测度过程越重视远期数据。

基于时间权重确立的原则，使得 $\{\omega_k\}$ 差异最小，时间权重的确定就转化为求解下述非线性规划问题：

$$\max\left(-\sum_{k=1}^{N}\omega_k\cdot\ln\omega_k\right)$$

$$s.t.\begin{cases}\lambda=\sum_{k=1}^{N}\dfrac{N-k}{N-1}\cdot\omega_k\\ \sum_{k=1}^{N}\omega_k=1\ \omega_k\in[0,1]\end{cases} \tag{6-9}$$

(三)TOMA-GA混合算子

根据非线性规划法可以表示出时序对测度结果的影响程度。为了更好地发挥时间权重在数据集结过程中的作用，在此引入TOWA-GA混合算子作为时序加权的测度模型。以下给出两种时序集结算子的定义：

1.时序加权平均算子

令 $N=[1,2,\cdots,n]$，定义 $\langle u_i,a_i\rangle(i\in N)$ 为TOWA对，u_i 为时间诱导

分量，a_i 为数据分量，则时序加权平均算子为：

$$F=(\langle u_1,a_1\rangle,\cdots,\langle u_n,a_n\rangle)=\sum_{j=1}^{n}\omega_j b_j \tag{6-10}$$

式 6-10 中，ω_j 表示第 j 年的时间权重，b_j 代表第 j 年的评价值，则称函数 F 是 n 维时序加权平均算子，其值代表对时间加权后的评价值。

2.时序几何平均算子

令 $N=[1,2,\cdots,n]$ ，定义 $\langle u_i,a_i\rangle(i\in N)$ 为 TOWGA 对，u_i 为时间诱导分量，a_i 为数据分量，则时序几何平均算子为：

$$G=(\langle u_1,a_1\rangle,\cdots,\langle u_n,a_n\rangle)=\prod_{j=1}^{n} b_j^{\omega j} \tag{6-11}$$

式中，ω_j 表示第 j 年的时间权重，b_j 代表第 j 年的评价值，则称函数 G 是 n 维时序几何平均算子，其值代表对时间加权后的评价值。

TOWA-GA 混合算子的计算公式为：

$$Y(\langle u_1,a_1\rangle,\cdots,\langle u_N,a_N\rangle)=a_1F+a_2G \tag{6-12}$$

则测度对象 i 在考察期内的综合评价值为：

$$Y_i=a_1 F_i+a_2 G_i \tag{6-13}$$

$$a_1=\frac{\sigma_1}{\sigma_1+\sigma 2}\, a_2=\frac{\sigma_2}{\sigma_1+\sigma 2} \tag{6-14}$$

$$\sigma=\sum(x_i-\bar{x})^2 \tag{6-15}$$

式中，F_i 表示测度对象 i 在考察期内的时序加权平均算子，G_i 表示测度对象 i 在考察期内的时序几何平均算子，σ_1 与 σ_2 分别代表时序加权平均算子与时序几何平均算子的离差平方和。

四、指标体系和数据来源

本章从经济环境入手，在经济实力、对外合作环境、经济社会稳定性、经济体制、劳动力要素五大方面选择了 17 个指标对“一带一路”沿线国家的油气合作环境进行定量分析。主要选取了“一带一路”沿线主要油气生产国家 2010～2019 年的相关数据见表 6-11。

表 6-11　评价指标数据的来源、单位及方向

目标层	一级指标	二级指标	数据来源	单位	备注	指标方向
经济环境	经济实力	GDP 总量(x_1)	联合国统计司数据库、世界银行	百万美元	现价美元	正
		人均 GDP(x_2)		美元		正
		GDP 增长率(x_3)		%	—	正
	对外合作环境	进口总额(x_4)	世贸组织	百万美元	现价美元	正
		出口总额(x_5)	世贸组织	—	—	正
		外商直接投资净流入(x_6)	世界银行	—	—	正
		燃料出口总额占 GDP 的比重(x_7)	世贸组织	%	—	正
		跨境贸易便利度(x_8)	世界银行	—	—	正
	经济社会稳定性	通货膨胀率(x_9)	世界银行	%	按 GDP 平减指数衡量的通货膨胀(年通胀率)	负
		汇率波动(x_{10})	联合国统计司数据库	%	货币贬值幅度	负
		失业率(x_{11})	国际劳工组织	%	—	负
		偿债总额占国家收入的比重(x_{12})	世界银行	%	—	负
		国家总储备(x_{13})	国际货币基金组织	百万美元	包括黄金的国家总储备、现价美元	正
	经济体制	经济自由度指数(x_{14})	相关的基金会	—	—	正
		营商便利度指数(x_{15})	世界银行	—	—	正
		税收强度(x_{16})	世界银行	—	—	正
	劳动力要素	劳动生产率(x_{17})	国际劳工组织	美元	—	正

五、油气合作环境评价

(一)评价国家筛选

国际油气项目合作本质上属于国家经济合作的一种,其核心是通过谈判和一定的国际机构构建双方统一遵守的法律规则并予以施行,以保证自身能源安全。作为"一带一路"倡议的重要内容,油气合作的根本目标是将沿线国家打造成开放包容、普惠共享的能源利益共同体、责任共同体和命运共同体。为了实现这一根本目标,中国在积极与"一带一路"沿线国家开展油气合作的同时,更应该加强同油气合作关系密切的国家的合作。因此,对"一带一路"沿线同中国油气合作关系较为密切的国家进行筛选,不仅为后续对这些国家的油气合作环境进行全面评价和分析奠定了基础,而且有利于更好地了解目前中国在"一带一路"沿线的油气合作情况。

"一带一路"沿线共 64 个国家(除中国),但由于其中大部分国家的油气资源储量较少,开发程度较低,经济外向性较弱,社会动荡,所以不具备进行油气合作的基础和条件。在此,从国家资源禀赋、与中国的合作状况、对油气出口的依赖性等角度进行了综合分析,筛选出了具有代表性、有必要进行分析评价的 21 个国家进行重点分析评价,分别是中亚地区的哈萨克斯坦、土库曼斯坦、乌兹别克斯坦,西亚与北非地区的沙特阿拉伯、科威特、埃及、卡塔尔、阿联酋、伊朗、阿曼、伊拉克、也门,独联体国家中的俄罗斯、阿塞拜疆,东南亚地区的印度尼西亚、泰国、马来西亚、越南、新加坡,南亚地区的印度、巴基斯坦。

(二)评价过程

根据前述指标体系和数据来源,收集了"一带一路"沿线 21 个主要油气合作国家的经济相关数据,并对原始数据进行指标类型的一致化与无量纲化处理,构建了 2010～2019 年(时间跨度为 10 年)17 个指标的面板数据。参考李旭辉等人的思路[①],使用 Python 语言编写了逐层纵横向拉开档次法的程序代码,进而确定测度指标权重,权重求解结果如表 6-12 所示。

① 参见李旭辉、张胜宝、程刚等:《三大支撑带人工智能产业自主创新能力测度分析》,《数量经济技术经济研究》2020 年第 37 期。

表 6-12 指标权重求解结果

目标层	一级指标	一级指标权重	二级指标/使用的单位	二级指标权重
油气投资的经济环境	劳动力素质	0.16053	劳动生产率/美元	1.00000
	对外合作环境	0.17442	外商直接投资净流入/百万美元	0.16680
			出口总额/百万美元	0.19160
			燃料出口总额占GDP的比重/%	0.18908
			跨境贸易便利度	0.27107
			进口总额/百万美元	0.18144
	投资保障条件	0.23971	税收强度	0.34535
			经济自由度指数	0.32125
			营商便利度指数	0.33340
	经济实力	0.18926	GDP 增长率/%	0.47787
			GDP/百万美元	0.25419
			人均 GDP/美元	0.26794
	经济社会稳定性	0.23607	偿债总额占国家收入的比重/%	0.25060
			国家总储备/百万美元	0.11942
			失业率/%	0.20546
			汇率波动/%	0.23487
			通货膨胀率/%	0.18965

根据指标权重可求得2010～2019年这21个国家油气投资的经济环境测度值。之后，为了引入时间因素对油气投资的经济环境的影响，笔者采用熵值非线性规划法来确定时间权重向量，取时间度 $\lambda=0.35$，求解出2010～2019年的时间权重向量为：

$$\omega=(0.04103,0.04872,0.05784,0.06865,0.09678,0.11487,0.13642,0.16193,0.19222)^T$$

最终采用TOWA-GA混合算子，结合时间权重 ω 对2010～2019年的测度结果进行二次加权，得到最终的测度值及排名(见表6-13和图6-22)。

表6-13　2010～2019年这21个油气合作国家的最终测度值及排名

	2010年	2011年	2012年	2013年	2014年	2015年	2016年	2017年	2018年	2019年	最终测度值	排名
新加坡	2.56	2.57	2.57	2.59	2.59	2.53	2.53	2.59	2.61	2.61	2.58	1
卡塔尔	2.46	2.48	2.47	2.47	2.46	2.43	2.38	2.37	2.38	2.38	2.41	2
阿联酋	2.18	2.25	2.29	2.32	2.33	2.34	2.32	2.33	2.35	2.38	2.33	3
沙特阿拉伯	2.25	2.32	2.33	2.33	2.32	2.26	2.17	2.15	2.18	2.18	2.22	4
科威特	2.24	2.32	2.32	2.29	2.27	2.22	2.21	2.14	2.18	2.18	2.21	5
马来西亚	2.08	2.11	2.13	2.13	2.14	2.10	2.10	2.12	2.15	2.15	2.13	6
俄罗斯	2.05	2.11	2.14	2.16	2.10	1.97	2.06	2.14	2.13	2.17	2.11	7
阿曼	2.09	2.10	2.15	2.15	2.12	2.11	2.11	2.07	2.08	2.09	2.10	8
泰国	2.02	2.01	2.06	2.05	2.03	2.04	2.03	2.06	2.10	2.10	2.06	9
印度	1.97	2.01	2.00	2.02	1.99	2.00	1.97	2.03	2.07	2.12	2.03	10
印度尼西亚	1.88	1.93	1.93	1.92	1.90	1.87	1.90	1.94	1.96	1.96	1.93	11
越南	1.79	1.81	1.84	1.87	1.87	1.87	1.90	1.93	1.96	1.97	1.91	12
哈萨克斯坦	1.78	1.87	1.92	1.90	1.88	1.85	1.83	1.94	1.94	1.94	1.90	13

续表

	2010年	2011年	2012年	2013年	2014年	2015年	2016年	2017年	2018年	2019年	最终测度值	排名
阿塞拜疆	1.82	1.82	1.86	1.89	1.88	1.88	1.79	1.87	1.90	1.94	1.88	14
伊朗	1.82	1.82	1.75	1.73	1.79	1.82	1.88	1.86	1.78	1.81	1.81	15
巴基斯坦	1.79	1.82	1.82	1.81	1.83	1.82	1.80	1.79	1.78	1.73	1.79	16
伊拉克	1.74	1.78	1.85	1.83	1.78	1.82	1.81	1.71	1.74	1.77	1.77	17
埃及	1.79	1.77	1.78	1.77	1.78	1.77	1.72	1.64	1.76	1.79	1.75	18
乌兹别克斯坦	1.66	1.69	1.72	1.68	1.66	1.76	1.76	1.68	1.75	1.83	1.74	19
也门	1.72	1.67	1.78	1.78	1.73	1.55	1.56	1.58	1.63	1.65	1.64	20
土库曼斯坦	1.60	1.65	1.65	1.66	1.63	1.60	1.62	1.64	1.64	1.63	1.63	21

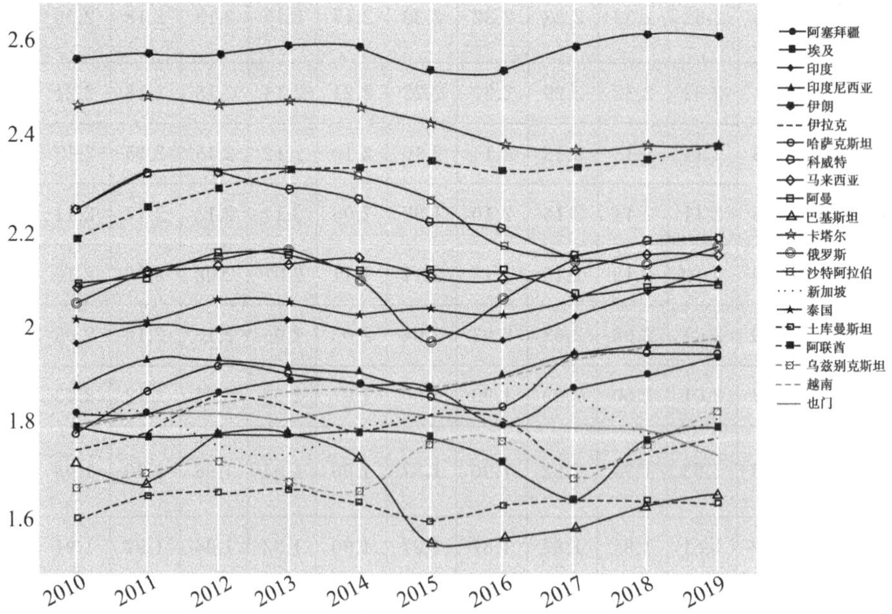

图 6-22　2010～2019 年这 21 个油气合作国家的最终测度值

六、评价结果分析

(一)整体分析

整体来看,这些国家的经济环境平稳。这21个国家可以大致分成三个档次:优秀、良好、一般。新加坡、卡塔尔、阿联酋的经济环境处于前列,也反映出其综合经济实力和油气合作环境较为优秀。阿联酋虽然起点较低,但是发展速度快,到2019年时已步入前三的行列。沙特阿拉伯、科威特、马来西亚、俄罗斯、阿曼、泰国、印度的油气投资经济环境处于第二档次,虽然沙特阿拉伯和科威特的测度结果反映其近年来的油气合作环境呈现下行态势,但由于前期积累的经济发展基础和丰富的油气资源,其仍能留在第二档次。印度尼西亚、越南、哈萨克斯坦、阿塞拜疆、伊朗、巴基斯坦、伊拉克、埃及、乌兹别克斯坦、也门、土库曼斯坦处于第三档次,但各国的不利因素却不尽相同。总体来看,国内经济形势动荡和经济基础薄弱是影响其油气合作环境的主要原因。

(二)区域划分

从所处区域来看,西亚与北非地区的国家最多,组内最终测度值水平相差较大,卡塔尔、阿联酋、沙特阿拉伯等排名靠前,优势明显,这主要得益于其国内丰富的油气资源、强大的经济基础和出口的便利性;而埃及、也门的最终测度值排名靠后,反映出其油气合作的风险较高,主要原因可以归结为其国内动荡的经济政治环境、薄弱的经济基础和对油气出口的条件限制。区域内国家较多的地区还有东南亚,其整体处于中等水平,除新加坡这一发达国家之外,其余四国的油气合作环境都处于中等水平,其中新加坡的优势主要在于其区位优势,如扼守马六甲海峡咽喉,并借此发展了石油炼化加工业,目前已经形成了完整的石油化工产业链条,配套设施完善,经济力量雄厚,能够为油气投资提供安稳的经济环境和完善的基础设施;而越南、印度尼西亚等国油气资源储量相对较少,而且区位条件一般,所以对油气合作来说没有明显的优势。中亚三国的最终测度值都不够理想,除哈萨克斯坦均处于中等水平之外,乌兹别克斯坦和土库曼斯坦的合作环境排名都非常靠后,国内经济发展缓慢、社会动荡不安、经济结构不平衡等问题都是阻碍与这些国家开展油气合作的因素,在这些国家的合作风险较大。按所属区域对国家进行区分对比的详细情况如表6-14所示。

表 6-14　按所属区域对国家进行区分对比

	国别	排名
东南亚地区	印度尼西亚	11
	新加坡	1
	泰国	9
	越南	12
	马来西亚	6
中亚地区	乌兹别克斯坦	19
	哈萨克斯坦	13
	土库曼斯坦	21
独联体国家地区	俄罗斯	7
	阿塞拜疆	14
南亚地区	印度	10
	巴基斯坦	16
西亚与北非地区	也门	20
	伊拉克	17
	伊朗	15
	卡塔尔	2
	埃及	18
	沙特阿拉伯	4
	科威特	5
	阿曼	8
	阿联酋	3

（三）按评价指标细化分析

从经济实力来看，卡塔尔、新加坡、印度、俄罗斯排名靠前，其中卡塔尔在考察期内测度的经济实力均值为2.2003。卡塔尔拥有丰富的石油资源，其石油产量的95%供出口，为国家带来了巨额收入，钢铁、水泥、化肥、造纸和海水淡化等工业也拉动了卡塔尔的经济增长，卡塔尔成为测度中经济实力最强的国家（相对而言）。其次是新加坡，该国依托区位和港口优势，石油炼化加工业迅猛发展，金融行业也为经济发展注入了活力，因此新加坡也是测度中经济实力排名靠前的国家之一。也门是测度中经济实力最弱的国家，其油气储量虽然处于中等水平，但由于也门附近海域索马里海盗活动猖獗，加之国内政治局势长期不稳定，该国的经济一直在西亚与北非地区的国家中处于下游水平。各国经济实力对比的详细情况如表6-15所示。

表6-15　各国经济实力对比

	2010年	2011年	2012年	2013年	2014年	2015年	2016年	2017年	2018年	2019年	平均值
卡塔尔	2.40	2.43	2.28	2.27	2.26	2.11	2.04	2.06	2.11	2.05	2.20
印度	2.08	2.06	2.06	2.09	2.13	2.16	2.19	2.23	2.24	2.22	2.15
新加坡	2.24	2.12	2.10	2.12	2.11	2.07	2.09	2.14	2.16	2.10	2.12
俄罗斯	2.04	2.15	2.17	2.15	2.08	1.87	1.90	1.99	2.03	2.01	2.04
阿联酋	1.91	2.06	2.03	2.05	2.04	2.02	1.98	1.98	1.99	1.99	2.00
沙特阿拉伯	1.93	2.08	2.01	1.95	1.97	1.94	1.88	1.85	1.95	1.90	1.95
科威特	1.83	2.14	2.10	1.98	1.93	1.83	1.86	1.72	1.87	1.84	1.91
印度尼西亚	1.89	1.91	1.92	1.91	1.89	1.88	1.90	1.92	1.92	1.93	1.91
马来西亚	1.86	1.83	1.84	1.83	1.86	1.83	1.81	1.85	1.84	1.83	1.84
土库曼斯坦	1.83	1.95	1.88	1.87	1.88	1.79	1.78	1.79	1.78	1.73	1.83

续表

	2010年	2011年	2012年	2013年	2014年	2015年	2016年	2017年	2018年	2019年	平均值
哈萨克斯坦	1.84	1.87	1.82	1.86	1.81	1.73	1.70	1.78	1.79	1.79	1.80
阿曼	1.77	1.81	1.94	1.86	1.78	1.82	1.82	1.72	1.75	1.70	1.80
泰国	1.85	1.73	1.86	1.78	1.74	1.78	1.79	1.81	1.83	1.80	1.80
伊拉克	1.79	1.83	1.97	1.85	1.70	1.76	1.95	1.60	1.70	1.77	1.79
越南	1.77	1.77	1.75	1.76	1.78	1.79	1.78	1.80	1.81	1.81	1.78
乌兹别克斯坦	1.80	1.79	1.78	1.79	1.78	1.79	1.76	1.72	1.74	1.74	1.77
伊朗	1.86	1.82	1.62	1.74	1.82	1.68	1.99	1.80	1.62	1.63	1.76
埃及	1.77	1.70	1.72	1.72	1.74	1.78	1.76	1.74	1.78	1.80	1.75
巴基斯坦	1.68	1.71	1.72	1.74	1.76	1.76	1.78	1.78	1.79	1.73	1.74
阿塞拜疆	1.75	1.63	1.71	1.79	1.73	1.67	1.58	1.65	1.68	1.69	1.69
也门	1.69	1.32	1.67	1.70	1.41	1.00	1.32	1.42	1.59	1.66	1.48

从对外合作环境来看，新加坡仍处于领先位置，由于国土面积小、产业外向性强，所以经济产业十分依赖对外合作；新加坡政府也为对外合作提供了充分的便利条件和完善的保障措施，加之多年发展积累的对外合作经验，使新加坡成为测度中对外合作环境最好的国家。而乌兹别克斯坦、土库曼斯坦处于中亚内陆，海运条件差，政府管控力度大、市场化程度低等问题依然存在，政府对对外合作的支持和重视程度不够，且其国内经济条件较差，出口产品以初级产品和粗加工产品为主，难以形成高附加值的产业集群，交通等基础设施的不完善也进一步阻碍了这些国家的对外合作。各国对外合作环境对比的详细情况如表 6-16 所示。

表 6-16 各国对外合作环境对比

	2010年	2011年	2012年	2013年	2014年	2015年	2016年	2017年	2018年	2019年	均值
新加坡	2.34	2.44	2.44	2.45	2.46	2.28	2.24	2.39	2.44	2.45	2.39
俄罗斯	2.05	2.23	2.23	2.28	2.06	1.91	1.92	1.99	2.03	2.08	2.08
印度	1.87	2.03	2.01	2.02	2.07	1.95	1.93	2.01	2.09	2.20	2.02
阿联酋	1.83	1.96	2.06	2.04	2.01	1.91	1.89	1.94	2.01	2.07	1.97
沙特阿拉伯	2.04	2.14	2.16	2.13	2.06	1.73	1.68	1.70	1.80	1.79	1.92
马来西亚	1.89	1.95	1.94	1.97	1.97	1.86	1.84	1.88	1.92	1.92	1.91
泰国	1.82	1.84	1.89	1.90	1.85	1.84	1.81	1.86	1.91	1.87	1.86
卡塔尔	1.85	1.90	1.92	1.92	1.90	1.73	1.67	1.69	1.73	1.69	1.80
阿曼	1.74	1.79	1.82	1.84	1.83	1.65	1.71	1.70	1.75	1.73	1.76
印度尼西亚	1.74	1.83	1.83	1.83	1.82	1.68	1.62	1.72	1.75	1.74	1.76
科威特	1.78	1.85	1.89	1.87	1.84	1.61	1.58	1.61	1.66	1.61	1.73
越南	1.61	1.65	1.67	1.69	1.72	1.68	1.69	1.78	1.82	1.85	1.72
阿塞拜疆	1.54	1.54	1.53	1.53	1.50	1.62	1.65	1.67	1.70	1.70	1.60
伊朗	1.51	1.55	1.52	1.48	1.51	1.41	1.43	1.48	1.49	1.50	1.49
哈萨克斯坦	1.31	1.40	1.41	1.36	1.34	1.56	1.58	1.58	1.61	1.62	1.48
埃及	1.49	1.50	1.52	1.52	1.52	1.40	1.40	1.36	1.38	1.38	1.45
也门	1.50	1.50	1.51	1.50	1.50	1.40	1.37	1.39	1.39	1.39	1.45
巴基斯坦	1.41	1.42	1.41	1.42	1.47	1.43	1.43	1.45	1.47	1.47	1.44
伊拉克	1.40	1.44	1.48	1.47	1.44	1.40	1.37	1.42	1.49	1.46	1.44

续表

	2010年	2011年	2012年	2013年	2014年	2015年	2016年	2017年	2018年	2019年	均值
乌兹别克斯坦	1.38	1.38	1.43	1.09	1.05	1.29	1.29	1.31	1.33	1.36	1.29
土库曼斯坦	1.18	1.28	1.30	1.29	1.06	1.05	1.04	1.04	1.04	1.04	1.13

从经济社会稳定性来看，卡塔尔是测度中均值最高的国家，单一稳定、高度集权的政权形式为卡塔尔提供了良好的政治环境，其政治权力交接平稳，政治清廉度较高，而且拥有持续而丰厚的财政收入。另外，全球城市数据库发布的《2019 年犯罪指数排行》显示，在 118 个国家和地区中，卡塔尔排第 118 位（排名越靠后，社会治安状况越好），为参评国中最安全的国家。测度中排名最低的国家为哈萨克斯坦，该国近年来恐怖事件时有发生，存在极端组织活动、地缘政治不稳定、经济发展停滞引发的社会动荡等问题，这些都是破坏哈萨克斯坦经济社会稳定性的因素。各国经济社会稳定性对比的详细信息如表 6-17 所示。

表 6-17　各国经济社会稳定性对比

	2010年	2011年	2012年	2013年	2014年	2015年	2016年	2017年	2018年	2019年	均值
卡塔尔	2.52	2.45	2.52	2.56	2.58	2.70	2.61	2.52	2.50	2.59	2.56
沙特阿拉伯	2.45	2.48	2.59	2.63	2.64	2.68	2.58	2.50	2.48	2.54	2.56
泰国	2.58	2.57	2.54	2.57	2.49	2.51	2.53	2.57	2.58	2.57	2.55
新加坡	2.54	2.55	2.53	2.53	2.52	2.47	2.51	2.51	2.54	2.55	2.53
阿联酋	2.43	2.44	2.50	2.53	2.53	2.62	2.55	2.49	2.48	2.54	2.51
科威特	2.46	2.44	2.45	2.48	2.52	2.61	2.54	2.42	2.43	2.52	2.49
马来西亚	2.50	2.51	2.50	2.50	2.48	2.39	2.44	2.45	2.52	2.48	2.48

续表

	2010年	2011年	2012年	2013年	2014年	2015年	2016年	2017年	2018年	2019年	均值
阿曼	2.37	2.37	2.44	2.47	2.46	2.56	2.51	2.45	2.45	2.52	2.46
越南	2.40	2.34	2.44	2.48	2.48	2.47	2.47	2.44	2.47	2.46	2.45
土库曼斯坦	2.43	2.37	2.39	2.43	2.44	2.35	2.46	2.45	2.44	2.45	2.42
印度	2.41	2.38	2.32	2.34	2.31	2.38	2.33	2.45	2.39	2.45	2.37
俄罗斯	2.35	2.35	2.43	2.45	2.27	1.98	2.30	2.44	2.32	2.43	2.33
阿塞拜疆	2.31	2.26	2.37	2.37	2.38	2.23	1.97	2.20	2.28	2.35	2.27
巴基斯坦	2.35	2.36	2.32	2.22	2.35	2.32	2.32	2.25	2.20	2.01	2.27
伊拉克	2.16	2.20	2.33	2.30	2.26	2.39	2.31	2.10	2.11	2.19	2.23
印度尼西亚	2.26	2.31	2.27	2.22	2.14	2.10	2.17	2.23	2.22	2.18	2.21
乌兹别克斯坦	2.15	2.25	2.28	2.30	2.24	2.23	2.20	1.82	1.91	2.15	2.15
也门	1.98	2.06	2.10	2.08	2.08	1.76	2.01	2.08	2.12	2.17	2.04
伊朗	2.03	2.03	1.97	1.79	1.96	2.15	2.12	2.08	1.90	2.01	2.00
埃及	2.20	2.05	2.02	1.99	1.99	1.99	1.85	1.57	2.05	2.11	1.98
哈萨克斯坦	1.85	2.03	2.18	2.10	2.02	1.78	1.71	2.01	1.97	1.96	1.96

从投资保障条件来看，新加坡仍然稳居第一，测度均值为2.94；投资保障条件最差的是土库曼斯坦，测试均值最低，只有1.32。吸引外资是新加坡的基本国策，其投资主要分布在制造业、消费服务业、金融业以及科技与教育服务业。高度外向性的经济使新加坡政府十分重视对外来投资的保障和服务配套工作，并在税收、法律法规等领域为投资提供了充分的保障，而新加坡国内经济的平稳健康发展则为外来投资提供了广阔的空间。相反，土库曼斯坦采用的是高度

集权的政治经济体制，市场机制不发达，政府机构经常对外资企业或涉外合作项目进行行政干预和检查，甚至发生过土方在与外企出现合同争议的情况下单边停止合同履约的情况，外资在土库曼斯坦受到的阻力相对较大。各国投资保障条件的对比如表 6-18 所示。

表 6-18　各国投资保障条件对比

	2010年	2011年	2012年	2013年	2014年	2015年	2016年	2017年	2018年	2019年	均值
新加坡	2.95	2.96	2.96	2.97	2.96	2.96	2.89	2.91	2.91	2.92	2.94
阿联酋	2.67	2.68	2.69	2.75	2.76	2.78	2.78	2.82	2.84	2.86	2.76
卡塔尔	2.68	2.69	2.71	2.72	2.71	2.70	2.69	2.70	2.70	2.71	2.70
马来西亚	2.62	2.65	2.67	2.66	2.66	2.69	2.61	2.63	2.65	2.67	2.65
阿曼	2.62	2.64	2.63	2.64	2.62	2.62	2.61	2.58	2.58	2.58	2.61
科威特	2.58	2.55	2.54	2.55	2.55	2.54	2.55	2.56	2.55	2.55	2.55
泰国	2.53	2.53	2.54	2.54	2.54	2.55	2.48	2.50	2.60	2.63	2.54
哈萨克斯坦	2.44	2.48	2.54	2.54	2.54	2.54	2.53	2.60	2.62	2.60	2.54
沙特阿拉伯	2.60	2.62	2.59	2.63	2.62	2.62	2.41	2.42	2.41	2.43	2.54
俄罗斯	2.30	2.30	2.30	2.30	2.43	2.44	2.47	2.52	2.54	2.55	2.42
印度尼西亚	2.28	2.30	2.31	2.27	2.29	2.29	2.36	2.40	2.44	2.46	2.34
阿塞拜疆	2.17	2.26	2.24	2.26	2.27	2.33	2.31	2.33	2.32	2.39	2.29
印度	2.32	2.33	2.33	2.33	2.16	2.16	2.10	2.11	2.30	2.36	2.25
巴基斯坦	2.33	2.33	2.33	2.33	2.21	2.21	2.10	2.10	2.11	2.14	2.22
埃及	2.24	2.26	2.26	2.26	2.25	2.26	2.16	2.15	2.15	2.18	2.22

续表

	2010年	2011年	2012年	2013年	2014年	2015年	2016年	2017年	2018年	2019年	均值
伊朗	2.14	2.14	2.10	2.11	2.09	2.20	2.20	2.24	2.25	2.27	2.17
越南	2.06	2.10	2.08	2.10	2.08	2.09	2.18	2.27	2.31	2.35	2.16
乌兹别克斯坦	1.84	1.83	1.85	1.87	1.87	2.10	2.16	2.22	2.39	2.42	2.06
也门	2.20	2.20	2.27	2.26	2.26	2.25	1.80	1.75	1.75	1.74	2.05
伊拉克	1.89	1.89	1.89	1.90	1.89	1.89	1.76	1.77	1.77	1.77	1.84
土库曼斯坦	1.31	1.31	1.31	1.31	1.30	1.30	1.30	1.34	1.34	1.35	1.32

从劳动力素质来看，新加坡是测度均值最高的国家，其次是科威特和阿联酋。这说明这些国家的劳动力受教育程度较高，创新能力较强，劳动生产率也较高。这些国家都是相对比较富裕的国家，较强的经济实力为其培养教育劳动人口提供了充足的资金保障，而且政府政策扶持和产业需要也是这些国家劳动力素质较高的原因。越南是劳动力素质测度均值最低的国家，虽然越南的总人口数量多，但受过良好教育和职业技能培训的劳动人口仅占其劳动人口总数的20%，劳动力的素质普遍不高，因此赴越投资企业除需要考虑低廉的劳动力成本外，还需考虑劳动力素质带来的员工培训问题。各国劳动力素质的对比如表6-19所示。

表6-19　各国劳动力素质的对比

	2010年	2011年	2012年	2013年	2014年	2015年	2016年	2017年	2018年	2019年	均值
新加坡	[illegible]	2.74	2.70	2.81	2.83	2.83	2.88	2.95	3.00	2.99	2.85
卡塔尔	2.83	2.91	2.86	2.82	2.79	2.76	2.75	2.75	2.74	2.70	2.79
科威特	2.51	2.55	2.55	2.46	2.39	2.31	2.31	2.20	2.19	2.18	2.37

续表

	2010年	2011年	2012年	2013年	2014年	2015年	2016年	2017年	2018年	2019年	均值
阿联酋	1.96	1.99	2.01	2.06	2.11	2.17	2.20	2.23	2.23	2.23	2.12
沙特阿拉伯	2.15	2.19	2.16	2.13	2.12	2.10	2.09	2.06	2.08	2.05	2.11
阿曼	1.84	1.74	1.72	1.67	1.62	1.60	1.59	1.57	1.57	1.55	1.65
俄罗斯	1.41	1.42	1.44	1.45	1.45	1.44	1.45	1.46	1.47	1.48	1.45
马来西亚	1.41	1.41	1.41	1.42	1.43	1.44	1.46	1.48	1.49	1.50	1.45
伊拉克	1.39	1.40	1.44	1.45	1.43	1.42	1.48	1.48	1.45	1.46	1.44
伊朗	1.45	1.45	1.41	1.40	1.42	1.40	1.44	1.44	1.41	1.37	1.42
哈萨克斯坦	1.33	1.36	1.37	1.39	1.40	1.41	1.41	1.43	1.45	1.47	1.40
土库曼斯坦	1.19	1.22	1.24	1.27	1.30	1.31	1.33	1.35	1.37	1.39	1.30
阿塞拜疆	1.21	1.21	1.21	1.22	1.22	1.22	1.21	1.20	1.20	1.21	1.21
泰国	1.14	1.13	1.15	1.16	1.16	1.17	1.18	1.19	1.19	1.20	1.17
埃及	1.14	1.14	1.14	1.14	1.15	1.16	1.16	1.17	1.18	1.19	1.16
印度尼西亚	1.10	1.10	1.11	1.11	1.12	1.13	1.13	1.14	1.14	1.15	1.12
印度	1.03	1.04	1.04	1.05	1.05	1.06	1.07	1.07	1.08	1.09	1.06
乌兹别克斯坦	1.03	1.04	1.04	1.05	1.05	1.06	1.06	1.07	1.07	1.08	1.06
也门	1.10	1.08	1.08	1.08	1.08	1.04	1.03	1.02	1.02	1.02	1.05
巴基斯坦	1.02	1.02	1.02	1.02	1.02	1.02	1.02	1.03	1.03	1.03	1.02
越南	1.00	1.00	1.00	1.01	1.01	1.01	1.01	1.02	1.02	1.03	1.01

第七章 我国企业开展国际油气合作的社会文化环境

第一节 宗教信仰

宗教是一种特殊的文化形式，是系统化和理论化的伦理道德，具有培育道德与心理安慰的作用。宗教所构成的信仰体系和社会群组是人类思想文化和社会形态的重要组成部分。宗教深深影响着人们的思想与行为方式。与一个国家开展油气合作前，提前了解目标国家的宗教信仰情况至关重要。“一带一路”沿线主要油气资源国的宗教信仰概况如表 7-1 所示。

表 7-1 “一带一路”沿线主要油气资源国的宗教信仰概况

	基督教	伊斯兰教	其他宗教	备注
阿塞拜疆	√	√	—	—
哈萨克斯坦	√	√	佛教、犹太教、印度教	政教分离
俄罗斯	√	√	萨满教、犹太教、佛教	—
土库曼斯坦	√	√	—	
伊朗	—	√	—	政教合一
伊拉克	√	√	—	伊斯兰教为国教
科威特	—	√	—	伊斯兰教为国教

续表

	基督教	伊斯兰教	其他宗教	备注
阿曼	—	√	—	伊斯兰教为国教
卡塔尔	√	√	佛教	伊斯兰教为国教
沙特阿拉伯	—	√	—	伊斯兰教为国教，禁止在公共场所从事除伊斯兰教之外的宗教活动
阿联酋	—	√	—	伊斯兰教为国教
埃及	√	主要宗教	—	—
印度	√	√	佛教、印度教	居民主要信仰印度教
印度尼西亚	√	主要宗教	佛教、印度教	—
马来西亚	√	√	印度教、佛教	伊斯兰教为国教
泰国	√	√	佛教、印度教	佛教为国教
越南	√	—	佛教	佛教占主导地位

一、信仰基督教的国家的习俗及注意事项

在“一带一路”沿线主要的油气资源国中，除了伊朗、科威特、阿曼、沙特阿拉伯和阿联酋外，其他国家都有居民信仰基督教。与信仰基督教的人或者组织交往时，应注意不要质疑他们的信仰；赠送礼物不要涉及其他宗教的偶像，因为基督教严禁崇拜偶像；对于基督徒来说，星期五和数字13是不祥的，所以与信仰基督教的人进行商业交往时应尽量避开星期五和每个月的13日；在饮食上，基督徒是不吃带血的肉的。基督教有不同的分支，不同的分支也有自己独特的教义，例如“神父”与“牧师”这两个称呼分别属于天主教和新教，另外一个分支则是广泛被俄罗斯等东欧国家的居民信仰的东正教。

二、信仰伊斯兰教的国家习俗及注意事项

在“一带一路”沿线主要的油气资源国中，相当一部分国家都有居民信仰伊斯兰教。在伊斯兰国家开展油气合作时，必须注意尊重伊斯兰教教义与禁忌。伊斯兰教每年都有为期一个月的斋戒，在此期间，非穆斯林最好不要在穆斯林面前饮食，更不要试图为其提供食物。在伊斯兰国家，酒和猪肉是被严格禁止的，这一点尤其要注意。

科威特、沙特阿拉伯、卡塔尔、阿联酋、伊拉克以及马来西亚都把伊斯兰教作为国教。在这些国家，伊斯兰教是占据统治地位的官方意识形态，拥有国家政权赋予的高于其他宗教的特殊地位，同时也担负着通过宗教活动宣传国家思想的任务。

伊朗是政教合一的国家，伊斯兰教在伊朗具有至高无上的地位，对伊朗的国家政治和决策拥有巨大的影响力。伊朗法律以伊斯兰教教义为依据，伊斯兰教教义是处理一切事务的准则。

在阿塞拜疆、哈萨克斯坦、埃及、印度尼西亚、印度和俄罗斯等国，有部分居民信仰伊斯兰教，但这些国家都是政教分离的，伊斯兰教同其他宗教具有平等的地位。其中，阿塞拜疆、哈萨克斯坦、埃及和印度尼西亚的穆斯林人数较多，伊斯兰教是这些国家的主要宗教。

三、信仰其他宗教的国家

在“一带一路”沿线主要的油气资源国中，除了信仰基督教和伊斯兰教的人之外，还有佛教、印度教、犹太教等宗教的信徒。在俄罗斯、印度、印度尼西亚、泰国、马来西亚和越南等国都有居民信仰佛教，其中泰国还以佛教为国教；越南居民主要信仰的也是佛教。印度教是印度的主要宗教，在阿联酋、印度尼西亚和马来西亚也都有印度教徒。以色列绝大多数居民和一小部分俄罗斯居民信仰犹太教。

第二节　语　言

语言是跨文化交流的无形壁垒，对语言的差异性及其影响进行研究，有效

开展跨文化交流,是成功进行国际油气合作的关键所在。到国外开展油气合作,不管是直接进行语言交流、签订合同还是解决纠纷,语言都是重要的媒介。官方语言是一国在正式文件、法律裁决及国际交往等官方场合使用的一种或几种语言,通常也是该国使用最广泛的语言。根据不同语言的语义、语法、词汇上的关系等,语言学家将语言划分为不同的语系。因为相同语系中的语言往往更容易交流,所以我们也要重点研究"一带一路"沿线主要油气资源国的官方语言所属的语系。"一带一路"沿线主要油气资源国的语言概况如表 7-2 所示。

表 7-2 "一带一路"沿线主要油气资源国的语言概况

	官方语言	通用语言	官方语言所属语系	通用语言所属语系
阿塞拜疆	阿塞拜疆语	俄语、英语、阿塞拜疆语	突厥语系	印欧语系、印欧语系、突厥语系
哈萨克斯坦	哈萨克语、俄语	哈萨克语、俄语	阿尔泰语系、印欧语系	阿尔泰语系、印欧语系
俄罗斯	俄语	俄语	印欧语系	印欧语系
伊朗	波斯语	波斯语	印欧语系	印欧语系
伊拉克	阿拉伯语、库尔德语	阿拉伯语、库尔德语	闪含语系、印欧语系	闪含语系、印欧语系
科威特	阿拉伯语	阿拉伯语、英语	闪含语系	闪含语系、印欧语系
卡塔尔	阿拉伯语	阿拉伯语、英语	闪含语系	闪含语系、印欧语系
沙特阿拉伯	阿拉伯语	阿拉伯语、英语	闪含语系	闪含语系、印欧语系
阿联酋	阿拉伯语	阿拉伯语、英语	闪含语系	闪含语系、印欧语系
埃及	阿拉伯语	阿拉伯语	闪含语系	闪含语系
印度	印地语、英语	印地语、英语	印欧语系、印欧语系	印欧语系、印欧语系

续表

	官方语言	通用语言	官方语言所属语系	通用语言所属语系
印度尼西亚	印尼语	印尼语	南岛语系	南岛语系
马来西亚	马来语	马来语、英语	南岛语系	南岛语系、印欧语系
泰国	泰语、英语	泰语、英语	汉藏语系、印欧语系	汉藏语系、印欧语系
越南	越南语	越南语	南亚语系	南亚语系

从表7-2中可以看出，在“一带一路”沿线主要的油气资源国中，官方语言共有12种，其中将阿拉伯语作为官方语言的国家最多(6个)。将阿拉伯语作为官方语言的国家都是阿拉伯国家，民族以阿拉伯人为主，而且主要信仰伊斯兰教，有着类似的风俗习惯，所以和这些国家开展油气合作时，有语言统一、习惯和行为相似的便利条件。将俄语作为官方语言的国家有俄罗斯和哈萨克斯坦。哈萨克斯坦作为当年苏联的一个加盟共和国，在各方面都一直深受俄罗斯的影响。在语言方面，除了将自己的民族语言哈萨克语作为官方语言之外，哈萨克斯坦还在宪法中确立了俄语的官方语言地位。泰国和印度由于历史原因，除了将自己的民族语言作为官方语言之外，也将英语作为自己的官方语言。

“一带一路”沿线油气资源国通用的语言有12种，除了官方语言，有的国家也把一些国际通用语言作为自己国家的通用语言，如一些阿拉伯国家都将英语作为自己国家的通用语言，从而提升了其对外合作优势。在语系上，除了泰语和汉语属于汉藏语系外，其他语言都和汉语差别较大。

第三节 教 育

目标投资国的教育水平直接影响两国进行油气合作的质量与收益，因为在油气合作的过程中，投资企业必然要雇用东道国的员工。如果东道国的教育水平高，企业就能雇到胜任工作的劳动者，否则就可能因为难以雇到合适的员工而导致工作效率低下，甚至耽误进度。通常情况下，投资者最关心的往往不是劳动力成本，而是能否雇到思维敏捷、技术合格的员工。在此，笔者将从一个国家的高等教育入学率、教育支出占 GDP 的比例、国民识字率等方面，来综合分析一个国家的教育状况。高等教育是培养高水平人才的教育，对企业获得高质量员工的影响很大；教育支出占 GDP 的比例代表了一个国家对国民教育的支持程度，并在很大程度上代表了一个国家未来的教育发展方向；国民识字率能够反映一个国家公民的整体受教育状况，对企业在当地的长期经营便利程度有一定的参考价值。2019 年"一带一路"沿线主要油气资源国的教育概况如表 7-3 和图 7-1 所示。

表 7-3　2019 年"一带一路"沿线主要油气资源国的教育概况

	高等教育入学率/%	教育支出占 GDP 比例/%	成人总体识字率/%
阿塞拜疆	27.067	2.903	99.790
哈萨克斯坦	53.254	2.878	99.782
俄罗斯	81.816	3.820	99.684
伊朗	68.846	3.790	85.544
伊拉克	16.077	3.520	74.052
科威特	32.575	3.760	96.056
卡塔尔	16.415	2.852	93.145
沙特阿拉伯	68.937	5.138	94.426
阿联酋	35.680	4.380	90.034
埃及	34.436	3.761	76.168
印度	27.540	3.845	69.303
印度尼西亚	29.560	3.584	95.377
马来西亚	41.930	4.744	93.735
泰国	49.287	4.124	92.868

续表

	高等教育入学率/%	教育支出占GDP比例/%	成人总体识字率/%
越南	28.260	5.652	93.520

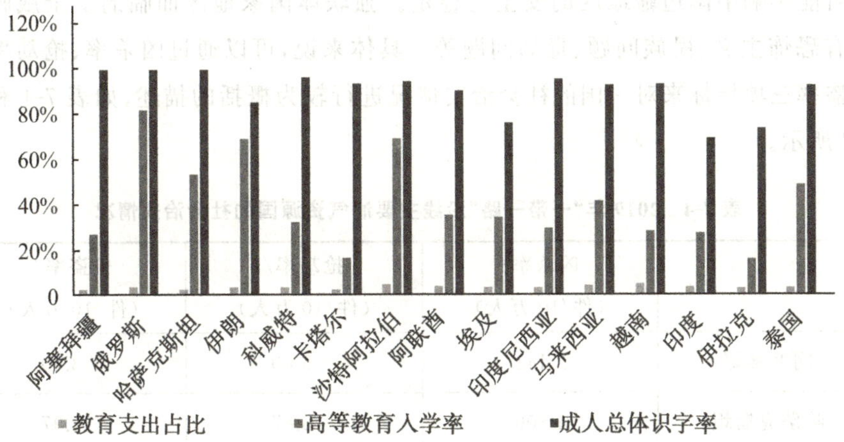

图 7-1　“一带一路”沿线主要油气资源国的教育概况数据

第四节　社会治安

良好的社会治安是企业在一个国家进行正常的商业经营的重要保证，只有社会环境安全稳定，才能为石油企业的跨国经营营造良好的氛围。对投资企业来说，研究投资国家的社会治安状况非常有必要。当前，东南亚地区面临的安全威胁主要有恐怖主义、民族问题、宗教冲突、宗教极端主义、水资源争端、毒品问题等。南亚地区对于“一带一路”倡议的推广至关重要，其不仅是“一带”与“一路”的交汇处，而且是“中巴经济走廊”和“孟中印缅经济走廊”所在区域。当前，南亚地区的安全威胁主要有恐怖主义、民族问题、宗教冲突、毒品问题、难民与非法移民问题等。中亚五国是中国的近邻，该地区的安全问题不仅威胁“一带一路”建设的推进，而且会对中国西北地区的边疆安全与稳定产生重要影响。当前，中亚地区面临的安全威胁主要有宗教极端主义、恐怖主义、民族冲突、边界领土争端、水资源争端等。西亚与北非地区在地理位置上非常重要，其位于亚洲、欧洲、非洲三大洲交界处，石油资源相当丰富，独特的地缘政治、经济特征决定了该地区在“一带一路”倡议中具有不可替代的地位。当前，西亚与北非地区的安全形势十分复杂，面临战争、民族冲突、宗教冲突、恐怖主义等不同形式的安全威胁。这些安全威胁不仅影响着中国与该地区国家的油气合作，而且很有可能影响中国边疆地区的安全与稳定。独联体国家地区面临的安全威胁主要有恐怖主义、民族问题、毒品问题等。具体来说，可以通过凶杀率、抢劫率和偷盗率三项指标来对一国的社会治安情况进行较为概括的描述，如表 7-4 和图 7-2 所示。

表 7-4　2019 年“一带一路”沿线主要油气资源国的社会治安情况

	凶杀率/（件/10 万人）	抢劫率/（件/10 万人）	偷盗率/（件/10 万人）
阿塞拜疆	2.141	5.00	3.70
哈萨克斯坦	4.806	6.87	11.97
俄罗斯	1.081	7.90	6.61
伊朗	2.469	6.70	3.50
伊拉克	9.854	7.55	5.23
科威特	1.796	4.30	4.30
卡塔尔	0.379	4.70	12.30
沙特阿拉伯	1.496	0.30	5.20
阿联酋	0.894	11.10	6.20
埃及	2.513	10.80	11.10
印度	3.224	2.90	8.90
印度尼西亚	0.495	12.50	7.80
马来西亚	2.111	7.40	9.30

续表

	凶杀率/(件/10万人)	抢劫率/(件/10万人)	偷盗率/(件/10万人)
泰国	3.239	3.25	6.58
越南	1.518	11.10	15.60

资料来源:国家商务部公共服务资源平台。

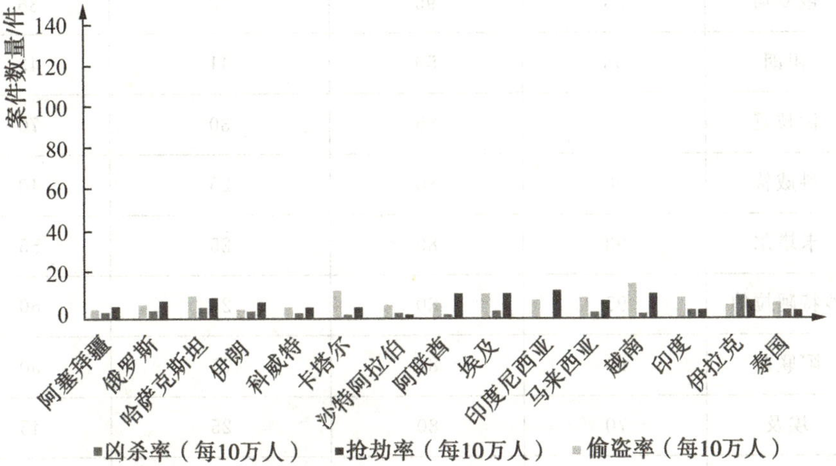

图 7-2 2019 年“一带一路”沿线主要油气资源国的社会治安情况相关数据

第五节 价值观念

价值观念是人基于一定的思维感官做出的认知、理解、判断或抉择,决定了一个人的自我认识,并直接影响和决定着一个人的理想、信念、生活目标和人生追求的性质。荷兰心理学家吉尔特·霍夫斯泰德(Geert Hofstede)提出了四维度文化理论来研究价值观念,四维度文化理论包括权力距离、不确定性规避、个人主义/集体主义、刚柔性,“一带一路”沿线主要油气资源国的价值观念相关指数统计情况如表 7-5 和图 7-3 所示。

表 7-5 “一带一路”沿线主要油气资源国的价值观念相关指数统计

	权力距离指数	不确定性规避指数	个人主义/集体主义指数	刚柔性指数
阿塞拜疆	90	92	33	33
哈萨克斯坦	80	89	34	32
俄罗斯	93	95	39	36
伊朗	58	59	41	43
伊拉克	95	85	30	70
科威特	90	80	25	40
卡塔尔	93	80	25	55
沙特阿拉伯	95	80	25	60
阿联酋	90	80	25	50
埃及	70	80	25	45
印度	77	40	48	56
印度尼西亚	78	48	14	46
马来西亚	100	36	26	50
泰国	64	64	20	34
越南	70	30	20	40

资料来源：世贸组织数据库。

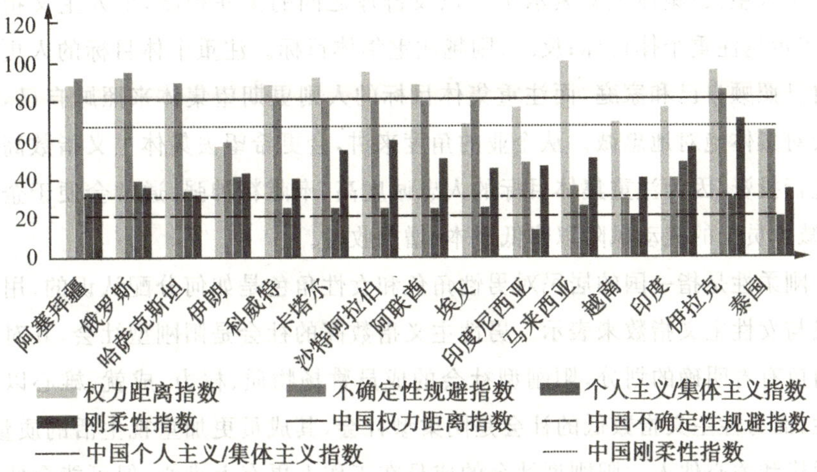

图 7-3　“一带一路”沿线主要油气资源国的价值观念相关指数统计数据

资料来源：世贸组织数据库。

权力距离是指组织或者机构内部权力较少的成员对于权力分配不平等的接受程度。权力距离指数越高，表示对权力分配不平等的接受程度越高。权力距离大的成员认为，权力是社会的基本因素，强调强制力与指示性权力；而权力距离小的成员认为，应该合理运用权力，强调权力的合理性与合法性。对于企业来说，对投资的目标国家员工的权力距离有一个详细的了解至关重要。有的企业等级制度森严，权力往往掌握在高层的极少数人手里，这会引起权力距离小的员工的反抗，所以这种企业应该选择权力距离大的国家进行投资；反之，制度透明的企业更应该去权力距离小的国家进行投资。

不确定性规避是指人们对未来不确定性的态度，不确定性规避指数越高的国家，人们规避不确定性的意愿越强烈。不确定性规避程度越高，国家越有明确的社会规范和原则来指导绝大多数情况下发生的行为，反之，不确定性规避程度越低，国家越没有那么明确和严格的社会规范和原则。不确定性规避程度指数越高，说明一个国家的制度越严明，人们做事情越有条理性，但是也可能因此禁锢了思想，扼杀了企业的活力。所以，企业在评估一个国家是否适合开展油气合作时，应该结合企业自身的业务与目标国的不确定性规避指数，选择适合自身情况的国家进行投资。

个人主义/集体主义表示个人以及群体之间的关联程度，个人主义指数越高，表示越注重个体目标；反之，则越注重集体目标。注重个体目标的人更倾向于自己照顾自己和家庭，而注重集体目标的人则更期望集体来照顾自己，同时也会对集体绝对地忠诚。从企业的角度来讲，会更希望去集体主义指数高的国家进行投资，因为注重集体目标的人忠诚度高，奉献精神强，通常会便于企业经营，减少员工的流动风险以降低成本、增加收益。

刚柔性是指一国的居民对男性角色和女性角色是如何分配认识的，用男性主义与女性主义指数来表示。男性主义指数高的社会是阳刚型社会，其对于性别角色有着明确的划分，阳刚型社会的成员赞扬物质、权力、成就、雄心以及决断性；而男性主义指数低的社会是阴柔型社会，其成员更加重视生活的质量、养育后代和关心他人。阳刚型社会的成员在工作上更有上进心，但可能会使企业难以在当地雇到高素质的女性员工，这一点应该引起企业的重视。

第六节　国际油气合作的跨文化管理

本节将阐述进行国际油气合作跨文化管理的重要性，在总结目前研究现状的基础上，对国际油气合作跨文化管理的范畴、目标、内容进行详细的探讨，并且提出将跨文化管理模式选择与异文化适应周期结合起来，最后结合实例阐述跨文化管理的支持系统。

一、问题的提出——研究跨文化管理的意义

21 世纪是经济全球化的世纪，在国家"走出去"战略的指导下，中国油气企业纷纷走出国门，进入国际油气市场。油气资源的国际化经营的序幕已经拉开，国际化的步伐正在加快。随着中国油气企业承揽的国际油气合作项目数量的增加，在项目管理中暴露出来的问题也越来越多。作为其中的问题之一，跨文化管理的问题也表现得比较突出，它对国际油气合作项目能否顺利进行具有重要的影响。

国际油气合作的跨文化管理是指与项目有关的不同文化群体在交互作用的过程中出现矛盾和冲突时所采取的文化整合措施。石油企业进行跨国经营活动时，面对的是与本国完全不同的文化环境，以及由其所决定的价值观念和

行为准则；管理者所要解决的不仅是项目组织结构和人员配备、资金投向等问题，更重要的是要解决跨文化背景下文化差异引发的各种矛盾和冲突，这就需要一定的跨文化管理的方法和技巧。

从项目团队内部来看，其是由具有不同文化背景的员工组成的，双方拥有不同的语言、教育水平、宗教信仰、工作目标等，而来自不同国家的管理者也有不同的管理方法和管理经验。在项目团队外部，项目承包商不仅要满足东道国政府的要求，而且要适应东道国的风俗习惯、法律制度等。如何进行跨文化的有效沟通、协调和管理，直接影响着国际油气合作项目的实际效果。中国油气企业跨国经营的实践表明，来自不同文化背景的人因价值取向和行为方式的不同而产生的文化冲突，是导致国际油气合作项目失败的重要原因之一。国际油气合作项目大多具有投资大、风险高、社会关系复杂、政治色彩浓厚等特点，这一方面决定了对国际油气合作项目实施跨文化管理的必要性，另一方面也使国际油气合作项目的跨文化管理不同于一般项目的跨文化管理，国际油气合作项目的跨文化管理比一般企业的跨文化管理更加困难和重要。

因此，对于走出国门的中国油气企业来说，研究如何在异域文化环境中努力实现中国优秀传统文化与东道国文化的融合，通过共同的价值标准、道德标准和行为标准，把具有不同文化背景的员工凝聚起来，实现多层次的有效沟通和合作，适应中国油气企业“走出去”的趋势，不仅对国内石油企业开展国际化经营有极大的帮助，而且成为中国油气企业运作国际油气合作项目的一项重要研究课题。

二、跨文化管理的内涵及其理论研究现状

大型国际企业开展跨文化经营是必然的，在跨文化经营中遇到的困难也是国内经营活动中所遇不到的。首要的问题是异文化适应。换句话说，就是如何在与异文化环境中生存下来，并不断向前发展，这是跨文化企业在管理中面临的首要问题。针对跨文化企业内部的管理文化建设问题，许多专家认为，跨文化企业要想在异文化环境中生存和发展，关键在于建立具有高度适应性的跨文化企业文化。所谓“高度适应性的企业文化”，就是指既能够适应东道国的特定社会文化环境，同时又具有企业自身特色的以“多元化”为基调的企业文化。所以说，跨文化管理就是要求跨国公司的管理者摒弃单一的文化管理模式，把管理的重心放在对企业所具有的多元文化环境的把握和文化差异的认识上，克服

多元文化和文化差异带来的困难，实现不同文化的协同，充分发挥多元文化和文化差异的潜能和优势；建立新型企业文化，在激烈的竞争中赢得成功。

在以往的研究中，有关跨文化管理或多国公司管理，侧重于通过文化背景的差异来探讨不同国家、不同制度、不同文化传统等条件下的组织有效性。例如，莫朗(R. T. Moran)的跨文化组织管理理论(“文化一体化”)、阿德勒(A. Adler)的“文化协调配合”论以及卡尔德(B. Calder)的“跨文化三层图示”等，都对与合资企业组织管理有关的跨文化管理问题进行了深入的探讨。这些都是在总结了企业跨国经营实际经验的基础上提出来的被许多人认可的企业文化理论。这些理论各具特色，对形成共同管理文化起着理论和实践上的指导，但也有各自的不足之处。例如，莫朗的跨文化组织管理理论侧重于强调企业成员在具体行为方式上的“文化一体化”，而对组织工作程序和制度等重要内容则重视不够。我国学者俞文钊教授针对中国企业的实际情况，提出了仅适用于中外合资企业的“合资企业共同管理文化新模式”，这是一种论述中外合资企业如何建立共同管理文化的有效理论。

综上所述，目前，对跨文化管理问题的研究主要集中在跨国公司、中外合资企业等公司层面，而以国际项目为载体的跨文化管理研究几乎是一片空白。虽然一些项目管理专著都提到了国际项目运作中的文化差异问题，但非常遗憾的是，这些著作都没有对文化差异的管理提出一套系统的方法。在国际油气合作项目的跨文化管理研究方面，至今未有相关的著作出现，所以这里想借此机会进行一番探讨，以此让广大学术界和企业界的专家学者多多关注中国企业在国际油气合作项目中的跨文化管理问题。

三、国际油气合作项目中的跨文化管理

(一)国际油气合作项目中跨文化管理的范畴和目标

国际油气合作项目的一次性、独特性、复杂性等特点，决定了此类项目的跨文化管理比一般跨国公司的跨文化管理具有更多的不确定性，其管理的难度也更大。换句话说，一般跨国公司的跨文化管理侧重于业务层面，与公司的其他管理职能平行；而国际合作项目的跨文化管理是项目管理的一个重要方面，随着项目进展情况的变化而变化。笔者所要介绍的国际油气合作项目的跨文化管理更是突破了一般跨文化管理的范式。

对于国际油气合作项目的运作团队来说，其面临项目团队的内部和外部两种环境，如图 7-4 所示。

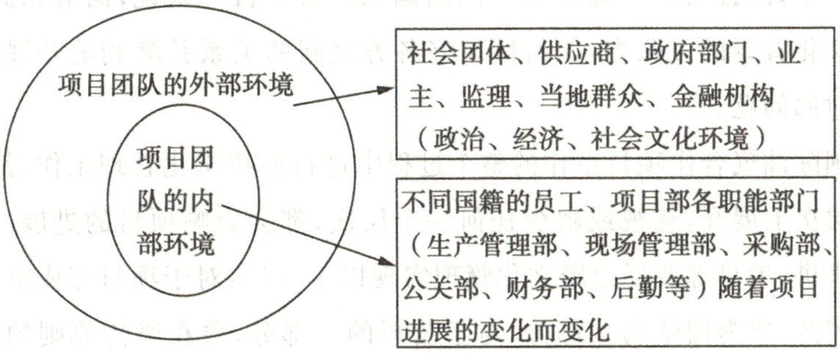

图 7-4 项目团队面临的内部和外部环境

在项目团队内部，往往有来自不同国家的成员，包括管理人员和一般员工。如何让这些人进行沟通协调是一个重要的问题；另外，项目内的各职能部门员工之间的沟通交流也是一个很现实的问题。随着项目的不断向前推进，项目部的员工会有很大的变化，甚至项目部的组织结构也会发生变化，这就会使项目团队所面临的内部环境也在发生变化。而在项目团队外部，一方面，资源国的政治、经济、社会文化环境与本国有着较大的差别；另一方面，项目部成员还必须面对与该油气合作项目有关的社会团体、供应商、政府部门、业主、监理、当地群众、金融机构、宗教领袖等，这也增加了跨文化管理的复杂性。

从项目部面临的这样一种处在动态变化中的内外环境出发，我们可以看到，国际油气合作项目的跨文化管理将在三个层次上发挥作用。第一个层次是项目部内部的跨文化管理，主要是针对不同文化背景、宗教信仰、教育水平、工作期望的员工而言的，这是一种狭义的跨文化管理，是大多数学者专家关注的。第二个层次是在项目部及其所属公司（本国总部）间的跨文化管理，国际油气合作项目的特殊性，面临的内外部环境的巨大差异性，导致项目运作过程中遇到的困难是国内经营时遇不到的，对于项目部来说，国内总公司的一些政策、方法、管理模式等是不符合资源国的要求的，对此项目部必然要采取符合国际惯例和国际准则的管理办法和工作方式，这样一来，在同一家公司内部就会出现类似于“一企两制”的现象，那么处理总公司和项目部在管理方式方法和理念上的差异,就是必须解决的问题。第三个层次是项目部与项目所在资源国各有关单位的协调和沟通工作,国际油气合作项目一般都是大型项目,涉及的人员和单位比较多,而且它们可能来自不同的国家。对项目部来说,面对如此众多的有不同文化背景的关联方,如何协调好各方之间的关系并顺利地开展工作,是必须面对的问题。

在国际油气合作项目运作的整个过程中进行的跨文化管理工作,都应该在这三个层次上展开,忽视或缺少任何一个层次,都会影响项目的进展。从这三个层次来讲,项目部要通过跨文化管理实现以下目标:对于项目部成员,要让他们融入团队,成为团队的一部分;对于公司的一部分,要在坚持原则的情况下,取得总公司的谅解和肯定;对于运作项目的团队,要取得项目其他各相关方的协调和配合。总之,要整合项目团队内外的文化差异,实现协同增效,最终构建具有高度适应性的"合金"企业文化,如图 7-5 所示。

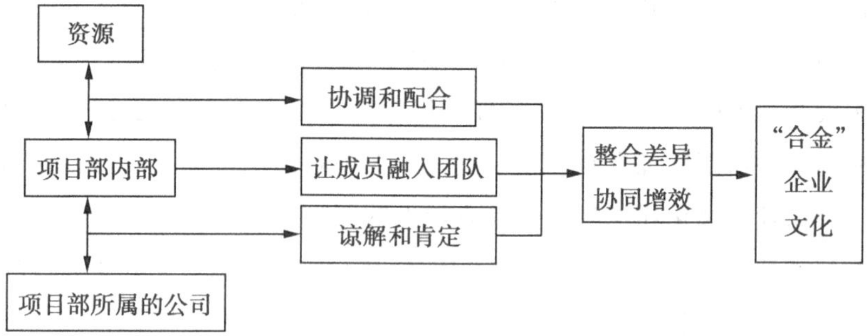

图 7-5　跨文化管理的层次和目标

"合金"企业文化有两层内涵:一是文化融合,即在跨国(地区)经营中对不同种族、不同文化类型、不同文化发展阶段的子公司所在国家(地区)的文化进行兼容,并创造出独特的文化管理过程;二是跨文化管理,其中心任务是解决文化冲突,在管理过程中寻找超越文化冲突的公司目标,制定不同文化背景员工的共同行为准则。"合金"企业文化的最终目的是促进企业经济效益和社会效益的增长,从而实现企业利润最大化。

以上阐述了国际油气项目跨文化管理的范畴和目标,但是没有明确跨文化管理的具体对象,其对象不是人或物,而是客观存在的认识上的差异和协作中的冲突。在此，将文化差异识别和项目运作过程中的文化冲突处理作为国际油气项目跨文化管理的两大内容。

第一，要有效地识别文化差异。由于文化冲突是文化差异造成的，所以必须对文化差异进行分析识别。文化差异是跨文化管理问题产生的直接原因。管理人员首先要识别和区分文化差异，然后才能采取有针对性的措施。

走出国门的中国油气企业应对东道国的文化（如风俗、价值观、消费观念等）进行详细的调查，从而对当地企业的文化背景有一个深刻、全面的了解。在对国外文化进行研究时，可采用国际上通用的霍夫斯泰德"文化维度"方法，把握当地文化的精髓，了解当地文化的根本特征。只有在对本国的文化和国外文化有了全面把握的情况下，才能比较文化特质的异同，进而在管理中有针对性地采取措施，减少文化冲突和矛盾，推进文化融合，形成双方或多方都能接受的、高效的经营理念和管理模式。不同的文化差异如图 7-6 所示。

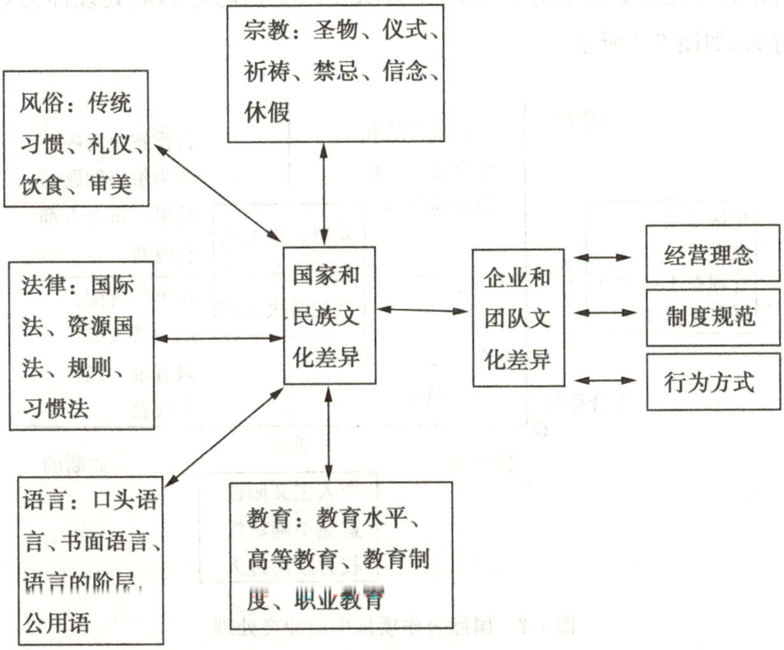

图 7-6　不同的文化差异

第二，重视对文化冲突的处理。文化差异的客观存在，使中国石油企业在异域文化中开展国际油气合作项目时不可避免地会遇到文化冲突。所谓“文化冲突”，是指不同形态的文化或者文化要素之间相互对立、相互排斥的过程，它既指中国石油企业在资源国经营时与资源国的文化观念不同产生的冲突，又包含了企业内部员工分属不同文化背景的国家产生的冲突。对项目团队而言，文化冲突有积极和消极两方面的影响，它的消极影响自然不容忽视，因为会使项目团队的运作受到重大影响甚至失败，但它的积极影响更值得我们关注，如果能处理好文化冲突，就能利用多元文化的潜能，集思广益制定更具前瞻性的跨文化经营战略，使中国油气企业在国际油气市场上立于不败之地。

国际油气合作项目运作期间，在不同时刻都必须处理好运营层的冲突。可以应用冲突-处理风格模型来研究不同国家企业的运营风格。不同的文化背景下，对项目冲突的管理存在极大的差异，尤其是在来自西方文化背景的管理者和来自东方文化背景的管理者之间尤为明显。文化能够影响处理冲突等关键项目行为，如图 7-7 所示。

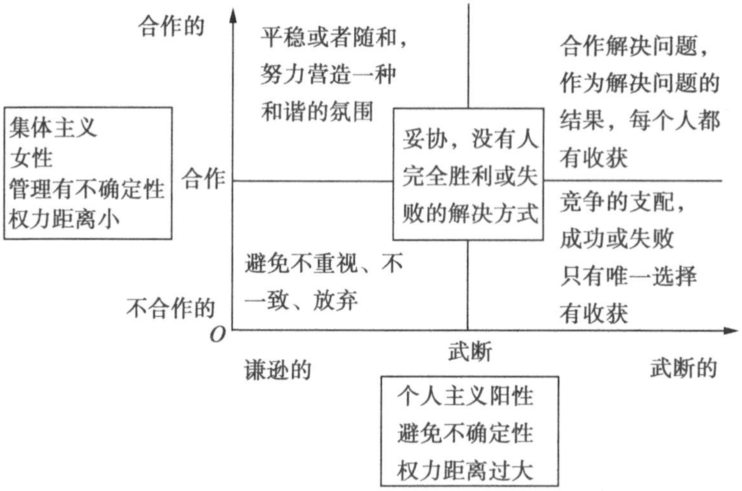

图 7-7　国际合作项目中的冲突处理

（二）跨文化管理模式的选择与异文化适应周期

从国内外跨国公司的跨文化管理经验来看，其管理模式主要有三种，即共存式、占领式和融合创新式。

(1)共存式。共存式即国外子公司同时保留母公司的企业文化和当地的文化,两种文化共存,相互接受对方文化的优缺点,相互协调、相互补充。

(2)占领式。占领式即跨国公司在进行国外直接投资时,直接将母公司的企业文化强行注入国外子公司,国外子公司只保留母公司的企业文化。这种模式一般只在国外子公司能完全接受母公司文化的情况。

(3)融合创新式。融合创新式即母公司的企业文化与国外子公司的当地文化进行有效的整合,通过各种渠道促进不同的文化相互了解、适应和融合,从而在母公司的企业文化与国外子公司的当地文化的基础上构建一种新型的国外子公司企业文化。这种新型的国外子公司企业文化既保留了母公司的企业文化特点,又与当地的文化环境相适应,是两种文化的有机整合。

影响跨文化管理模式的因素有很多,其中最重要的是文化特质差别的大小、文化特质所代表的管理模式是否高效,以及油气合作项目运作所处的项目阶段。若文化特质差别大,则在整合初期就应采取保留型的文化融合方式,待企业运作一段时间后再转向其他文化整合方式;若文化特质差别小,则需要考察哪种文化特质所代表的管理模式更高效,并以代表高效的文化特质为主,采取吸收、反吸收或融合创新式的文化整合管理模式。

由于大部分到海外工作的人员都要经过一个异文化适应的过程,客观上存在"文化冲击周期",所以跨文化管理模式的选择应当与"文化冲击周期"结合起来,一方面要坚持集团公司的战略,另一方面也要照顾海外工作人员的生理和心理特点。对于国际油气合作项目来说,中方的外派人员都是通过仔细挑选的,具有较强的自控能力,在项目中尤其可以通过一些强制性措施来遏止某些行为的发生。但是,在心理方面,他们亦会出现一些具有共性的表现。一般来说,中国外派人员的心境和情绪波动基本可以分为以下四个阶段,如图 7-8 所示。

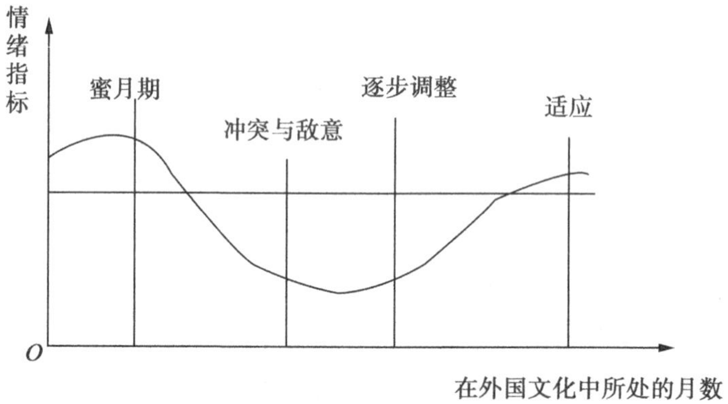

图 7-8 文化冲击周期

(1)蜜月期。在这一期,外派人员大多是带着兴奋感开始工作的。在一个全新的环境中,人往往会表现出很高的工作热情和对异国文化的极大兴趣。对中方人员来说,外派是一项光荣的任务,是一种荣誉。因此,在开始的时候,外派人员自觉性很强,都有把工作做好的心理。这时候,他们会意识到身上肩负着两个责任:一是适应新的工作,二是适应新的文化环境。适应新的工作包括新的技术任务,对新的工作规则的学习、吸收和熟悉;适应新的文化环境则需要他们主动参与,具体可以表现为对新语言的努力学习,加强与异国人员的沟通等。在时间的分配上,该时期一般以业务为主,除了与相关专业人员的来往,中方人员对外方文化的熟悉是渐进式的。这一时期延续的时间较长,为1~2个月。

(2)冲突与敌意期。在这一时期,外派人员最初的热情消退。通过1~2个月的适应,外派人员的心境开始产生分化,开始注意到差异比一开始想象的要大。随着对情况的熟悉,外派人员会逐渐产生不能处理好事情的挫折感,开始对处在不同文化环境下进行交流和高效开展工作失去自信。外派人员倾向于对事物进行比较,并对外部文化产生取舍情绪。在这种状态下,外派人员对别人对自己行为的评价往往非常敏感,并会下意识地与自己在国内的情形进行对比,与环境的隔阂感也在逐渐上升。这一时期可持续两个月左右。

(3)逐步调整期。在这一时期,外派人员开始克服孤独感,渐渐知道如何在新文化环境下做事。这一时期是外派人员心境的低谷阶段,通过之前几个月疲惫不堪的挣扎和调节,工作的压力、文化适应性的压力、离家孤独感的积累在这一期达到顶峰，外派人员会开始寻找发泄点。这是外派人员心态最为脆弱的阶段，很多不可理喻的行为往往也出现在这一时期。逐步调整期是对外派人员的素质和心态最严峻的考验阶段，可能延续 1 个多月，尤其以出国后的第 5～6 个月最为突出。

(4)适应期。在这一时期，外派人员已经从心理迷惘中恢复过来，逐渐适应了新的文化环境。以心境出现一定程度的"麻木"状态为开始状态，渐渐融入较正常的状态。在适应期，外派人员会下意识地认可他们所处的文化环境，与文化冲击有关的消极反应慢慢消失，开始游刃有余地在新文化环境下规范自己的行为。

(三)跨文化管理的支持系统

1.建立跨文化培训体系

当前，绝大多数中国油气企业都偏重对员工的纯技术培训，却忽视了对员工(尤其是管理人员)的跨文化培训。而跨文化培训恰恰是消除文化差异、防止文化冲突的最基本、最有效的手段。通常来讲，跨文化培训的主要内容包括对双方民族文化的认识和了解、对文化敏感性和适应性的培训、语言培训、对冲突处理能力的培训，如图 7-9 所示。

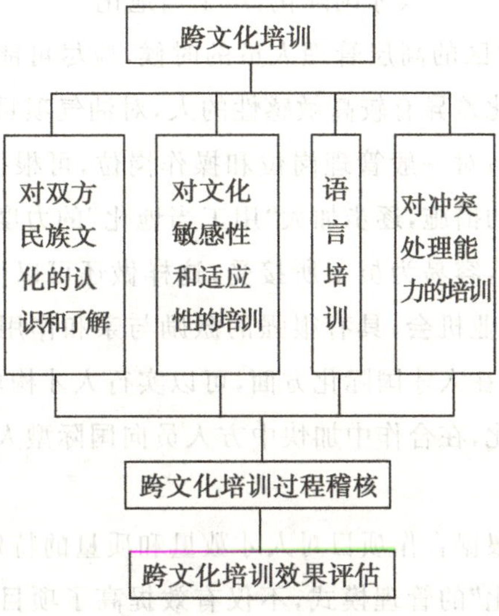

图 7-9　跨文化培训的主要内容

对文化敏感性和适应性的培训是跨文化培训的一项重要内容，文化敏感性和适应性是跨文化管理能力的一项重要内容。对文化敏感性和适应性的培训有两项主要内容：一是系统培训有关母国文化背景、文化本质和有别于其他文化的主要特点，二是培训外派管理人员对东道国文化特征的理性和感性分析能力。实践证明，比较完善的对文化敏感性和适应性的培训可以在较大程度上代替实际的国外生活体验，使外派管理人员在心理上和应付不同文化冲击的手段上做好准备，减轻他们在东道国文化环境中可能产生的不适应或痛苦感。

例如，中石油在苏丹运作油气合作项目多年，在跨文化培训上，坚持方式灵活、全员参与、共同培训的原则，取得了良好的成效。通过情景模拟、游戏体验、案例分析、小组讨论等生动活泼的授课方式，让两国员工一道参加跨文化和团队建设培训，加强了双方员工的沟通和理解，增强了团队的凝聚力，其中的许多做法值得借鉴。

通过识别文化差异和进行跨文化培训，可以提高团队员工对文化的鉴别和适应能力。在认识文化共性的基础上，根据环境的要求和企业战略发展的原则，建立项目团队强有力的"合金"文化，使每位员工都能把自己的思想与行为同企业的宗旨结合起来。

2.完善用人制度——"人才国际化，用工当地化"

在选择跨文化地区的高层管理人员的时候，应尽可能选择那些素质较高、交往能力较强、对文化差异有较高敏感性的人，对油气项目急需的关键岗位，可面向国内外公开招聘；对一般管理岗位和操作岗位，可根据项目所在国的法律法规，采取积极稳妥的措施，逐步加大"用工当地化"的力度，因为本土人员对本土文化有很深的了解，容易为员工所接受，这样做还可以使东道国的本土员工获得明显的晋升和就业机会，具有很强的激励与亲和作用，有利于在不同文化之间架起一座桥梁。在人才国际化方面，可以实行人才构成国际化，人才素质、评价、政策法规国际化，在合作中加快中方人员向国际型人才的转变，提高中方人员的综合素质。

例如，中原物探根据合作项目对人才数量和质量的特殊需求，通过建立"人才国际化，用工当地化"的管理模式，不仅有效提高了项目运作效率，而且降低了项目运作费用。这一模式在中原物探的厄瓜多尔物探项目中取得了显著的成效。在厄瓜多尔物探项目中，根据厄瓜多尔人力资源丰富的实际情况，中原物探一方面将钻井、测量等工作分包给当地的专业公司；另一方面从哥伦比亚、阿根廷、秘鲁等国招聘了大量有拉美施工经验的高级管理人员和技术人员，满足了施工需求。在“用工当地化”方面，中原物探突破了以中方人员为中心的管理观念，加大对当地人力资源的开发力度，实行管理方式属地化。在厄瓜多尔物探项目的运行过程中，中原物探累计雇用当地员工 800 多人，而中方员工仅有 13 人，从而大幅度地降低了人工成本。

3.加强文化沟通和交流

不同的国家之间，文化的差异是客观存在的，对这种差异的互相接受必须建立在互相理解的基础上。如果不经常进行文化交流和思想沟通，这种差异带来的文化冲突将难以消除。在项目团队内部，必须通过各种方式实现团队员工的交流和沟通，促进员工相互了解，消除误解。不论在什么文化背景下，发挥人的主观能动性、进行有效的沟通都是实现文化融合的基本前提。同时，文化也是动态可变的，这为不同文化间的合作、融合提供了必要的条件。沟通在国际交往中的重要性是不言而喻的，得到当地人的理解和支持，会给正在进行的项目管理带来方便和成功。因此，要想实现跨文化管理，需要有意识地建立各种正式的和非正式的、有形的和无形的跨文化沟通渠道。为了有效地沟通，可以遵循以下一些原则。

(1)确认文化差异原则。在不同的文化地域实施项目之前，应该对文化差异加以确认。首先确认哪些是刚性的东西，必须无条件遵守；哪些是不可以接受的；哪些是可以通过努力达成一致的。只有首先确认了文化差异，才能采取有针对性的措施，实现有效沟通。

(2)相互理解原则。在确认文化差异之后，重要的态度和意识就是相互理解。在文化融合的过程中，没有所谓“对与错”“先进与落后”的概念，只有符合原则和不符合原则的问题，需要在实际工作中去验证。

(3)相互尊重原则。入乡随俗是文化融合中的一项重要原则。在一定的地域内，东道国的本土文化都具有很强的影响力，外来人员不能处处以自己的原则和规范行事，把自己的观念、意识、风俗、习惯强加于人。

4.采用灵活的管理方式和激励制度

在薪酬制度方面，应当建立与国际接轨的薪酬激励机制，如项目经理实行年薪制，按经营业绩实行差异化分配；项目员工则借鉴国外石油公司的薪酬标准，对涉外各个岗位的人员薪酬做出详细的规定；根据岗位的不同和贡献的大小，拉开分配差距，体现与国际市场劳动力价位接轨的原则。

在国际油气项目中，采用灵活的管理方式是非常有必要的。例如，发达地区与落后地区的时间观念差异比较大，在不同的地区施工，应充分估计到这方面的差异，采取灵活的管理方法，保证工程按时完成。在这方面，成功的案例有很多。以中原油田在伊朗的一个施工项目为例，当地民工每天只挖一个坑就收工了，如果按这种进度，中方将面临工程超期的高额罚款。为此，该项目的负责人采取了一种有效的激励办法：一天挖一个坑可拿 5 美元，如果一天挖两个坑，则第二个坑可拿 10 美元；一天挖三个坑，则第二个坑可拿 10 美元，第三个坑可拿 15 美元，以此类推。办法实施的第一天，将现金带到工地，完成了就发放。结果，每天能挖八个坑的人加班加点也要挖九个，从而大大加快了施工进度。

四、总结

综上所述，在国际油气合作项目中，中国油气企业面临的跨文化管理问题不容忽视，相关企业也有不少这方面的经验教训。将这些经验教训加以提炼，上升到理论的高度，成为中国油气企业的共同财富，还有很长的路要走。但是，只要中国油气企业能够制定正确的跨文化管理战略，有效地认识文化差异，选择合理的跨文化管理模式，加强跨文化培训，掌握跨文化管理的艺术与技巧，就能在国际油气合作中取得更加丰硕的成果。

第八章　我国企业开展国际油气合作的法律环境

国际油气合作开发是资源国利用外国投资共同开发油气资源的一种国际合作形式，一般由资源国政府或国家企业同外国投资者签订协议和合同，在一定年限内，在资源国指定区域内允许外国投资者同资源国政府合作进行勘测，勘探和开发油气资源，并按约定的条件承担风险、分享利润。

国际油气合作涉及国际法、资源国国家法等多方面的法律问题。对外国石油公司来说，在资源国进行石油和天然气的勘探开发投资时，公司和资源国的立场是不一样的：外国石油公司的目标是使短期的收益最大化，即在勘探成功后尽快投入开发、生产，回收投资；而资源国则希望通过外国油气公司介入本国的油气资源勘探开发市场，迅速准确地对本国的油气资源做出评价，对外国油气公司的勘探开发活动进行监督、控制和学习，获取最大的经济收益。

为了达到上述目的，资源国政府一般会在适宜的时间范围内，通过征税，国家参与开发，设置定金、租金和矿区使用费等一系列管理政策来获得收益。而为了达到这些目的，资源国政府会将这些政策体现在本国政府或国家油气公司与外国油气公司签订的油气合同的各项条款中。因此，要到一个油气资源国进行投资，了解该国的油气财税政策和制度是极为重要的。

各个国家的法律和油气政策的不同，直接表现为税收和国家参与比例的不同，这对外国油气公司的收益有直接的影响，作为外国投资者必须予以认真研究。

进入21世纪以来，跨国油气公司在许多发展中国家进行了油气勘探开发，这些活动都涉及资源国政府与跨国油气公司的利益分配。油气协议（合同）是用来调整两者之间关系的法律文件,即资源国政府或国家油气公司与跨国油气公司之间通过谈判确定的一种用于调整两者合作关系的行为准则。

第一节　国际油气合作应遵守国际法的基本原则

一般来说,在国际油气合作中应遵守的国际法的基本原则有以下几项。

一、经济主权和国家对自然资源的永久主权的原则

联合国于1962年12月颁布的《关于自然资源永久主权的决议》,1974年4月颁布的《建立国际经济新秩序宣言》及《行动纲领》,1974年12月颁布的《各国经济权利和义务宪章》等文件都明确表示,每一个国家对其所有的自然资源和一切经济活动都拥有永久主权。这就意味着,无论外国人通过什么方式取得一定时间、一定区域内的勘测、勘探、开发和生产权,都不意味着取得了所有权。矿产资源的所有权、管辖权和统治权永久属于资源国政府及其人民。资源国有权依照本国经济发展的需要,规定勘测、勘探、开发和生产的条件和区域;资源国也有权自主制定有关勘探、开发和分配资源的立法,有权制定批准、限制和禁止外国人勘探和开采自然资源的法规。同时,在产品分配、利润分配和税收等方面,国际油气合作与其他国际合作也有明显的区别,如资源国有权享受并获得经济权益,此外在勘测、勘探、开发和生产活动中,外国油气企业都不能妨碍资源国在其他方面的主权行为(如交通、捕捞和铺设电缆等)。另外,外国油气企业在进行开采、需要技术协助和科学情报等情况下,都必须向资源国报告。

二、平等互利的原则

平等互利是国际经济关系及合作的基本原则,主要表现在以下方面:

(1)在国际贸易方面,要求改善发展中国家的贸易条件,逐步取消关税壁垒、非关税壁垒以及限制性商业惯例。

(2)在多边贸易谈判中,必须对发展中国家实行非互惠的特惠原则。

(3)在技术转让方面,必须制定符合发展中国家需要的条件和技术转让准则。

(4)在国际金融方面,要改革国际货币制度,减轻国际货币制度的不稳定性,维护发展中国家货币储备的实际价值,调整国际金融机构的贷款政策,发展贷款要优先照顾发展中国家,如给予较为优惠的贷款条件等。

三、国际经济合作与发展的原则

《各国经济权利和义务宪章》规定,开展国际合作以谋求发展是所有国家的一致目标和共同义务;每个国家都应该对发展中国家的努力给予合作,提供有利的外界条件,给予符合其发展需要和发展目标的积极协助;尊重各国的主权平等,不附带任何有损于其主权的条件,以加速发展中国家的经济和社会发展。

第二节 中国的油气合作法规

在中国,石油和天然气资源属于国家所有,采用合作的方式吸引国外的资金,学习国外的技术,促进民族油气产业的发展,是中国开展对外合作的宗旨。在油气方面开展对外合作的行为不是一般的企业行为,其涉及更为复杂的法律关系,主要包括以下几个方面。

一、石油资源的所有权

石油和天然气资源属于矿产资源。根据《中华人民共和国宪法》和《中华人民共和国矿产资源法》的规定,矿产资源属于国家所有,由国务院行使对矿产资源的所有权。矿产资源的所有权的唯一主体是国家,在地表和地下的矿产资源不因其土地所有权或使用权的不同而改变国家所有的性质,任何单位和个人都不能成为矿产资源所有权的主体。

为了不断加强对油气资源的保护,1986 年 3 月 19 日,第六届全国人民代表大会常务委员会第十五次会议通过了《中华人民共和国矿产资源法》,于 1986 年 10 月 1 日起实施。1994 年 3 月 26 日,国务院颁布了《中华人民共和国矿产资源法实施细则》。1996 年 8 月 29 日,第八届全国人民代表大会常务委员会第二十一次会议对《中华人民共和国矿产资源法》进行了修订,并于 1997 年 7 月 1 日起实施,这标志着中国的矿业法制建设已趋完善。

二、统一审批制度

中国所有的矿山企业(包括个体企业和私营企业)在采矿前都必须完成企业申请、上级统一批准的程序,取得由地质矿产主管部门签发的许可证,按照审批的勘探计划进行勘探工作。《中华人民共和国矿产资源法》规定,省、自治区、直辖市的人民政府地质矿产主管部门主管本行政区内矿产资源勘查的监督管理工作,省、自治区、直辖市的人民政府有关主管部门协助同级地质矿产主管部门进行矿产资源勘查的监督管理工作。

三、勘探权的取得及勘探费用交纳

油气资源的勘查许可证有效期最长为 7 年。需要延长勘查工作时间的,探矿权人应当在勘查许可证有效期届满 30 日前到登记管理机关办理延续登记手续,每次延续时间不得超过两年。油气资源滚动勘探开发的采矿许可证有效期最长为 15 年,探明储量的区块应当申请办理采矿许可证。

探矿权使用费按照勘查年度计算,逐年交纳,标准为:第一个勘查年度至第三个勘查年度,每平方千米每年交纳 100 元;从第四个勘查年度起,每平方千米每年增加 100 元,但最高不得超过每平方千米每年 500 元。如符合规定的特殊情况,探矿权人还可申请减交、免交探矿权使用费。探矿权可以通过招标或投标的方式有偿取得。

四、采矿权的取得及采矿费用的交纳

开采油气资源必须经国务院指定的机关审批同意后,由国务院地质矿产主管部门登记并颁发采矿许可证。根据矿场规模的不同,采矿许可证的有效期也长短不一,最长期限为 30 年。采矿许可证有效期满需要继续采矿的,采矿权人应当在采矿许可证有效期满的 30 日前到登记管理机关办理延续登记手续;过期不办理的,采矿许可证自行废止。

国家实行采矿权有偿取得制度。采矿权使用费按照矿区范围的面积逐年交纳,标准为每平方千米每年 1000 元。如果有符合规定的特殊情况,可向有关部门申请减交、免交采矿权使用费。

五、国家石油公司的合作体制

国家授权国家石油公司在对外合作中代表国家利益，负责与外国企业谈判，签订、执行合作合同，享有与外国企业合作进行油气资源的勘探开发、生产经营的权利。

对外合作区块公布后，除国家石油公司与外国企业开展合作业务外，其他企业不得进入；在区块公布前已进入并处于盆地评价勘查阶段的，在国家石油公司与外国企业签订合同后应当撤出，该企业的勘查资料可交由国家公司出售，以补偿其投资。该区块发现油气田后，撤出的企业可以通过投资的方式参与开发。

六、保护外商的合法权益

外国企业在中国境内从事油气合作业务时，必须遵守中国的法律。中国政府保护外国油气企业的投资、利润及其他合法权益；对其投资和收益实行税收优惠政策，特殊情况下实行较高税率征收的，会给予相应的补偿。国家对外国企业执行合同所进口的设备和材料，按有关规定在税收方面给予优惠。

七、兼顾中央与地方的利益

国家石油公司可以根据自愿原则，通过吸收地方参股开采有商业价值的油气田，使地方从对外合作中获得实际利益。地方人民政府应当在治安管理、土地使用、道路通行、生活服务等方面给予有效的协助。

八、外国合作者的主要权利和义务

中国石油企业开展对外合作时，实行国际通用的根据产品分成的合作模式。在勘探阶段，外国合作者单独投资勘探，负责勘探作业，承担勘探风险；在开发阶段，由外国合作者与中国石油企业共同投资，共担开发风险，外国合作者承担开发作业；在生产阶段，回收勘探开发投资，油气产品按投资比例分成，中国石油企业可按照合同约定接替生产作业。

(一)外国合作者的主要权利

1.勘探开采作业权

外国合作者处于承包商的地位,合同一经生效,即有权按合同约定实施勘探开采作业。

2.收益权

外国合作者可以按照合同约定回收投资和费用,并取得报酬。

3.进出口权

外国合作者可以将其应得的石油或购买的石油运往国外,也可以依法将其回收的投资、利息和其他合法收益汇往国外。外国合作者可以进口执行合同所需的设备和材料,并按规定享受税收优惠。

(二)外国合作者的主要义务

1.接受监督的义务

外国合作者应当在中国境内设立分支机构或代表机构,在中国境内经批准可经营外汇业务的银行开设账户,遵守中国方面有关外汇管理的规定。

2.技术扶持和培训义务

在合作中,外国合作者应当采用先进的技术和管理经验,向中方人员转让技术,传授经验,负责对中方人员进行培训,并在作业中逐步提高使用中方人员的比例。

3.作业报告和资料汇交的义务

外国合作者应及时、准确地向中方报告作业情况,汇交有关资料和作业报告。

4.优先使用中国产品和劳务的义务

石油和天然气作业所需的设备、原材料、配套件、运输工具和办公用品,石油和天然气作业所需的人员和承包者,按照同等优先的原则,使用中国的产品和劳务。

5.保护环境和作业安全的义务

外国合作者及其雇用的作业者、承包者应当按照国际标准实施作业,遵守中国的环保、安全法律法规和标准,保护农用土地、水产资源、森林资源和其他自然资源,防止对大气、海洋、河流、湖泊、地下水和陆地其他环境的污染和破坏。

九、依法承担法律责任

外国合作者有关人员可能产生的违法行为及其应承担的行政责任和刑事责任概述如下：

(1)擅自进入对外合作区块进行石油勘查活动，或在合同区块与外国企业签订合作协议的。

(2)在执行合同中未依法向中国国家石油公司报告作业情况或提交各类报告的。

(3)作业者擅自实施开发作业和生产作业的。

(4)擅自使用石油和天然气作业的数据、记录、样品、凭证和其他原始资料，或者有违反相关资料保密规定的行为的。

对上述行为，由国务院石油工业主管部门给予警告，责令其限期改正，在限期内不改正的，可以责令其停止实施油气作业；构成犯罪的，依法追究其刑事责任。

第三节　相关国家和地区的油气立法与对外合作现状

一、独联体国家地区的油气立法和对外合作现状

在独联体国家地区，油气资源主要集中在俄罗斯、哈萨克斯坦、土库曼斯坦、乌兹别克斯坦、阿塞拜疆等国。根据《BP 世界能源统计年鉴(2019 年)》的数据，截至 2018 年，独联体国家已探明的石油总量为 1447 亿桶，占世界总量的 8.4%；已探明的天然气储量为 62.8 万亿立方米，占世界总量的 31.9%。目前，独联体国家地区的油气资源勘探开发活动较为活跃，外国石油公司评价较高的国家是俄罗斯，俄罗斯的油气资源丰富，开发潜力巨大(特别是在里海海域)；俄罗斯政府的对外合作态度比较积极，工作也比较有实效。

(一)俄罗斯的油气立法

俄罗斯的油气资源十分丰富，截至 2018 年，其石油探明储量为 1062 亿桶，

占世界总量的14.6%;天然气探明储量为38.9万亿立方米,占世界总量的19.8%。[①] 苏联解体后,俄罗斯对之前计划经济体制下的法律法规进行了彻底改革。在石油立法方面,俄罗斯联邦出台了《矿产资源法》《产品分成协议法》《关于颁发矿产利用许可证程序的条例》以及相应的税收方面的法律法规。目前,俄罗斯的石油立法主要有《矿产资源法》《自然垄断法》和《产品分成协议法》。

俄罗斯新的《矿产资源法》自1992年5月起开始实施,该法律包括总则、矿产资源使用、矿产资源的合理使用和保护、州内矿产资源使用的法规、矿产资源使用费、破坏矿产资源的法律责任和国际条约等内容。经过1995年、1999年和2000年的修改,俄罗斯在其《矿产资源法》中加入了地下资源使用者和国家主管部门的权利及义务等内容。

《自然垄断法》于1995年8月24日生效,该法规定,由俄罗斯政府决定每一家企业在石油管道方面的投资,俄罗斯政府有权对该法随时进行任何修改;同时,该法还规定了石油主要拥有者销售或租用管道的权利,并且管道税由俄罗斯政府收取。

《产品分成协议法》自1995年出台后,经历了1999年、2000年和2001年的三次修改。1997年7月9日,俄罗斯出台了新的《俄罗斯联邦外国投资法》。新法突出强调要保障外国投资者的利益。2001年8月,俄罗斯政府通过了第126号联邦法《关于税法第二部分的修改和补充》,明确了在产品分成协议条件下的税收体系,同时还在加紧准备相关的法律草案,调节产品分成协议中的纳税问题。

(二)俄罗斯及独联体国家地区的对外合作现状

目前,包括俄罗斯在内的独联体国家地区在油气领域的对外合作中普遍采取"引进来"和"走出去"的双向做法,主要采取合资的方式吸引外资,以此引进外国资金、技术和设备。合资的形式主要有三种:外国大型石油公司投资的勘探开发大项目,投资额一般较为巨大;外国小型石油公司投资的中小型油田的开发和恢复产量的油田开发项目;服务项目的合资经营,如物探资料恢复油井、油建等。

---

① 数据来源:《BP世界能源统计年鉴(2019年)》。

二、西亚地区的油气立法和对外合作现状

（一）伊朗的油气立法

1979年以前，伊朗实行的主要是1974年8月6日颁布的《石油法》和1973年7月19日制定的《国际财团协议》。1981年9月，伊朗政府宣布1979年伊斯兰革命前制定的《国际财团协议》及有关协议作废，伊朗宪法禁止外国投资者以租让或参股的方式参与伊朗油气工业的上游工业。1987年11月16日，伊朗开始实行新的《石油法》，其规定允许石油部、各国家公司与本国和外国的自然人及法人实体签订合同，准许与外国私人企业进行有限的国际合作。伊朗的另一部法律《吸引和保护外资法》规定，经伊朗政府认可的外国投资者可受到伊朗有关法律的保护。

两伊战争结束后，在资金严重不足的情况下，伊朗一方面加快对外合作的步伐，另一方面积极改善国内的投资环境，重新修订了经济发展政策，并一改不向外国借贷的传统，向国际银行和财团大量贷款，使伊朗的油气行业进入了一个新的发展阶段。

伊朗宪法禁止任何外国公司拥有伊朗的自然资源，伊朗境内的石油勘探开发活动全部由伊朗国家石油公司承担，与外国石油公司签订的合作协议多数为技术服务合同。1998年，伊朗石油部开始采用回购模式开展油气合作项目，范围覆盖了油气行业的上游和下游领域。

与外国投资有关的伊朗法规政策和投资环境具有以下特点：

(1)相对拉美、亚太等地区的国家而言，伊朗的油气工业对外开放程度较低。

(2)伊朗国内的老油田目前面临稳产、增产和提高采收率的问题。

(3)伊朗油气工业对外国油气公司（主要是西方油气公司）的依赖性较强。

(4)若外商资金充裕，则伊朗政府对外汇的管制就比较宽松，对外商的所得税和利润汇出也没有严格的限制。

(5)伊朗目前仍面临很大的政治风险，包括国内的地区、民族等争端，政治和社会稳定性较差。

（二）伊朗及西亚地区的对外合作现状

受低油价和全球经济一体化的影响，近年来，包括伊朗在内的西亚与北非

地区各产油国出于吸引外资和发展本国经济的需要，都在不同程度上放松了对油气上游领域的管制，对外开放本国的油气勘探市场，拓展了油气对外合作的广度和深度。西亚与北非地区的一些国家与中国一直保持着良好的国际关系，经贸合作范围不断扩大，在贸易往来中中国一直保持着较高的贸易顺差。在未来，中国有可能将西亚与北非地区作为主要的石油进口地区和油气资源勘探开发的国际合作区之一。针对一些国家对老油田的增产要求，中国油气企业可以利用自身的技术优势，克服或避开欧美国家在西亚与北非地区的影响，积极在油气方面开展合作，带动中国同西亚与北非地区国家经贸关系的发展。另一个需要关注的问题是，要防止国内油气企业和油气服务公司在该地区进行无序和无效的竞争。

三、非洲地区的油气立法和对外合作现状

(一)阿尔及利亚的油气立法

在阿尔及利亚独立以前，大部分沿用的是法国的法律，因此在阿尔及利亚独立之前，法国的《矿业法》适用于阿尔及利亚。1971 年 4 月 12 日，阿尔及利亚先后颁布了 71-22 号法令、71-23 号法令和 71-24 号法令。这些法令规定，所有在阿尔及利亚进行石油勘探开发的外国公司都必须同阿尔及利亚国家石油公司签订联合经营协议，阿尔及利亚国家石油公司至少拥有 51%的股份并作为作业者。1975 年 2 月 27 日，阿尔及利亚颁布了 75-13 号法令，该法令确定外国公司的矿区使用费费率为 20%，石油直接税税率为 85%。

1986 年，阿尔及利亚政府制定了新的石油部门管理法规，并于同年 8 月 19 日获得国会批准。新法规允许外国石油公司与阿尔及利亚国家石油公司组成合资公司，以服务合同模式或产量分成模式进行作业。该法规确保阿尔及利亚政府能获得最大的利益，并规定阿尔及利亚政府在其境内从事油气勘探开发活动所获得的收益不低于该产品的 51%，承包商权益产量不超过总产量的 49%，矿区使用费费率为 20%，并征收 85%的所得税。对于勘探开发费用特别高的某些地区，矿区使用费费率可降至 16.25%，相应征收的所得税税率为 75%或 65%。

2001 年 3 月，阿尔及利亚政府出台了新的《石油法》草案，包括过渡期的法规、政府机构、政府实体、国家石油活动控制和调节机构、国家油气资源开发机

构、开放区域、合同期和项目招标等具体内容。

在石油合同方面，独立后的阿尔及利亚采用联合经营和产量分成模式，阿尔及利亚国家石油公司控制并参与石油勘探开发活动。1990 年以后，出于安全方面的考虑，西方国家在阿尔及利亚的投资主要集中在油气领域。此后，阿尔及利亚采用特殊合同模式进行油气区块的国际化招标，并取得了很大的成功。

（二）阿尔及利亚及非洲地区的对外合作现状

总体来说，非洲大陆是目前油气勘探开发程度最低的大陆，其勘探开发的潜力很大，尤其是其内陆断陷盆地的石油地质条件同中国东部地区很相似，中国的油气上游企业在这方面有较大的竞争优势。此外，中国与多数非洲国家都保持着传统的友好关系，中国与之开展油气合作具有较大的政治优势。但同时也应看到，非洲地区的经济发展相对落后，资源国的开放程度不高，并受到政局动荡、地区冲突等不确定因素的影响，投资环境较差。非洲中南部以及西非油气带是对外国公司较有吸引力的区块，正在形成越来越大的勘探热潮，这些地区的许多国家正在修订法律，并逐步提出了一些鼓励政策。阿尔及利亚、埃及和利比亚等国都在努力吸引外国公司投资，以增加油气产量。

四、东南亚地区的油气立法和对外合作现状

（一）缅甸的油气立法

缅甸与外国公司合作开采油气多采用产量分成模式。根据地质条件及风险差异，外国公司可得到一定比例的油气产品。缅甸政府通常会在生产阶段收取一定数量的定金，比例随产量滑动；矿区使用费费率为 10%，另有 0.5%的研究和培训费；缅甸国内市场一般可得到原油产量的 20%，其价格按国际油价打折；成本油回收上限一般为 60%；利润按产量的比例在双方之间进行分配；所得税按 30%计征，根据缅甸《外国投资法》，前 3 年免税；缅甸国家参与的平均分成比例为 30%，比东南亚其他国家高出 5 个百分点。缅甸政府还规定，采用产量分成模式勘探开发油气的外国公司在建设期间可享受设备和原材料免征进口关税和每年按 25%的比例加速折旧等优惠条件。

（二）缅甸及东南亚地区的对外合作现状

截至 2018 年，东南亚地区已探明的石油储量为 476 亿桶，占世界总储量的 2.8%。石油资源较为丰富的国家有印度尼西亚、马来西亚、文莱，天然气资源较

为丰富的国家有马来西亚、印度尼西亚。近年来,缅甸等国的勘探活动相当活跃。该地区国际油气合作的类型主要有产量分成模式、服务合同模式和许可证制。

缅甸的石油和天然气资源较为丰富,主要蕴藏在伊洛瓦底江两岸和沿海大陆架地区。缅甸内陆共有 14 个含有油气地质结构的盆地,总面积约 9 万平方千米。缅甸早在 1887 年就开始开采石油,但由于资金短缺、技术落后、遭受国际制裁等原因,缅甸国内的油气资源长期得不到合理的开发和利用。

石油和天然气为缅甸的主要能源,缅甸的油气资源有进一步勘探和开发的潜力。目前,缅甸的社会环境较为安定,劳动力价格较为低廉,交通基础设施比较完善,中国油气企业可以利用这一时机,将中缅两国长期友好的外交优势转化为油气合作领域的经济优势。

总的来看,近年来,外国石油公司在东南亚地区活动频繁,主要的原因有:东南亚地区政治局势相对稳定,油气对外合作政策较为优惠;各国政府频繁进行大规模的公开招标,为外国石油公司提供了更多的参与机会;油气资源较为丰富,钻探成功率相对较高;生产成本较低,市场风险较小;环保要求相对宽松。东南亚地区距中国不远,文化、经济发展水平与中国接近,油气资源尚未得到充分的勘探和开发,而且勘探和开发的成本较低,因此东南亚地区可以作为我国油气企业熟悉国际市场、积累经验的短期目标市场。

第九章　我国企业开展国际油气合作的税收环境

开展国际油气合作是"一带一路"建设的重要内容，而东道国的税收政策会影响企业的投资区位选择和生产要素配置，以此是评估企业国际油气合作项目的经济效益的重要标尺。精准且合理地运用东道国的税收政策，可以有效地规避国际油气合作项目中的税务风险，降低企业的税务负担和税收遵从成本，进而提升投资效益。

本章对"一带一路"沿线主要油气资源国的税收环境进行介绍和评估，其中，在软环境评估部分，根据"一带一路"沿线国家名单，结合2019年中国原油进口的主要来源国和《BP世界能源统计年鉴(2018年)》的原油产量排名，以"一带一路"沿线与中国开展油气合作较为频繁的21个国家作为主要的分析对象，从税种、税基、税率、税收协定状况、税收优惠、税收征管等方面，比较分析了各国的石油税费制度，并从税负、税收复杂程度、纳税环境等方面定量评价了相关软环境，提出了整体及区域的投资建议，旨在优化中国企业在海外油气合作项目中的税务筹划，提升经济效益。

第一节　主要的税收政策梳理

一、基本税种介绍

中国企业与"一带一路"沿线油气资源国开展油气合作项目时，涉及的税费政策大致可分为两类：一类是石油类税费，包括矿区使用费、资源开采税等；另一类是项目建设和公司运营类税费，包括流转税(增值税、消费税、关税)、公司所得税、市政税、印花税、社会保障税等。下面将按此分类分析税种、税基、税率的基本情况。

(一)石油类税费

1.矿区使用费和资源开采税

矿区使用费是石油勘探开采环节最重要的税费,指矿产资源的所有国凭借其对资源的拥有权,对开采资源收取的特许费用。矿区使用费起源于租让制模式,也称为“特许权使用费”。矿区使用费的征收方法可以归纳为七种:按井口总产值或者产量,采用固定费率计征;按日产量或者年产量,采用滑动费率计征;按水域深度分档定率计征;按近海或外海分档定率计征;按油层深浅定率计征;按油质优劣程度定率计征;按油田盈利率定率计征。

科威特禁止外资进入油气资源的上游开采领域,俄罗斯、沙特阿拉伯、委内瑞拉、伊拉克等国征收矿区使用费或矿产资源开采税,税基和税率标准不一。例如,俄罗斯的石油、天然气、凝析油开采税的税率为基础税率×国际价格指数×各区块的资源开采程度系数,其中基础税率由俄罗斯政府决定并不断调整。2019 年,俄罗斯石油开采税的基础税率为 919 卢布/吨,凝析油开采税的基础税率为 42 卢布/吨,天然气开采税的基础税率为 35 卢布/立方米。委内瑞拉规定,按开采数量交纳 30%的矿区使用费,在优惠税率下可以由 30%降到 16.6%。乌兹别克斯坦征收地下资源使用税和专项费用,天然气税率为 30%,凝析气税率为 20%,石油税率为 20%,地下使用税按照准备销售、转让(包括免费转让)或用于内部生产制造而提取和加工的自然资源的产量纳税,税基是纳税当年销售、转让或使用的产品的加权平均价格。土库曼斯坦对烃类资源(包括原油、天然气和伴生气)征收地下资源使用税,计税依据是纳税人从其他地方获得或者有权获得、不包含增值税的烃类资源价格确定的价值,其中天然气和伴生气的适用税率为 22%,原油的适用税率为 10%。

2.其他石油类税费

除了矿区使用费和资源开采税外,“一带一路”沿线油气资源国的油气税制呈现出国别差异化,油气类税费复杂多样。例如,安哥拉规定,外国油气企业需要交纳收费标准为 300 美元/平方千米的地面附加税,在石油勘探开采项目的安装和运营阶段,还需要交纳石油工业项目税,计税基数因石油工业项目的阶段而异。委内瑞拉规定,开采原油需要附加征收 3.33%的特许权使用费;基于油井中开采的液体油的价值，征收 33.33%的提炼税；对原油和经过加工的液体油及其衍生品的溢价，征收石油溢价特别税。马来西亚专门针对石油收入征收石油收入税，按每年每位纳税人从石油经营中获得的评估收入进行征收。

（二）项目建设和公司运营类税费

1.所得税

中国企业在海外投资经营时，影响企业投资回报的重要因素是受资国的公司所得税政策。所得税税率的高低、资本利得（尤其是股权转让利得）如何征税、转让定价管理是否严格、有无资本弱化规则及税前利息扣除的限制规定等，都是投资经营的中国企业需要重点关注的内容。①

所得税的纳税标准是“一带一路”沿线油气资源国对居民纳税人和非居民纳税人的判定标准。由于这些国家大多采用属人与属地兼具的税收管辖原则，所以在这些国家的公司一旦被认定为居民纳税人，就要根据其来自全球范围内的收入所得在该国纳税；而公司一旦被认定为非居民纳税人，那么该公司仅就来源于该国范围内的收入所得在该国纳税。认定一家公司是否为该国的居民纳税人，一般有四种判断标准，即公司注册登记所在地、公司实际经营场所所在地、公司主要机构所在地、公司管理控制机构所在地②，如表 9-1 所示。

表 9-1 居民纳税人的判断标准

纳税标准	代表国家
公司注册登记所在地	乌兹别克斯坦、泰国、越南、印度尼西亚
公司实际经营场所所在地	科威特、马来西亚、新加坡
公司主要机构所在地	埃及
公司管理控制机构所在地	沙特阿拉伯、俄罗斯、伊拉克、卡塔尔、阿塞拜疆、哈萨克斯坦、土库曼斯坦、阿联酋、巴基斯坦、缅甸、印度、也门

注：阿曼的企业所得税中并没有对居民纳税人的专门定义。

① 参见王素荣：《东亚国家的税收政策及税务筹划》，《国际商务财会》2017 年第 1 期。

② 参见刘鹏：《“一带一路”沿线国家的公司税制比较》，《上海经济研究》2016 年第 1 期。

为了形成对比，在此将"一带一路"沿线的油气资源国分为五大区域，将各国的企业所得税基本规定简要列出(见表 9-2)。

表 9-2 "一带一路"沿线油气资源国的企业所得税基本规定①

		税率	亏损结转
东南亚地区	新加坡	17%	无限期后转；通过股权合规测试，未使用的损失额可无限期向后结转
	马来西亚	24%，2016 年将第一个 50 万林吉特收入部分的税率降至 19%，2017 年进一步降至 18%	无限期后转，但只能冲抵经营所得
	印度尼西亚	25%，中小微企业减免 50%的所得税	5 年，特定行业和偏远地区为 10 年
	缅甸	25%	在一年之内无法全部抵扣的损失可以结转至未来三年进行抵扣
	泰国	20%	后转 5 年
	越南	20%，油气企业为32%～50%	企业亏损可结转至下一年的应纳税所得额中(应纳税所得额不包括免税所得)，亏损最长可结转 5 年
独联体国家地区	俄罗斯	20%，各联邦优惠税率最低不得低于 13.5%	2017 年之后可以无限期后转
	阿塞拜疆	20%	净亏损可向后结转至多 5 年，用于弥补未来年度的收益

① 资料来源：中国税务网中的"各国税收投资指南"。

续表

		税率	亏损结转
南亚地区	印度	国内企业为 30%，国外企业为 40%	后转 8 年
	巴基斯坦	30%，小企业为 25%	后转 6 年
西亚与北非地区	伊拉克	15%，油气企业为 35%	后转 5 年，不得超过当年所得额的 50%，损失只能从发生损失的收入来源中扣除
	沙特阿拉伯	20%，石油和碳氢化合物生产企业为 50%～85%	持续性亏损无限期结转，每年允许扣除的最高限额不得超过年度应纳税利润的 25%
	也门	20%	后转 5 年，当所有权 100% 变更时，则未利用的亏损不得继续利用
	阿曼	15%，油气企业为 55%	后转 5 年，免税期亏损无限期后转
	阿联酋	各酋长国自主征税，银行为 20%，油气企业为50%～55%	不得结转
	卡塔尔	10%，油气企业为 35%	后转 5 年
	科威特	15%	如果法人没有终止其在科威特的经营活动，其损失可以在以后 3 年内结转
	埃及	自 2015 年起为22.5%，石油勘探和开采为 40.55%	后转 5 年，股权变更超过 50%停止结转

续表

<table>
<tr><th colspan="2"></th><th>税率</th><th>亏损结转</th></tr>
<tr><td rowspan="3">中亚地区</td><td>哈萨克斯坦</td><td>20%</td><td>后转 10 年</td></tr>
<tr><td>乌兹别克斯坦</td><td>法律实体为 14%，商业银行为 22%；盈利 20%以内为 14%，超过 20%按利润额的 50%计算</td><td>后转 5 年，不得超过当年所得额的 50%</td></tr>
<tr><td>土库曼斯坦</td><td>8%，小微企业为 2%，分支机构为 20%，油气企业为 20%，政府控股超过 50%的企业为 20%</td><td>一般为 3 年，油气企业为 10 年</td></tr>
</table>

中国目前有两种所得税率，一般企业的所得税率为 25%，非居民企业的适用税率为 20%。由表 9-2 可以看出，南亚地区的整体税率较高，各国税率普遍高于中国一般企业的所得税税率（25%）。独联体国家地区和中亚地区的企业所得税税率较低，中亚地区的企业所得税税率为 8%～20%，独联体国家地区的企业所得税税率为 13.5%～20%。东南亚地区、西亚与北非地区普通行业的企业所得税税率不高，但对石油和天然气行业却征收较高的企业所得税：东南亚各国中，越南对油气行业征收 32%以上的重税；西亚与北非地区国家中，沙特阿拉伯对油气行业征收的企业所得税税率最高可达 85%。从亏损结转来看，大多数国家实行有限期后转，后转期为 2～10 年；实行无限期后转的国家包括新加坡、马来西亚和沙特阿拉伯。

应纳税所得额是指按照东道国税法规定，确定纳税人在一定时期所获得的所有应税收入减除在该纳税期间依法允许减除的各种支出后的余额，是计算企业所得税税额的计税依据。公司应税所得大致分为四部分，分别是经营所得、投资所得、资本利得和其他所得。经营所得主要是指公司的销售利润，投资所得主要是指公司获得的股息、利息、租金、特许权使用费收入等，资本利得主要是指公司转让有形动产、不动产和无形资产的各种利得，其他所得主要是指公司的营业外收入等。

在前述21个国家中，对公司的经营所得和其他所得都按规定正常征税，但对投资所得和资本利得是否征税的处理方式却差别较大，主要有不征税、按正常所得征税和区别征税三种情况。由于各国对投资所得的税务处理差异几乎都集中在对股息所得的处理上，因此着重分析"一带一路"沿线油气资源国对股息所得和资本利得的处理方式，如表9-3所示。

表9-3　"一带一路"沿线国家对股息所得和资本利得的处理方式

	处理方式	代表国家
股息所得	不征税	阿曼、阿塞拜疆、埃及、哈萨克斯坦、卡塔尔、马来西亚、缅甸、沙特阿拉伯、泰国、乌兹别克斯坦、新加坡、也门、伊拉克、越南
	按正常所得征税	科威特
	区别征税	巴基斯坦、俄罗斯、土库曼斯坦、印度、印度尼西亚
资本利得	不征税	新加坡
	按正常所得征税	阿曼、阿塞拜疆、埃及、俄罗斯、哈萨克斯坦、卡塔尔、科威特、沙特阿拉伯、泰国、土库曼斯坦、乌兹别克斯坦、也门、伊拉克、印度尼西亚、越南
	区别征税	巴基斯坦、马来西亚、缅甸、印度

由表9-3可以看出，就股利所得而言，"一带一路"沿线的大多数油气资源国倾向于不将其纳入应税所得，给予企业免税待遇；就资本利得的处理方式而言，通常情况下各国都将其视作普通所得，与经营所得和其他所得适用相同的税率。①

2.增值税

增值税是以不含税价为基础，实行价外征收的税种，通常有低税率、零税率

① 参见刘鹏：《"一带一路"沿线国家的公司税制比较》，《上海经济研究》2016年第1期。

和免税规定。企业加工炼化及销售油气副产品需要交纳增值税,计税依据是应税销售额。目前,大多数国家征收增值税。

其中,俄罗斯的增值税税率有三种:零税率、10%的税率和标准税率的20%。零税率主要针对通过海关出口的货物(石油、凝析油和天然气除外)、航空运输服务、旅客和行李的转运服务等,10%的税率主要针对基础食品类货物、儿童类货物、报纸杂志、个人使用的医药产品四大类,其他货物和服务为标准税率的20%。伊朗的汽油及航空燃油适用税率为20%,并征收与增值税相关的市政税和环保税。市政税方面,汽油及航空燃油的市政税税率为10%,煤油为10%,燃料油为5%;环保税方面,对未达到环保标准的石油炼化生产单位,额外按照销售价格的1%征收环保税。

阿联酋、沙特阿拉伯、阿曼、卡塔尔、科威特等海合会成员国已经批准引入增值税,根据增值税法令,应对在境内提供应税货物及劳务或进口应税货物及劳务的纳税人征收增值税,对出口货物免征增值税。直接或间接地出口货物至非海合会国家适用于零税率。根据《海湾合作委员会成员国家增值税框架协议》,海合会成员国在以下行业可以设立零税率的税收优惠政策:医药和医疗行业(由相关国家的卫生部委员会确定零税率一般清单),生活必需食品(待各成员国批准零税率一般清单),油类行业(由成员国酌情决定)、成员国国内的运输和国际运输、交通运输业(由成员国酌情决定),在境外销售货物(如出口货物),金、银、铂等贵金属投资给予零税率的税收优惠政策。零税率业务可以抵扣进项税。除非增值税法令规定适用增值税免税或零税率政策,一切形式的商品或服务的销售或是进口商品或服务,均以商品或服务的价值征收5%的增值税。

3.消费税

消费税根据生产消费品的市场价格确定。各国纳税范围不一,俄罗斯、哈萨克斯坦、土库曼斯坦、乌兹别克斯坦等国对油气及其副产品征收消费税。其中,俄罗斯的消费税纳税人是指生产、销售应税消费品的机构、组织和个人,也包括向俄罗斯进口货物的组织、私营企业和其他个人。俄罗斯的消费税税率有比例税率和定额税率两种形式,燃油的消费税税率根据用途有所差异,天然气的消费税税率为30%,原油、直馏汽油、苯、对二甲苯、邻二甲苯的消费税税率为按照相关公式计算的定额税率。乌兹别克斯坦对石油产品征收的消费税较高,石油产品的消费税税金由乌兹别克斯坦石油产品股份公司的炼油厂支配,全部用于碳氢化合物原料的进口和以此为目的的吸引外资的活动，以及弥补因本国货币汇率变化造成的损失。

4.关税

关税是指引进商品经过一国的关境时由政府设置的海关向其引进的出口商所征收的税费。在“一带一路”沿线油气资源国投资合作项目的建设环节，部分设备及材料需要从外国进口，产成品需要出口，因此涉及进出口环节的关税。

境外石油设备材料进入东道国时，需要交纳进口关税，计税依据为到岸价(CIF)，由东道国海关征收。沙特阿拉伯、科威特、阿曼、阿联酋作为海合会成员国，其一般关税税率为5%。此外，有的国家给予石油行业设备材料以相应的税收优惠政策。例如，伊拉克就对获得投资许可证的项目免征进口资产和原材料的关税。

开展国际油气合作项目的企业出口油气产品到外国时需要交纳出口关税。科威特对出口原油免税。值得注意的是，虽然目前国际油价出现了一定程度的下行趋势，但某些国家的油气出口关税变动较大，对企业的收益也会造成影响。

二、税收协定

所谓“税收协定”，是指有关主权国家为了协调和处理主权国家之间的税收分配关系，通过谈判签订的书面协议。税收协定通过缔结具体税收条款的方式，实现对跨国征税对象的公平征税，以促进跨国经济交往的正常发展。

(一)税收协定的签署情况

从国家税务总局公布的数据来看，截至2020年9月，中国已与外国签署了110个税收协定、10个税收情报交换协定、多个避免双重征税的国际运输协定、4个多边税收条约以及1个区域性税收条约。中国的税收协定网络中，目前已包含“一带一路”沿线的50多个国家，有效降低了中国企业“走出去”和“引进来”的税收负担。但从签署时间看，大多数集中签署于20世纪90年代和21世纪初，在时间上相对滞后，相较我国经常更新的国内税法，这些协定的内容较为陈旧。

（二）税收协定的主要内容

1.股息、利息、特许权使用费方面的规定

股息、利息、特许权使用费三项是税收协定主要内容中的重要条款。中国与“一带一路”沿线油气资源国签署的税收协定中，规定了税收主权国家对股息、利息和特许权使用费分别拥有的征税权利。中国与“一带一路”沿线油气资源国的股息、利息、特许权使用费协定税率存在差异，具体如表9-4、表9-5和表9-6所示。

表9-4　我国与“一带一路”沿线油气资源国股息协定税率一览

	国家	税种	协定税率	适用条件
1	阿塞拜疆	个人所得税	10%	—
2	俄罗斯	个人所得税	10%	—
3	哈萨克斯坦	个人所得税	10%	—
4	土库曼斯坦	个人所得税	10%	—
		企业所得税	5%	持股25%以上，合伙企业除外
5	乌兹别克斯坦	个人所得税	10%	—
			5%	—
6	科威特	企业所得税	0%	(1)政府、政府机构 (2)税收协定缔约对方政府直接或间接拥有至少20%股份的缔约对方居民公司 (3)税收协定缔约对方政府直接或间接全部拥有资本的其他实体
			5%	其他
7	卡塔尔	个人所得税	10%	—
			5%	—

续表

	国家	税种	协定税率	适用条件
8	沙特阿拉伯	企业所得税	0%	(1)政府、政府机构 (2)税收协定缔约对方政府直接或间接全部拥有资本的其他实体
			5%	其他
		个人所得税	7%	—
9	阿联酋	企业所得税	0%	(1)政府、政府机构 (2)税收协定缔约对方政府直接或间接全部拥有资本的其他实体 (3)税收协定缔约对方政府直接或间接拥有至少20%股份的缔约对方居民公司
10	埃及	个人所得税	8%	—
		企业所得税	8%	—
11	印度	个人所得税	10%	
12	印度尼西亚	个人所得税	10%	—
13	马来西亚	个人所得税	10%	—
14	越南	个人所得税	10%	—
15	新加坡	企业所得税	5%	持股25%以上
16	巴基斯坦	企业所得税	10%	—
17	阿曼	企业所得税	5%	—

表 9-5　我国与"一带一路"沿线油气资源国利息协定税率一览

		税种	协定税率	适用条件
1	阿塞拜疆	个人所得税	0%	由税收协定缔约对方符合条件的政府或机构提供担保
			10%	其他
		企业所得税	0%	(1)政府、行政区、地方当局 (2)中央银行 (3)完全为政府所有的金融机构 (4)由税收协定缔约对方符合条件的政府或机构提供担保 (5)阿塞拜疆国家银行、阿塞拜疆国家石油基金会
2	俄罗斯	个人所得税	0%	—
3	哈萨克斯坦	个人所得税	0%	由税收协定缔约对方符合条件的政府或机构间接提供资金
			10%	—
		企业所得税	0%	(1)政府、地方当局 (2)中央银行 (3)完全为政府所有的金融机构 (4)由税收协定缔约对方符合条件的政府或机构间接提供资金
4	土库曼斯坦	个人所得税	0%	(1)由税收协定缔约对方符合条件的政府或机构提供担保 (2)由税收协定缔约对方符合条件的政府或机构提供保险
			10%	—

续表

		税种	协定税率	适用条件
4	土库曼斯坦	企业所得税	0%	(1)政府、行政区、地方当局 (2)中央银行 (3)完全为政府所有的金融机构 (4)由税收协定缔约对方符合条件的政府或机构提供担保 (5)由税收协定缔约对方符合条件的政府或机构提供保险
5	乌兹别克斯坦	个人所得税	10%	—
		企业所得税	0%	(1)政府、行政区、地方当局 (2)中央银行 (3)完全为政府所有的金融机构
6	科威特	个人所得税	0%	由税收协定缔约对方符合条件的政府或机构间接提供资金
			5%	其他
		企业所得税	0%	(1)政府、其行政区或地方当局 (2)政府全部拥有的中央银行、当局、公司、基金会、发展基金会或任何其他金融机构 (3)由税收协定缔约对方符合条件的政府或机构间接提供资金 (4)缔约对方政府直接或间接拥有至少20%股份的缔约国对方居民公司
			5%	其他

续表

		税种	协定税率	适用条件
7	卡塔尔	个人所得税	0%	由税收协定缔约对方符合条件的政府或机构间接提供资金
			10%	其他
		企业所得税	0%	(1)政府、行政区、地方当局 (2)中央银行 (3)完全为政府所有的金融机构 (4)由税收协定缔约对方符合条件的政府或机构间接提供资金
8	沙特阿拉伯	个人所得税	0%	由税收协定缔约对方符合条件的政府或机构间接提供资金
			10%	其他
		企业所得税	0%	(1)政府、行政区、地方当局 (2)中央银行 (3)完全为政府所有的金融机构 (4)由税收协定缔约对方符合条件的政府或机构间接提供资金
9	阿联酋	个人所得税	0%	由税收协定缔约对方符合条件的政府或机构间接提供资金
			7%	其他
		企业所得税	0%	(1)政府、行政区、地方当局 (2)政府全部拥有的中央银行、当局、公司、基金会、发展基金会或任何其他金融机构 (3)由税收协定缔约对方符合条件的政府或机构间接提供资金 (4)缔约对方政府直接或间接拥有至少20%股份的缔约对方居民公司
			7%	其他

续表

		税种	协定税率	适用条件
10	埃及	个人所得税	10%	其他
		企业所得税	0%	(1)政府、行政区、地方当局 (2)中央银行 (3)完全为政府所有的金融机构 (4)由税收协定缔约对方符合条件的政府或机构间接提供资金
11	印度	个人所得税	0%	由税收协定缔约对方符合条件的政府或机构间接提供资金
			10%	其他
		企业所得税	0%	(1)政府、行政区、地方当局 (2)中央银行 (3)完全为政府所有的金融机构 (4)由税收协定缔约对方符合条件的政府或机构间接提供资金
12	印度尼西亚	个人所得税	10%	—
		企业所得税	0%	(1)政府、行政区、地方当局 (2)中央银行 (3)印尼投资局、印尼进出口银行、印尼卫生社会保障局、印尼人力资源社会保障局
13	马来西亚	个人所得税	10%	—
		企业所得税	0%	(1)政府、行政区、地方当局 (2)中央银行(马来西亚挪格拉银行)
14	越南	个人所得税	0%	(1)政府、行政区、地方当局 (2)政府全资拥有的银行
		企业所得税	10%	—

续表

		税种	协定税率	适用条件
15	新加坡	企业所得税	7% 10%	银行、金融机构 其他
16	巴基斯坦	企业所得税	10%	(1)政府、行政区、地方当局 (2)国家银行(巴基斯坦国家银行) (3)金融机构或代理机构
17	阿曼	企业所得税	10%	政府、行政区、地方当局

表 9-6 我国与"一带一路"沿线油气资源国特许权使用费协定税率一览

		税种	协定税率	适用条件
1	俄罗斯	个人所得税	10%	(1)文学、艺术或科学著作 (2)专利、商标、设计、模型、图纸、秘密配方或秘密程序 (3)工业、商业、科学设备 (4)有关工业、商业、科学经验的信息
2	阿塞拜疆	企业所得税	10%	(1)文学、艺术或科学著作 (2)专利、商标、设计、模型、图纸、秘密配方或秘密程序 (3)工业、商业、科学设备 (4)有关工业、商业、科学经验的信息
3	哈萨克斯坦	个人所得税	10%	(1)文学、艺术或科学著作 (2)专利、商标、设计、模型、图纸、秘密配方或秘密程序 (3)工业、商业、科学设备 (4)有关工业、商业、科学经验的信息

续表

		税种	协定税率	适用条件
4	土库曼斯坦	个人所得税	10%	(1)文学、艺术或科学著作 (2)专利、商标、设计、模型、图纸、秘密配方或秘密程序 (3)有关工业、商业、科学经验的信息
5	乌兹别克斯坦	个人所得税	10%	(1)文学、艺术或科学著作 (2)专利、商标、设计、模型、图纸、秘密配方或秘密程序 (3)工业、商业、科学设备 (4)有关工业、商业、科学经验的信息
6	科威特	个人所得税	10%	(1)文学、艺术或科学著作 (2)专利、商标、设计、模型、图纸、秘密配方或秘密程序 (3)工业、商业、科学设备 (4)有关工业、商业、科学经验的信息
7	卡塔尔	个人所得税	10%	(1)文学、艺术或科学著作 (2)专利、商标、设计、模型、图纸、秘密配方或秘密程序 (3)工业、商业、科学设备 (4)有关工业、商业、科学经验的信息
8	沙特阿拉伯	个人所得税	10%	(1)文学、艺术或科学著作 (2)专利、商标、设计、模型、图纸、秘密配方或秘密程序 (3)工业、商业、科学设备 (4)有关工业、商业、科学经验的信息
9	阿联酋	个人所得税	10%	(1)文学、艺术或科学著作 (2)专利、商标、设计、模型、图纸、秘密配方或秘密程序 (3)工业、商业、科学设备 (4)有关工业、商业、科学经验的信息

续表

		税种	协定税率	适用条件
10	埃及	个人所得税	8%	(1)文学、艺术或科学著作 (2)专利、商标、设计、模型、图纸、秘密配方或秘密程序 (3)工业、商业、科学设备 (4)有关工业、商业、科学经验的信息
		企业所得税	8%	(1)文学、艺术或科学著作 (2)专利、商标、设计、模型、图纸、秘密配方或秘密程序 (3)工业、商业、科学设备 (4)有关工业、商业、科学经验的信息
11	印度	个人所得税	10%	(1)文学、艺术或科学著作 (2)专利、商标、设计、模型、图纸、秘密配方或秘密程序 (3)工业、商业、科学设备 (4)有关工业、商业、科学经验的信息
12	印度尼西亚	个人所得税	10%	(1)文学、艺术或科学著作 (2)专利、商标、设计、模型、图纸、秘密配方或秘密程序 (3)工业、商业、科学设备 (4)有关工业、商业、科学经验的信息
13	马来西亚	个人所得税	10%	(1)专利、商标、设计、模型、图纸、秘密配方或秘密程序 (2)工业、商业、科学设备 (3)有关工业、商业、科学经验的信息
			15%	文学、艺术或科学著作

续表

		税种	协定税率	适用条件
14	越南	个人所得税	10%	(1)文学、艺术或科学著作 (2)专利、商标、设计、模型、图纸、秘密配方或秘密程序 (3)工业、商业、科学设备 (4)有关工业、商业、科学经验的信息
15	新加坡	个人所得税	10%	(1)文学、艺术或科学著作 (2)专利、商标、设计、模型、图纸、秘密配方或秘密程序 (3)工业、商业、科学设备 (4)有关工业、商业、科学经验的信息
16	巴基斯坦	个人所得税	12.5%	(1)文学、艺术或科学著作 (2)专利、商标、设计、模型、图纸、秘密配方或秘密程序 (3)工业、商业、科学设备 (4)有关工业、商业、科学经验的信息
17	阿曼	个人所得税	10%	(1)文学、艺术或科学著作 (2)专利、商标、设计、模型、图纸、秘密配方或秘密程序 (3)工业、商业、科学设备 (4)有关工业、商业、科学经验的信息

需要注意的是，与常设机构有实际联系的股息、利息、特许权使用费不适用于上述规定，而应被视为营业利润。

通过分析比较表 9-4、表 9-5 和表 9-6 中中国与“一带一路”沿线油气资源国在股息、利息、特许权使用费方面的协定税率条款，可以得出以下结论。

第一，在股息协定方面，税种签订有所差异。中国只与 17 个国家签订了与企业所得税有关的协定税率，这会使在其他 4 个国家开展油气合作项目的企业面临重复征税等税收风险。

第二,在利息协定方面,中国企业在"一带一路"沿线 14 个油气资源国都享受利息收入的免税政策,利息免税协定能够更好地促进中国企业开展对外投资或项目承包,这是保证企业利润的重要条款。

第三,在特许权使用费方面,中国仅与埃及签订了企业所得税、特许权使用费的税收协定条款,和其他油气资源国只签订了个人所得税、特许权使用费的税收协定条款。

2.国有金融机构利息免税规定

中国与部分"一带一路"沿线油气资源国协定的列名免税银行或金融机构如表 9-7 所示。

表 9-7 我国与部分"一带一路"沿线油气资源国协定的列名免税银行或金融机构一览表

国家(地区)	缔约对方国家免税银行或金融机构	我国免税银行或金融机构
马来西亚	马来西亚挪格拉银行(马来西亚央行)	中国人民银行、中国银行总行、中国国际信托投资公司
阿塞拜疆	阿塞拜疆国家银行、阿塞拜疆国家石油基金会	中国国家发展银行、中国进出口银行、中国农业发展银行、中国社会保险基金理事会、中国银行、中国建设银行、中国工商银行、中国农业银行
土库曼斯坦	土库曼斯坦中央银行	中国人民银行、中国国家开发银行、中国农业发展银行、中国进出口银行、中国全国社会保障基金理事会、中国出口信用保险公司
新加坡	新加坡共和国政府、新加坡金融管理局、新加坡政府投资有限公司	中华人民共和国政府和任何地方当局、中国人民银行、国家开发银行、中国农业发展银行、中国进出口银行、中国全国社会保障基金理事会、中国出口信用保险公司
巴基斯坦	巴基斯坦国家银行	中国人民银行、中国银行、中国进出口银行、中国农业发展银行、国家开发银行

资料来源:国家税务总局。

总体来看,中国与"一带一路"沿线油气资源国签订的税收协定条款中,跨境利息所得免税待遇在程度和范围上是有限的。从利息免税涉及的国家及其金融机构来看,绝大多数税收协定将有资格的免税机构主体限定为政府及其机构和完全国有的金融机构，而非完全国有的金融机构、民营金融机构以及其他金融机构都不具备资格。

3.饶让抵免规定

税收饶让是配合抵免的特殊形式，是指居住国政府根据收入来源国的规定，对其居民在国外得到减免税优惠的那一部分视同已经纳税，同样给予税收抵免待遇，不再按居住国税法规定的税率予以补征。目前，税收饶让抵免的规定分为缔约国差额饶让抵免和定率饶让抵免两种，如表 9-8 所示。

表 9-8　我国与“一带一路”沿线油气资源国税收协定中税收饶让条款

税收饶让条款规定		国家（开始年份）
双方互相给予饶让抵免	普通饶让抵免	马来西亚（1985 年）、印度（1994 年）、越南（1995 年）
	定率饶让抵免	越南（1995 年）
		科威特（1989 年）
单方面饶让		阿联酋（1993 年）

资料来源：国家税务总局。

从表 9-8 中可以看出，与中国签署税收协定的 21 个“一带一路”沿线油气资源国中，剔除已经到期的，仅有 5 个国家和中国签署了税收饶让规定。税收饶让规定直接影响着跨国企业的税收负担，有利于克服双重征税给跨国企业带来的不利影响。

（三）税收服务政策

税收服务是指为了税务行为相对人能够在履行纳税义务的同时，享受纳税权利带来的便利服务，由税务机关提供的一种法定服务。根据国家税务总局的规定，当前针对“一带一路”沿线国家的税收服务主要涵盖了税收政策的优化改革、税收法律的修订、税收协定的谈签、国际税收争议的解决等。

2015 年以来，中国已经为“一带一路”沿线发展中国家的近 300 名税务局官员成功举办了 14 期税务研修班，为“一带一路”建议营造了友好的外部税收环境。截至 2018 年年底，国家税务总局共发布了 85 份《国别（地区）投资税收指南》，并且税务部门还专门建立了税收服务“一带一路”网页，介绍有关国家的税收政策,同时发布中国有关税收政策的解读。

总的来看,最能被广泛接受的税收争端解决方式是由国家主管部门出面,针对涉及的国家之间的税收争端进行协商,即相互协商程序。截至 2016 年 8 月,中国利用税收协定下的相互协商机制,成功地与塔吉克斯坦、印度、印度尼西亚等"一带一路"沿线国家或地区处理涉税争议 191 例,为双方的跨国企业消除国际重复征税 300 多亿元。

三、各国的税收优惠政策

税收优惠是降低海外油气投资税费成本的重要手段。"一带一路"沿线油气资源国均就企业所得税、增值税、关税等制定了优惠政策,大致可分为以下五类:第一类是特定区域优惠,如工业区、经济特区、开发区、自由贸易区;第二类是特定行业优惠,如农业、医疗、教育、石油等行业;第三类是特殊事项优惠,如募捐或捐赠收入免税;第四类是特定企业优惠,如微型企业、小型企业、中型企业享受优惠;第五类是特定投资优惠,如投资特定基金、投资价值超过一定额度的项目享受优惠。

在上述五类中,特定区域优惠和特定行业优惠是"一带一路"沿线油气资源国为吸引外商投资实行的主要优惠政策。

(一)特定区域优惠

特定区域优惠涉及的税种主要包括进出口关税、公司所得税等税费。在自由贸易区、经济特区等区域内,各国普遍降低甚至免征进口设备及原材料的关税,并给予企业所得税免税期优惠。以企业所得税为例,具体如表 9-9 所示。

表 9-9 区域税收优惠

	优惠区域	公司所得税优惠期限
俄罗斯	加里宁格勒地区、经济科技特区、旅游经济区、自由贸易区	前 6 年免税,第 7～12 年减半征收
沙特阿拉伯	6 座经济城(拉比格、麦地那、吉赞、哈伊勒、塔布克、阿赫萨)和 6 个欠发达地区(伊尔、杰赞、纳杰兰、巴哈、奥尔朱夫和北部边境地区)	10 年(欠发达地区)

续表

	优惠区域	公司所得税优惠期限
伊拉克	4个自由贸易区(巴士拉/霍尔祖拜尔、尼尼微/法拉费、苏莱曼尼亚、卡伊姆)	在项目建设和运营阶段免除一切税费;被批准的工业项目可以享受一定的税收优惠,包括公司所得税方面的优惠政策;已获颁委员会投资许可证的投资项目,自项目每个阶段开始商业运营之日起,可享受为期10年的税费免征待遇
安哥拉	安哥拉开发区A区、安哥拉开发区B区、安哥拉开发区C区、安哥拉开发区D区	视区域而定,免税2年、4年或8年
阿曼	马斯喀特知识园区、萨拉拉自由区、杜古姆经济特区	视区域而定,免税5年、10年或15年
科威特	3个自由贸易区(舒威赫港、阿卜达里和努瓦伊塞布)	不需要交纳企业所得税
委内瑞拉	自由区	10年
伊朗	7个工业自由区、31个特别经济区、800多个工业园区(经济特区、不发达地区、自由贸易区)	视区域而定,如基什岛、格什姆岛、恰赫巴哈尔、焦勒法、安扎利港、阿巴丹和霍拉姆沙赫尔地区免税20年
乌兹别克斯坦	自由经济区(纳沃伊、安格连、吉扎克特殊工业区、乌尔古特、吉日杜万、浩罕和哈扎拉斯普)	外国投资者以不低于500万美元的现金形式投资设立外资企业的,该企业有权自设立起10年内保持税率不变
土库曼斯坦	自由经济区	在自由经济区内运营的企业,前10年免征企业所得税
卡塔尔	2个自贸区(国际机场自贸区、哈马德港口自贸区)和2个经济特区(卡塔尔金融中心、卡塔尔科技园区)	在两个自贸区,外国投资者持股比例可达100%,20年内免征公司所得税、个人所得税、关税
阿联酋	哈利法港自由贸易区、阿布扎比机场自由区、哈利法工业区等20余个指定区域	不需要交纳企业所得税,免征增值税

资料来源:中国税务网中的"各国税收投资指南"。

(二)特定行业优惠

“一带一路”沿线油气资源国鼓励性投资的行业不同,如表9-10所示。在行业税收优惠政策下,不同的国家对优先鼓励的外商投资项目均给予一定的企业所得税、进口关税或增值税等税费优惠。例如,俄罗斯规定免征境外进口的技术设备及零配件等生产性固定资产物资的进口关税,给予企业所得税免税期优惠;安哥拉对焦油脑、航空燃油、汽油、煤油、柴油、润滑油、丙烷气、丁烷气等石油产品的运输豁免增值税;阿联酋规定,对原油和天然气的销售增值税实行零税率。

表9-10 “一带一路”沿线油气资源国的鼓励性投资行业

国家	鼓励性投资行业
俄罗斯	煤炭、木材加工、建材、建筑、交通和通信设备、食品加工、汽车制造
沙特阿拉伯	以能源为基础的产业、运输物流、信息通信技术产业、医疗卫生、教育
伊拉克	石油、电力等行业
安哥拉	所有基础设施领域都是对外资承包商开放的
阿曼	采矿、信息技术、旅游、加工制造、农/牧/渔业、医疗
科威特	先进的石油技术、网络建设、电信、环保(禁止外资进入原油和天然气开采领域)
委内瑞拉	石油技术设备、农业、高科技行业等
伊朗	铁路电气化改造、高铁建设、高速公路、水利工程、清洁能源、高科技农业、旅游业
乌兹别克斯坦	石油和天然气开采和提纯、纺织行业
土库曼斯坦	教育机构、农业企业、旅游服务业等
阿联酋	可在不同程度上对外国油气企业开放
马来西亚	资本密集型和高技术投资的行业
印度尼西亚	石油炼制、基础金属冶炼、其他天然气及有机化学工业
卡塔尔	医药和医疗行业、生活必需品、食品、油类行业、海合会成员国国内的运输和国际运输、交通运输业、在境外销售货物、金/银/铂投资

资料来源:中国税务网中的“各国税收投资指南”。

（三）中国对跨境企业的税收优惠政策

1.所得税优惠政策

按照优惠方式，中国对跨境企业的所得税优惠政策可分为费用的宽限扣除、免税期规定、承诺税收待遇一定期限不变等。对居民企业境外所得，中国目前主要有以下五种优惠政策：高新技术企业税收优惠，自 2010 年起，符合规定的高新技术企业取得的境外所得可以按照 15%的优惠税率交纳企业所得税；非境内注册居民企业税收优惠；跨境资产重组税收优惠；H 股股息红利所得税税收优惠；企业境外所得税税收抵免。

其中，企业取得的境外所得能否作为可抵免税额，并不限于在已经与中国签署避免双重征税协定的国家（或地区）的已得所得税。但需要注意的是，如果涉及税收饶让抵免条款，应该在税收协定中有明确规定才可以适用。若存在不同国家对相关税种的称谓不同的情况，则需要判断该种税负是否为针对企业所得征收的税额。境外所得税可抵免的具体适用条件如表 9-11 所示。

表 9-11　境外所得税可抵免的适用条件

序号	适用条件
1	该税款属于企业来源于中国境外的所得，是依照中国境外税收法律及相关规定计算而交纳的税额
2	该税款主要是针对企业净所得征收的税额，属于企业所得税性质
3	该税款是企业应当交纳而且已经实际交纳的税额
4	该税款如果来自非协定国家，或是税收协定非适用的所得税项目，则应报国家税务总局裁定

资料来源：国家税务总局公布的《企业境外所得税收抵免操作指南引用》。

2017 年年底，国家税务总局发布了《关于完善企业境外所得税税收抵免政策问题的通知》（财税〔2017〕84 号），对我国境外居民企业境外所得税税收抵免政策进行了部分调整与完善。由表 9-12 可以看出，石油企业通过境外油气项目投资、工程技术服务和工程建设的油气资源开采活动在境外取得的收入，可以选择按“分国（地区）不分项”计算，或者按“不分国（地区）不分项”计算，并按照 25%的税率分别计算出企业可抵免境外所得税的税额和抵免限额。从现实执行情况来看，中国石油企业普遍选择"不分国（地区）不分项"的抵免方式，这种方式简化了税收征管程序，降低了企业的整体税收负担。

表 9-12　企业境外所得税税收抵免的新旧政策对比

	新政策	原政策
境外所得税抵免方式	固定采取"分国不分项"	企业自行选择"分国不分项"或是"不分国不分项"抵免
适用间接抵免的外国企业持股比例计算层级	3层	5层

资料来源：国家税务总局公布的《关于完善企业境外所得税收抵免政策问题的通知》。

2.出口货物劳务退（免）税规定

出口货物劳务退（免）税规定的适用范围如表 9-13 所示。

表 9-13　出口货物劳务退（免）税规定的适用范围

适用主体	适用范围
生产企业（具有生产能力）	生产企业出口自产货物和视同自产货物及对外提供加工修理修配劳务，以及列名生产企业出口非自产货物
外贸企业（不具有生产能力）	外贸企业或其他单位出口货物、劳务
出口对外援助相关货物的企业	企业对外援助的出口货物
出口对外承包相关货物的企业	企业对外承包的出口货物
出口境外投资相关货物的企业	企业境外投资的出口货物
融资租赁企业	融资租赁出口货物、海洋工程结构物

资料来源：国家税务总局公布的《出口货物劳务增值税和消费税管理办法》。

需要补充的是，按照我国现行的税收政策，如果出口的货物属于消费税应税消费品或适用增值税退（免）税政策，可以免征消费税；如果属于购进出口的货物，则退还前一环节的已征税费。

3.跨境应税服务零税率或免税

为促进我国与"一带一路"沿线油气资源国之间贸易服务的快速发展，自

2012年起，我国开始进行“营业税改增值税”（以下简称“营改增”）试点，到2017年10月30日，实施了60多年的营业税正式退出历史舞台。跨境应税服务零税率或免税的适用范围如表9-14所示。

表9-14　跨境应税服务零税率或免税的适用范围

适用主体	适用范围
提供适用增值税零税率应税服务的企业	完全在境外消费
为地点在境外的工程项目提供境外建筑、工程类服务的企业	(1)工程项目在境外的建筑服务 (2)工程项目在境外的工程监理服务 (3)工程、矿产资源在境外的工程勘察勘探服务
提供跨境文化类服务的企业	(1)会议展览地点在境外的会议展览服务 (2)在境外提供的广播影视节目(作品)的播映服务 (3)在境外提供的文化体育服务、教育医疗服务、旅游服务 (4)向境外提供的完全在境外消费且广告投放在境外的广告服务
提供跨境物流辅助、邮政等服务的企业	(1)存储地点在境外的仓储服务 (2)为出口货物提供的邮政服务、收派服务 (3)向境外单位销售的完全在境外消费的物流辅助服务(仓储服务、收派服务除外)
提供跨境技术类服务的企业	向境外单位提供的完全在境外消费的知识产权服务、鉴证咨询服务、专业技术服务、无形资产(技术除外)
提供跨境金融服务的企业	(1)为境外单位之间的货币资金融通及其他金融业务提供的直接收费金融服务，且该服务与境内的货物、无形资产和不动产无关 (2)境内保险公司向境外保险公司提供的完全在境外消费的再保险服务 (3)为出口货物提供的保险服务
提供跨境电信服务的企业	境内单位向境外单位提供的完全在境外消费的电信服务
提供其他跨境服务的企业	商务辅助服务

资料来源：国家税务总局公布的《跨境应税行为适用增值税零税率和免税政策的规定》。

四、各国的税收征管政策

税收征管是税务机关对纳税人交纳税款的程序性控制。纳税人若在规定纳税期限内没有按时交纳税费,往往会受到一定的税收处罚,增加纳税成本。

(一)纳税期限

企业所得税的纳税期限通常有按月纳税、按年纳税、按12个月纳税三种。[①]由于按月纳税会使公司交纳税款过于频繁,加重征纳双方的人力成本,因此在国际上很少采用。目前,国际上通行的做法是按年纳税,同时按连续12个月交税能使公司的运作更加灵活,也逐渐被世界各国采纳。"一带一路"沿线部分国家的公司税纳税期限如表9-15所示。

表9-15 "一带一路"沿线部分国家的公司税纳税期限

纳税期限	代表国家
按年纳税	阿塞拜疆、埃及、巴基斯坦、俄罗斯、哈萨克斯坦、卡塔尔、科威特、马来西亚、缅甸、泰国、土耳其、土库曼斯坦、伊拉克、印度、越南
按年纳税或按12个月纳税	阿曼、菲律宾、新加坡、也门、印度尼西亚、沙特阿拉伯

(二)税收罚则

"一带一路"沿线油气资源国对违反登记、会计核算、纳税申报等基本规定,不交或少交税款,逃避追缴欠税等不履行纳税义务,以及其他违反税法的行为,均会予以相应的税收处罚。

以企业所得税为例,各国通行的税收处罚可分为三种:对未能及时申报纳税的处罚、对延期纳税的处罚、对故意偷税漏税的处罚。

1.对未及时申报纳税的处罚

"一带一路"沿线国家中,对未及时申报纳税进行处罚的国家并不多见,处罚也相对较轻,伊朗、阿联酋对该行为没有处罚;在沙特阿拉伯,对未及时

① 参见刘鹏:《"一带一路"沿线国家的公司税制比较》,《上海经济研究》2016年第1期。

申报纳税的纳税人，按其所得的1%，以不超过2万沙特里亚尔为限进行处罚。[①]

2.对延期纳税的处罚

"一带一路"沿线国家基本会按照一定期限（日、周、月）处以应纳税额或未交税额一定比例的罚款或滞纳金。按天计罚是指按税款滞纳天数乘以相应比率计算应罚数额，例如在巴基斯坦，公司税滞纳金按一天应纳税款的0.1%进行征收；按周计罚，是指按税款滞纳周数乘以相应比率计算应罚数额，不足一周的按一周计算，例如在约旦，公司税滞纳金按一周应纳税款的0.4%进行征收；按月计罚是指按税款滞纳月数乘以相应比率计算应罚数额，不足一个月的按一个月计算，例如在土耳其，公司税滞纳金按一月应纳税款的1.4%进行征收。

3.对故意偷税漏税的处罚

"一带一路"沿线国家对逃避追缴欠税的处罚力度较重，除了罚款外，当事人甚至可能受到监禁处罚，如俄罗斯、阿曼、伊朗、阿联酋均规定了不同期限的监禁时间。

第二节　税收软环境评价

一、评价指标体系

为对"一带一路"沿线油气资源国的税收环境进行评价，借鉴相关研究[②③④⑤]，构建了包含税收复杂程度、税负及纳税环境三个维度在内的税收软环境评价指标体系，数据主要来源于国家税务总局税收服务"一带一路"倡议专题的《国别（地区）投资税收指南》以及相关的研究资料，主要的指标体系如表9-16所示。

① 参见刘鹏：《"一带一路"沿线国家的公司税制比较》，《上海经济研究》2016年第1期。

② 参见王素荣：《中亚国家的税收政策及税务筹划》，《国际商务财会》2017年第4期。

③ 参见王素荣：《独联体各国的税收政策及税务筹划》，《国际商务财会》2017年第5期。

④ 参见王素荣：《南亚国家的税收政策及税务筹划》，《国际商务财会》2017年第2期。

⑤ 参见徐小惠、李新英：《'一带一路'背景下中亚国家税收营商环境分析》，《科技与经济》2020年第3期。

表 9-16 税收软环境评价指标体系

一级指标	二级指标	三级指标	指标方向
税收复杂程度	税收总数	—	负向
税负	石油相关税费	矿区使用费	负向
	所得税	企业所得税税率	负向
		股息所得税税率	负向
		股息外所得税率	负向
		资本利得税率	负向
		亏损结转时长	正向
	增值税	增值税税率	负向
	预提税	股息预提税税率	负向
		分公司利润预提税税率	负向
		利息/融资费用	负向
		特许权/使用费	负向
纳税环境	纳税效率	准备纳税的时间	负向
	经济对税收的依赖程度	税收收入占GDP的比重	负向

(一)税收总数

使用税收总数来衡量税收环境的复杂程度,主要统计各国设立的税种的数量。数量越多,意味着投资企业需要交纳的税种越多,面临的税收环境越复杂。税收总数为税收投资软环境评估的负向指标。

(二)石油相关税费

石油相关税费主要选择矿区使用费进行衡量,由于在部分国家,开采及加工石油属于矿区使用费的征收对象，因此在这些国家投资需要付出额外的成本。石油相关税费为税收投资软环境评估的负向指标。

（三）所得税

所得税是针对投资企业所得收入征收的税种，除针对经营收入征收的企业所得税外，在此将普遍征收的股息所得、股息外所得及资本利得的税率统一纳入评价体系，以便更全面地衡量投资国所得税税负。所得税税率越高，企业的投资成本越高。所得税为税收投资软环境评估的负向指标。此外，亏损结转是指交纳所得税的纳税人在某一纳税年度发生经营亏损时，准予其在其他纳税年度的盈利中抵补的一种税收优惠政策。开展国际油气合作的中国企业要善于运用所在国的亏损结转规定，以达到减轻税负的目的。允许的亏损结转时间越长，越有利于企业开展经营活动。亏损结转时长为税收投资软环境评估的正向指标。

（四）增值税

增值税以不含税价为基础，实行价外征收，通常有低税率、零税率和免税规定。增值税的税率越高，企业的经营成本就越高。增值税为税收投资软环境评估的负向指标。

（五）预提税

世界各国为了将外国投资留在本国，在跨国公司以股息、利息、特许权使用费、技术费以及其他各种形式收回投资时，要征收一道预提税。预提税为税收投资软环境评估的负向指标。为了减轻预提税对资本流动的影响，各国政府通过双边或多边协定，可降低或免除预提税。在此，主要将股息预提税、分公司利润预提税、利息/融资费用、特许权/使用费纳入评价指标体系。

（六）纳税效率

一国的纳税效率越高，在该国投资就越方便。纳税效率的衡量指标为准备纳税的时间（小时）。纳税时间越短，说明一国的税收越高效，税收环境越好。纳税效率为税收投资软环境评估的负向指标。

（七）经济对税收的依赖程度

税收占GDP的比重是影响一国经济对税收的依赖程度的核心要素。一般来说，税收占GDP的比重越大，意味着该国GDP对税收的依赖度也越高，外资企业的获利空间就越小，商业环境也越差。经济对税收的依赖程度为税收投资软环境评估的负向指标。

二、指标描述性统计

在税收总数方面，独联体国家地区的俄罗斯、阿塞拜疆，以及南亚的印度、巴基斯坦的征税数量较多，税制较为复杂，其中俄罗斯的税收总数达 16 项，为税收总数最多的国家。整体而言，西亚与北非地区各国的税收总数都较少，税制较为简单。

在所得税税负方面，仅从企业所得税税率单项来看，中国企业的所得税税率为 25%，西亚与北非、南亚地区大部分国家的企业所得税税率都高于 25%。西亚与北非国家大多对油气行业征收较高的企业所得税，如沙特阿拉伯的税率达到 85%。但是，在综合考虑了股息所得税税率、股息外所得税税率及资本利得税率后，可以发现西亚与北非地区国家的综合所得税税负并不重，这主要源于经营所得税之外的所得税税率较低。在东南亚和南亚地区，由于经营所得税之外的其他税率较高，因此综合来看其所得税税负较重，但新加坡、马来西亚、印度尼西亚等国亏损可向后结转的时间较长，从而在一定程度上减轻了经营压力。中亚地区国家的所得税税负相对较轻，而且亏损可向后结转的时间较长，该项投资环境较好。

在增值税税负方面，独联体国家、南亚国家、中亚国家的增值税税率较高，增值税税负较重。西亚与北非国家目前大都还没有或者刚刚开始征收增值税，实行的税率都不高，税负较轻。

在预提税方面，需要说明的是，为便于进行定量评价，在进行数据搜集时，对各项预提税税率统一采用东道国与中国的协定税率，若该项设有不同的税率，则选择最高的作为该项税率。在企业的实际投资决策中，可以综合比较投资国的国内预提税税率及与中国的协定税率，按照孰低原则进行税务筹划。综合来看，西亚与北非国家的股息预提税税率较低。

在纳税效率方面，各国差异较大，卡塔尔、新加坡、阿曼、科威特等国的纳税时间相对较短，纳税效率相对较高；越南、埃及、伊拉克等国的纳税时间在 300 小时以上，纳税效率相对较低。

在经济对税收的依赖程度方面，中亚和南亚国家的税收收入占 GDP 的比重均在 10%以上，占比较低的大多为西亚与北非国家，如伊拉克、阿曼、阿联酋、卡塔尔等。

三、评价结果分析

(一)综合评价

在分析税收投资软环境时，主要使用熵权法，具体和操作原理及方法说明参见前面的章节，这里不再赘述。首先对各项指标的权重进行确定，通过熵权法测得的各项指标的各级权重如表9-17所示。

表9-17 各项指标的各级权重

	三级权重	二级权重	一级权重
税收数量	0.052137	税收总数 0.052137001	税收复杂程度 0.052137
矿区使用费	0.046345	石油相关税税率 0.046344902	税负 0.836263134
企业所得税税率	0.045108	所得税税率 0.464869659	
股息所得税税率	0.064368		
股息外所得税税率	0.197254		
资本利得税税率	0.047466		
亏损结转时长	0.110674		
增值税税率	0.104516	增值税税率 0.104516328	
股息预提税税率	0.044546	预提税税率 0.220532244	
分公司利润预提税税率	0.042912		
利息/融资费用	0.088639		
特许权/技术费	0.044436		
准备纳税的时间	0.060833	纳税效率 0.060833223	纳税环境 0.111599865
税收收入占GDP比重	0.050767	经济发展水平 0.050766642	

从输出权重中我们可以看出，在一级指标中，权重由大到小依次是税负、纳税环境和税收复杂程度；在二级指标中，权重最大的是所得税税率，其次分别是预提税税率、增值税税率、纳税效率、税收总数量、经济发展水平和石油相关税税率。由于所得税在企业的经营成本中占比最大，是企业进行投资决策时需要考虑的重要成本，故其权重较大。按照上述权重对各国的数据进行综合加权，得出各国的综合加权 TOPSIS 评分如表 9-18 所示。

表 9-18　各国综合加权 TOPSIS 评分

		得分	排名
东南亚地区	新加坡	0.053789801	6
	马来西亚	0.050094302	8
	印度尼西亚	0.04064312	16
	缅甸	0.036776596	18
	泰国	0.040581609	17
	越南	0.04554955	9
独联体国家地区	俄罗斯	0.043452046	13
	阿塞拜疆	0.044572047	12
南亚地区	印度	0.034923914	21
	巴基斯坦	0.036396018	19

续表

		得分	排名
西亚与北非地区	伊拉克	0.045240998	11
	沙特阿拉伯	0.060998797	3
	也门	0.051522128	7
	阿曼	0.066414703	1
	阿联酋	0.060895322	4
	卡塔尔	0.060653352	5
	科威特	0.061545064	2
	埃及	0.035251621	20
中亚地区	哈萨克斯坦	0.045355354	10
	乌兹别克斯坦	0.043187478	14
	土库曼斯坦	0.042156179	15

综合来看，西亚与北非地区的国家中，除埃及排名较靠后外，其余各国的排名都很靠前，投资的税收软环境良好。这主要得益于西亚与北非地区的国家税制较为简单，而且很少设置专门针对油气开采及使用的税收，综合来看所得税税负较轻。其中，税收投资软环境排名前三的国家分别是阿曼、科威特和沙特阿拉伯。

东南亚地区国家中，税收软环境差异较大，其中新加坡、马来西亚、越南的税收软环境较好，而泰国、印度尼西亚、缅甸的排名较为靠后。新加坡和马来西亚的税制较为简单，增值税税率较低，综合所得税税率适中，而且亏损可以无限期向后结转，有利于企业投资。泰国、印度尼西亚、缅甸的企业所得税税率不高，但由于企业所得税之外的其他所得税税率较高，企业整体的所得税税负较重，而且亏损后转的年限较短，因此税收软环境相对较差。

独联体国家地区和中亚地区的投资税收软环境排名相近，都相对靠后。这两个地区的共同点在于税制较为复杂，增值税税率较高。此外，中亚国家乌兹别克斯坦及土库曼斯坦会对油气行业征收专门的税种，且税率往往较高，如乌兹别克斯坦会征收地下资源使用税和专项费用，对石油征税的税率为20%，对天然气征税的税率为30%；土库曼斯坦对于烃类资源（原油、天然气和伴生气）会征收地下资源使用税，天然气及伴生气的税率为22%，原油税税率为10%，这些都会导致外国油气企业到这些国家投资时税收成本增加。但综合来看，独联体国家地区和中亚地区的国家所得税税率适中，且对于亏损设有较长的后转年限。

南亚两国的排名靠后，税收软环境也不理想。印度和巴基斯坦的税制较为复杂，设置的企业所得税税率较高，均为30%，高于中国国内企业的所得税税率；此外，这两国针对股息所得、股息外所得、资本利得设置的税率也较高，对亏损实行有限期后转，综合来看所得税税负较高。此外，印度和巴基斯坦两国的增值税税负也较重，因此开展国际油气合作的税收软环境不够理想。

（二）细分指标评价

为了更清楚地反映各国的投资税收软环境情况，分别对细分指标进行了TOPSIS赋权及评分，不同地区国家的税负与纳税环境的得分及排名情况如表9-19和表9-20所示。

表 9-19　各国税负得分与排名

		得分	排名
东南亚地区	新加坡	0.054554932	6
	马来西亚	0.05087368	9
	印度尼西亚	0.039888494	17
	缅甸	0.037722054	18
	泰国	0.04217311	15
	越南	0.051503809	8
独联体国家地区	俄罗斯	0.043471174	13
	阿塞拜疆	0.044166521	12

续表

		得分	排名
南亚地区	印度	0.033596908	21
	巴基斯坦	0.036042485	19
西亚与北非地区	伊拉克	0.045017168	11
	沙特阿拉伯	0.062620981	2
	也门	0.05211661	7
	阿曼	0.065660931	1
	阿联酋	0.059254568	3
	卡塔尔	0.058829536	4
	科威特	0.058308974	5
	埃及	0.034790545	20
中亚地区	哈萨克斯坦	0.045569492	10
	乌兹别克斯坦	0.042329705	14
	土库曼斯坦	0.041508321	16

表 9-20　各国纳税环境得分与排名

		得分	排名
东南亚地区	新加坡	0.052489599	6
	马来西亚	0.044690913	11
	印度尼西亚	0.047844572	9
	缅甸	0.045397997	10
	泰国	0.031539066	19
	越南	0	21

续表

		得分	排名
独联体国家地区	俄罗斯	0.049039985	8
	阿塞拜疆	0.041491832	15
南亚地区	印度	0.034509125	17
	巴基斯坦	0.033278362	18
西亚与北非地区	伊拉克	0.049494055	7
	沙特阿拉伯	0.06418223	5
	也门	0.042308503	14
	阿曼	0.080137332	2
	阿联酋	0.075706382	4
	卡塔尔	0.08059436	1
	科威特	0.078427754	3
	埃及	0.021253313	20
中亚地区	哈萨克斯坦	0.043569927	12
	乌兹别克斯坦	0.041149731	16
	土库曼斯坦	0.042894961	13

表 9-21 所示为不同地区国家在纳税总数排名、税负排名、纳税环境排名这三项指标上的综合排名情况，对比细分指标得分及综合排名可以看出，大多数国家这三项指标的评分与综合评分的排名结果较为一致，但也有少数国家的指标间排名差异较大。通过分析这些结果差异，可以更好地发现各国油气投资税收软环境的优势和劣势，为中国油气企业到这些国家投资提供参考。

表 9-21　不同地区国家三项指标的排名情况对比

		纳税总数排名	税负排名	纳税环境排名	综合排名
东南亚地区	新加坡	6	6	6	6
	马来西亚	6	9	11	8
	印度尼西亚	12	17	9	16
	缅甸	20	18	10	18
	泰国	15	15	19	17
	越南	18	8	21	9
独联体国家地区	俄罗斯	21	13	8	13
	阿塞拜疆	12	12	15	12
南亚地区	印度	12	21	17	21
	巴基斯坦	18	19	18	19
西亚与北非地区	伊拉克	2	11	7	11
	沙特阿拉伯	15	2	5	3
	也门	3	7	14	7
	阿曼	3	1	2	1
	阿联酋	6	3	4	4
	卡塔尔	6	4	1	5
	科威特	1	5	3	2
	埃及	3	20	20	20

续表

		纳税总数排名	税负排名	纳税环境排名	综合排名
中亚地区	哈萨克斯坦	10	10	12	10
	乌兹别克斯坦	10	14	16	14
	土库曼斯坦	15	16	13	15

在这三项指标中，得分排名相近的国家有新加坡、泰国、阿塞拜疆、巴基斯坦、阿曼、阿联酋、卡塔尔、科威特、哈萨克斯坦、乌兹别克斯坦、土库曼斯坦。其中，阿曼、阿联酋、卡塔尔、科威特、新加坡的各项排名都比较靠前，这表明无论是单项指标还是综合指标，其纳税环境都适合开展国际油气合作；而泰国、阿塞拜疆、哈萨克斯坦、乌兹别克斯坦、土库曼斯坦的单项指标及综合指标都排名适中，纳税环境一般；巴基斯坦的各项指标排名都比较靠后，纳税环境较差。

马来西亚和也门的税收制度较为简单，税负较轻，但是其纳税环境排名中等，到这两个国家投资可能受到当地纳税时间较长、地方政府税收管制较严等因素的不利影响。俄罗斯、印度尼西亚、缅甸则与马来西亚和也门的情况相反，这三个国家的纳税环境排名较为靠前，但是税收制度相对复杂且税负较重，其中俄罗斯和缅甸的税收复杂程度分别排在第 21 名和第 20 名，缅甸的税收负担也较重。

埃及和伊拉克的税制较为简单，综合排名较为靠前，但是其综合税负较重，且纳税环境较差，其中埃及的情况更差，税负排名和纳税环境排名均为第 20 名，拉低了综合税收环境的排名。沙特阿拉伯的税负较轻，纳税环境较好，但税制复杂。由于税收复杂程度在总体评分中所占比重较低，因此沙特阿拉伯的总体排名较靠前。

印度的税负较重，税负单项排名为第 21 名，再加上印度的税收复杂程度与纳税环境均表现一般，因此其综合排名为最后一名。越南的税制虽然较复杂且纳税环境不理想，但得益于较轻的税负，其综合排名在中间位置。

第三节　各国税收政策简要汇总

新加坡以属地原则征税，任何人在新加坡发生或来自新加坡的收入，或在新加坡收到或视为在新加坡收到的收入，都属于新加坡的应税收入，需要在新加坡纳税。新加坡全国实行统一的税收制度。新加坡现行的主要税种有企业所得税、个人所得税、消费税、不动产税、印花税和车船税等。此外，还有对引进外国劳工的新加坡公司征收的劳工税。

马来西亚实行中央政府一级征税制度，税收立法权和征收权均集中在中央政府。马来西亚现行的主要税种有所得税、不动产利得税、石油所得税和消费税等。马来西亚的主要税收优惠有以下四种。

(1)鼓励国内投资与资本性投资的措施。新兴企业投产 5 年内，70%的法定所得免交所得税；对从事资本密集型和高技术投资的企业，可以按照逐案审查的原则给予全部免税，免税期设定在最初 5 年。

(2)投资优惠。对再投资生产重型机械设备和普通机械设备的公司，给予再投资优惠，减免额为 5 年内进行再投资所产生的增量收入的 70%；对从事产业扩张计划、产业现代化、自动化以及制造工艺多样化的企业，给予再投资扣除的优惠，再投资扣除额为在 15 年内发生的用于上述目的的机械设备、厂房的资本性支出的 60%。

(3)促进出口的优惠措施。对制造业、农业、饭店、旅游以及服务部门为促进产品出口而产生的费用，采取双倍扣除等优惠措施。

(4)技术与职业培训的优惠措施。对经过批准的培训雇员项目发生的费用，采取双倍扣除等优惠措施。

印度尼西亚实行中央和地方两级课税支付，税收立法权和征收权主要集中在中央。印度尼西亚现行的主要税种有企业所得税、个人所得税、增值税、奢侈品销售税、土地和建筑物税、离境税、印花税、娱乐税、电台与电视税、道路税、机动车税、自行车税、广告税、外国人税和发展税等。根据印度尼西亚相关的执行准则，凡有意申请免税优惠的投资者，必须把总投资额 10%的资金存入印尼国民银行。投资者可以向印尼工业部或投资协调署提出免税申请。

缅甸的税收实行属地及属人原则，纳税人按月或按季度按照缅甸财政部的要求纳税。缅甸的财政税收体系包括对国内产品和公共消费征税、对收入和所有权征税、关税以及对国有财产使用权征税。这四个主要项目下的税目分别为生产及消费类(消费税、进口许可证费、国家彩票税、运输税、商业税、特殊商品税和印花税)、收入及所有权类(所得税、利润税和不动产税)、海关类(关税)、国有资产使用类(土地税、水资源税、灌溉税、林业/矿业/橡胶及渔业产品附加税)。《2018～2019 年缅甸联邦税法》将享受商业税免税待遇的 86 种商品重新分为 42 种,将享受商业税免税待遇的服务种类由 30 种增加到 31 种。

泰国关于税收的根本法律是《税法典》。目前泰国的直接税有个人所得税、企业所得税和石油所得税,间接税和其他税有增值税、特别营业税、预扣所得税、印花税、关税、社会保险税、消费税、房地产税和遗产税。外国公司和外国人与泰国公司和泰国人一样同等纳税。

越南的税收立法权和征税权集中在中央,越南现行的主要税种有增值税、特别消费税、企业所得税、高收入人群个人所得税、非农业用地使用税、土地使用权转让税、农业土地使用税、房屋土地税、资源税、印花税、进出口税和土地使用附加费等。随着经济社会形势的变化,越南的税收制度也在不断调整和改革,总的改革方向是精简税制,降低税负,规范管理,与市场经济国家接轨。

俄罗斯的税费按俄罗斯联邦、联邦主体和地方三个层级征收。在俄罗斯,在不同地区登记的纳税人的税收负担不同。联邦税费在俄罗斯联邦全国范围内交纳,包括增值税、消费税、个人所得税、企业所得税、矿产资源开采税、水资源使用税、野生动物和水生生物资源使用费、政府性收费等。其中,企业所得税基本税率为 20%,其中 3%支付给联邦预算,17%支付给联邦主体预算。联邦主体税在相应的联邦主体的范围内交纳,包括公司财产税、博彩税和交通运输税三个税种。2017～2020 年,俄罗斯各联邦主体有权对部分企业所得税纳税人最低税率的下限调低至 12.5%。俄罗斯的地方税在相应的市、区内交纳,包括土地税、个人财产税(房产税)两个税种。此外,俄罗斯《税法典》还针对小微企业等规定了五种特别征税制度,包括简易征税制度、核定征税制度、统一农业税、特许征税制度和产量分成协议征税制度。

阿塞拜疆实行属地和属人原则相结合的税制,采取国家、自治共和国、地区三级税制,全国实行统一的税收制度,由国家税务部门统一管理。阿塞拜疆的税收大部分属于国家税,包括法人利润税、个人所得税、增值税、消费税、关税、道路税、作业场地税，以及法人交纳的财产税和土地使用税。阿塞拜疆的地方税主要包括自然人交纳的土地税和财产税、特定作业场地税和地方政府所有企业交纳的法人利润税。

印度的税制是以印度宪法的规定为基础的。印度的税收立法权和征收权主要集中在印度中央政府和各邦手中，地方市一级政府负责少量的税种征收。印度中央和各邦的课税权有明确的划分，中央政府征收的税种包括直接税（公司所得税、个人所得税和财富税等）和间接税（货物与劳务税、关税等）两大类，各邦政府主要征收新开征的货物与劳务税、印花税、邦消费税、娱乐博彩税和土地收入税等。在货物与劳务税没有覆盖的领域（如石油产品），继续征收增值税（未实施增值税的邦为销售税）等原税种。地方城市政府征收的税种主要包括财产税、入市税和公用设施使用税等。印度的税收收入主要集中在国家一级，中央的税收收入占印度全部税收收入的65%左右。各邦的税收来源包括各邦的自主税收收入（60%）和由中央统一分配的课征税目并有支配权的税收收入（40%）。

巴基斯坦是联邦制国家，税收分为联邦政府、省政府和地区政府三级，但以联邦政府为主，主要的税种包括所得税、销售税、消费税、出口税、国产税和印花税等。近年来，巴基斯坦政府为提高财政收入，不断扩大税基和提高税率，并规定外国公司和外国人与巴基斯坦当地公司和国民享受同等的纳税政策。

伊拉克现行的税种有公司所得税、个人所得税、销售税、关税、财产税和印花税等。近年来，伊拉克的税收制度体系较为稳定，税制无重大变化。

沙特阿拉伯由政府统筹税收和财政，纳税义务人为在沙特阿拉伯注册的企业与个人，主要税种有增值税、扎卡特税和所得税等。沙特阿拉伯与海合会成员国共同行动，自2018年起开征增值税，税率为5%。沙特阿拉伯公民按照2.5%的税率交纳扎卡特税，俗称“天课”。外国企业交纳20%的企业所得税，亏损可以无限期结转，直至盈利。从事天然气、液化天然气、气体冷凝物经营的自然人和法人需要交纳天然气投资税。任何沙特阿拉伯居民和外国投资者的常设机构，向境外汇出未完税的款项时，税务机关按照以下比例预提税款：特许费15%，管理费20%，租金5%，机票、航空运费和海运费5%，国际电信服务费5%，任何其他款项不超过15%。

也门的税收制度采用属地征税原则，主要包括公司税、个人所得税、一般销售税、房地产税、社会保障税和进口环节税。依据属地征税制度，非也门本国居民的外国人或外国企业在也门境内所获得的收入，应计入所得税征管范围，具体的征税原则由该外国人从事的工作或外国企业的经营范围、经营年限和经营时间等因素来决定。也门本国居民或企业在境外获得的收入原则上不计入征税范围。

阿曼的税种少而简单，主要包括所得税、增值税、社会保障税、印花税、关税和消费税。阿曼的企业赋税水平低，个人不用纳税。

阿联酋是一个低税负国家，目前其联邦政府尚未颁布任何税法，因此阿联酋没有联邦税收体系。但是，阿联酋以及其他全球碳委员会成员国正在协商，通过两个框架协议将增值税和消费税引入全球碳委员会各成员国。在阿联酋国内，大多数酋长国(如阿布扎比、阿治曼、迪拜、富查伊拉和沙迦)都拥有自己的税法体系。在税法执行过程中，阿联酋实际上仅向油气公司和海外银行的分支征收所得税。从 2018 年 1 月 1 日起，阿联酋开始征收 5%的增值税。

卡塔尔的税收体系和制度较为简单，表 9-22 所示是卡塔尔的税制基本情况。

表 9-22　卡塔尔的税制基本情况

税种及相关税收制度	税率
公司所得税	10%，经营油气资源适用 35%的税率
资本所得税	10%
个人所得税	无
预提税：专利和技术费 利息 股息红利 佣金、出场费和其他服务费	5% 7% 0 7%
营业税/增值税	无
亏损弥补年度	3 年
税收年度	按日历年度或单独批准
受控外国公司(CFC)资本弱化规则	无

续表

税种及相关税收制度	税率
税收协定(协议)	已生效的有58个
海关普通税率	零税率或5%

科威特是一个低税负的国家,实行属地税制。科威特境内的外商独资企业及外商合资企业是企业所得税的唯一征收对象。科威特不征收增值税、营业税等流转税,也不存在遗产税、赠予税等税种。

埃及的税收制度较为健全,税率相对简单,实行以所得税和增值税为主体的复合税制。埃及主要的税种包括企业所得税、个人所得税、增值税、消费税、关税、房地产税、印花税、赠予及继承税、不动产税、土地税等。埃及财政部下属的四个独立的税务局分别负责所得税、增值税、海关关税和房产税的征收与管理。投资者凭埃及投资局颁发的证明文件,享受税收优惠政策。

哈萨克斯坦《国家预算法》和《国家税收法规》规定了一些税收和其他环节的预算支付及相关政策。哈萨克斯坦现行的主要税种包括企业所得税、个人所得税、增值税、消费税、社会税、土地税、运输工具税、财产税、法人不动产税和矿产开采税。当哈萨克斯坦签订的国际条约与国内税收法规不一致时,以国际条约为准。

乌兹别克斯坦实行的征税原则包括强制性、确定性、公平性原则,税收制度统一性原则,税收法规公开原则和纳税人诚实纳税推定原则。乌兹别克斯坦现行的主要税种有企业所得税、个人所得税、增值税、消费税、财产税、地下资源使用税、超额利润税和印花税等。此外,乌兹别克斯坦还有针对法人和自然人个人的社会保险等,以及针对特殊行业和特殊活动征收的其他税费。2018年2月13日,直属于乌兹别克斯坦总统的国家项目管理署起草了《税收制度改革构想草案》,取消了法人利润税,仅对股息红利征收25%的税,将个税、社会统一交费、养老保险交费整合为个税,税率为25%,并分阶段降低了法人财产税税率(2019年前降至2.5%,2021年前降至1%)。

土库曼斯坦实行属人税制,现行的主要税种包括企业所得税、个人所得税、增值税、消费税、地下资源使用税、财产税和其他地方税。经过多年的实践和探索,土库曼斯坦建立起以增值税、所得税为核心的税收体系。除地方税种略有差异外，土库曼斯坦全国实行统一的税收制度。

第四节　在税收方面对中国企业的建议

一、充分了解投资国的税收政策

中国企业在开展国际油气合作时，面临的税务风险主要体现为对东道国税收环境了解不够充分，在对外合作过程中往往未能充分考虑东道国税收政策影响的。东道国的税收政策主要包含征税种类、税收优惠政策以及税收征管政策，需要借助多种途径充分了解，如国家发布的投资指南、国家税务总局发布的《国别（地区）投资税收指南》等。中国企业可采取内部财税管理人员与外部专业服务人士相结合的模式，从税种、税率、税基、税收优惠、税收征管等方面熟悉东道国的税费制度，制定合理的税收筹划方案，降低在国际油气合作项目中的税收成本。

此外，税收优惠政策是减轻企业税费负担的主要途径。"一带一路"沿线油气资源国为吸引外资，均实行了不同程度的区域和行业税收优惠政策。中国企业开展国际油气合作项目时，要全面掌握东道国税收优惠政策的适用对象、优惠内容、优惠强度、优惠期限等，统筹区域和行业等税收优惠政策，减少税费支出，提高企业利润。

二、合理进行税收筹划

企业在考虑预提税时，存在进行税务筹划的空间。中国企业在东道国赚取利润后汇回中国母公司，或海外分公司赚取利润后汇回中国总公司，以及取得利息、特许权使用费、技术费、管理费和其他各种款项等，都涉及预提税。

首先，若东道国与中国签订了税收协定，则可以提交相应的材料，享受中外税收协定中的优惠税率。在实际操作时，可以比较东道国国内税率和协定税率，按照最低的税率交税。其次，可以比较分析股息预提税和分公司利润汇出预提税，进行企业架构，若东道国的股息预提税税率较高，则可以进行控股架构设计，以减少股息预提税；若东道国仅征收股息预提税而不征收分公司利润汇出预提税，则在这些国家设立分公司的税负低于设立子公司的税负，可以少交一项预提税；若二者均不征收，则在这些国家设立分公司和设立子公司的税负一致。通过分析，在绝大多数国家开展国际油气合作时，设立分公司更有利。最后，需要综合考虑利息/融资费用及特许权/技术费，进行税务筹划。若对技术费征收低税，则可提供签订技术转让合同进行税务筹划（如缅甸及越南）；对利息预提税协定税率高于5%的国家的项目进行融资时，应设计合理的融资架构，以减轻利息预提税。

三、合理避税减税

在开展国际油气合作时，企业可以通过合理利用转移定价系列操作，降低应交税额，或将利润转移到税收环境较好的子公司或母公司，实现合理避税。例如，当企业在东道国面临较为不利的税收环境时，在项目建设阶段，可以提高国内子公司或母公司的石油设备及材料的出口价格，增加项目的成本支出；在企业运营阶段，可以将原油等油气产品低价出售到国内的母公司或其他子公司，压缩盈利空间，实现利润的转移，从而合理避税。

签署税收协定可以有效地避免重复征税，解决税务纠纷，故中国企业在开展国际油气合作时，应充分利用税收协定避免双重征税。对于尚未与中国签署税收协定的国家，可采用变更企业注册地或实际控制管理机构所在地等方式，避免重复征税。例如，企业可以在百慕大群岛、巴哈马等不征收企业所得税的“纯国际避税地”注册公司，而其实际经营地则在其他国家。

第十章　软环境对油气合作的影响与软环境建设

第一节　软环境对油气合作的影响

一、政治环境的影响

石油和天然气是具有政治意义的初级产品，在目前的国际油气市场上，地缘政治仍然是根本性的决定因素。在中国企业与“一带一路”沿线油气资源国的油气合作中，政治环境发挥着十分重要的作用。影响中国企业与“一带一路”沿线油气资源国的油气合作的政治环境包括政治稳定性、政府效率、廉洁程度及与我国的关系（重点是外交关系与经济关系）。

对中国企业而言，油气资源国的政治环境是影响油气合作的首要因素。在中国企业与“一带一路”沿线油气资源国的油气合作中，东道国的政治稳定性直接关系着中国企业的投资安全，两者具有同向变动的内在关联，较高的政治稳定性可以为企业在东道国的投资与经营提供安全保障，这也是开展国际油气合作的前提与基础。东道国政府的工作效率影响着国际油气合作项目的落地与实施，东道国政府的工作效率高能加速对项目的管理与推进，帮助油气企业减少合作障碍；政府的工作效率低下则会阻碍对国际油气合作项目的经营。此外，“一带一路”沿线油气资源国与中国的关系也是推动开展油气合作的重要因素，东道国与中国的外交关系和经济关系越密切，彼此间的互联互通与油气合作也会越深入。

（一）中亚国家

中亚五国（哈萨克斯坦、吉尔吉斯斯坦、塔吉克斯坦、土库曼斯坦、乌兹别克斯坦)毗邻中国西北地区,位于"丝绸之路经济带"核心地带,是"一带一路"倡议的关键支点和首要目标区。在"一带一路"倡议的框架下,中国企业对中亚国家的诸多投资领域中,油气合作是重中之重。中国企业在中亚地区开展国际油气合作项目具有先天的优势基础:一方面,中国在地缘上邻近中亚国家;另一方面,随着经济不断发展,中国对中亚油气资源的需求量也越来越大,相关投资量也在不断增加。目前,中国企业在中亚国家的油气合作开发项目发展迅速,油气资源投资也在不断取得新的进展。

目前来看,中亚国家的政治环境较为复杂,域内外多主体、多层次、差异化的能源合作制度使地缘政治风险更加突出。中亚国家的能源合作制度中,域外全球性或地区性的制度因素包括由联合国主导的中亚地区能源发展计划、欧亚经济联盟推进的能源共同市场建设制度、上海合作组织框架下的多边能源合作制度,以及由世界银行牵头的中亚区域经济合作计划中的能源合作战略等;再加上美国等西方国家对中亚地区的政治干涉,无疑给包含油气合作在内的能源合作项目施加了无形的阻力。中国企业与中亚国家签订油气资源投资合作协议时,非常容易受到美国等域外大国的干扰,从而增加了油气合作项目的不确定性。

(二)西亚与北非国家

在"一带一路"沿线的油气资源国中,西亚与北非国家的政治环境处于低位,原因在于相当一部分西亚与北非国家处于冲突及战乱不断的动荡局面,以致这些国家长期缺乏政治稳定性,使开展国际油气合作的软环境进一步恶化。目前,中国对西亚与北非地区的油气资源的依赖程度还较高,从而对中国企业提出了更高的要求。

西亚与北非地区拥有丰富的油气资源,尤其是其石油储量及出口量均占全球的一半左右。同时,西亚与北非地区又是世界上政治格局最复杂、社会动荡最剧烈的地区之一。进入21世纪以来,西亚与北非地区的大小战事不断,多次造成国际油气市场的价格剧烈波动。近年来,随着各大国在该地区的博弈加剧,西亚与北非地区的局势进一步复杂化,爆发地缘政治冲突的风险增加。此外,西亚与北非国家亦各自面临着复杂的内部政治问题,发生政治局势动荡的可能性也较大。这些因素导致对该地区的投资风险持续升高,对中国企业进一步深化与"一带一路"沿线油气资源国的油气合作也构成挑战。

（三）东南亚国家

东南亚国家曾是中国最主要的石油进口来源国，印度尼西亚、越南和马来西亚都是中国重要的石油贸易伙伴。与"一带一路"沿线其他国家相比，东南亚国家的政治环境较好，可以为国际油气合作创造较为和平稳定的政局，并提供连贯的政策保障。此外，一些东南亚国家是可以对国际能源体系产生重要影响的国家，如西太平洋地区曾经的唯一欧佩克成员国印度尼西亚，世界第二大液化天然气出口国马来西亚，亚太地区第一个石油出口国缅甸，世界重要的炼油中心及亚太地区重要的成品油交易中心新加坡，被称为"东方科威特"的文莱等。

长期以来，上述东南亚国家凭借丰富的油气资源、比较成熟的油气合作经验以及重要的地缘位置，在国际能源市场和能源地缘政治中扮演着重要的角色。不过，随着国际能源体系的变化以及东南亚国家的经济发展和人口增长，东南亚地区在国际能源体系和政治体系中的地位有所下降。尽管如此，东南亚国家在世界能源格局中的地位仍然不可忽视，根据相关研究机构发布的报告，东南亚地区的许多油气盆地蕴藏着大量待发现的可采油气资源（包括非常规油气资源）。因此，东南亚地区仍然具有一定的油气资源开发潜力，仍然是国际能源外交与合作的重要地区之一。

中国企业与东南亚国家开展国际油气合作的政治风险主要基于相关国家和中国的关系，以及政府工作效率。中国与某些东南亚国家的合作竞争关系，使这些国家对与中国企业的油气合作持保留态度，进而使项目的审批与实施受到一定程度的影响。此外，某些东南亚国家的政府工作效率还有待提高，这也会对相关项目的进展及油气资源的开采进度造成不利的影响。

（四）南亚国家

在"一带一路"沿线油气资源国中，南亚国家的政治环境稳定程度、政府工作效率、与中国的关系等大致处于中等层次。由于历史和发展落后的原因，南亚地区各国之间既未在基础设施上实现互联互通，又未在政治上取得高度的互信，在许多事务上难以协调统一。虽然目前中国与南亚各国的经济关系较为密切，但在外交关系上，除巴基斯坦外，与其他国家的合作伙伴层次并不高，这些因素都使中国企业与南亚国家开展油气合作项目面临不确定性。

在"一带一路"倡议中，南亚地区占据着日益重要的地位。中国油气企业在南亚国家实践较好的有两种模式：一是巴基斯坦模式，中巴两国开展全方位合作，相关项目虽然偶遇干扰，但总体上进展顺利；二是斯里兰卡模式，斯里兰卡同时与中国和印度开展合作，虽然也存在一些干扰因素，但总体上可以推进。

在南亚国家中，需要重点关注的是印度。虽然目前中印两国经贸关系仍然有所发展且潜力较大，但仍然面临国际政治风险、南亚国家内部政治风险、重大项目运营风险等，从而给我国企业开展长期合作项目带来了很多难以预测的风险。

二、经济环境的影响

石油和天然气在本质上是用于劳动交换的商品，商品属性是石油和天然气的本质属性。经济环境是中国企业与“一带一路”沿线油气资源国开展国际油气合作的连接纽带与物质基础，“一带一路”沿线国家的经济环境对油气价格、油气投资、油气贸易等有着重要影响。具体来说，影响我国企业与“一带一路”沿线油气资源国开展国际油气合作的经济环境包括对外贸易发展状况、油气资源国的油气行业经济状况、油气资源的丰富程度以及东道国的税收控制手段等。

一般来说，开展国际油气合作需要一个统一、开放、竞争、有序的共同市场体系。对外贸易状况是各国之间经济联系密切程度的重要体现，对外贸易发展得越快，开展油气合作的可能性就越大，合作也会随着对外贸易发展层次的提高而逐渐深入。油气资源国的油气行业经济状况为油气企业的跨国经营提供了具体的行业环境，而油气资源的丰富程度则是油气企业开展跨国经营的资源性因素。“一带一路”沿线油气资源国大多形成了以石油和天然气为基础的单一经济结构体系，对油气资源的依赖程度相对较高，因此需要可靠的合作伙伴来保持油气资源出口的稳定性。经济发展的诉求，促进了中国企业与“一带一路”沿线油气资源国开展国际油气合作的形成与发展。东道国的税收控制手段实际上是一种经济风险，其在一定程度上抑制了石油投资与贸易。对此，开展合作的企业应当加以重视与研究，避免遭受不必要的损失。

综合来看，“一带一路”沿线油气资源国的能源市场开发起步较晚，商品流通仍不够流畅，市场经济体系仍有待健全，主要表现为土地、技术、资本等市场要素不全且分割严重，从而严重阻碍了开展国际油气合作的资源优化配置与市场自由开放。在"一带一路"倡议下,中国企业正在积极寻求与沿线油气资源国开展国际油气合作的契合点,沿线国家的资源优势与我国企业的资金优势、技术优势、管理优势等互补,中国与"一带一路"沿线油气资源国之间的多边油气合作体系也逐渐形成,构建了资源型国家的油气供给、需求型国家的油气消费、共同护航的油气运输为一体的油气合作网络,使中国与"一带一路"沿线油气资源国的多边油气合作更加深入,前景更加广阔。

(一)中亚国家

中亚地区是中国企业开展国际油气合作的重点区域之一。近年来,中国与中亚国家的经济往来日渐密切,对中亚国家的油气投资与贸易总量持续攀升,油气经贸合作得到了不断的发展,推动着双方产能合作不断迈上新台阶。中亚国家油气资源储量丰富,但工业基础较为薄弱,技术及设备较为陈旧,导致其经济社会发展受到制约。中国与中亚国家可以实现优势互补,打通贸易通道,促进油气资源的跨区域流动,进而共享能源发展成果,加快构建更加绿色的全球能源治理体系。

早在20世纪末和21世纪初,中国企业就开始了与中亚国家的油气投资合作。中国企业与中亚国家开展油气合作项目的起始时间及合作内容如表10-1所示。

表10-1 中国企业与中亚国家开展油气合作项目的起始时间及合作内容

	起始时间	合作内容
哈萨克斯坦	1997年	中石油持有哈萨克斯坦阿克纠宾油气股份公司60.3%的股份
乌兹别克斯坦	2006年	中石油中标乌兹别克斯坦的五个陆上勘探区块项目和咸海水域油气勘探开发项目
土库曼斯坦	2007年	中土两国政府与相关企业陆续签订了产量分成协议、天然气合作框架协议、采购和提供天然气协议等
吉尔吉斯斯坦	2002年	中石化开始投资油气资源,对阿拉伊盆地和麦利苏Ⅳ伊兹巴斯肯特油田进行了勘探
塔吉克斯坦	2012年	中石油于2012年年底中标博格达地区的油气项目

中亚五国中，中国企业对哈萨克斯坦的投资持续时间最长，项目最多，规模最大。2018年6月，中石油同哈萨克斯坦能源部签订了《关于石油合同延期及深化油气领域合作的协议》，为中国企业与中亚国家开展更深远的投资开发提供了法律保障。同年9月，哈萨克斯坦三大炼油厂之一的奇姆肯特炼油厂现代化改造项目随即启动，该项目是“一带一路”倡议的重点工程。塔吉克斯坦和吉尔吉斯斯坦两国也在加深中我国企业(如中石油)的合作。

中国企业在不断加强与中亚国家能源合作的同时，也应注意到，中亚国家的经济环境也存在诸如投资保护主义、金融环境有待完善等问题。一方面，近年来中亚国家以国家安全为由的能源资源行业投资保护主义日益突出，如近年来哈萨克斯坦受世界经济增速放缓、金融危机冲击等不利因素的影响，国内投资、市场、行政等多个维度政策环境较以往不断收紧，尤其是在石油、天然气等战略资源领域实行了严格的国家控制，为中国油气企业进一步开展国际油气合作制造了巨大的保护壁垒；另一方面，由于中亚五国都是在苏联解体后成立的，因此其投资环境(特别是金融体制与政策)受计划经济体制的影响颇深，经济封闭性较高，与国际市场接轨的程度较低。往来于中亚五国之间的企业需要在货币问题上频繁“换汇”，导致投资的交易成本高昂，进而阻碍了油气合作项目的进展。

(二)西亚与北非国家

西亚与北非地区是目前世界上石油储量最大、生产和输出石油最多的地区，其中仅沙特阿拉伯一国的石油储量就占世界石油储量的四分之一。西亚与北非地区的油气资源不仅储量丰富、分布集中，而且油质好、开采成本低。油气加工出口为西亚与北非国家的经济支柱，这为外国油气企业的跨国经营提供了较好的行业条件。但也应看到，作为世界上主要的油气资源输出地区，西亚与北非地区各油气资源国的经济几乎完全依赖油气工业，经济结构单一且不稳定，存在较大的风险。

“一带一路”倡议是中国为推动国际社会合作特别是促进发展中国家的经济增长做出的重大决策，西亚与北非地区是推行这一重大倡议的关键地区。从经济方面来看，虽然西亚与北非国家的人均GDP显著高于“一带一路”沿线国家平均水平，接近世界均值，属于中等偏上水平，但西亚与北非各国普遍存在基础设施建设不足、工业制造能力薄弱等问题，而中国在这些领域具备较大的优势，因此加强和西亚与北非国家的合作正当其时，"一带一路"倡议为此提供了契机。当前，不少西亚与北非国家都推出了不同形式、不同目标的经济发展计划，这些计划与"一带一路"倡议都具有很高的契合度。

从20世纪60年代开始，西亚与北非国家便先后开展了油气资源国有化运动，在油气资源勘探开发和生产环节禁止外国油气企业从事石油生产业务，但鼓励对中下游进行投资。目前，在西亚与北非国家开展投资和作业的外国油气企业仍以欧美公司为主，但近年来一些国家从现实主义、地缘政治以及全球外交格局出发，正在大力支持本国的能源企业开展国际合作，加强与除欧美国家外其他国家的合作，以实现"能源外交"的多向化。

（三）东南亚国家

基于地理邻近性的研究视角，东南亚国家在"一带一路"尤其是"21世纪海上丝绸之路"的建设过程中扮演着重要的角色。近年来，东南亚国家对初级能源的需求不断增长，油气供需矛盾的加剧促进了能源贸易的发展。但是，由于经济发展相对滞后、投资资金不足和开采技术相对缺乏，部分东南亚国家（如越南）的石油和天然气产量依然较低，这就促使这些国家积极寻求国际合作，学习先进的技术，完善本国的能源设施。能源转型的需要也成为东南亚国家加强国际油气合作的重要引擎，这使我国企业和东南亚国家在油气资源领域存在广阔的合作空间。

东南亚国家中，除了老挝和新加坡的油气资源较为匮乏外，其他国家都有一定规模的油气资源储量。其中，石油储量较大的有越南、马来西亚和印度尼西亚，而天然气储量较大的有印度尼西亚、马来西亚和缅甸。随着社会和经济的发展，东南亚国家对石油和天然气的需求不断增加，而油气产量则在持续下降，油气供应与需求的日渐失衡使东南亚国家需要大量吸引外资和加强国际合作来开发新资源，并提高已有资源的有效利用率。目前，东南亚国家正在积极探索与其他"一带一路"沿线国家的油气企业开展多方面的合作，进而推动和促进油气资源勘探开发进程和资源的有效利用。

（四）南亚国家

自中国提出"一带一路"倡议以来，多数南亚国家积极参与，并与中国签署了不同形态的油气合作协议。中国与南亚国家在战略对接、经贸往来、金融合作、基础设施与重大项目建设，以及民心相通、人员交往合作等方面均取得了较大的进展。总体而言，中国与南亚国家在“一带一路”倡议下的合作不仅取得了良好的成绩，而且也展现出了巨大的潜力和广阔的前景。

与“一带一路”沿线南亚国家开展油气合作项目时，也要注意金融风险和日常运营风险。南亚地区的很多国家属于投资和运营风险都较高的国家，其主要表现在以下方面。

首先，资金压力过大可能导致金融风险。中国虽然愿意在“一带一路”倡议的框架下投入较多资源，但与南亚国家的需求和期待相比，目前中国的金融能力可能还存在一定的差距。

其次，油气合作项目在运营过程中可能存在风险。能源基础设施投资项目投资额度大、回报周期长，需要克服的各方面风险非常多，其中一些项目具有明显的公共产品属性，几乎不可能通过市场经济手段收回成本，更不用说取得适当的回报，这也是国际资本市场长期不愿意向能源类行业进行投资的主要原因；即使是一些有盈利前景的项目，能否实现预期的盈利目标也存在较大的不确定性。

最后，南亚国家的营商环境普遍不佳，世界银行发布的《2019 年营商环境报告》显示，除印度、斯里兰卡和尼泊尔外，其余南亚国家都排在 100 名之后，即使排名靠前的印度也仅排在第 77 位。同时，南亚地区是世界上一体化程度最低的地区，地区内部的货物贸易、人员流动和投资流量都非常有限。根据世界银行的估计，南亚地区的内部贸易额占该地区贸易总额的比例只有 5%，这一数字在东亚为 35%，在东南亚为 25%，在欧洲为 60%。基础设施落后、贸易壁垒高筑，是南亚地区一体化程度低的主要原因。

三、社会文化环境的影响

“一带一路”倡议不仅会加强各国之间的商业贸易往来，而且会加强各种文明之间的对话和思想交流。“一带一路”倡议坚持优势互补、互利双赢，这离不开文化的助力，这一方面是不同文明、不同国家之间达成共识的重要基础，另一方面也可以消弭国际油气合作中的文化冲突与障碍。影响开展国际油气合作的社会文化因素具体包括宗教信仰、语言、教育、社会治安及价值观念等。

宗教信仰是社会文化环境的重要组成部分，其影响着一个国家或地区经济、政治、文化与社会的各个方面。语言的差异及隔阂也会阻碍国际油气合作项目的开展。目标投资国的教育水平，将直接影响油气合作项目的质量与效益，因为东道国的教育水平直接决定了其劳动人口的素质，进而影响外资企业的长期经营与运作。此外，良好的社会治安是跨国油气企业开展经营活动的安全保障，它影响着国家间油气合作的正常进行及未来继续开展合作的可能性。价值观念体现了东道国对外国企业及其文化的接受程度，如果东道国居民对外国企业普遍持抵制态度，则油气合作将难以维持和进行下去。

综合来看，在"一带一路"沿线国家的总人口中，有宗教信仰的大约占80%。在开展国际油气合作的过程中，宗教交流、文化沟通、互相尊重与互联互通都是不可缺少的。

（一）中亚国家

中亚国家是以伊斯兰教信仰为主的多宗教信仰地区，近年来，受极端思想的影响，在中亚国家开展油气合作的风险增加。此外，受宗教影响，中亚国家的部分地区在开放发展的思想上存在局限性，常常对外来投资抱有抵触情绪。相比于西方欧美国家，中国与中亚国家开展油气合作的时间较晚，合作基础较薄弱，导致中国企业对中亚国家社会民意的了解还不够深入和全面。加之中国的油气企业在中亚国家开展能源投资过于依赖政府牵头、企业跟进的方式，从长远来看这不利于让企业独立面对国际市场风险。

（二）西亚与北非国家

西亚与北非国家的现状极为复杂，该地区不同国家间的差异很大，体现在人口、国土面积、资源、经济发展水平、宗教信仰、民族、教派等方方面面。在宗教信仰方面，绝大多数西亚与北非国家的人口都信仰伊斯兰教，但信仰基督教、犹太教以及其他宗教的人口也有很多，信仰伊斯兰教的人口还有什叶派与逊尼派之分。西亚与北非国家的现实情况是：国与国之间、一国内部各地区之间的发展水平极不均衡，宗教、教派和民族差异极大，关系错综复杂，这也是开展国际油气合作所面临的巨大障碍与挑战。

在社会民生层面，高失业率对西亚与北非国家的社会和政治稳定性造成了不利影响，反过来也进一步增加了西亚与北非国家的油气投资风险。地缘政治形势紧张是西亚与北非国家工作机会减少的主要原因，而女性就业率低则是西亚与北非国家青年失业率高的重要因素。但究其根本，西亚与北非国家工业化水平低和其地租经济模式的结构性问题才是导致高失业率的最终原因。近年来，西亚与北非国家受能源技术革命导致的结构性危机和国际油价低迷导致的周期性危机的影响，财政压力加大，故推出了“劳工本地化”政策，限制外籍劳工在私营企业中的就业比例，提升本国人在私营企业中的就业率，以缓解就业竞争压力和财政压力，但效果有限。西亚与北非国家高失业率的根本解决之道仍在于通过工业化改变其地租经济的结构性问题，从而提供足够多的工作岗位，最终提高民众的生活水平，降低投资风险，为开展国际油气合作营造安全的投资环境。

（三）东南亚国家

宗教因素是软环境的重要组成部分。相当一部分东南亚国家的人口信奉宗教，在与东南亚国家开展国际油气合作的过程中，必须考虑宗教因素的影响。东南亚国家的许多问题都与宗教有关，如菲律宾的宗教极端组织，缅甸的若开邦危机、罗兴亚难民问题等，这也对中国企业在“一带一路”倡议下开展国际油气合作产生了一定的不利影响。

（四）南亚国家

在南亚国家中，个别国家存在国家治理能力较弱的现象，这就为非政府组织的存在提供了土壤。这些非政府组织背景复杂，相当一部分具有西方背景或具有亲西方色彩，对中国企业在“一带一路”倡议下开展国际油气合作有着不同程度的影响。个别南亚国家的国家治理能力的薄弱，导致教派矛盾及宗教与世俗之争成为一个重要的社会问题，使一些国家的政治社会生态更为复杂。

印度在南亚地区具有巨大的影响力。由于社会文化构成多元、多样化，印度不同地区间经济发展不平衡，教育普及度低，加之顽固存在的社会等级制度，民族冲突、教派冲突、地方冲突及社会阶层分离或对立交织，深刻影响着印度社会的整合力与凝聚力、团结与稳定，冲击了印度的国家安全与社会稳定。印度国内复杂的社会环境往往导致国际油气合作缺乏社会安全保障，从而极大地影响了外资企业的进入。

四、法律制度环境的影响

一个国家或地区对油气行业的管理体制和相关的法律环境，决定了其油气行业开展国际合作的深度和广度。为促进对油气资源的开发利用，各国普遍出台了一些油气投资及税收优惠政策，以引导合理开发及利用油气资源，这是国际油气开发领域吸引投资的普遍做法。例如，为了多方吸引外资，中亚各国政府均颁布了一系列关于发展经济、保护投资者的法律法规以及优惠政策。也就是说，油气政策的宽松程度直接影响着吸引投资的质量。

近年来，“一带一路”倡议下的能源合作机制日益丰富，中国与“一带一路”沿线国家建立了 50 多个双边能源合作机制，还参与了 30 多个多边能源合作机制，签署了 100 多份能源合作文件。不断丰富和发展完善的双边、多边能源合作机制与更加有效的能源合作对话平台，为中国与“一带一路”沿线国家开展能源合作提供了有力的制度保障。

不过，总的来看，“一带一路”沿线国家针对油气合作政策的对话和协调依旧不够，存在一定程度的各自为政，缺乏总体规划；再加上一些国家没有加入世贸组织、国内政治问题严重等，阻碍了国际油气合作的进行。同时，“一带一路”沿线国家大多属于新兴经济体和发展中国家，存在多种法系并存的情况，不同法律体系下的社会秩序状况有所差异，也对开展国际油气合作造成了一定的影响。

(一)中亚国家

中国与中亚国家全面进行经贸往来的固定机制源自 1991 年开始的乌鲁木齐对外经贸洽谈会。由于中国的新疆地区在地缘政治、人文、历史、文化等方面都与中亚国家有很多共同点，因此在中亚油气市场上，中国在竞争力方面比美国、日本等国家具有得天独厚的优势。上海合作组织的成立、西部大开发战略的实施都加强了中国与中亚国家的经贸往来，特别是在油气合作方面，中国与中亚国家具有广阔的发展前景，同时彼此之间协调建立油气合作的法律机制也尤为重要。中国与中亚国家间制定与签署的法律文件及相关规定，奠定了双方开展油气合作的法律基础。

中国与中亚国家的油气合作主要是通过海外直接投资和石油工业产品分利两种方式进行的，油气合作是在法律法规及相关规定的基础上形成的。中国企业通常采用跨国并购的海外投资方式，通过购买股份在当地获得中方拥有控股权的油气资源。多边国际条约是中国与中亚国家开展油气合作的法律基础，其中包括能源合作方面的相关规定，对各签约国均具有法律效力。除政府间协议外，还有企业间签署的协议，这些都是双方开展油气合作的法律依据。这些政府间和企业间协议，体现了我国与中亚国家开展油气合作的法律机制的现状。

（二）西亚与北非国家

由于很多西亚与北非国家政局动荡，因此在与这些国家开展油气合作时更要注重政策法规方面的保障。目前，很多西亚与北非国家在处理好区域内国家间关系的同时，也在不断完善油气立法，改善国内投资环境，加快对外合作进程。随着中国企业在西亚与北非地区的油气合作实践不断增多，所面临的各种风险也不断增多，其中以法律纠纷、技术壁垒纠纷、贸易纠纷最为常见。考虑到一些西亚与北非国家长期处于政局不稳的状态，政府治理能力不足，因此在合作过程中产生纠纷就更为常见。因此可以说，国际石油合作在西亚与北非国家中的实践能否深入、稳定地进行下去并获得可持续发展，关键就在于这些国家各方面的制度建设。当前，中国企业与西亚与北非国家的绝大多数油气合作项目都是独立、零散的，遇到纠纷时往往停留在“一事一议”“一时一议”的层面。要想确保中国企业与西亚与北非国家的油气合作可持续地发展，就必须从法律制度的层面上为油气合作保驾护航。

（三）东南亚国家

由于油气合作项目投资数额巨大，因此在开展油气投资时，了解投资国的法律环境是否完善，可以有效地规避风险。因为投资目标国的法律制度是否完备，法律体系是否健全，执法是否公平公正，契约是否能够得到法律的保护，将直接影响到油气投资项目的安全。东南亚国家的油气投资法律具有以下特点。

首先，为了开发国内的油气资源，各国普遍通过各种优惠政策积极吸引外国企业投资。从东盟国家优先发展的产业来看，各国都将油气资源的开发与利用作为优先发展或鼓励投资的产业。例如，越南将油气业、能源业开采设备等作为鼓励投资项目，缅甸将开发需要大量投资的自然资源作为国家优先发展的产业，柬埔寨将基础设施建设及能源生产作为鼓励投资的领域，文莱将与石油及其他工业相关的化学产品作为鼓励投资项目，马来西亚将石油和天然气开发作为优先领域，菲律宾将能源作为鼓励投资的产业，印度尼西亚也将能源作为鼓励投资的大项目。

其次，采取不同的油气分成方式，吸引外国企业投资油气勘探与开发。中国企业与东南亚国家的油气合作项目存在三种形式：一是矿税制协议，是指投资者获得原油与天然气实物，向资源国政府交纳矿区使用费和所得税；

二是产品分成协议，是指投资者获得原油和天然气实物，而资源国政府获得份额油，从而获取收益；三是风险服务合同，是指资源国或国家石油公司拥有矿产所有权和经营权，由外国石油公司提供资金、技术和服务，负责勘探开发，外国油气企业在承担作业风险后，所能得到的只是服务费。总体来看，产品分成协议为东南亚国家普遍采用，资源拥有国政府所得占绝大多数，如印度尼西亚政府对陆上石油的所得为89%；马来西亚的规定相对苛刻，政府所得在79%～91%，而越南则为7%～89%。这降低了投资国的期望回报率，增加了投资风险。

目前，我国企业对东南亚国家的油气投资可能会面临以下法律风险。首先，油气政策法规不稳定，影响投资者的信心和收益。其次，环境政策可能会影响油气勘探与开发的过程。东南亚国家为了保护环境资源，针对油气勘探与开发可能造成的环境污染进行了严格控制，如马来西亚的矿业法规就规定，将对危害环境者吊销采矿执照，同时予以罚款甚至刑事处罚。因此，为推进中国与东南亚国家之间的油气合作，必须正确评估合作中的法律风险，完善相关的石油政策法规，在为油气合作提供安全保障的同时降低油气投资风险，提高投资效益。

（四）南亚国家

目前，中国企业与南亚国家开展油气合作仍然面临很多制度性挑战，机制建设也较为落后。另外，合作模式也较为简单，主要是双边合作的模式。尽管双边框架有助于合作项目的启动，但由于缺乏多边机制的支持，双边合作比较脆弱。这一方面是因为南亚地区的法制建设水平低下，缺少可以借助的现成的有效机制；另一方面是因为域外国家的身份限制了其在国际合作中的参与度。在这种情况下，中国企业也只能更多地依靠双边渠道来推动与南亚国家的油气合作。

第二节　软环境建设

为加强我国企业与“一带一路”沿线国家的油气合作，应当高度重视软环境建设。笔者认为，应当重点建设以下方面。

一、加强“一带一路”沿线国家以石油为中心的能源贸易软环境建设

（一）加强油气资源定价体系与结算机制建设

当今世界正经历“百年未有之大变局”，我国发展的外部环境和内部条件正

在发生深刻而复杂的变化。事实上，旧有的国际货币体系正在变得更加脆弱和不稳定，美国等发达国家的量化宽松政策对全球货币体系产生了较大冲击，数字技术的崛起也给货币体系和国际金融市场的支付结算带来了全新的挑战。对此，可以采取以下措施。

首先，加强原油现货贸易，打造现货贸易集聚市场，以现货贸易推进新的油气资源定价体系的形成。通过打造原油现货贸易集聚地，可以依托上下游一体化项目，着力做大原油贸易；加强对世界油气贸易公司的引进，推动各大油气贸易公司在贸易区内的发展，大力发展转口贸易；寻找国内外合作伙伴参与集聚地原油贸易，不断拓展国际合作渠道，吸引油品交易企业、金融机构在贸易区开展油品业务，带动油品交易；加强对原油贸易信息的采集，促进贸易数据的公开。

其次，进一步完善原油交易平台，以金融衍生工具推进新的结算机制的形成。大力加快建设新型交易平台，探索创新交易品种和交易模式，通过原油交易平台，构建更完善的原油期货定价体系，扩大跨境业务；进一步推广采用新结算机制的原油期货，逐步开展离岸金融业务，从而提升跨境投资和融资的能力，最终形成成熟的跨境贸易、融资定价与结算的原油交易平台。

再次，深耕“一带一路”沿线国家市场，加速国际化进程。“一带一路”倡议为建设新的原油定价机制提供了机遇，并且开辟了新路径，因此可以充分利用共建“一带一路”的契机，加强与沿线国家的经贸合作，逐步构建新的原油计价体系。根据“一带一路”沿线国家不同的经济发展需要，通过签订货币互换协议、增加互换金额等方式，拓宽中国油气企业的海外投融资渠道，开发新的金融产品，推动在其他贸易投资和能源金融领域的合作；探索建立区域性的企业联盟，以大区域协调发展的视角推进石油上下游产业链，加强资源信息共享和合理竞争，增强我国油气企业在国际市场上的购买力和话语权，实现更大程度的合作共赢。

最后，扩大与“一带一路”沿线国家的贸易往来，拓宽资金回流渠道。“一带一路”沿线国家贸易潜力巨大，其中不乏油气资源大国，因此应着力加强双边与多边贸易合作，赢得油气资源国的信任与支持，吸引其加入新的计价体系，并且以能源贸易为媒介，逐步打开其他贸易领域；推动金融市场逐步开放，构建资金环流体系，扩大资本市场的开放度，进而吸引更多的投资者。

(二)加强跨境贸易、大宗商品人民币计价结算

中国的国际收支中,近90%使用美元结算。过度依赖美元计价结算,势必会增加跨境贸易、投资的汇率风险和不确定性,并容易形成新的“堵点”。从稳贸易、稳产业链、保障经济安全的角度来看,应高度重视跨境贸易中的人民币计价结算,具体来说可以采取以下措施。

一是要以对外直接投资和中国企业主导的产业链、市场为抓手,统筹国内国际市场,通过对外直接投资拉动贸易融资和设备、劳工、技术出口,通过进口构建对外投资与国内循环相互连接的机制,利用稳定市场份额、简化支付流程、规避汇率风险等市场手段,来激励企业更多地使用人民币计价结算,构建人民币资金流和贸易流双闭环。

二是要积极发挥中国在数字经济、移动支付、人工智能等方面的优势,打造各类交易平台,增强人民币的支付货币功能,争取在与我国经贸关系密切、产业链紧密联系的东盟及周边地区实现突破。

三是要充分利用区域全面经济伙伴关系协定,借助国内强大的需求,针对区域贸易和“一带一路”沿线国家的主要大宗商品,开发更多以人民币计价结算的期货产品。同时,鼓励中国企业更多地投身于大宗商品期货市场,消除债券、货币、外汇、商品期货市场之间的资金流通障碍,提升对期货市场综合风险的管理能力。

四是争取构建国际大宗商品物流价格体系协调机制。目前的国际油气组织基本上是单纯的生产方关系,难以反映进口方的诉求。只有供需双方都参与的组织才能长期稳定,对此可以倡议建立一种国际机制,强化油气进口国的地位和发言权。

二、加强与“一带一路”沿线国家的油气合作软环境建设

面对国际油气合作的新形势、新变化,中国油气企业需要提前研判,做好风险预警,把握投资机会,针对不同地区的特点,因地制宜地制定合作策略,加强油气合作软环境建设。

(一)中亚国家

中亚国家是“丝绸之路经济带”建设的核心区之一,对整个“一带一路”倡议具有举足轻重的作用和战略意义。因此,在高度重视中国企业向中亚国家“走

出去”的同时，也应高度关注相关的油气合作软环境建设，为中国企业与中亚国家的油气合作保驾护航，具体来说需要做好以下几点。

1.继续加强高度的战略互信，营造良好的政治经济合作氛围

在油气合作中，中国与中亚国家应遵循油气安全原则、和平解决能源争端原则及过境自由和无害通过原则等原则。首先，油气安全是油气合作双方良好互动的保障，无论是作为石油进口国的中国还是作为石油出口国的中亚国家，减少或防止发生能源事故，避免运输过程中的风险是最终目的；其次，中国与中亚国家开展能源合作的过程中，出现争端时可采取外交、经济、法律等手段和平解决，从而最大限度地发挥法律机制的作用；最后，中国与中亚国家的油气合作需要安全有保障的运输通道，而过境自由和无害通过原则在不损害过境国利益的同时，能够最大限度地降低运输成本，保障运输安全。

2.积极发挥政府的主导作用

中亚国家在政治风险的构成、特征与程度等方面存在巨大的差异。从经济学角度看，面对迥异的政治风险挑战，任何单个企业要在中亚国家投资且具有一定的稳定性和成长性，都要承担一定的政治风险成本。因此，需要由政府提供一些公共产品，其中最重要的就是在中国与中亚各国签署的双边投资协定的基础上进行国际合作制度创新，推动签署多边投资协定，这样不仅可以保障中国企业在中亚国家的投资安全，而且可以推动中国与中亚国家之间的经贸合作健康发展。

3.强化引导与培训，重视能源投资风险管控，构建稳定、双赢、和谐的政商关系

中国对中亚国家的能源投资进入时间较晚，合作基础较为薄弱，这导致我国企业对中亚国家的相关法律政策和能源资源信息的了解还不够深入、全面。加之中国油气企业在中亚的能源投资过于依赖政府牵头、企业跟进的投资方式，从长远来看，不利于让企业独立应对风险。为了防范和化解能源合作风险，政府应强化对向中亚国家直接投资的企业的培训，推动企业形成稳定双赢、和谐共治的政商关系。

4.充分利用国际机制，分摊、化解投资风险

当投资企业遭遇政治争端且协商无果时，可以充分利用国际仲裁和商业保险机制，降低各种风险带来的损失，积极寻求法律和商业救助。应充分发挥世

贸组织框架下争端解决机制的作用，推动中国主要的保险企业积极投身对中亚国家直接投资的商业保险业务，增强商业保险在对外直接投资中的风险转移作用。此外，与中亚国家当地的油气企业应更多地尝试采取合资经营、共同开发的模式，增进共同利益。

（二）西亚与北非国家

西亚与北非国家具有重要的政治经济区位优势，是推动“一带一路”建设的关键地区之一。“一带一路”倡议增进了中国和西亚与北非国家的政治互信，扩大了双方在能源、商贸、金融、工程建设等多领域的合作。同时也要看到，中国和西亚与北非国家仍面临认知偏差、安全风险、国际局势复杂、相互宣传不足、机制建设滞后等诸多挑战。为进一步加强和西亚与北非国家的油气合作，应坚持互利共赢的原则，加强安全风险防范，强化国家间的战略沟通，在能源等领域进一步深化合作并进行制度创新，提升宣传水平，具体来说要做好以下几点。

1.实事求是地认识西亚与北非国家的复杂现状，对合作抱有理性认识

西亚与北非国家的现实情况复杂，国与国之间、国内各地区之间发展极不均衡，各国的经济发展水平、宗教信仰、民族构成等差异极大，关系错综复杂，矛盾突出。在进一步推动和西亚与北非国家开展国际油气合作的过程中，中国企业一定要对西亚与北非国家的复杂现状及其带来的挑战抱有理性的认识。

2.重视安全风险，做好风险评估与应急机制

在进一步推动和西亚与北非国家开展国际油气合作的过程中，无论是企业投资还是个人层面的合作，都必须高度重视安全风险。安全风险包括政治风险、经济风险、法律风险、地理气候风险、极端主义风险、暴力犯罪风险、社会动荡风险等。中国企业必须提高安全防范意识，确保人员、设备、财产免遭伤害或损失。

和西亚与北非国家开展油气合作的主体是中资国有企业，对此类企业而言，确保员工安全与运营稳定是最重要的目标。在队伍建设问题上，要充分利用企业内部现有的力量，积累实地处置经验，搜集翔实丰富的政治、经济与安保信息，同时也要与外交部、商务部等政府部门积极合作，做好应急预案与部署。

3.加强与西方国家在西亚与北非国家问题上的战略沟通，寻求达成更多的共识

中国企业确保和西亚与北非国家的油气合作既有成果不受侵害，未来的油

气合作能够进一步扩大，也要考虑与西方国家（特别是美国）的战略沟通。从大战略的角度看，西方国家与我国存在达成战略共识的可能性。对西方国家而言，遏制西亚与北非地区的恐怖主义势力，尽快实现该地区的稳定，恢复发展，阻止难民与恐怖主义外溢，是极为关切的问题；而中国在西亚与北非地区积极推进“一带一路”倡议下的跨国合作实践，在基础设施、能源、商贸等领域扩大投资，有助于推动西亚与北非国家的政治稳定和经济发展。我们可以加强与其他各国政府的战略沟通，共同推进西亚与北非国家的民生经济建设。

4.进一步夯实能源合作的基础，丰富合作的内涵与途径

在可预见的未来，能源合作仍将处于中国和西亚与北非国家开展的国际合作的核心地位，这是由双方的优势决定的。除进一步扩大传统油气贸易的规模外，中国和西亚与北非国家的能源合作应充分依托并利用“一带一路”倡议搭建的平台，进一步丰富合作的内涵与途径，如积极推进管道运输建设；扩大能源项目投资与技术领域的合作，如加强在原油采掘、冶炼、深加工等领域的合作；寻求共同提升国际能源话语权，共同参与全球能源安全治理，努力实现全球能源安全治理机制创新，更好地协调全球能源秩序，积极推动西亚与北非国家的新能源事业发展。

5.拓宽合作视野，积极推动非能源领域的合作

除了丰富的油气资源，西亚与北非国家还具有交通便利等优势，具有极其重要的地缘战略意义和经济发展潜力。由于西亚与北非国家人口众多，许多市场正处于待开发的状态，蕴含着巨大的市场潜力。从企业投资的角度看，西亚与北非国家的港口、航运、旅游、航空、金融服务、贸易、基础设施建设、商业房地产等行业都有无限的商机。

西亚与北非地区的油气资源富裕国渴望积极发展金融业、旅游业等产业。在这方面，中国企业都具备可进入的条件；西亚与北非地区一些饱受战乱之苦的国家都希望能够重建家园，在基础设施、电信、房地产等领域具有较好的发展前景。此外，中国企业应积极拓展非商业领域的合作，如西亚与北非国家所处的地中海和印度洋地区是全球海洋生物多样性最丰富的海域之一，我们可加强与当地国家的科研合作。

6.创新合作机制，加强制度建设

客观来说，任何合作都会发生纠纷。解决纠纷关键要依靠法律和制度。

"一带一路"倡议为中国与西亚与北非国家扩大合作带来了前所未有的机遇,在此背景下,也要充分保证制度建设。要想确保中国与西亚与北非国家的油气合作可持续地发展,就必须从制度的层面为合作保驾护航,如积极建设和西亚与北非国家的双边或多边自贸区;在金融投资领域建立更广泛的合作平台;强化海外投资保险体系,因地制宜地扩大保险范围;在财务管理、税收监管等领域实现更精准的对接;搭建跨国商事法务咨询与救济平台,建设权威的跨国商务纠纷仲裁机构和制度体系等。

(三)东南亚国家

东南亚国家是中国的近邻,加强与东南亚国家的能源合作,不仅有助于中国与东南亚国家实现优势互补,也有助于中国扩大能源进口渠道,为中国的多边能源合作开拓更广阔的前景。同时,也要防范投资风险,提高投资效率,针对油气资源国进行细致而全面的投资风险分析。只有从市场规律出发,减少投资风险,才能保证国际油气合作的效率,也才能保持长期、互利的合作,具体来说要做到以下几点。

1.深化与完善能源合作机制是未来国际油气合作的"稳定器"

中国与东南亚国家能源合作机制的建立,不仅有赖于相关国家对建立能源合作机制的收益预期,而且和中国与东南亚国家不断深化的政治互信密切相关。中国与东南亚国家已经签署和执行了一系列能源合作协议,据不完全统计,自20世纪90年代以来,中国与东南亚国家共构建了至少9个具有代表性的专门或综合性的能源合作机制。未来,中国与东南亚国家可以在现有的基础上不断完善和拓展能源合作机制的内涵与外延,这不仅能使能源合作保持长期性,而且可以在相关框架下携手应对区域乃至全球性的能源风险,使能源合作保持相对稳定的发展。笔者认为,可以从以下两个方面加强我国与东南亚国家的双边能源合作机制建设。

第一,借助"一带一路"倡议和新型智库建设的机遇与平台,进一步推进中国与东南亚国家的能源合作机制建设。一方面,东南亚国家在建设泛东盟天然气管道项目时,曾提出过连接中国等亚太市场的想法,但许多国家的油气资源开发因资金、技术等问题未取得实质性的突破与进展,因此中国与东南亚国家可以在"一带一路"倡议的框架下,开展对相关能源基础设施互联互通建设的可行性研究,并在资金与技术等方面展开谈判与合作。另一方面,东南亚国家有着相对成熟的能源治理经验，尤其是自20世纪70年代以来，东南亚国家在能源治理的制度建设方面取得了很大的成就，中国与东南亚国家可以充分发挥资金、人才和治理经验等方面的优势，共建涉及双方能源外交、能源合作、能源安全等议题的研究机构，为政府和企业提供能源问题的决策参考和建议咨询。

第二，推动区域能源市场一体化建设。一体化的能源市场不仅可以激励区域内能源自由流通，而且可以增强成员国之间的信任。中国与东南亚国家可以通过“合作式竞争”建立区域一体化能源市场，在开展公平竞争的同时，朝着扩大区域经济规模和市场的方向采取集体行动。中国和东南亚国家可以通过基础设施建设和制度建设，与世界其他国家共同努力建设开放和具有竞争力的一体化区域能源市场。

2.构建“能源利益共同体”是未来油气合作的关键

随着经济的持续发展和人口增长，预计到2040年，东南亚国家对石油的需求将达到每天680万桶，对天然气的需求将达到每年2650亿立方米。可见，我国与东南亚国家开展能源合作符合双方的共同利益。未来中国与东南亚国家可重点从以下两方面打造“能源利益共同体”。

第一，重点加强能源运输安全合作。一方面，按照多边合作方式来处理马六甲海峡航道等安全问题，积极、主动地制定新规则，与相关国家进行协调，促成对各国都有利的合作机制的形成。另一方面，中缅油气管道是中国与东南亚国家开展能源通道建设的新典范，但中缅油气管道部分途径缅甸少数民族武装控制的地区，这就要求中国必须在不干涉缅甸内政的前提下，支持缅甸的民族和解进程，劝和促谈，积极发挥建设性作用，努力确保中缅油气管道安全平稳运营。

第二，世界能源体系已经发生了深刻的变化，而国际能源治理体系仍是旧有体系。作为国际能源体系中的新兴力量，中国与东南亚国家尚未能在当今国际能源治理体系中获得较大的影响力。对此，未来中国与东南亚国家可以在整合已有能源治理机制的基础上，努力建立具有全球影响力且主要代表发展中国家能源利益的能源治理机制，携手应对一系列能源安全问题带来的冲击和风险，在国际能源治理体系中争取话语权乃至主导权，这符合中国与东南亚国家的共同利益。

3.努力实现油气基础设施建设领域内的合作创新

加强基础设施建设，实现基础设施互联互通，不仅是目前中国与东南亚国家开展油气合作的重点，而且是维护中国油气资源进口和运输安全，实现东南亚国家能源一体化建设的重点。维护马六甲海峡的安全是推动我国与东南亚国家未来开展能源合作的一个重要因素，中国与东南亚国家应该以此为契机，进一步深化与创新双方在能源基础设施建设领域内的合作。

第一，中国不仅需要加强相关的“硬件”建设，而且也应该加强有利于维护油气基础设施安全与运输路线畅通的“软件”建设，具体来说可以从两方面实现合作的深化与创新。一方面，在国际法和“和平共处五项原则”的前提下，中国应该积极主动地发挥作用；另一方面，中国应该重视和加强对油气资源国相关地区的民生、文化、教育等具体和微观领域的投入，如在石油运输管道沿线地区可以无偿援建小型发电站，帮助当地居民解决用电问题等。通过这一系列“软件”建设，可以搭建民心相通的文化桥梁，为油气基础设施安全与运输路线畅通提供保障。总而言之，加强“软实力”建设应当成为中国与东南亚国家开展油气基础设施建设合作的必要内容，努力从源头上降低各种风险。

第二，从中国与东南亚国家关系的视角来看，可以通过一些示范性项目发挥引领作用，并以此为突破实现合作共赢。中国可以以中缅油气管道为突破口，首先努力实现中南半岛区域内油气基础设施的互联互通，然后与马来西亚、印度尼西亚等马来群岛的国家实现油气基础设施的对接，最终与泛东盟国家的油气管道实现一体化。这不仅可以推动东南亚的能源一体化建设，而且有利于中国与东南亚国家开展相关的油气合作。

4.努力实现能源金融领域的合作创新

综观世界能源的发展历史，尤其是油气工业的发展历史，可以看出金融资本始终扮演着至关重要的角色。尤其是在今天，强大的金融资本愈发显现出对世界能源体系的重要影响力。

可以将新加坡作为我国与东南亚国家实现能源金融合作创新的重点与突破口。新加坡强大的炼油能力和集散交易能力奠定了其在亚洲油品市场上的优势话语权地位；新加坡掌握着亚洲油品市场的价格行情，同时也是世界第四大金融中心，具有成熟的金融体系。总之，新加坡可以作为中国资本“走出去”的载体，中国可以通过与新加坡的能源金融合作，带动与其他东南亚国家的能源金融合作。具体来说，可以在能源贸易货币体系和争取在国际油气市场定价机制中的话语权两方面开展合作。

一方面，长期以来，“石油美元”机制主导着国际石油政治和经济，并在一定程度上使石油输出国与消费国依赖美元交易，具有一定的政治和经济风险。中国与东南亚国家可以在“中国-东盟自由贸易区”框架下，发挥和利用上海、香港、新加坡等国际金融中心的优势和合作基础，进一步扩大人民币在亚太地区的流通及结算规模。

另一方面，以中新合作为基础，进一步推动“10＋3”(东盟十国和中、日、韩三国)合作机制下的能源金融合作，争取亚太油气市场的定价权。对此，中国与东南亚国家可以在这一问题上结成战略伙伴，整合各自的金融优势，实现强强联合；通过与石油输出国的平等对话，消除石油溢价，一起努力构建亚洲能源消费市场，确保以合理的价格获得稳定的能源供应。

(四)南亚国家

经过多年的努力，中国与南亚国家的油气合作已经取得了良好的成绩，未来这一趋势还将继续。但是，中国企业在南亚地区仍然面临着南亚国家内部政治生态与国际关系变动的风险。目前，在南亚地区，“一带一路”倡议已走出以能源和交通设施合作为主的第一阶段，进入了以产业发展为主要特征的第二阶段。要想消解上述风险和挑战，更好地实现第二阶段的目标，还有大量工作需要加强，具体来说要做好以下几点。

1.进一步继承和弘扬“一带一路”倡议的

在南亚，一些国家对“一带一路”倡议，特别是“21世纪海上丝绸之路”的认知并不乐观。对此，我们需要采取更多的公共外交措施，进一步继承和弘扬“一带一路”倡议的合作与发展理念。

2.要推动实施内容的多样化

能源和交通项目是为相关国家搭建一个更好的基础设施平台，帮助相关国家克服经济发展中的能源和交通瓶颈。但是，能源和交通只是经济发展的前提，而不是目标。在新的阶段，要促进油气合作国家的相关产业发展，让第一阶段的能源和交通建设成果真正被利用起来。

3.推动实施主体的多元化

在第一阶段的建设中，尤其是在能源、交通等带有公共性质的领域，实施主体多以双方政府和国有企业为主。而在新的建设阶段,要充分发挥民营企业的积极性,让大、中、小企业相互配合,在以大企业为主体进行重资产建设的同时,进一步释放中小企业的活力,推动其在南亚国家农业、轻工业、服务业等领域的投资和建设。投资主体和投资项目的多元化将使"一带一路"倡议更具活力,也会降低重资产项目受挫的风险,最终增强油气合作项目应对风险的韧性和可持续性。

4.推动实施方式的多边化

在中国与南亚国家的油气合作中,在资金来源、方案设计和具体实施等环节,应融入更多的国际化因素,参与各类国际组织和国际机制。这样不仅能让国际社会更容易接受,而且也能减轻中国企业的资金压力,增强油气合作项目的抗压能力和可持续性。可以从以下两个方面加强建设。

首先,在区域合作上,要尽快实现区域战略对接,深化区域发展合作。"一带一路"倡议为构建以合作共赢为核心的新型国际关系提供了新思路,可以助力中国实施的互利共赢的开放战略,营造跨区域合作的新格局。我国与南亚国家的发展规划在目的、内容、目标等方面都存在一定的趋同性,存在巨大的合作空间,双方可以积极建立合理的协调机制,实现区域发展战略的对接。

其次,在战略发展上,要增强战略互信、政治互信与安全互信。一方面,可以加强双方的互访交流,推动地方政府、媒体、智库等多元化的沟通机制建设,增强双边和多边合作组织的对话与交流,建立自上而下的互信机制;另一方面,可以以文化路径沟通民间往来,通过架设不同文明之间互学互鉴的桥梁,形成多元互动的人文交流格局,促进各国人民在心理情感和社会实践方面相互沟通、相互理解和相互信任。

参考文献

[1]张蕴岭.未来10～15年中国在亚太地区面临的国际环境[M].北京:中国社会科学出版社,2003.

[2]杨雪雁,罗洪,李佩玲,等.论中国石油国际经营环境与策略[M].北京:石油工业出版社,2004.

[3]温青山.国际石油公司发展战略与财务管理[M].北京:石油工业出版社,2004.

[4]白明.国际工程管理[M].大连:大连理工大学出版社,2004.

[5]葛艾继,郭鹏,许红.国际油气合作理论与实务[M].北京:石油工业出版社,2005.

[6]高之国.现代石油合同的发展趋向[J].国际石油经济,1995,3(5):50-54.

[7]高之国.世界石油勘探合同的新变化[J].国际石油经济,1997,5(3):44-49.

[8]张莹,马悦.产量分成协议在世界范围内的进展[J].世界石油工业,2000,7(8):4-6.

[9] 李春第,邵万钦.石油走向世界——石油工业国际化经营战略构想[J].中国石油,2000,(2):9-12.

[10]李文.继往开来走出去,开拓海外新天地[J].国际石油经济,2000,9(3):20-23.

[11]葛艾继,郭鹏.产品分成合同模式和回购合同模式比较分析[J].国际石油经济,2001,9(11):28-30.

[12]Daniel Johnston,马爱山.国际石油合同分析:商业条款[J].石油地质

科技动态,2001,(5):10-29.

[13]曹耀峰,于安坤.石油企业如何实施“走出去”战略——对胜利油田国际化经营的思考[J].国际石油经济,2001,8(2):27-29.

[14]徐博源.发展潜力巨大的南美市场[J].对外经贸实务,2002,(5):34-35.

[15]郭亚军.一种新的动态综合评价方法[J].管理科学学报,2002,5(2):49-54.

[16]吴林芳.浅谈国际石油合作的风险与防范[J].经济师,2002,(12):98.

[17]张华.沙特阿拉伯的油气资源及能源政策[J].国土资源,2003,(5):46-47.

[18]徐振强,王育红.国际石油合作合同模式的特征及演进[J].国际经济合作,2003,(1):50-53.

[19]李文.2003 年世界能源市场综述——来自 BP 的最新能源统计报告[J].国际石油经济,2004,12(7):31-36.

[20]乔恩言,李玉顺.在国际石油合作中的体会与思考[J].国际经济合作,2004,(2):42-44.

[21]石冬明,张金凤.中亚石油地缘经济与中国地缘战略[J].学术交流,2004,(12):64-68.

[22]巴哈提.中亚地缘政治的现状与未来[J].新疆社会科学,2004,(6):49-55.

[23]史凌涛.非洲地区石油工业投资环境[J].国际石油经济,2004,12(10):30-35.

[24]郑海军.中国石油国际化发展之路[J].石油工业技术监督,2004,(1):47-50.

[25]冯春萍.俄罗斯石油工业与中俄双边合作[J].石油化工技术经济,2004,20(6):6-10.

[26]刘冬梅,李京.跨国经营须防政治风险[J].企业管理,2005,(3):67.

[27]刘伟.中国与委内瑞拉在石油方面的合作前景分析[J].信息快报,2005,(4):51-53.

[28]郝卫东,王玉生,郭鹏.战后伊拉克石油合作模式分析[J].石油科技论坛,2005,(10):40-43.

[29]杨洪林.浅析伊拉克战后的教派之争[J].阿拉伯世界研究,2006,(5):27-32.

[30]张爽,刘卫国.我国与中东、俄罗斯、非洲战略石油合作的前景分析[J].化工技术经济,2006,24(2):6-8.

[31]刘清志,林乃菊,程燕.伊朗石油资源对外合作合同模式经济研究[J].内蒙古石油化工,2006,(4):3-5.

[32]王家旭.中俄石油合作前景分析[J].齐齐哈尔大学学报,2006,22(5):91-93.

[33]姚佳梅.中国与非洲的石油合作[J].国际石油经济,2006,(11):32-36.

[34]夏新华,何志辉.口头法与非洲传统法律文化[J].湘潭大学学报(哲学社会科学版),2006,30(3):90-94.

[35]张键.非洲战乱国一览[J].时事报告,2006,(11):71-72.

[36]魏书杰.中国与委内瑞拉石油合作浅析[J].绥化学院学报,2006,26(2):11-13.

[37]于鹏.国际石油业国有化新趋势[J].经济导刊,2006,(10):49-52.

[38]陈沫.中国与沙特阿拉伯的石油合作[J].西亚非洲,2006,(9):47-51.

[39]王铁夫.中国石油国际化战术演绎[J].中国石油企业,2007,(Z1):68-69.

[40]刘鹏."一带一路"沿线国家的公司税制比较[J].上海经济研究,2016,(1):52-60.

[41]王素荣.东亚国家的税收政策及税务筹划[J].国际商务财会,2017,(1):10-14.

[42]王素荣.西亚国家的税收政策及税务筹划[J].国际商务财会,2017,(3):3-8.

[43]王素荣.中亚国家的税收政策及税务筹划[J].国际商务财会,2017,(4):3-6.

[44]王素荣.独联体各国的税收政策及税务筹划[J].国际商务财会,2017,(5):7-10.

[45]王素荣.南亚国家的税收政策及税务筹划[J].国际商务财会,2017,(2):7-10.

[46]卿青平，王瑛.省域生态环境质量动态评价及差异研究[J].中国环境科学，2019，39(2)：304-310.

[47]李旭辉，张胜宝，程刚，等.三大支撑带人工智能产业自主创新能力测度分析[J].数量经济技术经济研究，2020，37(4)：4-26.

[48]徐小惠，李新英.“一带一路”背景下中亚国家税收营商环境分析[J].科技与经济，2020，33(3)：101-105.

后 记

国际油气合作项目具有一定的政治连带性和较强的示范性，对油气合作项目的软环境进行研究，既可以为开展其他国际合作项目提供指导，又可以保障中国的能源安全，还可以促进中国与“一带一路”沿线国家的贸易投资活动加快发展，取得一举多得的效果。所有的国际油气合作项目都会涉及合作对象文化和制度方面的差异，这也是涉外项目最主要的内容之一，因此了解合作对象的软环境十分重要。不同于油气合作项目具有的行业独特性，软环境具有普适性。对软环境的了解是一步一步完成的，学习和适应只是了解合作对象软环境的第一步，第二步必须配合文化交流等活动，增强互信互动的文化融合，这样才能达到互利共赢的目标。

在油气合作领域，技术方面只要统一标准和制造工艺，基本就没有什么问题；而文化与制度方面的差异却不是短期之内就可以消除的，必须经过三个发展阶段。第一个阶段是必须认识到文化和制度方面的差异，这是一个识别、学习的阶段，这个阶段是避免认知差异导致低级错误和直接冲突的阶段；第二个阶段是适应和相互影响的阶段，这是一个放松和交叉的阶段，在这一阶段，通过认识规避方法及开展相互适应训练，可以实现文化和制度对投资项目的促进，减少对立意识，增强互信；第三个阶段才是进行文化和制度的影响融合及软环境研究阶段。

基于上述原因，本书在结构上也分为三部分：第一部分是对文化和制度的认知，包括如何减少、化解冲突的对策及开展文化沟通；第二部分是财务、管理和对技术人员的培训;第三部分是文化与制度的相互影响融合及软环境研究。我在书中提出了动态的投资理论与交互影响的文化理念,在项目管理九大方面的理论基础上,增加了跨文化管理和关系管理的理念,阐述了税收和财务合作的流程、框架及合作路径等内容,并将其作为与“一带一路”沿线油气资源国开展合作的软环境研究的重要内容。

“一带一路”沿线的中亚、西亚与北非地区的国家油气资源丰富,油气产业在其国民经济中居于主导地位。中国与这些国家在经济发展方面互有诉求,在能源安全上相互依赖,因此具有巨大的油气合作发展空间。通过对“一带一路”沿线油气资源国的文化、制度和产业结构进行调查研究,本书整合了各国的需求,找到了与各国开展油气合作的契合点,最终旨在实现以下目标。

首先,加强我国与“一带一路”沿线油气资源国的能源合作,保障我国的能源安全;协调各国产业布局,实现各国油气行业利益最大化。

其次,提高我国与“一带一路”沿线油气资源国在全球油气市场上的话语权及议价能力,共同维护国际油气市场安全及油价稳定,实现区域油气产业新布局。

最后,实现我国与“一带一路”沿线油气资源国的政治互信、民生相通、文化相融、优势互补和开放发展,消除区域内部的贸易壁垒,完善区域内部的合作与竞争机制,共建友好稳定、互惠互利的区域能源合作关系。

“一带一路”沿线油气资源国大多属于发展中国家,并且各国在经济发展水平、政治局势、法律环境和社会环境等软环境方面差异较大,这些差异都会导致开展国际油气合作项目时面临风险。例如,某些国家存在经济发展水平落后、政局动荡、暴力冲突等不利因素,导致投资油气项目的风险增大;有些国家对外资要求苛刻,法制环境不健全,导致油气项目投资难度大且法律方面的纠纷较多。另外,由于各国的人文环境之间存在差异,如果不了解当地的情况,就容易引发冲突。

总之,软环境是非物质性的条件,对衡量一个国家或地区的合作前景具有重要的意义。我希望,通过采用理论与实践相结合的方法,使读者对我国油气企业与“一带一路”沿线油气资源国开展合作的软环境有一个清醒的认识，对国际油气合作和贸易、管理流程中有关合作软环境的事项有一个全面的了解和认识，防止出现不必要的矛盾和冲突。

高新伟

2022年6月